Y2 39245

Paris
1874

Goethe, Johann Wolfgnag von

Wilhelm Meister

Tome 1

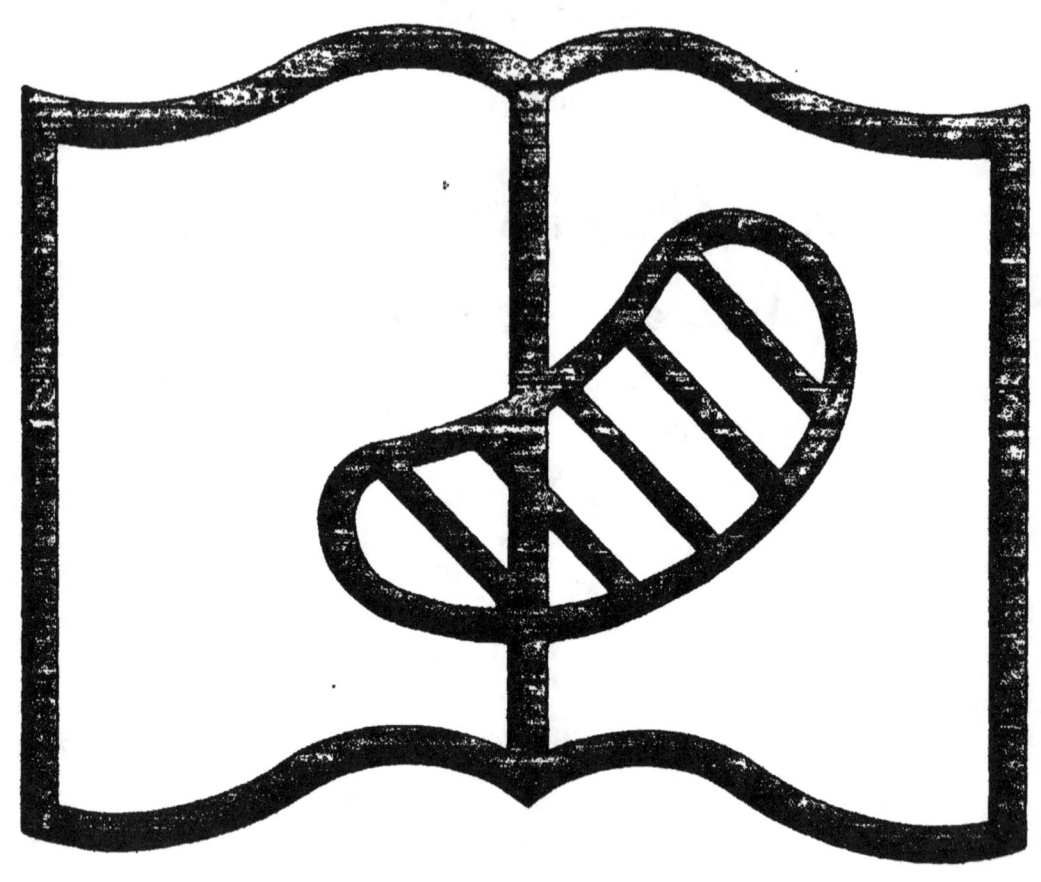

Symbole applicable
pour tout, ou partie
des documents microfilmés

Original illisible

NF Z 43-120-10

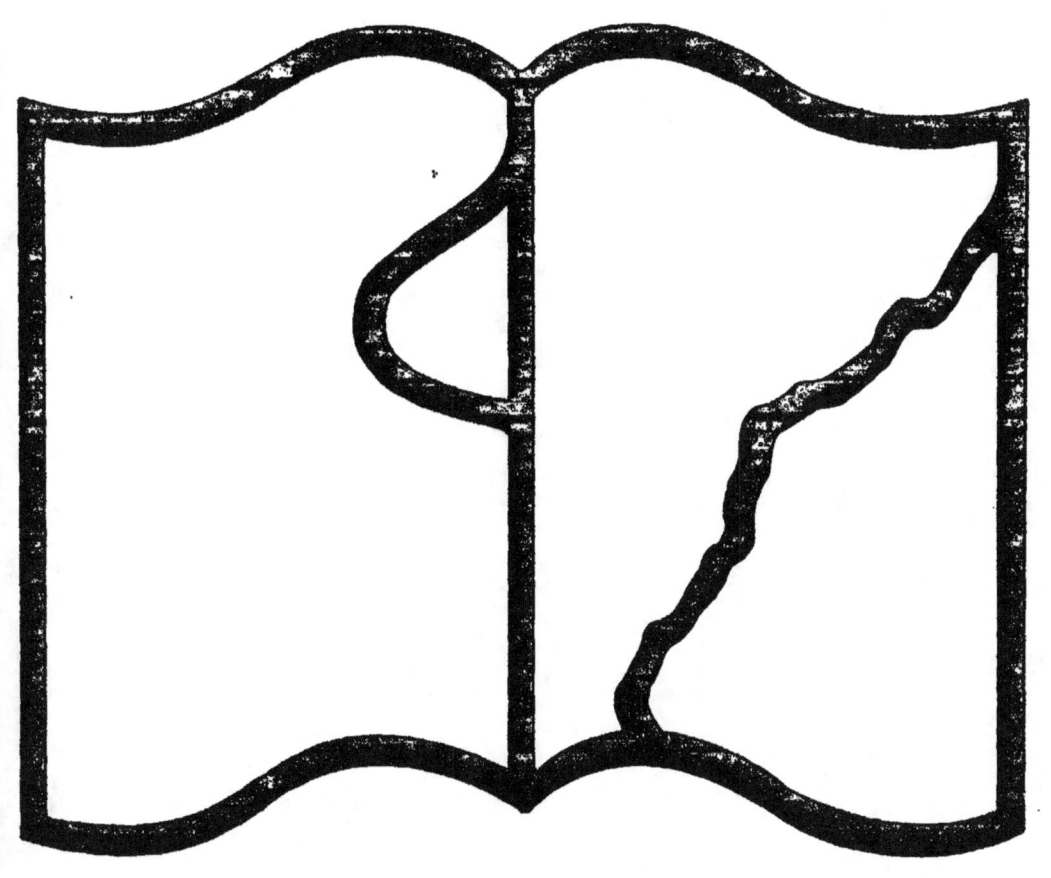

**Symbole applicable
pour tout, ou partie
des documents microfilmés**

Texte détérioré — reliure défectueuse

NF Z 43-120-11

WILHELM MEISTER

TOME PREMIER

OUVRAGES DU MÊME AUTEUR

PUBLIÉS DANS LA BIBLIOTHÈQUE-CHARPENTIER

à 3 fr. 50 le volume

THÉATRE (Goetz de Berlichengen. — Egmont. — Clavijo. — Iphigénie en Tauride. — Le Tasse. — La fille naturelle. — Les complices. — Le frère et la sœur. — Le triomphe de la sensibilité. — Jery et Baetely. — Stella. — Le grand Cophte. — Le général citoyen. — Les révoltés). Traduction d'ALBERT STAPFER, révisée et précédée d'une étude par M. THÉOPHILE GAUTIER fils... 2 vol.

POÉSIES, traduites par HENRI BLAZE.................. 1 vol.

FAUST, seule traduction complète par HENRI BLAZE....... 1 vol.

WERTHER, traduction de M. PIERRE LEROUX, suivi de HERMANN ET DOROTHÉE, traduction de X. MARMIER............... 1 vol.

LES AFFINITÉS ÉLECTIVES, trad. nouv. par CAMILLE SELDEN. 1 vol.

MÉMOIRES (Extrait de ma vie. — Poésie et réalité. — Voyages). Traduction par madame la baronne de CARLOWITZ......... 2 vol.

CORRESPONDANCE ENTRE GŒTHE ET SCHILLER, traduction de madame CARLOWITZ, révisée et précédée d'une étude sur Gœthe et Schiller, par M. SAINT-RENÉ TAILLANDIER...................... 2 vol.

CONVERSATIONS DE GŒTHE pendant les dernières années de la vie (1823-1832), recueillies par ECKERMANN, traduites en entier, pour la première fois, par ÉMILE DÉLEROT, et précédées d'une introduction par M. SAINTE-BEUVE, de l'Académie française.. 2 vol.

GŒTHE

WILHELM MEISTER

TRADUIT

PAR

M. THÉOPHILE GAUTIER FILS

TOME PREMIER

PARIS

CHARPENTIER ET Cie, LIBRAIRES-ÉDITEURS

28, QUAI DU LOUVRE

1874

Dans cette nouvelle traduction, on s'est principalement attaché à se rapprocher le plus possible du texte original. Le public, de plus en plus familiarisé avec les langues et les littératures étrangères, cherche aujourd'hui, dans une traduction de l'œuvre d'un maître, autre chose que le roman. Il veut connaître le style, la physionomie de l'ouvrage, se mettre en état de savoir ce que pense et comment pense l'auteur.

C'est dans ce sens que l'on a traduit le *Wilhelm Meister*. Les nombreux passages où Goethe, par la bouche de ses personnages, exprime ses propres opinions et aborde les problèmes les plus élevés de la philosophie, de la religion, de l'art, de l'esthétique générale et même du socialisme, car on retrouve de nombreux et vifs reflets de la Révolution française, ont été reproduits avec une scrupuleuse fidélité. Dans plus d'un endroit le lecteur trouvera peut-être qu'on s'est écarté de la règle établie par Goethe lui-même, qui voulait qu'une traduction fût *coulante*. Cela tient à la presque impossibilité de soumettre à la précision mathématique, à l'implacable clarté de la langue française des idées complétement neuves, des rapprochements de mots insolites et des spéculations d'une ténuité extrême, auxquels se plie mieux la langue allemande, plus flexible et plus lâche que la nôtre.

Certaines pages ont besoin d'être méditées et alors, du brouillard apparent de la phrase, le lecteur attentif ne tarde pas à voir se dégager peu à peu la pensée lumineuse, qui finit par répandre un éclat rétrospectif sur ce qui avait pu paraître obscur au début.

T. G. FILS.

WILHELM MEISTER

PREMIÈRE PARTIE

ANNÉES D'APPRENTISSAGE

LIVRE PREMIER

CHAPITRE PREMIER

Le spectacle se prolongeait. La vieille Barbara s'était plus d'une fois approchée de la fenêtre, dans l'espoir d'entendre enfin le roulement des équipages. Marianne, sa belle maîtresse, devait ce soir-là enchanter le public sous le costume d'un jeune officier, et la vieille attendait son arrivée avec plus d'impatience que d'habitude ; car, outre le souper frugal de chaque soir, elle lui réservait agréable surprise d'un cadeau que Norberg, jeune et riche marchand, venait d'envoyer par la diligence, pour prouver que l'éloignement ne lui faisait pas oublier sa bien-aimée.

En sa qualité de vieille domestique, de confidente, de négociatrice, de ménagère et de conseillère, Barbara jouissait du droit de décacheter les lettres, et elle avait ce soir-là d'autant moins résisté à sa curiosité, qu'elle attachait plus de prix que Marianne elle-même à la fidélité de ce libéral ami. A sa grande joie, elle avait trouvé dans le paquet une pièce de mousseline et plusieurs rouleaux de rubans, des plus riches et des plus à la mode, destinés à Marianne, et pour elle-même une pièce de toile imprimée, de jolis mouchoirs et une petite somme d'argent. Ces dons lui avaient causé tant de joie et de reconnaissance, qu'elle s'était promis de rappeler sérieusement à sa maîtresse combien elle était redevable à Norberg, et combien il avait le droit de compter sur sa fidélité.

La mousseline, rehaussée par les couleurs vives des rubans à demi déroulés, était étalée sur la table, comme un cadeau de Noël; la disposition des lumières donnait à cette offrande un éclat ravissant. Tout était en ordre lorsque la vieille reconnut enfin le pas de Marianne dans l'escalier. Elle courut à sa rencontre; mais quelle ne fut pas sa déception en se voyant repoussée par le petit officier féminin, qui se précipita dans la chambre, jeta loin de lui son épée et son chapeau à plumes, et se promena avec agitation, sans honorer d'un seul regard les présents si solennellement exposés et si brillamment éclairés!

« Qu'as-tu, mon petit bijou? s'écria Barbara avec surprise; au nom du ciel, ma fille, qu'y a-t-il? Regarde ce présent; de qui peut-il venir, si ce n'est de ton tendre ami? Norberg t'envoie cette mousseline pour que tu t'en fasses des robes de nuit, car bientôt il sera de retour, et il me paraît plus tendre, plus libéral que jamais. »

A ces mots, elle voulut montrer les objets qui lui étaient destinés à elle; mais Marianne détourna les yeux et s'écria avec passion :

« Laissez-moi, laissez-moi; aujourd'hui, je ne veux pas entendre parler de tout cela. Je t'ai obéi, tu l'as voulu, soit! Si Norberg revient, je lui appartiendrai de nouveau, je t'appartiendrai, tu feras de moi tout ce que tu voudras ; jusque-là je ne veux être qu'à *moi :* quand tu aurais mille langues, tu ne changerais rien à ma résolution. Ce *moi,* qui est à moi, je le donnerai à celui qui m'aime et que j'aime. Pas de grimaces ! Je m'abandonnerai à cet amour comme s'il devait durer éternellement. »

La vieille n'en exprima pas moins son mécontentement; mais lorsque, dans la chaleur de la discussion, elle s'oublia jusqu'à devenir amère et insultante, Marianne s'élança sur elle et la saisit à la gorge. Barbara partit d'un grand éclat de rire.

« Je le vois bien, dit-elle, pour sauver mes jours il faut que je me hâte de te passer une robe; la jeune fille me priera de pardonner la folie de l'officier imberbe. Habit bas ! à bas tout ce brillant uniforme ! c'est un costume incommode et dangereux pour vous, ma belle ; les épaulettes vous enflamment. »

Elle avait étendu la main sur Marianne, qui se dégagea.

« Pas si vite, s'écria-t-elle, j'attends encore une visite ce soir.

— Tant pis, répondit Barbara; en tous cas, j'espère que ce n'est pas ce jeune et tendre fils de marchand si mal emplumé ?

— Lui-même.

— Il paraît que la générosité commence à devenir votre passion dominante, répliqua la vieille avec ironie ; quel zèle, quelle ardeur pour les mineurs et les gens sans fortune ! C'est donc une chose bien séduisante que de se faire adorer en dispensatrice désintéressée du bonheur suprême ?

— Raille tant que tu voudras. Je l'aime ! je l'aime ! Avec quels transports je prononce ce mot pour la première fois ! La voilà, cette passion que j'ai peinte tant de fois, et dont je n'avais aucune idée ! Je veux me jeter à son cou, l'embrasser comme si je devais être à lui pour l'éternité ; je veux lui montrer toute la force de mon amour ; je veux jouir de son amour dans toute sa plénitude !

— Modérez-vous, dit tranquillement la vieille, modérez-vous ; je vais interrompre votre joie d'un seul mot : Norberg arrive ! il sera ici dans quinze jours, voici sa lettre qui accompagnait son cadeau.

— Et lors même que le soleil de demain devrait me ravir mon ami, je veux l'ignorer. Quinze jours ! quelle éternité ! Que ne peut-il pas arriver dans quinze jours ! Quels changements ne peuvent pas survenir ! »

Wilhelm entra ; elle vola au-devant de lui. Les bras du jeune homme enlacèrent avec ravissement l'habit rouge de l'officier, et pressèrent contre sa poitrine le petit gilet de satin blanc. Qui pourrait décrire la félicité des deux amants ? La vieille se retira en murmurant. Éloignons-nous avec elle, et laissons-les seuls à leur bonheur.

CHAPITRE II

Le lendemain matin Wilhelm entra dans l'appartement de sa mère ; elle lui déclara que son père était très-mécontent, et qu'il allait lui défendre d'aller tous les jours au spectacle.

« J'y vais moi-même très-volontiers, continua-t-elle ; mais je maudis maintenant ce plaisir, puisque l'usage immodéré que tu en fais trouble la paix de mon ménage. Ton père ne cesse de me répéter : A quoi cela est-il bon ? et peut-on perdre ainsi son temps ?

— Plusieurs fois déjà il m'en a dit autant, et je lui ai

peut-être répondu avec trop de vivacité; mais, au nom du ciel, ma mère, doit-on regarder comme inutile tout ce qui ne remplit pas directement notre bourse et qui ne nous procure pas une possession immédiate ? N'avions-nous pas assez de place dans notre vieille maison, et était-il bien nécessaire d'en construire une nouvelle ? Mon père ne consacre-t-il pas annuellement une portion importante des bénéfices de son commerce à décorer nos appartements ? Ces tapisseries de soie, ces meubles qu'il a fait venir d'Angleterre, ne sont-ils pas inutiles ? Ne pourrions-nous pas nous satisfaire à moindres frais ? Pour ma part, du moins, j'avoue que ces murs bariolés, ces bouquets de fleurs mille fois reproduits, ces corbeilles, ces guirlandes, m'impressionnent très-désagréablement. Je les trouve tout au plus convenables pour un rideau du théâtre. Mais qu'il est différent, le sentiment qu'on éprouve lorsqu'on est assis devant un pareil rideau ! l'instant de son lever a beau se faire attendre, on sait qu'il se lèvera et dévoilera à nos yeux cette foule d'objets qui nous amuse, nous éclaire et nous élève.

— Mets-y du moins de la modération; le père veut qu'on lui tienne compagnie le soir; il prétend que le théâtre te dérange, et en fin de compte, quand il est de mauvaise humeur, c'est moi qui en souffre. Que de fois ne m'a-t-il pas reproché ce maudit théâtre de marionnettes que je vous donnai à la Noël, il y a douze ans, et qui vous a inspiré ce goût désordonné pour le spectacle !

— Ne vous repentez pas de votre sollicitude maternelle, ne maudissez pas ce théâtre de marionnettes ; je lui dois les premiers moments de bonheur que j'aie goûtés dans cette nouvelle maison si vide pour moi. Je me souviens encore de l'émotion singulière qui m'oppressait lorsque, après que nous eûmes reçu nos cadeaux ordinaires, l'on nous fit asseoir devant une porte qui communiquait à une autre chambre. Elle s'ouvrit ; mais ce n'était plus pour nous livrer passage, car dans son embrasure s'élevait un portail couvert d'un voile mystérieux. Nous l'admirâmes un instant de loin, et nous éprouvâmes le vif désir de voir de près l'objet étincelant que nous cachait cette enveloppe à demi transparente. L'on désigna à chacun de nous la place qu'il devait occuper, et on nous ordonna d'attendre avec patience. Tout le monde s'assit et resta tranquille. Bientôt un coup de sifflet se fit entendre, le voile se leva et découvrit l'intérieur d'un temple. Le rouge était la couleur dominante de cette décoration. Le grand prêtre Samuel entra en scène avec Jonathan ; les inflexions bizarres de leurs voix me parurent extrêmement vénérables. Saül vint à son tour exprimer l'embarras où le jetait l'impertinence du guerrier colossal qui venait de le défier lui et les siens. Que j'étais content lorsque je vis arriver en sautillant le fils d'Isaï, à la taille de nain, sa panetière sur l'épaule, sa boulette d'une main et sa fronde de l'autre ! Que j'étais heureux lorsque je l'entendis dire à Saül : — Très-grand et très-puissant seigneur et roi, que personne ne se décourage par rapport à ce défi. Si Votre Majesté daigne me le permettre, j'irai trouver le formidable géant et je le provoquerai à mon tour.

« C'était la fin du premier acte. Nous brûlions tous du désir d'apprendre ce qui en adviendrait, et la musique qui remplissait les entr'actes nous paraissait interminable. Le rideau se releva enfin ; David voua la chair du Philistin aux oiseaux de proie et aux bêtes féroces ; le Philistin blasphémait et frappait la terre des deux pieds ; mais il n'en finit pas moins par tomber comme une bûche, et donna ainsi à l'ensemble de l'action un dénoûment magnifique. Tandis que les vierges chantaient : « Saül a défait

« mille ennemis, David en a défait dix mille ; » qu'on portait la tête du géant devant le petit vainqueur, et qu'on le fiançait à la charmante fille du roi, un regret traversait ma joie ; c'était de voir cet heureux prince affligé d'une taille de nain ; car, en représentant ces deux personnages, on avait exagéré les idées reçues sur la grandeur de Goliath et la petitesse de David. Je vous en prie, dites-moi ce que sont devenues ces marionnettes. J'ai promis de les montrer à un ami qui s'est beaucoup amusé au récit que je lui ai fait de ce jeu de mon enfance.

— Je ne m'étonne pas du vif souvenir que tu en as conservé, répondit la mère, car tu y as toujours pris le plus grand intérêt ; tu as même été jusqu'à me voler le petit livre qui contient la pièce, que tu as apprise par cœur. Je ne m'aperçus de ce larcin que le soir où tu pétrissais un David et un Goliath en cire, et qu'après les avoir fait pérorer en face l'un de l'autre, tu donnas au géant un coup qui fit tomber sa tête énorme, que tu attachas avec une grosse épingle enveloppée de cire dans la main de David. Je fus alors si maternellement fière de ta mémoire et de tes discours pathétiques, que je te confiai la direction du petit théâtre... Hélas ! j'étais bien loin de prévoir combien cette vanité me préparait de chagrins !

— Encore une fois, ma bonne mère, ne vous repentez pas de votre bonté : ce jour-là nous a valu à tous tant de bonheur ! »

Puis il demanda la clef de la chambre où les marionnettes étaient renfermées et s'y rendit aussitôt. A leur aspect, il se sentit un instant transporté à l'époque heureuse où elles lui paraissaient animées, et où il les animait en effet par la vivacité de sa voix et l'agilité de ses doigts. Il les emporta dans sa chambre, où il les cacha soigneusement.

1.

CHAPITRE III

Si un premier amour, ainsi que je l'ai toujours entendu dire, est le plus beau des sentiments que le cœur humain puisse jamais éprouver, nous devons trois fois féliciter notre héros d'avoir pu jouir dans toute son étendue de ce seul instant de bonheur possible. Peu d'hommes sont aussi favorisés par le sort; pour la plupart d'entre eux, les premières émotions ne sont qu'une rude épreuve, qui, après quelques pénibles jouissances, les réduisent à renoncer à leurs plus louables désirs, et à regarder comme impossible la plus grande des félicités.

Porté sur les ailes de l'imagination, Wilhelm avait élevé ses rêves jusqu'à la séduisante Marianne; il avait bientôt conquis son amour et il possédait cette femme, qu'il aimait et qu'il vénérait; car elle lui était apparue avec toutes les illusions dramatiques, et sa passion pour le théâtre se trouvait ainsi confondue avec son premier amour pour une créature féminine. Sa jeunesse apportait dans cette liaison une poésie qui maintenait et réchauffait sans cesse son amour. La position de sa bien-aimée, réduite à craindre à chaque instant le retour de Norberg, donnait à sa conduite toutes les apparences de la timidité et de la pudeur. Son amour pour lui était violent; l'inquiétude même semblait redoubler sa tendresse; aussi, dans les bras de Wilhelm, était-elle l'adorable créature qu'il avait rêvée. A peine revenu de l'ivresse d'une première possession, il jeta ses regards sur son passé, et il croyait avoir commencé une vie nouvelle. Ses devoirs lui paraissaient plus sacrés, ses penchants plus vifs, son instruction plus solide, ses talents plus puissants, et ses résolutions plus fermes. Dans de pareils sentiments, il trouva facilement le moyen de jouir de l'amour de Marianne sans s'exposer aux reproches de son père et sans éveiller l'inquiétude de sa mère. Assidu pendant le jour à ses occupations, il renonça au spectacle, et passa ses soirées à causer avec son père ; mais, lorsque tout dormait chez lui, il s'enveloppait dans son manteau, sortait par la petite porte du jardin, et, avec plus de passion au cœur que tous les Lindors et tous les Léandres possibles, il courait d'un trait jusque chez sa bien-aimée.

« Qu'apportez-vous donc là? lui dit Marianne lorsqu'un soir il se présenta chez elle avec un énorme paquet, dont la vue éveilla dans le cœur de la vieille l'espoir d'un riche présent.

— Je vous défie de le deviner! » répondit Wilhelm.

Quelle fut la surprise de Marianne et le dépit de Barbara, lorsque la serviette dépliée laissa échapper un amas confus de roides marionnettes ! Marianne se mit à rire à pleine gorge, tandis que Wilhelm démêlait gravement les fils de fer entortillés, afin de présenter chaque personnage isolément ; la vieille détourna la tête en grommelant.

Il faut peu de chose pour amuser les amants; les nôtres passèrent une soirée fort agréable; la petite troupe fut soigneusement inspectée, chaque personnage examiné. Le roi Saül, avec sa grande robe de velours noir et sa couronne d'or, parut à Marianne trop roide et trop pédantesque ; mais le menton lisse, le turban et la robe jaune et rouge de Jonathan obtinrent son approbation. Maniant avec grâce les divers fils de fer de son héros, elle lui fit faire des révérences et réciter des déclarations d'amour. Quant au prophète Samuel, Wilhelm eut beau louer avec emphase son petit corselet, et assurer que le taffetas moiré de sa cotte provenait d'une ancienne robe de sa grand'mère, la jeune espiègle le trouva indigne de son attention ; David lui parut trop petit et Goliath trop grand. Elle s'en tint définitivement à Jonathan, et elle lui prodigua de douces caresses, dont l'heureux Wilhelm eut toujours la meilleure part, si bien que cet enfantillage fut le prélude d'un plaisir plus vif.

Un bruit venant de la rue les arracha à leur ivresse. Marianne appela la vieille, qui, selon son habitude, s'occupait à ajuster un ancien costume au rôle nouveau que devait jouer sa maîtresse. Interrogée sur la cause du tumulte, elle répondit qu'une troupe de jeunes gens venait de sortir de la cave italienne, où, dans le courant de la journée, il était arrivé des huîtres fraîches et où ils n'avaient pas épargné le champagne.

« C'est dommage que nous n'ayons pas su cela plus tôt, s'écria Marianne, nous aurions pu nous régaler aussi.

— Mais il me semble qu'il est encore temps, dit Wilhelm en donnant un louis d'or à la vieille ; allez chercher ce qu'il faut, vous le mangerez avec nous. »

Bientôt les deux amants se trouvèrent devant une table convenablement servie. Ils firent asseoir Barbara près d'eux ; on but, on mangea et on se sentit heureux.

En pareille circonstance, la conversation ne languit jamais. Marianne fit agir et parler son Jonathan, et la vieille soutint la conversation avec Wilhelm.

« Vous nous avez plusieurs fois parlé de la première représentation d'un théâtre de marionnettes qui eut lieu un soir de Noël, lui dit-elle ; c'était très-amusant à entendre ; mais vous vous êtes toujours arrêté au moment où le ballet devait commencer. Maintenant que nous connaissons l'honorable personnel qui a produit sur vous un effet si merveilleux...

— Oui, oui, interrompit Marianne, raconte-nous tout ce que tu as éprouvé alors.

— C'est toujours avec une douce émotion, répondit Wilhelm, que l'homme se rappelle les joies du premier âge et ses innocentes erreurs ; mais ce souvenir est plus séduisant encore quand il se présente à lui au moment où il vient d'atteindre une cime d'où son regard embrasse tout le chemin qu'il a parcouru. Le besoin d'être satisfait de nous-même nous fait trouver un charme inexprimable dans le souvenir des obstacles que nous avons vaincus, quoique plus d'une fois ils nous aient paru insurmontables ; et nous aimons à comparer ce que nous étions avant, et ce que nous sommes après notre développement. En te parlant de mon passé, je serai doublement heureux, puisque mes regards pourront s'arrêter sur la route que nous suivons ensemble la main dans la main.

— Qu'en advint-il du ballet ? interrompit la vieille ; j'ai bien peur qu'il n'y soit survenu quelque accident fâcheux.

— Tout se passa le mieux du monde, dit Wilhelm, et je n'oublierai jamais l'extase où me plongèrent les sauts merveilleux des nègres et des négresses, des bergers et des bergères, des nains et des naines. Le rideau retomba, la porte se referma, le petit public, ivre de bonheur, se dirigea en chancelant vers le lit ; moi seul, je ne pus m'endormir, je questionnai la domestique qui me couchait, mais elle s'éloigna sans me répondre.

« Le lendemain matin, tout l'échafaudage magique avait disparu ; la porte au voile mystérieux n'était plus qu'un passage d'une chambre à une autre ; tant de merveilleuses aventures n'avaient laissé aucune trace après elles ! Mes frères, mes sœurs, s'amusaient comme à l'ordinaire avec leurs jouets ; moi, j'errais seul au hasard : je ne pouvais me façonner à l'idée de ne trouver que deux chambranles là où la veille j'avais vu s'opérer des miracles. Hélas ! l'homme qui court après un amour perdu ne saurait être plus malheureux que je ne l'étais alors. »

Et, jetant un regard passionné sur Marianne, il semblait lui dire qu'il ne supposait pas la possibilité d'être jamais réduit à un pareil malheur. »

CHAPITRE IV

« Dès ce moment, continua Wilhelm, je ne formai plus d'autre vœu que celui de voir une seconde représentation. Je demandai cette grâce à ma mère ; elle en parla à son mari, qui lui répondit que le plaisir n'avait un véritable attrait que quand on le goûtait rarement, et que les enfants comme les grandes personnes n'appréciaient jamais le bien dont ils jouissaient tous les jours. Nous aurions attendu longtemps, peut-être jusqu'à la Noël suivante, si le créateur et directeur intime de notre théâtre n'avait pas eu envie lui-même de recommencer la représentation, et de produire un polichinelle qu'il venait de fabriquer. Ce secret auteur de nos plaisirs était un jeune officier d'artillerie, rempli de talents et surtout très-habile mécanicien. Ses conseils avaient été fort utiles à mon père pour la construction de sa maison, et il l'en avait récompensé si généreusement, que ce jeune homme s'était cru obligé de nous donner, à l'occasion des fêtes de Noël, ce théâtre dont autrefois, à ses heures de loisirs, il avait construit, assemblé et peint lui-même toutes les pièces. C'était lui qui, secondé par un domestique intelligent, avait fait agir les marionnettes, avait récité les rôles en déguisant sa voix. Cet aimable ami obtint de la complaisance de mon père une permission que ses principes lui auraient fait refuser à ses enfants. Le théâtre s'ouvrit de nouveau ; on invita quelques petits voisins, et David eut une nouvelle représentation.

« La première fois j'avais ressenti les jouissances de la surprise et de l'étonnement ; la seconde fois mes sensations se complétèrent par l'attention et l'esprit d'examen. Comment tout cela se fait-il? me demandais-je sans cesse. Que les marionnettes ne parlassent pas par elles-mêmes, je m'en étais déjà aperçu la première fois ; qu'elles n'agissent pas d'elles-mêmes, je le soupçonnais également ; mais pourquoi tout cela était-il cependant si joli? Pourquoi semblait-il que ce fussent elles-mêmes qui parlassent et qui agissent? Où pouvaient bien être les gens et les lumières qui vivifiaient tout cela? Ces questions m'occupaient d'autant plus vivement, que j'aurais voulu être à la fois au nombre des enchantés et des enchanteurs, et faire jouer en même temps ma main sous la robe des marionnettes, et goûter comme spectateur les joies de l'illusion.

« Après la grande pièce, on s'apprêtait à donner la farce finale ; les petits spectateurs s'étaient levés et causaient entre eux. Moi, je m'étais approché de la porte, et, entendant un froissement qui m'indiquait qu'on rangeait quelque chose, je soulevai la tapisserie qui garnissait la partie inférieure du théâtre, et je me mis à regarder à travers les tréteaux. Ma mère s'en aperçut et me fit éloigner ; mais j'avais eu le temps de voir que l'on enfermait Saül et Goliath, amis et ennemis, sans distinction, dans une boîte à compartiments, et ma soif de savoir, à demi satisfaite, en devint plus ardente. J'avais également reconnu le lieutenant, qui, à ma grande surprise, dirigeait tout dans le sanctuaire. Maintenant, dès lors, les facéties et les cabrioles de Polichinelle ne pouvaient plus m'amuser. Je tombai dans une profonde méditation ; j'étais, après cette découverte, à la fois plus tranquille et plus inquiet qu'auparavant. Après avoir appris quelque chose, il me sembla que je ne savais rien, et j'avais raison : il me manquait l'entente de l'ensemble, et c'est d'elle que dépendent toutes les connaissances humaines. »

CHAPITRE V

« Dans les ménages bien tenus, continua Wilhelm, les enfants ont un instinct semblable à celui des souris et des rats. Pas un trou, pas une fente conduisant à quelque dépôt de friandise ne leur échappe, et ils savourent ces fruits défendus avec un bonheur qui est la plus grande partie des jouissances de leur âge.

« De tous mes frères et sœurs j'étais toujours le premier à m'apercevoir d'une clef oubliée dans une serrure. Mon saint respect pour les portes fermées, devant lesquelles je passais pendant bien des jours et des mois avant de pouvoir y jeter un regard avide au moment où ma mère ouvrait ces sanctuaires, me donnait toute la sagacité nécessaire pour profiter des instants où la surveillance de la maîtresse de maison se trouvait en défaut.

« Il est facile de deviner que de toutes les portes c'était vers celle de l'office que se dirigeaient le plus fortement mes facultés. Je n'oublierai jamais le plaisir que j'éprouvais quand ma mère m'y appelait pour l'aider à emporter quelque chose, et j'en sortais toujours les poches pleines de pruneaux, que je devais, tantôt à sa libéralité, et tantôt à ma ruse. Les trésors entassés en ce lieu agissaient si puissamment sur son imagination, et les exhalaisons des mets et des épices flattaient tellement mon odorat, que je ne manquais jamais de me tenir dans le voisinage quand la porte s'entr'ouvrait, afin de m'enivrer dans cette voluptueuse atmosphère. Un dimanche matin, la cloche qui appelle les fidèles à l'église avait surpris ma mère; toute la maison était plongée dans un silence dominical, et je m'aperçus que la clef de l'office était restée dans la serrure. Je fis d'abord, avec une nonchalance affectée, plusieurs tours le long de la muraille; puis je me collai silencieusement contre la porte, je l'ouvris, et me trouvai tout à coup au milieu de cet amas de trésors convoités depuis si longtemps. Mes regards s'arrêtaient alternativement sur les sacs, les caisses, les boîtes et les petits pots. Ne sachant que choisir, je me bornai à mes pruneaux chéris, auxquels j'ajoutai quelques poires tapées et une poignée d'écorces d'oranges confites. Heureux de mon butin, j'allais sortir aussi prudemment que j'étais entré, lorsque deux caisses, au-dessus desquelles s'élevaient des fils de fer terminés par de petits crochets, frappèrent ma vue. Poussé par un secret pressentiment, je me mis à les fouiller : quelle céleste sensation lorsque je découvris que les héros mes amis étaient emballés là dedans! A ma première tentative pour enlever quelques personnages, les fils de fer et les crochets se mêlèrent, ce qui me causa un effroi d'autant plus terrible, qu'au même instant j'entendis du bruit dans la cuisine. Refoulant à coups de poing les fils de fer que j'avais soulevés, je saisis le petit livre manuscrit qui contenait le drame de David, et je grimpai à pas de loup me réfugier dans une mansarde.

« Depuis ce jour, je passai toutes mes heures de récréation à lire ou à réciter ce drame, et je me représentais, par la pensée, comme cela serait beau si je pouvais en même temps faire agir les petits acteurs. Dans tous les coins du grenier, de l'écurie, du jardin, j'étudiais intérieurement ma pièce, je me distribuais tous les rôles, et je les apprenais par cœur ; seulement je ne m'identifiais qu'avec les héros, les autres acteurs restaient dans ma mémoire, en arrière, comme des comparses. Les généreuses paroles par lesquelles le petit David provoque le grand Goliath m'occupaient surtout jour et nuit ; je me les répétais tout haut à moi-même. Personne n'y prenait garde, excepté mon père, dont ces singulières exclamations finirent par attirer l'attention, et qui fut enchanté de la mémoire de son petit garçon, car il était convaincu que les deux représentations de cette pièce m'avaient suffi pour en retenir de longues tirades.

« Enhardi par ce succès, je me mis un soir à réciter devant ma mère la pièce presque tout entière, en m'aidant de quelques petites figures de cire. Cela la frappa, elle me pressa de questions et j'avouai tout. Heureusement pour moi, le lieutenant avait déjà manifesté le désir de m'initier aux secrets de nos représentations dramatiques. Ma mère lui fit part des talents de son fils, et il s'arrangea si bien, qu'il obtint deux chambres inhabitées, dont une fut disposée pour les spectateurs, et l'autre pour le théâtre, la porte formant le proscénium. Mon père feignit de n'avoir fait cette concession qu'aux instances de son jeune ami. Fidèle à ses principes, il ne voulait pas laisser voir à ses enfants combien il les aimait ; il soutenait aussi qu'il fallait toujours rester sérieux à l'aspect de leur joie, et même la troubler souvent, afin de les maintenir dans les bornes du respect et de la modération. »

CHAPITRE VI

« Le lieutenant dressa son théâtre et disposa tous les accessoires. J'observai que pendant cette semaine il venait à la maison plus souvent et de meilleure heure que d'habitude, et je devinais ses projets. Mon impatience s'accroissait à chaque instant, car je sentais bien qu'on ne me laisserait prendre part à rien avant le samedi. Le jour tant désiré arriva enfin ; à cinq heures du soir, le lieutenant vint me prendre, et j'entrai avec lui dans le sanctuaire, tremblant de joie. Les marionnettes étaient suspendues dans l'ordre d'après lequel elles devaient entrer en scène ; je les considérai avec attention, puis je montai les marches qui m'élevaient au-dessus du théâtre. En dominant ainsi sur ce petit univers, le souvenir de ses merveilleux effets et l'idée du mystère qui allait m'être révélé me pénétrèrent d'un saint respect pour les objets que j'avais sous les yeux. Nous fîmes une répétition qui réussit à merveille.

« Le lendemain une nombreuse société d'enfants remplit la chambre destinée aux spectateurs, et je m'acquittai de ma tâche d'une manière admirable jusqu'au moment où, dans la chaleur de l'action, j'eus le malheur de laisser tomber Jonathan, ce qui me mit dans la nécessité d'allonger la main sur la scène pour le relever. Cet accident, qui compromettait gravement l'illusion, excita de bruyants éclats de rire dont je fus très-mortifié ; mon père s'en applaudit, car il y trouva un prétexte pour cacher la joie que lui avaient causée l'adresse et l'intelligence de son fils. Après la représentation, il ne s'attacha qu'aux fautes, et m'assura froidement que je me serais assez passablement tiré de mon épreuve, si je n'avais pas commis telle et telle erreur.

« Très-humilié de cette critique sévère, je fus triste et rêveur pendant le reste de la soirée ; mais, le lendemain matin, j'avais oublié mon chagrin, et je me dis avec orgueil qu'à l'exception de la chute de Jonathan, j'avais parfaitement joué. Le jugement des spectateurs m'affermit dans cette opinion. Si, sous le rapport des grosses voix et des voix flûtées, disait-on, la palme appartient au lieutenant, il déclame avec trop de roideur et d'affectation, tandis que le débutant dit son Jonathan et son David avec un naturel parfait. Ma mère admirait surtout l'inflexion franche et vraie avec laquelle j'avais provoqué le redoutable Goliath.

« A ma grande satisfaction, le théâtre resta debout. Bientôt le retour du printemps permit de se tenir dans des appartements sans feu, et je passai toutes mes heures de liberté avec mes marionnettes, que je faisais vaillamment agir et parler. J'invitais le plus souvent mes frères, mes sœurs et mes petits camarades à venir me voir et m'entendre ; mais, lorsqu'ils me refusaient cette faveur, je jouais pour mon propre compte. Mon petit personnel couvait à la chaleur de mon imagination, et ne tarda pas à prendre une physionomie tout autre.

« Quand j'eus plusieurs fois répété la pièce pour laquelle le théâtre et les acteurs avaient été créés, elle ne me procura plus aucun plaisir. Heureusement j'avais trouvé dans la bibliothèque de mon grand-père le Théâtre allemand et plusieurs opéras traduits de l'italien. Je me mis à les jouer sans autre changement que celui d'accorder le nombre des personnages au nombre de mes marionnettes, ce qui réduisit souvent le roi Saül à réciter, dans son costume noir les pompeuses tirades d'un Caton ou d'un Darius. Je ferai observer, en outre, que je jouais rarement la pièce entière, me bornant le plus souvent au cinquième acte, parce qu'il contenait le plus de batailles et de coups de poignard.

« Les opéras, avec leurs brillantes décorations et leurs aventures merveilleuses, me charmaient particulièrement et je leur consacrais beaucoup de soins. J'y trouvais des mers orageuses, des dieux portés sur des nuages, et surtout des coups de tonnerre et des éclairs. Grâces aux nombreuses ressources que me procuraient le papier, le carton et une boîte de couleurs, je parvins à fabriquer des décorations ; je finis même par plonger la scène dans de profondes ténèbres, et mes éclairs étaient terribles à voir. Le tonnerre ne réussissait pas toujours, mais je trouvais moyen de m'en consoler. L'opéra me procurait aussi l'avantage d'employer souvent mon David et mon Goliath, ce qui était tout à fait impossible dans le drame régulier. Mon théâtre s'était élevé. Je sentais croître chaque jour mon attachement pour cet étroit espace où j'éprouvais de si grandes joies ; mais j'avoue que l'odeur contractée par les marionnettes pendant leur long séjour à l'office entrait pour quelque chose dans ce sentiment.

« Les décorations avaient atteint un haut degré de perfection, car j'appliquai avec fruit ici les talents que je possédais dans le découpage et le coloriage du papier.

« Pour réaliser de grandes choses, il ne me restait plus d'autres obstacles à vaincre que ceux que m'opposaient les costumes de mes acteurs. Bientôt je songeai à leur procurer des vêtements de rechange, idée qui m'avait été suggérée par mes sœurs en les voyant habiller et déshabiller leurs poupées. Elles consentirent à m'aider ; nous décousîmes les morceaux d'étoffe qui costumaient ma troupe; mes petites économies furent employées à acheter des rubans et des chiffons qui, joints aux présents que nous quétions de toutes parts, finirent par composer une garde-robe dramatique dans laquelle les robes à paniers des dames n'étaient pas oubliées. La troupe était convenablement montée, et on aurait pu s'attendre à une nouvelle représentation. Mais il m'arriva ce qui arrive la plupart du temps aux enfants : ils combinent de vastes plans, forment de grands projets, leur donnent un commencement d'exécution et les abandonnent ensuite. C'est un reproche que je me dois. Pour moi, le bonheur était dans l'invention, dans ce qui occupait mon imagination. Les pièces ne m'intéressaient que par rapport à une seule scène, et, dès qu'elle était jouée, je changeais les costumes, ce qui jeta la garde-robe dans un tel désordre, que bientôt il me fut impossible de représenter quelque chose d'entier. Égaré par mon imagination, je me laissais emporter à des tentatives toujours nouvelles, sans m'apercevoir que je minais ainsi les fondements de l'édifice de mon bonheur. »

Pendant ce récit, Marianne avait fait appel à toute son amitié pour Wilhelm, afin de dissimuler l'ennui qu'il lui causait; si l'action avait un côté plaisant, elle lui semblait cependant trop simple et les observations trop sérieuses; elle avait placé son pied contre le pied de son ami et mouillé ses lèvres à son verre, elle n'avait cessé de donner à Wilhelm des preuves apparentes d'une attention soutenue; aussi resta-t-il convaincu qu'elle n'avait pas perdu un seul mot de sa narration, et, après une petite pause, il s'écria vivement :

« C'est à toi, maintenant, chère Marianne, de nous raconter les premières joies de ta jeunesse; jusqu'ici nous avons été trop occupés de notre présent pour nous entretenir de notre passé. Dis-moi, dans quelles circonstances as-tu été élevée ? quelles sont les impressions vives qui sont restées gravées dans ta mémoire ? »

Ces questions embarrassèrent la jeune fille ; mais la prudente Barbara vint à son secours.

« Croyez-vous donc, dit-elle, que tout le monde se souvienne aussi bien de ce qui lui est arrivé dans son enfance, qu'on ait eu d'aussi jolies aventures que les vôtres, et qu'il soit facile de les raconter avec autant de grâce et d'esprit ?

— Eh ! qu'importe ? J'aime tant cette tendre, cette bonne, cette adorable créature, que je regrette chaque instant que j'ai vécu sans elle. Laisse-moi m'identifier par l'imagination à ta vie passée. Raconte-moi tout, je te raconterai tout. Tâchons de ressaisir par une douce illusion les années perdues pour notre amour.

— Puisque vous y tenez, répliqua la vieille, on vous satisfera ; mais il faut avant tout nous raconter comment votre passion pour le théâtre a grandi peu à peu et vous a amené au point qu'aujourd'hui vous pourriez faire un excellent acteur. Il est tard, ajouta-t-elle, ce n'est pas la peine de nous coucher ; j'ai encore une bouteille en réserve, vidons-la ; nous ne sommes peut-être pas près de nous retrouver ensemble aussi tranquilles et aussi heureux. »

Marianne leva sur elle un regard suppliant ; Wilhelm ne s'en aperçut point et reprit son récit.

CHAPITRE VII

« Le nombre de mes camarades s'était considérablement augmenté, et les jeux bruyants firent tort à mes paisibles et solitaires divertissements ; j'avais cependant toujours sur mes compagnons l'avantage de donner à nos costumes et à nos armes le cachet de la situation. J'étais successivement chasseur, soldat, chevalier, selon les jeux ; ainsi les épées étaient en général fabriquées par moi ; un instinct secret me poussait à donner à notre milice un caractère antique. On eut des casques ornés de plumets de papier, des boucliers, des cuirasses ; je faisais confectionner tout cela par des domestiques de la maison qui étaient un peu tailleurs, et par les couturières, qui y cassèrent plus d'une aiguille. Notre corps militaire manœuvrait dans la cour et au jardin, où nous nous distribuions sur nos boucliers force coups de piques et de sabres, ce qui donna lieu à plus d'une querelle véritable, mais de courte durée.

« Ces jeux, qui amusaient beaucoup mes camarades, étaient à peine à peu près organisés qu'ils me parurent insuffisants ; mais la vue de ces personnages couverts d'armures avait développé les rêves de chevalerie que je puisais dans les romans de ce genre, et qui étaient devenues mes lectures favorites.

« La *Jérusalem délivrée*, dont une traduction par Koppen me tomba entre les mains, donna enfin une direction déterminée à mes idées vacillantes. Je n'avais pas eu le courage de lire le poëme en entier, mais j'en savais par cœur plusieurs passages dont l'image flottait toujours devant ma pensée. Clorinde surtout m'attachait singulièrement. Cette mâle nature de femme, cette calme surabondance de force active, produisirent sur mon esprit, qui commençait à se développer, plus d'effet que les charmes d'Armide, dont cependant je ne dédaignais pas les jardins enchantés.

« Cent et cent fois, lorsque le soir je me promenais sur la plate-forme ménagée entre les pignons de notre maison, dominant toute la contrée, alors que le soleil laissait après lui, en signe d'adieu, une lueur transparente sur le point de l'horizon qu'il venait de quitter; quand les étoiles arrivaient les unes après les autres ; quand de tous les coins, de toutes les profondeurs du ciel, la nuit accourait pour envahir la terre, et que le cri argentin du grillon tintait à travers le silence solennel de la nature, je me récitais à moi-même la scène déchirante du combat de Tancrède et de Clorinde.

« Quoique je fusse, comme de juste, du parti des chrétiens, je n'en faisais pas moins des vœux pour l'héroïne païenne lorsqu'elle se chargea d'incendier la tour des assiégeants. Et lorsque Tancrède rencontre, dans la nuit, le prétendu guerrier, que la lutte commence sous les épaisses ténèbres, et qu'ils combattent vaillamment, — je ne pouvais prononcer ce passage : « La mesure de la vie de « Clorinde est remplie, son heure suprême arrive, elle va « mourir ! » sans que les larmes me vinssent aux yeux; et elles se mettaient à couler à flot quand l'amant infortuné plonge son glaive dans le sein de celle qu'il adore, détache le casque de son adversaire mourant, reconnaît Clorinde et court éperdu chercher l'eau pour la baptiser.

« Mais mon cœur se brisait lorsque dans la forêt enchantée le fer de Tancrède frappe les troncs d'arbres, qu'il en coule du sang et qu'une voix lui murmure à l'oreille que ce sang est celui de Clorinde, et qu'il est destiné à blesser toujours, et sans le vouloir, l'objet de son amour.

« Ces fables s'étaient si bien emparées de mon imagination, que je m'étais formé vaguement un tout des fragments que je connaissais, et que je résolus de les mettre en action d'une manière quelconque. J'inventai deux armures, l'une d'un gris foncé à écailles pour le sérieux Tancrède, l'autre couverte d'or et d'argent pour le brillant Renaud.

3.

J'expliquai avec vivacité le roman à mes camarades, qui entrèrent avec enthousiasme dans mon projet, sans qu'il leur fût possible de comprendre comment tant de merveilles pourraient être représentées par eux.

« J'eus bien vite raison de leurs doutes. Je transportai la scène dans la salle de la maison de l'un d'eux; mais j'avais compté sans sa vieille tante, qui nous refusa tout net. Je ne fus pas plus heureux pour les décorations, dont je n'avais aucune idée, sinon qu'il fallait élever la scène sur des planches, tendre un grand rideau au fond et mettre des feuilles de paravent en guise de coulisses. Mais où se procurer ces matériaux ? c'était à quoi je n'avais pas pensé. Quant à la forêt, nous imaginâmes quelque chose d'ingénieux : je fis dire à un de nos anciens domestiques, devenu garde forestier, de m'envoyer des branches de bouleau et de sapin. Malheureusement elles arrivèrent plus tôt que je ne l'avais voulu, car rien n'était prêt encore, et ces branches ne pouvaient rester longtemps fraîches et vertes. Nous avions bien besoin d'un bon conseil. Il nous manquait l'emplacement, le théâtre, les décorations; nous n'avions que le paravent. Dans cette cruelle extrémité je m'adressai au lieutenant. La représentation, dont je lui fis un tableau pompeux, le charma, quoiqu'il n'y comprît pas grand'chose, et il me seconda de tout son pouvoir. Avant tout il fit réunir dans une petite chambre toutes les tables qu'il put trouver dans notre maison et dans celles des voisins, puis il y fixa les branches d'arbres, tendit un rideau vert au fond et ferma les deux côtés par des paravents.

« Pendant ce temps la nuit était venue ; on alluma les chandelles; les servantes et les enfants occupèrent les chaises destinées aux spectateurs ; la troupe héroïque était costumée, la pièce devait commencer, et ce fut alors seulement que nous nous aperçûmes que nous ne savions pas ce que nous avions à dire. J'étais pénétré de mon sujet au point d'avoir oublié qu'il était indispensable que chacun sût quand et comment il devait paraître et parler; l'activité de mes camarades pour hâter les préparatifs avait produit le même effet sur leur esprit: tous s'étaient flattés qu'il leur serait facile d'agir et de pérorer en dignes héros du monde au milieu duquel mes récits les avaient jetés; mais, au moment d'agir et de pérorer, ils se regardèrent avec surprise, en se demandant comment et par qui l'on allait commencer. M'étant mis témérairement à leur tête en ma qualité de Tancrède, je fis mon entrée en scène le premier, seul et en récitant une tirade du poëme; mais, comme cette tirade ne tarda pas à devenir une narration, je me trouvai parler de moi à la troisième personne. Godefroy, dont il venait d'être question dans mon récit, refusant de paraître, je fus forcé de battre en retraite, poursuivi par les huées des spectateurs, ce qui me blessa jusqu'au fond de l'âme.

« L'entreprise était manquée; mon public s'était assis et voulait cependant voir quelque chose. Nous étions costumés, je me décidai à lui donner tout bonnement David et Goliath. Plusieurs de mes camarades m'avaient aidé à jouer ce drame avec mes marionnettes; les rôles furent promptement distribués, et chacun promit de faire de son mieux. Le plus jeune et le plus espiègle se barbouilla la figure de noir et promit que chaque fois qu'un honorable membre de la troupe resterait court, il remplirait les lacunes par une pasquinade. Cette disposition me déplut beaucoup, vu la gravité du drame. Je me jurai dès lors à moi-même de ne plus jamais me lancer dans une entreprise quelconque sans y avoir mûrement réfléchi. »

CHAPITRE VIII

Vaincue par le sommeil, Marianne se laissa tomber sur la poitrine de son amant, qui la pressa tendrement contre lui, et continua son récit tandis que la vieille achevait de vider la bouteille.

« L'embarras dans lequel nous nous étions trouvés, mes amis et moi, en voulant jouer une pièce qui n'existait point, fut bientôt oublié. Ma passion de convertir chaque roman, chaque histoire en drame, s'exerçait sur les matières les moins dramatiques. Persuadé que tout ce qui plaît comme récit doit avoir un charme plus grand encore à la représentation, je voulais toujours tout dire et tout mettre sur les planches, tout exposer aux yeux du spectateur. Lorsqu'à l'école on nous apprit l'histoire, je ne retenais jamais de mes leçons que l'époque où un personnage illustre avait été empoisonné ou poignardé d'une manière particulière. Je la convertissais en drame, et mon imagination, sautant par-dessus l'exposition et le nœud, courait tout d'abord au cinquième acte. C'est ainsi que j'écrivis plusieurs pièces, en partant de la fin, sans avoir pu en conduire une seule jusqu'au commencement

« Je lisais en même temps toutes les productions dramatiques que me livraient soit le hasard, soit mes amis, qui s'étaient mis en tête de jouer des pièces; j'étais encore à cet âge heureux où tout plaît et où la variété et la quantité suffisent pour charmer. Malheureusement mon jugement était faussé par une idée fixe: je m'intéressais particulièrement aux pièces dans lesquelles j'espérais pouvoir briller, et il en était peu que je ne lusse avec cette douce arrière-pensée. M'identifiant facilement avec chaque caractère, je me flattais de pouvoir les jouer tous, et à la distribution des rôles je choisissais souvent celui qui me convenait le moins ; quand la chose était possible, j'en prenais une couple.

« Dans les jeux d'enfants tout tient lieu de tout, un bâton devient un fusil, une latte une épée, chaque morceau d'étoffe une poupée, et chaque coin une maison. Ce fut ainsi que s'agrandit notre *théâtre de société*. Dans l'ignorance complète de nos forces, nous entreprenions tout, nous ne remarquions pas les quiproquos, et nous étions convaincus que tout le monde nous prenait pour ce que nous nous donnions. Les choses continuèrent à marcher ainsi, au point qu'il ne me reste pas même une balourdise remarquable à raconter.

« Nous jouâmes d'abord le peu de pièces où il ne paraît que des hommes, puis quelques-uns d'entre nous se déguisèrent en femmes, et enfin nos sœurs finirent par se mettre de la partie. Les familles, qui regardaient ces sortes d'amusement comme très-propres à compléter une bonne éducation, invitaient des sociétés nombreuses pour venir admirer nos talents. Notre lieutenant d'artillerie ne nous avait pas abandonnés. Il nous montra comment nous devions entrer, marcher, gesticuler et déclamer; mais il ne retira que peu de fruits de ses soins, car nous nous croyions plus experts que lui dans l'art dramatique.

« Nous en arrivâmes bientôt à la tragédie. Nous avions entendu dire qu'il était plus facile de composer et de jouer une tragédie que de réussir dans la comédie ; et dès nos premières répétitions nous nous crûmes transportés dans notre véritable élément. Persuadés que par des airs prétentieux et des manières guindées nous imitions la dignité des grands et la noblesse des héros, nous étions tiers de nous-mêmes ; et, quand nous croyions que nos rôles nous autorisaient à nous démener comme des possédés, à frapper des pieds et à nous rouler par terre dans des accès de rage et de désespoir, il ne manquait plus rien à notre bonheur.

« Les rapports fréquents entre les petites filles et les petits garçons ne tardèrent pas à éveiller les sentiments de la nature et à faire naître d'innocentes amourettes ; il en résultait comédie dans comédie. Les couples heureux se pressaient les mains derrière les coulisses, et se dilataient de bonheur en se voyant surchargés de rubans et de décorations qui leur donnaient une valeur tout à fait idéale ; les rivaux dédaignés, rongés par l'envie, leur faisaient toutes sortes de tours malicieux.

« Ces amusements, entrepris et exécutés sans intelligence et sans but, avaient cependant une certaine utilité pour nous : ils exerçaient notre mémoire et notre corps et donnaient à notre langage et à nos manières une élégance et des grâces au-dessus de notre âge. Pour moi surtout ces jeux avaient une importance : ils dirigeaient toutes mes facultés vers l'art dramatique et me rendaient inaccessible à tout autre bonheur qu'à celui de lire, de composer, de jouer des pièces de théâtre.

« Mon éducation cependant était loin d'être achevée, et mon père, qui me destinait au commerce, m'avait placé au comptoir de son voisin ; mais précisément à cette époque mon esprit repoussait plus violemment que jamais ces occupations que je considérais comme indignes de moi ; c'était à la poésie et au théâtre que je voulais consacrer mes facultés et confier mes espérances.

« Je me souviens encore d'un poëme qui doit exister parmi mes papiers, où la muse de la poésie tragique et une autre femme par laquelle je personnifiais l'industrie se disputaient l'honneur de diriger mon individu. L'invention est vulgaire, et je ne me souviens pas que les vers valussent quelque chose; je vous les lirai cependant un jour, afin de vous donner une juste idée des craintes, des répugnances et des passions qui s'y agitent. J'avais fait de l'Industrie une vieille ménagère, la robe troussée, avec des lunettes sur le nez, des clefs à la ceinture; toujours travaillant, toujours inquiète, économe, mesquine et tourmentante. Sous quelles sombres couleurs n'avais-je pas représenté la triste destinée du malheureux qui, courbant la tête sous le joug de cette ménagère, gagne à la sueur de son front sa journée d'esclave! Que les allures de la poésie étaient différentes! Quelle douce vision c'était pour les cœurs affligés! belle de formes, imposante en ses manières, on reconnaissait en elle la fille de la Liberté! La conscience de soi-même lui donnait de la dignité sans orgueil, ses vêtements voilaient ses membres sans les gêner, et les nombreux plis de ses draperies, semblables à un centuple écho, répétaient les gracieux mouvements de la divinité. Quel contraste! De quel côté se tournait mon cœur, tu le devines sans peine. Rien n'était négligé pour caractériser ma muse; je lui prodiguai, à l'exemple de mes prédécesseurs, les couronnes et les poignards, les chaînes et les masques. La discussion entre ces deux personnages est vive, et l'opposition de leurs raisonnements est saillante; à quatorze ans on aime à mettre le plus près possible le blanc du noir. L'Industrie parle comme il convient à une personne qui se baisse pour ramasser l'épingle qu'elle voit briller sur le plancher, et la poésie comme une noble prodigue qui distribue des royaumes. Dédaignant les sombres prophéties de la première, je vois m'échapper les richesses qu'elle promet à ma soumission. Déshérité, dépouillé par elle, je me jette dans les bras de sa rivale, qui m'enveloppe aussitôt de son voile d'or afin de cacher ma nudité.

« O ma bien-aimée ! s'écria Wilhelm en pressant Marianne sur son cœur, si j'avais pu prévoir alors qu'une divinité plus séduisante encore viendrait m'affermir dans ma résolution et m'accompagner sur la route que je choisissais, j'aurais donné à mon poëme un dénoûment plus beau et plus vrai ; car ce n'est pas une fiction, c'est la réalité et la vie que j'ai trouvées dans tes bras ! Savourons notre bonheur dans toute sa plénitude et dans la conviction de sa durée. »

Ces étreintes passionnées réveillèrent Marianne, qui s'efforça de cacher son embarras par de douces caresses ; elle n'avait pas entendu un mot de la dernière partie de la narration de son amant ; et il est à souhaiter que les récits favoris de notre héros trouvent ailleurs des auditeurs plus attentifs !

CHAPITRE IX

C'est ainsi que Wilhelm consacrait ses nuits à un amour aussi tendre que confiant, et qu'il passait ses journées à attendre l'arrivée de la nuit. Du jour où ses désirs et ses espérances s'étaient élevés jusqu'à Marianne, il avait vécu d'une nouvelle vie, il avait senti qu'il commençait à devenir un autre homme ; maintenant qu'il était lié, uni à elle, la satisfaction de ses désirs était devenue une douce habitude ; son cœur cherchait à ennoblir cet objet de ses tendres affections, et son esprit s'efforçait d'élever l'esprit de la jeune fille à la hauteur du sien. Son image était sans cesse présente à sa pensée ; si d'abord elle lui avait été nécessaire, elle lui était devenue indispensable ; car il tenait à elle par tous les liens qui peuvent unir des créatures humaines : son âme pure sentait que Marianne était la moitié, plus que la moitié de lui-même ; sa reconnaissance et son dévouement étaient sans bornes.

Marianne aussi était parvenue à se tromper elle-même un instant et à partager toutes les nobles sensations de son amant ; mais bientôt la main glacée du remords vint se poser sur son cœur, la poursuivant jusque sur le sein de Wilhelm, jusque sous les ailes de son amant. Et lorsqu'elle se retrouvait seule, qu'elle redescendait des nuages où l'avait emportée la passion de Wilhelm, dans la conscience de sa position, elle était alors bien à plaindre. Aidée par sa légèreté d'esprit, tant qu'elle avait vécu au milieu d'un désordre vulgaire, elle n'avait jamais cherché à se connaître : le plaisir et le chagrin, les humiliations et la vanité, le dénûment et la profusion, avaient alterné dans son existence ; elle était parvenue à se persuader qu'elle ne cédait qu'à la loi impérieuse de la nécessité. Mais maintenant que la pauvre fille s'était sentie transportée dans un monde meilleur, et que du haut d'une colline lumineuse elle avait vu les ténèbres de sa vie déréglée, elle comprenait quelle misérable créature c'est qu'une femme qui n'inspire que le désir sans inspirer l'amour ni le respect, et elle ne se trouvait meilleure ni au dehors ni au dedans. Elle n'avait rien qui pût la relever. Lorsqu'elle regardait en elle-même, son esprit était vide et son cœur sans écho. Plus sa situation était déplorable, plus elle tenait à l'affection de Wilhelm ; sa passion grandissait chaque jour, comme le danger de le perdre approchait chaque jour plus imminent.

De son côté, Wilhelm s'égarait toujours davantage dans

des régions plus élevées, il était entré dans un monde nouveau, riche en brillantes perspectives. L'excès de la première joie passé, il lui semblait voir nettement ce qui jusqu'alors était resté pour lui dans le vague : elle est à toi ! elle s'est abandonnée à toi ! Elle, cette adorable créature si recherchée de tous, elle s'est confiée à ton honneur, à ta foi, mais elle n'a pas eu affaire à un ingrat.

Lorsqu'il marchait ou qu'il se trouvait seul, il se parlait à lui-même ; la violence de ses émotions s'exhalait en paroles pompeuses, dans lesquelles il se faisait à lui-même les protestations les plus exaltées. Il pensait que c'était un clair avertissement du sort, qui se servait de Marianne pour lui tendre la main et l'arracher à son existence bourgeoise et monotone, dont il cherchait depuis longtemps à sortir. Abandonner les siens, la maison de son père, lui paraissait facile. Il était jeune et nouveau dans le monde et voyait dans son amour passionné un présage certain des succès qu'il devait y obtenir. Sa vocation pour le théâtre lui apparaissait clairement ; il se rapprochait du but qu'il s'était proposé, la main de Marianne ; en même temps il se voyait avec une complaisante modestie grand acteur et fondateur d'un théâtre national, que tout le monde désirait. Tout ce qui jusque-là était resté enfoui dans les coins les plus reculés de son âme se mettait en mouvement. Toutes ces idées, il les peignait avec les couleurs de l'amour sur une toile de nuages dont les contours se confondaient, mais dont l'ensemble produisait un effet enchanteur.

CHAPITRE X.

Il était chez lui, feuilletant ses papiers et faisant ses préparatifs de départ. Ce qui avait quelque rapport à ses occupations journalières fut mis de côté ; il voulait, pendant son pèlerinage dans le monde, être affranchi de tout souvenir désagréable. Les poëtes et les critiques obtinrent la place d'honneur que l'on accorde à d'anciennes connaissances. Cette revue lui fit faire une découverte humiliante ; car il s'aperçut que les ouvrages didactiques n'étaient pour la plupart pas coupés. La conviction que ces sortes d'ouvrages lui étaient nécessaires l'avait poussé à en acheter une grande quantité, mais toute sa bonne volonté ne l'avait pas même conduit jusqu'à la moitié du tout. Ainsi que nous l'avons déjà dit, la mise en action seule l'intéressait ; aussi avait-il fait des essais dans tous les genres sans en approfondir aucun.

Werner entra, et, le voyant entouré de papiers dont il connaissait le contenu, il lui dit en riant : « Te voilà donc encore avec tes paperasses ? Si c'était du moins pour finir un poëme, un drame ! Mais non, tu feuillettes, tu ne songes qu'à en ébaucher un nouveau.

— Terminer n'est pas l'affaire de l'écolier, c'est assez pour lui de s'exercer.

— Sans doute, pourvu qu'il finisse aussi bien que cela est en son pouvoir.

— On peut cependant se poser cette question : Ne peut-on pas bien augurer d'un jeune homme qui, après avoir entrepris l'impossible, renonce à son travail et cesse de perdre sa peine et son temps à un ouvrage qui ne pourra jamais avoir aucune valeur ?

— Je sais, moi, que tu n'as jamais su mener rien à bien ; à peine es-tu arrivé à la moitié du chemin que tu te sens épuisé. Lorsque tu dirigeais notre théâtre de marionnettes, que de fois tu costumais tes petits acteurs ! que de décorations tu découpais ! Tu voulais jouer une tragédie, puis une autre, et c'était tout au plus si tu nous donnais un cinquième acte, où l'action était colorée et rapide et où les personnages se poignardaient à qui mieux mieux.

— A qui la faute si nous décousions à tout moment les costumes de nos marionnettes et si nous encombrions les coulisses d'une garde-robe inutile? N'était-ce pas toi qui, pour me vendre un nouveau bout de rubans, exploitais mon enthousiasme?

— Je me souviendrai toujours, dit Werner en riant aux éclats, que je tirais profit de vos expéditions dramatiques, comme un fournisseur d'armée. Lorsque vous vous armâtes tous pour la délivrance de Jérusalem, je fis des bénéfices aussi brillants dans mon genre que ceux que les Vénitiens retirèrent jadis dans une circonstance analogue. Je ne connais rien de plus raisonnable au monde que de faire tourner à son avantage les extravagance des autres.

— Je ne sais si ce ne serait pas plus noble d'essayer de les guérir.

— Je connais le monde, ce serait perdre son temps et ses peines. Je sais qu'il est difficile, même à un individu isolé, de devenir sage et riche, et il ne le devient jamais qu'aux dépens des autres.

— Tiens, dit Wilhelm en lui montrant un cahier, je viens de retrouver mon *Jeune Homme entre les deux chemins ;* bon ou mauvais, celui-là du moins est terminé.

— Jette-le au feu ; c'est un sujet détestable. Cette composition m'a toujours déplu et elle a causé des mécontentements à ton père. Les vers peuvent être bons, mais l'idée est foncièrement fausse. Je me rappelle encore ce commerce personnifié, cette misérable sibylle ratatinée. On a dû déterrer ce modèle dans quelque boutique de mercerie au détail. Tu n'avais pas, à cette époque, la moindre idée du commerce. Y a-t-il un génie qui soit, qui doive être plus étendu que celui d'un véritable commerçant? Quelle sûreté de coup d'œil ne puisons-nous pas dans l'ordre que nous sommes obligés de mettre dans nos affaires? Cet ordre admirable nous fait toujours et partout saisir l'ensemble sans jamais nous laisser distraire par le détail. Quel avantage le commerçant ne retire-t-il pas de la tenue des livres en partie double! Certes, c'est une des plus belles inventions de l'entendement humain, et chaque père de famille devrait en introduire l'usage dans sa maison.

— Permets, dit Wilhelm en riant, tu commences par la forme, comme si c'était la chose principale; vous autres marchands, à force d'additionner et de faire des bilans, vous oubliez le véritable total de la vie.

— Malheureusement, mon cher, tu ne vois point que l'objet et la forme ne font qu'un et ne sauraient exister l'un sans l'autre. L'ordre et la clarté augmentent l'esprit d'économie et l'amour du gain. L'homme dissipé se complaît dans une situation trouble; il n'aime pas à faire le compte de ce qu'il doit; pour l'homme laborieux et rangé, au contraire, il n'y a rien de plus agréable que de mettre chaque jour au clair la somme toujours croissante de son bien. Les pertes les plus inattendues ne sauraient l'effrayer, parce qu'il sait qu'il a quelque bénéfice éventuel à mettre dans l'autre plateau de la balance. Je suis convaincu, mon ami, que, si tu voulais sérieusement t'occuper du commerce, tu reconnaîtrais bientôt qu'il ouvre une digne arène aux plus vastes facultés intellectuelles.

— Le voyage que je projette modifiera peut-être mes idées.

— Oh ! certainement ! Il ne te faut que le spectacle d'une grande activité commerciale pour te décider à être des nôtres ; et à ton retour tu t'empresseras de te ranger à côté de ceux qui, par toutes sortes de spéculations ou d'expéditions, savent attirer à eux une partie du bien-être et de l'argent qui accomplit dans l'univers sa circulation fatale et nécessaire. Arrête tes regards sur les productions artistiques et naturelles des diverses parties du monde, et tu verras que toutes sont devenues successivement des besoins indispensables pour tous. N'a-t-il pas le droit d'être fier de lui-même, l'esprit actif qui sait se procurer à propos ; tantôt facilement, tantôt avec peine, les objets les plus recherchés et qui par conséquent viennent bientôt à manquer, qui sait les connaître, qui peut fournir immédiatement à chacun ce qu'il demande, s'en approvisionner prudemment, et tirer un bénéfice de chaque moment de cette circulation ? Il y a là, je crois, de quoi réjouir quiconque a une tête. »

Wilhelm paraissant acquiescer, Werner continua. « Visite seulement quelques ports de mer, quelque grande cité commerciale, tu te trouveras entraîné dans ce tourbillon. Quand tu verras tous ces hommes occupés, quand tu verras d'où chaque chose arrive, où chaque chose va, tu éprouveras, toi aussi, le désir d'y mettre la main. Tu verras les marchandises les plus insignifiantes dans leurs rapports avec le commerce général, tu comprendras que tout a son importance, parce que tout accroît la circulation dont tu tires tes moyens d'existence. »

Werner s'était habitué à considérer d'un point de vue élevé son commerce et ses affaires ; il était persuadé qu'il agissait avec beaucoup plus de raison que son ami, autrefois raisonnable et qui maintenant appliquait toutes les forces de son esprit et attachait une telle importance à des choses complétement en dehors de la réalité. Il pensait toujours que c'était à lui de réprimer ce faux enthousiasme et de ramener une aussi bonne nature dans le droit chemin ; ce fut dans cette intention qu'il continua :

« Les puissants de ce monde se sont emparés de la terre, et y vivent dans la force et l'abondance. Le plus petit recoin de notre monde est en puissance de maître, et cette puissance est solidement établie ; les emplois et autres fonctions civiles rapportent peu ; reste-t-il un patrimoine légal, une conquête légitime autre que le commerce ? Si les princes de la terre se sont rendus maîtres des routes, des fleuves, des ports, et tirent un fort bénéfice de ceux qui y circulent, ne devons-nous pas saisir avec empressement l'occasion de lever, par notre activité, un impôt à notre profit sur tous les objets que les besoins vrais ou factices des hommes leur rendent indispensables ? Crois-moi, mon cher, si tu voulais faire un digne usage de ton imagination poétique, ta divinité serait bientôt vaincue, anéantie par la mienne. Il est vrai qu'elle préfère le rameau d'olivier à l'épée, qu'elle ne connaît ni le poignard ni les tortures ; mais elle distribue à ses favoris des couronnes d'or puisées à la source et des perles recueillies dans la profondeur des mers par ses infatigables serviteurs. »

Quoique piqué de cette sortie, Wilhelm sut commander à sa susceptibilité : il savait que Werner était insensible à ses apostrophes. Au reste, comme il était juste avant tout, il accordait à chacun le croit de s'enthousiasmer pour la profession qu'il avait choisie, mais il n'étendait pas ce droit jusqu'à attaquer celle dont un autre avait fait l'objet de toutes ses affections.

« Pour toi, s'écria Werner, qui prends un si tendre intérêt aux destinées des hommes, il te sera bien doux de les voir jouir sous tes yeux du bonheur si varié que procurent les courageuses et adroites entreprises commerciales. Quel spectacle séduisant que celui d'un navire qui, de retour d'un heureux voyage, rentre chargé de prises importantes, inespérées ! Non-seulement les parents, les amis, les intéressés, mais même un étranger se sent transporté de joie quand le marin intrépide saute sur le rivage avant même que la chaloupe de débarquement l'ait touché, et qu'il confie à la terre fidèle les trésors qu'il a heureusement disputés aux mers inconstantes et perfides. Tous les avantages du commerce ne sauraient se traduire par des chiffres ; la fortune est la déesse de la vie ; pour se faire une juste idée des biens dont elle l'embellit, il faut vivre au milieu des hommes qui savent travailler, et qui savent jouir dans toute la plénitude de leur être des biens qu'elle leur prodigue. »

CHAPITRE XI

Il est temps maintenant de faire plus intime connaissance avec les pères de nos deux amis. Ces deux hommes, dont les opinions étaient opposées sur presque tous les points, s'étaient accordés sur celui-ci, à savoir, que le commerce est la plus noble des occupations et qu'il fallait être sans cesse prêt à profiter des avantages que pouvait leur offrir telle ou telle spéculation.

Le vieux Meister avait hérité de son père une magnifique collection de tableaux, de dessins, de gravures, d'antiquités ; il s'était empressé de convertir cette collection en argent comptant, de faire construire et meubler sa maison dans le dernier goût, et de tirer par toute espèce de moyens le plus de parti possible du reste de son bien. Il en avait placé une grande partie dans le commerce du vieux Werner, qui avait une réputation de négociant actif et dont les spéculations étaient presque toujours couronnées de succès. Le plus grand désir de Meister était de donner à son fils des occupations qui lui manquaient à lui-même, et de laisser à ses enfants une richesse qu'il appréciait avant toute chose. Il avait un penchant marqué vers l'ostentation, pour ce qui frappe les yeux, mais il fallait qu'outre son éclat, chaque objet eût une valeur et une solidité réelles. Dans sa maison tout devait être solide et massif, les provisions abondantes, l'argenterie lourde, le service de table précieux ; mais les hôtes étaient rares, car chaque dîner devenait un festin qui occasionnait tant de dépenses et tant d'embarras, qu'il eût été impossible de le renouveler souvent. Aussi son intérieur était-il simple et monotone, et les changements qui y survenaient portaient précisément sur des objets dont personne ne pouvait jouir.

Tout opposée était l'existence que menait Werner dans sa vieille et sombre maison. Après avoir terminé ses affaires dans un étroit cabinet enfumé, devant un vieux pupitre, il voulait bien manger et encore mieux boire ; mais c'était un plaisir qu'il n'aimait pas goûter seul, et il voulait voir à sa table, non-seulement sa famille, mais encore ses amis et les personnes qui avaient des relations d'affaires avec lui. Ses chaises étaient vieilles, mais chaque jour il invita.. un nouvel hôte à s'y asseoir, et l'excellence des mets lui faisait oublier qu'il était servi dans de la vaisselle commune; sa cave ne contenait pas beaucoup de vin, mais celui qui était bu était habituellement remplacé par un meilleur.

Telle était la vie de ces deux hommes, que le commerce avait rapprochés et qui passaient rarement un jour sans se voir. Aujourd'hui ils avaient résolu qu'ils mettraient décidément Wilhelm dans le commerce.

« Il me semble, disait le vieux Meister, qu'il serait temps de le faire voyager, et, chemin faisant, il pourra traiter quelques-unes de nos affaires à l'étranger; on ne saurait trop tôt accoutumer un jeune homme à la profession à laquelle on le destine. Votre fils s'est trop bien tiré de son dernier voyage, il a trop bien appris à faire ses affaires pour que je ne sois pas curieux de voir comment se comportera le mien. Il aura sans doute besoin d'un plus long apprentissage que le vôtre. »

Le vieux Meister, qui avait une haute opinion des capacités de son fils, ne s'exprimait ainsi que dans l'espérance d'être contredit par son ami et de lui entendre faire un grand éloge des qualités de Wilhelm. Mais en cela il se trompait. Werner n'avait dans les choses pratiques de confiance qu'en ceux qu'il avait vus à l'épreuve; il répliqua froidement :

« On peut toujours essayer ; nous lui indiquerons le même itinéraire qu'à mon fils, et nous lui donnerons des instructions détaillées. Il y a des rentrées à faire, d'anciennes relations à renouer, de nouvelles à créer; il pourra en même temps s'occuper de l'entreprise dont je vous ai parlé, et dans laquelle je ne m'engagerai pas sans avoir fait prendre des informations sur les lieux

— Il faut qu'il fasse ses préparatifs et qu'il parte au plus vite. Où prenons-nous un cheval capable de supporter ce voyage?

— Nous n'irons pas le chercher loin. Un de nos marchands de la petite ville de H***, qui nous doit quelque argent, m'en a offert un en payement; mon fils l'a vu, il dit que c'est une excellente bête.

— Eh bien, Wilhelm ira lui-même chercher ce cheval. En partant par la diligence, il pourra être de retour après-demain; pendant ce temps, nous lui préparerons son porte-manteau et ses dépêches, de sorte qu'il pourra partir au commencement de la semaine prochaine. »

On fit venir Wilhelm et on lui signifia cette résolution. Quelle fut sa joie en voyant entre ses mains le moyen de réaliser ses projets, lui qui n'avait eu jusqu'à présent que l'occasion sans les moyens! Sa passion ne lui permettait pas de sentir combien ce projet était coupable; aussi n'éprouvait-il ni agitation ni remords; il était fier au contraire d'avoir eu le courage de suivre la noble carrière dont on voulait le détourner.

Il était certain que ses parents l'estimeraient et le béniraient à la suite de cet acte, et il voyait un avertissement du sort dans ce concours de circonstances.

Comme le temps lui parut long jusqu'à la nuit, jusqu'à l'heure où il devait revoir sa maîtresse! Il était dans sa chambre, raisonnant son plan de voyage, comme un voleur habile qui retire mainte et mainte fois ses pieds de leurs anneaux, pour bien se persuader qu'il lui est possible de se sauver et que le moment de sa délivrance est plus proche que ne le croient ses gardiens. L'heure du rendez-vous sonna; il sortit de la maison, traversa plusieurs rues silencieuses. Enfin, sur la grande place, il leva les mains vers le ciel; il sentait l'univers entier au-dessous et derrière lui, il était dégagé de tout lien. Se croyant tantôt dans les bras de Marianne et tantôt à ses côtés sur le brillant échafaudage d'un théâtre, il nageait dans un océan d'espérance, lorsque la voix cadencée du crieur de nuit lui rappela tout à coup qu'il était encore sur la terre.

Sa maîtresse vint au-devant de lui sur l'escalier. Qu'elle était belle! qu'elle était adorable! Elle était vêtue de son nouveau négligé blanc; il lui sembla ne l'avoir jamais vue aussi séduisante. Elle inaugurait le cadeau de l'amant absent dans les bras de l'amant présent; dans l'enivrement de sa passion, elle prodigua à Wilhelm le trésor des caresses que lui inspirait la nature et que l'art lui avait enseignées. Est-il besoin de demander s'il fut heureux?

Il lui révéla ce qui s'était passé, lui développa tout au long ses plans, ses espérances: il lui trouverait un emploi, viendrait la chercher, et alors il espérait qu'elle ne lui refuserait pas sa main. La pauvre fille garda le silence, cacha ses larmes et pressa son ami sur sa poitrine; Wilhelm, tout en interprétant au mieux son silence, aurait désiré une réponse; puis il lui demanda tout bas, tout tendrement, s'il ne pouvait espérer d'être bientôt père. Cette question n'obtint d'autre réponse qu'un soupir et un baiser.

CHAPITRE XII

Le lendemain matin, Marianne se réveilla accablée de tristesse. Elle se trouvait si seule, qu'elle ne voulut pas voir le jour; elle resta couchée et pleura. La vieille vint s'asseoir auprès d'elle, essaya de lui parler, de la consoler; mais il ne plaisait pas à Marianne de cicatriser sitôt la blessure encore fraîche de son cœur. Le moment approchait que la pauvre fille pouvait regarder comme le dernier de sa vie. En effet, pouvait-on être dans une position plus pénible? L'amant aimé allait partir, l'amant incommode allait revenir; tous deux pouvaient se rencontrer et alors une catastrophe devenait inévitable.

« Console-toi, mon bijou, dit la vieille, et ne va pas me gâter tes beaux yeux. Est-ce donc un si grand malheur que d'avoir deux amants ? Si tu ne peux donner ta tendresse qu'à l'un, que la reconnaissance, du moins, soit pour l'autre, qui, par la manière dont il se conduit avec toi, mérite bien d'être considéré comme un ami.

— Mon amant a un pressentiment, répondit Marianne en pleurant, qu'une séparation est imminente ; un rêve lui a dévoilé ce que nous cherchions à lui cacher. Il dormait à côté de moi ; tout à coup je l'entends pousser des gémissements inarticulés. Effrayée, je le réveille. Ah ! avec quel amour, quelle tendresse, quel feu il m'enlace ! « O Ma« rianne ! s'écria-t-il, tu viens de m'arracher à une effroya« ble vision ! Je te remercie de m'avoir retiré de cet enfer ! « Je rêvais, continua-t-il, que je me trouvais séparé de toi, « dans une contrée inconnue ; mais ton image voltigeait « devant mes yeux ; je te voyais sur une riante colline, « éclairée en plein par le soleil ; tu vins à moi, toute sédui« sante ; mais bientôt ton image parut s'abîmer, et s'abî« mer encore ; je tendais les bras vers toi, mais l'espace « qui nous séparait était trop grand. Tu continuais à des« cendre vers un grand lac, ou plutôt vers un immense « marais qui partait du pied de la colline. Tout à coup un « homme te donna la main, il cherchait, non à te relever, « mais à t'attirer vers lui. Je criai, espérant t'avertir des « dangers puisque je ne pouvais l'atteindre. Si je voulais « marcher, je me sentais attaché au sol, et, quand je par« venais à faire quelques pas, l'eau m'arrêtait, et mes cris « mouraient dans ma poitrine oppressée ! » Voilà ce que le malheureux me racontait, en se remettant de ses terreurs dans mes embrassements et se félicitant d'avoir été tiré de son affreux rêve par la plus douce des réalités.

La vieille épuisa toutes les ressources de sa prose pour ramener la poésie de Marianne sur le terrain de la vie réelle ; semblable à l'oiseleur qui, pour attirer les victimes ailées dans le piége qu'il leur tend, imite leurs chants et leurs cris, elle fit avec emphase l'éloge de Wilhelm, de sa tournure, de ses yeux, de son amour. La pauvre fille l'écouta avec plaisir, se leva, se fit habiller, et parut plus tranquille.

« Mon enfant, ma chérie, continua la vieille, je ne veux ni te tromper ni te chagriner, je ne pense pas le moins du monde à te ravir ton bonheur ; peux-tu méconnaître mon but, as-tu oublié que j'ai toujours agi beaucoup plus pour toi que pour moi ? Dis-moi seulement ce que tu veux, ce que tu souhaites, et je ferai mon possible pour te satisfaire.

— Et que puis-je souhaiter ? répliqua Marianne ; je suis misérable, misérable pour toute la vie ; je l'aime, il m'aime, je vois qu'il faut me séparer de lui, et j'ignore comment je survivrai à cette perte. Norberg arrive, lui à qui nous devons notre existence, et dont nous ne pouvons nous passer ; les ressources de Wilhelm sont bornées, il ne peut rien pour moi.

— Hélas ! ce n'est que trop vrai, répondit la vieille ; il est dans la catégorie des amants qui n'ont que leur cœur à offrir, et par malheur ceux-là sont les plus exigeants.

— Ne raille pas. L'infortuné veut quitter la maison paternelle et chercher fortune dans la carrière dramatique afin de pouvoir m'offrir sa main.

— Nous avons déjà à nous deux quatre mains vides !

— Aussi n'ai-je rien promis. Décide, pousse-moi d'un côté ou d'un autre, sache seulement ceci : je porte dans mon sein un gage qui doit me lier encore davantage à

Wilhelm. Pense à cela, et, dis-moi, lequel dois-je quitter, lequel dois-je suivre ? »

Barbara repartit après un moment de silence :

« Les jeunes gens ne voient jamais que les moyens extrêmes. Je ne trouve rien de plus simple et de plus naturel que de combiner tout ce qui procure le profit et l'agrément. Tu aimes l'un, l'autre payera ; nous n'avons qu'à nous arranger de façon à les empêcher de se voir.

— Fais comme il te plaira ; je ne puis penser, mais j'obéirai.

— Nous avons l'avantage de pouvoir prétexter de la manie de notre directeur, qui se vante des bonnes mœurs de sa troupe. Tes deux amants sont déjà, par cela même, accoutumés au mystère et à la circonspection. Je règlerai les heures et les rendez-vous ; tu n'auras qu'à jouer les rôles que je t'indiquerai ; qui sait si les circonstances mêmes ne nous aideront pas ? Norberg viendra peut-être pendant que Wilhelm sera éloigné ; qui t'empêche de penser à l'un dans les bras de l'autre ? je te souhaite du bonheur pour ton fils ; il lui faut un père riche.

Ces conseils ne pouvaient entièrement consoler Marianne ; il lui était impossible de mettre sa position en harmonie avec ses sentiments et ses convictions. Elle voulait oublier ces malheureuses relations, mais mille petits riens les lui rappelaient sans cesse.

CHAPITRE XIII

Wilhelm avait achevé son petit voyage. Le marchand près duquel on l'avait envoyé ne se trouva pas chez lui, et il remit à sa femme la lettre dont il était porteur. Elle la lut à peine et ne répondit que vaguement à ses questions ; elle avait l'air abattu et embarrassé ; toute la maison paraissait dans la consternation. Après quelques hésitations, elle confia à notre héros la cause de son chagrin, qui, au reste, n'était plus un mystère pour personne. La fille de son mari venait de se sauver avec un acteur d'une troupe ambulante, dont il s'était détaché depuis peu pour se fixer dans la petite ville, où il avait trouvé des moyens d'existence en donnant des leçons de langue française. Dans le premier moment de désespoir et de colère, le père de la jeune fille était allé prier le bailli de faire poursuivre les fugitifs. Elle invectivait la jeune fille, éclatait en imprécations contre le ravisseur, se plaignait longuement de la honte que ce crime allait jeter sur la famille. Wilhelm se sentait embarrassé, car il entendait lui et ses projets réprimandés et flétris par cette sibylle, dont les paroles étaient prophétiques pour lui. Il prit plus de part encore à la douleur du père, qui revint de chez le bailli, et raconta brièvement, calme et triste, à sa femme, le résultat de sa démarche, parcourut des yeux la lettre de son commettant, fit amener le cheval demandé, sans pouvoir cacher ses larmes et sa profonde douleur.

Wilhelm s'apprêta aussitôt à monter à cheval et à quitter une famille où il se sentait si mal à l'aise ; mais ce brave homme ne voulut pas laisser partir le fils d'une maison à laquelle il avait tant d'obligation sans le traiter et le retenir une nuit sous son toit.

Le souper fut triste, la nuit agitée ; le lendemain matin, de bonne heure, il s'empressa de quitter ces gens, qui, sans le savoir, l'avaient torturé par le récit de leur malheur.

Il suivait la route au pas de son cheval, en rêvant, lorsqu'il aperçut tout à coup dans un champ une troupe d'hommes armés qu'à leurs longues capotes, leurs larges parements, leurs chapeaux informes, leurs fusils grossiers, leur tenue candide et leur démarche nonchalante, il reconnut pour un détachement de milice bourgeoise. Arrivés sous un grand chêne, ils s'arrêtèrent, déposèrent leurs armes, et s'étendirent à l'ombre pour fumer une pipe. Wilhelm se dirigea vers eux, et, en même temps qu'un autre jeune homme qui passait à cheval, se mit à causer avec eux. Il entendit raconter l'histoire des fugitifs, qu'il ne connaissait que trop, et à laquelle on ajouta des détails aussi peu honorables pour les jeunes gens que pour leurs parents. Il apprit qu'on s'était rendu là pour recevoir le jeune couple, qui avait été arrêté dans un canton voisin.

Au bout de quelques instants, on vit paraître sur la grande route une charrette escortée d'une manière plus ridicule que terrible. Un gros greffier, qui marchait à la tête du cortége, s'approcha du jeune homme à cheval avec lequel Wilhelm venait de parler, et qui était le greffier du bailliage de la petite ville. En abordant son collègue sur la limite des deux juridictions, le gros greffier remplit les singulières formalités prescrites pour la remise des prisonniers d'une manière aussi scrupuleuse que bizarre, qui aurait pu faire prendre ces deux hommes l'un pour un esprit et l'autre pour un magicien qui, placés tous deux sur le bord de leur cercle d'activité, se livraient à quelque opération surnaturelle et dangereuse. Pendant ce temps la charrette captivait seule l'attention des témoins de cette scène, qui ne pouvaient refuser leur pitié aux jeunes prisonniers. Assis à côté l'un de l'autre chacun sur une botte de paille, ils se regardaient avec tendresse, faisant à peine attention aux spectateurs. On avait été obligé de les faire voyager depuis le dernier village de cette façon incommode, la vieille voiture où l'on avait placé la belle s'étant cassée. Elle avait supplié alors qu'on la mît à côté de son amant, qui, jusque-là, avait suivi la voiture à pied et chargé de chaînes comme un criminel. Ces chaînes rendaient encore plus intéressant l'aspect du tendre groupe, surtout quand le jeune homme les soulevait avec peine pour baiser la main de sa maîtresse.

« Nous sommes bien malheureux, s'écriait-elle en s'adressant aux assistants ; mais nous ne sommes pas aussi coupables que vous pourriez le croire. Des hommes cruels nous punissent d'un amour constant ; nos parents, entièrement indifférents au bonheur de leurs enfants, m'arrachent violemment à ces joies qui m'arrivaient au milieu des longs et tristes jours de ma jeunesse ! »

Les agents de la justice ayant terminé leurs formalités, la charrette se remit en route, et Wilhelm partit au galop par un sentier, car l'intérêt qu'il prenait à ces amants lui fit désirer d'entretenir le bailli avant leur arrivée.

A peine avait-il mis pied à terre à la porte du bailli, où tout était en émoi, que le greffier le rejoignit, entra avec lui dans la salle d'audience et lui coupa la parole ; il fit le récit de ce qui venait de se passer, et surtout l'éloge de son cheval, qu'il avait acheté la veille d'un vieux juif brocanteur.

Quelques instants après on introduisit les accusés, que, d'après ses ordres, on avait déposés à une porte dérobée et fait passer par le jardin, inaccessible au public. Wilhelm félicita sincèrement le greffier sur cette mesure, quoiqu'il n'eût pris cette précaution que pour narguer la population en la privant du plaisir d'être témoin de l'humiliation de la fille d'un des principaux habitants de la ville. Le bailli, qui avait une répugnance invincible pour les cas extraordinaires, parce qu'ils lui faisaient toujours commettre quelques erreurs qui lui attiraient de vertes réprimandes de la part de la justice supérieure, entra en soupirant dans la salle d'audience, où quelques bourgeois notables, le greffier et Wilhelm le suivirent.

La jeune fille comparut la première ; elle entra sans effronterie, mais d'un air assuré et conscient de sa valeur. Son costume et son maintien dénotaient une personne qui se respectait. Sans attendre qu'on l'interrogeât, elle donna une explication assez convenable de sa conduite. Le greffier lui imposa silence, trempa sa plume dans l'encrier, et la tint suspendue au-dessus d'une immense feuille de papier. Le bailli reprit contenance, regarda le greffier, toussa, et demanda à l'accusée son nom et son âge.

« Pardonnez-moi, Monsieur, lui dit-elle, si je trouve votre question aussi inutile qu'extraordinaire. Vous connaissez parfaitement mon nom et vous savez que je suis née le même jour que votre fils aîné. Ce que vous voulez savoir de moi et ce qu'il faut que vous sachiez, je vais vous le dire volontiers et sans détour.

« Depuis que mon père s'est remarié, j'ai constamment été malheureuse dans sa maison ; plusieurs mariages convenables se sont présentés pour moi, ma belle-mère les a fait manquer pour épargner le trousseau qu'il aurait fallu me donner. J'ai connu le jeune Mélina, je l'ai aimé, et, prévoyant les obstacles qui auraient empêché notre union, nous avons résolu de chercher loin de ma famille un bonheur que je la savais décidée à me refuser. Je n'ai rien emporté que ce qui m'appartient personnellement, nous ne nous sommes pas enfuis comme des voleurs ou des malfaiteurs, et Mélina n'a rien fait qui mérite les fers dont on l'a chargé. Le prince est juste, il n'approuvera pas cette sévérité. Si nous devons être punis, nous ne devons pas l'être de cette manière. »

Ce discours doubla et tripla l'embarras du bailli : il

voyait déjà s'amonceler sur sa tête les gracieuses réprimandes. La volubilité de la jeune fille avait dérangé le plan de son protocole. Ce qui mit le comble à sa confusion, ce fut que la jeune fille refusa nettement de répondre aux questions qu'il lui adressa selon les formules de la justice, et déclara s'en tenir à ce qu'elle venait de lui exposer.

« Je ne suis pas une criminelle, s'écria-t-elle ; on nous a conduits ici honteusement sur une botte de paille ; mais il est un tribunal supérieur qui nous vengera de cet affront. »

Le greffier, qui avait reproduit toutes ces paroles sur le papier, souffla au bailli de continuer l'interrogatoire et que l'on trouverait plus tard le moyen de rédiger un protocole en règle. Cet avertissement lui rendit quelque présence d'esprit, il se mit à sonder les doux secrets de l'amour par les dures et bizarres formules judiciaires.

Ce procédé fit rougir Wilhelm et appela sur les joues de la belle coupable l'incarnat de la pudeur. Elle se tut, balbutia, puis les circonstances paraissant exciter son courage.

« Soyez sûrs, s'écria-t-elle, que j'aurais été assez forte pour avouer la vérité, si cet aveu ne compromettait que moi seule ; aurais-je à rougir d'un acte dont je suis honorée ? Depuis le jour où j'ai acquis la certitude de la sincérité de Mélina, j'en ai fait mon époux, je lui ai accordé volontairement ce que demande l'amour, et ce qu'un cœur aimant ne peut refuser. Maintenant faites de moi ce qu'il vous plaira, et si ma franchise n'a pas été plus spontanée, c'est que j'ai craint que mon aveu n'eût des suites fâcheuses pour mon amant, voilà la seule raison. »

Cet aveu donna à Wilhelm une haute idée du caractère de la jeune fille ; mais les membres du tribunal ne virent plus en elle qu'une effrontée, et ils remercièrent tout bas le ciel de n'avoir pas une pareille créature dans leur famille ou d'avoir pu du moins la cacher au public.

Wilhem, en ce moment, plaçait sa Marianne devant le tribunal, il lui mettait de plus belles paroles encore dans la bouche, il lui prêtait une sincérité plus passionnée, un aveu plus noble. Aussi se promit-il de se faire le protecteur de ce couple intéressant. Après avoir confié ce dessein au bailli, il le pria de mettre un terme à un interrogatoire inutile, puisqu'il ne restait plus rien à apprendre sur la situation des coupables. Cette démarche réussit, et l'accusée reçut la permission de se retirer; son amant, que l'on avait débarrassé de ses fers à la porte du cabinet, parut à son tour. Il avait l'air plus préoccupé de son sort, ses réponses étaient plus mesurées, et, s'il ne montrait pas la franchise exaltée de sa complice, il se distinguait par la prudence et la logique de ses répliques. Lorsqu'on eut terminé cet interrogatoire, qui concordait avec le précédent, sinon qu'il niait obstinément, pour sauver la jeune fille, ce qu'elle-même avait avoué, on la fit rentrer, et la lutte de dévouement qui s'engagea alors entre les deux jeunes gens acheva de leur gagner le cœur de notre héros. Ce qui n'a lieu d'habitude que dans les romans et les comédies, il l'avait devant les yeux, à la barre d'un infime tribunal : les élans d'une générosité réciproque et l'énergie de l'amour dans le malheur.

« Il est donc vrai, se dit-il à lui-même, que la tendresse timide qui, redoutant l'éclat du grand jour et les regards indiscrets des hommes, cache son bonheur à l'ombre du mystère, est, quand les événements l'exigent, plus forte et plus courageuse que les passions bruyantes. »

A la grande satisfaction de notre héros, l'interrogatoire ne se prolongea pas davantage, et les deux jeunes gens furent logés assez décemment. Il aurait voulu à l'instant même ramener la jeune fille chez ses parents et les faire consentir à son union avec Mélina. Il demanda au bailli la permission d'entretenir le jeune homme sans témoins, ce qui lui fut accordé sans difficulté.

CHAPITRE XIV

L'entretien des deux jeunes gens ne tarda pas à devenir intime et animé. L'offre généreuse de Wilhelm d'user de toute l'influence que sa position lui donnait sur le père de la jeune fille pour amener une réconciliation complète releva le courage abattu du prisonnier ; il se sentait de nouveau libre, reconcilié avec les parents de sa maîtresse, il parlait de ses moyens futurs d'existence.

« Il me semble, dit Wilhelm, que vous pouvez être parfaitement tranquille sous ce rapport. La nature vous a destinés tous deux à trouver des ressources aussi glorieuses que lucratives dans l'état que vous avez choisi. Un extérieur agréable, un son de voix flatteur, une âme sensible : des acteurs peuvent-ils être mieux doués ? Si je peux vous obliger de quelque recommandation, je serais très-heureux de vous rendre ce service.

— Je vous remercie de tout cœur, répondit Mélina ; je ne profiterai point de vos bontés, car j'ai l'intention de ne plus rentrer au théâtre.

— Vous avez bien tort, » reprit Wilhelm, se remettant avec peine de sa surprise, car il était persuadé qu'une fois rendu à la liberté avec sa jeune femme, l'acteur reprendrait aussitôt la scène. Cela lui paraissait aussi inévitable et aussi naturel que de voir la grenouille rechercher l'eau.

« Oui, répliqua l'autre, j'ai résolu de ne plus rentrer au théâtre : je m'estimerais heureux, si je pouvais obtenir un modique emploi dans une administration quelconque.

— Voilà un singulier désir que je ne saurais approuver, d'abord parce qu'il n'est jamais raisonnable de changer de carrière sans une raison majeure et surtout parce qu'il n'y en a point de plus séduisante et de plus heureuse que celle d'acteur.

— On voit bien que vous ne l'avez jamais été, répondit Mélina.

— Mon cher monsieur, comme l'homme est rarement content de son état, il convoite toujours celui de son voisin, qui lui-même s'en plaint.

— Entre le mal et le pis, il existe cependant une différence. C'est l'expérience, et non pas l'inquiétude qui me fait agir. Y a-t-il sur la terre un morceau de pain plus amer, plus incertain, plus pénible ! Il vaudrait autant aller mendier aux portes. Que n'a-t-on pas à souffrir de l'envie de ses camarades, de la cupidité du directeur et des caprices du public ! En vérité, il faudrait avoir la peau de l'ours qui, retenu par des chaînes, accompagné de chiens et de singes, stimulé par des coups de bâton, danse au son de la cornemuse pour amuser la populace et les gamins des rues. »

Wilhelm ne manquait pas d'arguments dont il ne voulut pas l'accabler ; et Mélina continua ainsi à faire l'énumération de tous les désagréments du théâtre :

« N'est-ce pas une honte de voir un directeur obligé de se jeter aux pieds de chaque conseiller municipal, pour obtenir la permission de faire circuler pendant la foire quelques sous de plus dans une misérable petite ville? J'ai bien souvent plaint le nôtre, qui était un brave homme, et je lui ai pour cela pardonné plus d'un petit désagrément qu'il a pu me causer. Un bon acteur élève des prétentions exagérées, tandis qu'on ne peut se débarrasser d'un mauvais. Lorsqu'il veut mettre sa recette en rapport avec sa dépense, le public trouve les places trop chères, la salle reste vide, et, pour ne pas se ruiner entièrement, il faut jouer, honteux et affamés. Hélas! mon cher monsieur, puisque vous vous intéressez à moi, parlez vivement aux parents de mon amie! Qu'on m'établisse ici, qu'on m'obtienne un emploi d'expéditionnaire ou une petite recette, et je serai le plus heureux du monde. »

Après avoir encore échangé quelques paroles, Wilhelm le quitta en lui promettant de se rendre dès le lendemain matin chez les parents, et de voir ce qu'on pourrait obtenir d'eux. Dès qu'il fut seul, il soulagea par des exclamations sa poitrine oppressée :

« Malheureux Mélina, ce n'est point dans ta profession, c'est en toi-même que gît cette misère que tu ne peux pas dominer. L'imprudent qui se consacre sans vocation à un état ou à un métier ne peut et ne doit y trouver que déceptions et souffrances. Mais celui qui est né avec un talent et pour un talent y trouvera la plus belle existence! Rien sur la terre n'est exempt de difficultés; la volonté active, l'occasion, l'amour, nous aident à surmonter les obstacles, nous ouvrent la route, et nous font sortir du cercle étroit où se débattent misérablement les autres! Pour toi, Mélina, les planches ne sont que des planches; tu apprends tes rôles comme l'écolier apprend sa leçon, et tu vois le public comme il se voit lui-même dans ses jours de travail; tu désires t'asseoir devant un bureau pour tracer des colonnes, enregistrer des recettes et des arriérés. Tu n'as pas le sentiment de ce tout complet et condensé, que l'esprit seul crée, comprend et exécute. Tu ne sais pas que chaque homme porte en lui une étincelle sacrée qui, si elle n'est ni alimentée ni avivée, s'enfouit jour par jour sous la cendre de la nécessité ou de l'indifférence, sans cependant jamais s'éteindre. Tu ne sens pas dans ton âme de force qui la fasse jaillir en flamme, tu n'as pas dans ton cœur les richesses qui devraient l'alimenter. La faim te désespère, les humiliations te découragent, et tu ignores que dans chaque état on retrouve ces ennemis, qu'on ne peut vaincre que par la gaieté et l'égalité d'âme. Tu fais bien de borner ton ambition au produit d'un travail vulgaire ; comment en accomplirais-tu un qui demanderait de l'esprit et du courage ? Si le soldat, l'homme d'État, le prêtre, pensaient et sentaient comme toi, ils trouveraient dans leur état les mêmes inconvénients qui te font dédaigner le tien. Il y a eu des hommes dénués du sens de la vie à ce point, de ne voir dans l'existence humaine qu'un néant, qu'une essence atomique et misérable. Si ton âme pouvait saisir l'image d'êtres agissants et pensants, si une chaleur vivifiante échauffait ton sein, cette animation partie de ton cœur se répandrait sur toute ta personne, les sons sortiraient harmonieux de ton gosier, les mots couleraient doucement de tes lèvres, tu te sentirais en toi-même, et tu trouverais assurément l'occasion de te sentir dans les autres. »

Tout en se disant cela, notre ami s'était déshabillé, et se coucha avec un sentiment de satisfaction intime. Son esprit composait un roman entier de tout ce qu'il aurait fait s'il se fût trouvé à la place de Mélina. De séduisantes illusions le transportèrent par degrés dans le domaine du sommeil, et le livrèrent à leurs frères, aux rêves, qui le reçurent dans leurs bras et déroulèrent devant lui de célestes tableaux.

Le lendemain matin il se réveilla de bonne heure, et combina ce qu'il avait à faire. Il retourna chez les parents de la jeune fille, qui furent fort surpris de le revoir. Il expliqua simplement le motif de sa visite, et rencontra moins d'obstacles qu'il ne craignait. Le fait était accompli; si des hommes extraordinairement opiniâtres et rudes cherchent à lutter contre un passé irréparable et en augmentent ainsi les fâcheuses conséquences, les hommes sages et prudents plient sous la loi impérieuse des faits accomplis. Le fait accompli possède une force irrésistible sur l'esprit de la plupart, et ce qui paraissait impossible, une fois qu'il existe, s'impose au commun. Il fut donc bientôt décidé que le sieur Mélina épouserait la fille; mais la belle-mère imposa pour condition de ce consentement que la jeune fille ne demanderait point de trousseau, et qu'elle laisserait encore quelques années dans le commerce de son père, sans demander d'intérêts, le petit capital qu'une de ses tantes lui avait légué. Le second point, qui consistait à obtenir un emploi dans la ville, éprouva une plus grande résistance; on ne voulait plus revoir la fille dénaturée qui, en se donnant à un comédien, avait déshonoré une famille distinguée alliée autrefois à un surintendant; il n'y avait pas du reste à espérer que l'administration lui confiât une place. Sur ce point la résistance des parents était invincible; et Wilhelm, malgré tous ses arguments, fut obligé de céder, à son grand regret, car il trouvait Mélina indigne du bonheur de rentrer dans la carrière dramatique. Il ne se serait pas donné tant de peine pour vaincre la résistance de ces gens s'il en avait connu les motifs secrets : le mari aimait sa fille, mais il haïssait Mélina parce que sa femme avait eu des vues sur lui, et sa femme ne pouvait souffrir la vue de sa belle-fille devenue sa rivale préférée.

Mélina fut donc obligé de chercher immédiatement après son mariage une troupe de comédiens pour s'enrôler avec sa jeune femme, très-désireuse de voir le monde et d'être vue par lui.

CHAPITRE XV

Heureuse jeunesse ! heureux temps des premiers rêves d'amour ! Alors l'homme ressemble à l'enfant qui, pendant des heures entières, joue avec l'écho, fait seul les frais de l'entretien, et se trouve satisfait même quand l'interlocuteur invisible ne répète que les dernières syllabes des phrases qu'il lui jette.

Telle était la situation de Wilhelm pendant ses relations avec Marianne, surtout dans les derniers temps. Tout en lui prodiguant les plus riches trésors de son âme, il se considérait comme un mendiant, vivant de ses aumônes. De même qu'une ravissante contrée ne paraît ravissante que lorsque le soleil l'éclaire, ainsi tout ce qui l'entourait, tout ce qui venait d'elle, s'embellissait et s'ennoblissait à ses yeux.

Combien souvent il se tenait, au théâtre, derrière les coulisses, dont il avait obtenu l'entrée du directeur ! La magie de la perspective disparaissait, il est vrai, mais la magie de l'amour en devenait plus puissante. Pendant des heures entières il restait auprès des sales quinquets ; il supportait la fumée des rampes, pour contempler sa bien-aimée ; et, lorsqu'elle sortait de scène et lui jetait un regard d'amitié, éperdu de joie, il se croyait, parmi ces échafaudages et ces portants, transporté dans le paradis. Les agneaux empaillés, les cascades en toile gommée, les rosiers en carton, les chaumières peintes d'un seul côté, lui rappelaient des tableaux poétiques des anciennes mœurs pastorales. Les danseuses les plus laides de près ne lui semblaient pas déplaisantes, parce qu'il les voyait se mouvoir sur les mêmes planches que son amie. Tant il est vrai que l'amour, qui sait animer les berceaux de roses, les bosquets de myrtes, et le clair de lune, sait aussi donner l'aspect de la vie à des copeaux de bois et à des rognures de papier. C'est un assaisonnement si puissant, qu'il relève les sauces les plus fades et les moins ragoûtantes.

Il lui fallait bien un tel assaisonnement pour rendre supportable, et même, par la suite, agréable l'état où il trouvait habituellement sa chambre et souvent sa personne.

Élevé dans une bonne maison bourgeoise, l'ordre et la propreté étaient l'élément où il était habitué à respirer. Ayant hérité d'une partie de l'amour du luxe qu'avait son père, il avait voulu, tout enfant, arranger convenablement sa chambre, qu'il considérait comme son petit royaume. Les rideaux de lit se relevaient en grands plis, maintenus par des glands, comme on a coutume de représenter les trônes; il avait installé un tapis au milieu de la chambre, et un plus fin sur sa table ; il plaçait et arrangeait ses livres et les objets de son ménage avec une telle exactitude, qu'un peintre hollandais aurait trouvé là d'excellents sujets pour ses tableaux de nature morte. Il avait donné à son bonnet blanc la forme d'un turban, et fait tailler les manches de sa robe de chambre selon le costume oriental, en donnant pour raison que les manches larges et longues le gênaient pour écrire. Le soir, lorsqu'il était seul et qu'il ne craignait plus d'être dérangé, il portait habituellement une écharpe de soie enroulée autour du corps, et passé à sa ceinture un poignard, qu'il avait découvert dans une vieille collection d'armes. Ainsi costumé, il apprenait et répétait ses rôles tragiques, et, s'agenouillant sur le tapis, récitait sa prière.

Combien, dans ces moments, trouvait-il heureux l'acteur, qu'il voyait possesseur de maint costume majestueux, d'armes et d'armures, s'exerçant sans cesse aux nobles manières, et dont l'esprit lui semblait le miroir de ce que le monde produit de plus auguste et de plus magnifique en fait de situations, de pensées, et de passions! Wilhelm s'imaginait la vie intime d'un comédien comme une suite d'actes et d'occupations nobles, dont la représentation sur le théâtre était le couronnement suprême, de même que l'argent, qui, longtemps soumis au feu dans la coupelle, apparaît enfin à l'ouvrier brillamment coloré, et lui indique en même temps que le métal est maintenant pur de tout alliage.

Aussi combien fut-il choqué, au commencement, lorsqu'il se trouva chez sa maîtresse, et qu'à travers le nuage de bonheur dont il se sentait entouré il jeta un regard sur les chaises, les tables et le parquet! Les débris d'une toilette éphémère et fragile gisaient pêle-mêle dans un affreux désordre, comme la brillante robe d'un poisson écaillé. Les outils de la propreté humaine, peignes, savon, serviettes, étaient dehors, montrant les traces de leur usage. Musique et souliers, linge et fleurs artificielles, étuis, épingles à cheveux, pots de fard et rubans, livres et chapeaux de paille, tous ces objets se coudoyaient familièrement, unis par un lien commun, la poudre et la poussière. Mais, comme Wilhelm, en sa présence, ne s'occupait guère du reste, et que tout ce qui lui appartenait, tout ce qu'elle avait touché, lui devenait cher, il finit par trouver à ce ménage désordonné un charme qu'il n'avait jamais ressenti au milieu de sa pompeuse régularité. Il lui semblait, lorsqu'il dérangeait un corset pour ouvrir le piano et jetait un jupon sur le lit pour débarrasser la chaise où il voulait s'asseoir, lorsque avec une aisance naïve Marianne s'occupait devant lui de certains détails dont par décence on a coutume de faire mystère à d'autres, il lui semblait, dis-je, que chaque instant le rapprochait d'elle, qu'une communion s'établissait entre eux, consolidée par un lien invisible.

Il lui était moins facile de faire rentrer dans ses idées la conduite des autres comédiens, qu'il rencontrait souvent chez elle lors de ses premières visites. Occupés à être oisifs, ils paraissaient ne penser à rien moins qu'à leur art et à leur mission ; il ne les entendait jamais parler de la valeur poétique d'une pièce ni la discuter juste ou faux ; ce n'étaient jamais que ces mêmes questions : Qu'est-ce que *fera* la pièce ? Est-ce une *attraction* ? Combien de temps la jouera-t-on ? Combien de fois peut-on bien la donner ? et autres questions et réflexions de ce genre. On tombait ensuite sur le directeur, qui était avare à l'endroit des appointements, qui faisait des injustices à l'un ou à l'autre ; puis sur le public, qui récompensait rarement de ses applaudissements celui qui les méritait ; on disait que le théâtre allemand se perfectionnait de jour en jour, que le comédien était de plus en plus considéré, selon ses mérites, et qu'il ne le serait jamais assez. On parlait beaucoup des cafés et des cabarets, et de ce qui s'y était passé ; des dettes d'un camarade et des retenues qu'il avait à subir, de la disproportion des gages hebdomadaires, des cabales d'un parti ennemi ; sur quoi on finissait par remarquer la grande et légitime attention du public ; l'on n'oubliait pas non plus de vanter l'influence du théâtre sur l'éducation de la nation et du monde.

Toutes ces circonstances, qui avaient causé autrefois tant d'insomnies à Wilhelm, lui revenaient en ce moment en mémoire, tandis que, ramené lentement par son cheval à la maison paternelle, il repassait les événements dont il avait été témoin.

Il avait vu de ses propres yeux la consternation dans laquelle la fuite d'une jeune fille avait jeté une honnête famille bourgeoise, et, bien plus, toute une petite ville ; les scènes sur la grande route et chez le bailli, les opinions de Mélina, se représentèrent à son esprit, et y apportèrent une espèce de trouble inquiet ; mais il secoua bientôt ces pensées, donna de l'éperon à son cheval et hâta le pas vers la ville. Hélas ! il était loin de prévoir les calamités au-devant desquelles il courait ainsi.

Werner, son ami et son frère de cœur, l'attendait et lui réservait une explication sévère à laquelle il ne s'attendait pas.

Werner était un de ces hommes éprouvés, précis dans leur personnalité, qu'on appelle habituellement des gens froids, parce qu'ils ne s'enthousiasment pas visiblement. Aussi vivait-il avec Wilhelm dans une lutte perpétuelle qui ne faisait cependant que resserrer les liens de leur amitié ; car, malgré la divergence de leurs opinions, l'un trouvait son compte chez l'autre. Werner s'enorgueillissait du frein qu'il imposait à l'esprit cultivé mais extravagant de Wilhelm, qui, de son côté, croyait avoir remporté une victoire brillante quand parfois il parvenait à entraîner dans le vol audacieux de ses illusions son raisonnable ami. Ils exerçaient ainsi leurs forces l'un contre l'autre ; ils étaient habitués à se voir chaque jour, et l'on pourrait dire que leur désir de s'entretenir ensemble s'augmentait par l'impossibilité de s'entendre. Comme tous deux étaient bons et aimants, ils se pardonnaient volontiers cette espèce d'opiniâtreté qui ne leur permettait pas de modifier leurs principes.

Depuis quelque temps Werner s'était aperçu que Wilhelm évitait de lui parler des objets qui naguère l'intéressaient si vivement, et que surtout il ne se livrait plus devant lui à ses rêveries, effusion dans laquelle un ami sincère voit toujours, même quand il est forcé de les blâmer, une preuve de confiance et d'affection. Le prudent et circonspect Werner avait cherché vainement en lui-même le motif de cette absence, lorsque différents bruits de ville le mirent sur la véritable trace, et quelques imprudences de Wilhelm l'amenèrent plus près encore de la certitude. Il se livra à une enquête, et découvrit bientôt que Wilhelm avait ouvertement fait visite à une comédienne ; qu'il lui avait parlé sur le théâtre, et l'avait reconduite chez elle. Il eût été inconsolable s'il avait appris en même temps ses rendez-vous nocturnes, car on lui avait dépeint Marianne comme une fille très-séduisante, qui ruinerait vraisemblablement Wilhelm, tout en se faisant entretenir par un indigne amant. Dès que ses soupçons eurent acquis le rang de certitude, il résolut de livrer un assaut à Wilhelm, et il avait fait tous ses préparatifs d'attaque lorsque celui-ci revint de son voyage, soucieux et de mauvaise humeur.

Le soir même de ce retour, Werner lui dit tout ce qu'il avait appris, d'abord négligemment, puis avec l'énergie pressante d'un ami bien intentionné. Il ne laissa aucun point indécis ou vague, et fit souffrir à son ami toutes les amertumes dont les gens calmes mettent une joie maligne à abreuver les hommes passionnés. Mais, comme on le pense bien, il eut peu de succès. Wilhelm, ému intérieurement, mais malgré cela plein de confiance, lui répondit :

« Tu ne la connais pas ; les apparences peuvent être contre elle, mais je suis aussi sûr de sa fidélité et de sa vertu que je le suis de mon amour. »

Werner persista dans son accusation, et offrit des preuves.

Wilhelm refusa de l'écouter plus longtemps, et le quitta dans la situation d'un homme à qui un dentiste maladroit vient d'ébranler une dent malade sans avoir pu l'arracher.

Wilhelm éprouvait un certain malaise en voyant l'image de Marianne troublée et altérée au fond de son âme par les événements de son voyage et encore plus par les accusations de Werner; il pensa que le moyen le plus sûr de lui rendre son éclat primitif était d'aller passer la nuit auprès d'elle, selon son habitude. Elle le reçut avec tous les témoignages d'une joie passionnée; il avait passé sous ses fenêtres en revenant de voyage, elle s'attendait donc à le voir, et on pense bien que tout soupçon fut bientôt banni de l'esprit de Wilhelm. Rendu confiant par la tendresse de la jeune femme, il lui raconta combien le public, combien son ami la calomniaient. Cette confidence les amena naturellement à parler du commencement de leur connaissance, ces souvenirs qui restent toujours les plus doux motifs d'entretien des amants. Nos premiers pas dans le vaste labyrinthe de l'amour ont quelque chose de si enivrant, les premiers points de vue y sont si charmants, qu'on aime à les rappeler à sa mémoire. Chacun des deux prétend l'emporter sur l'autre, il a aimé avec plus de désintéressement; et, dans cette lutte, chacun aime mieux être vaincu que vainqueur.

Wilhelm répéta, pour la centième fois peut-être, à sa bien-aimée, comment le charme de sa personne, de son jeu et de sa voix, avait détourné son attention du théâtre, comment il n'avait plus voulu voir que les pièces où elle paraissait, comment il s'était enfin glissé sur le théâtre, combien de fois il s'était tenu près d'elle sans qu'elle s'en aperçût; puis il lui parla avec enthousiasme de l'heureuse soirée où il trouva enfin le moyen de lui rendre un petit service, et d'entamer ainsi un premier entretien.

De son côté, Marianne, loin de convenir qu'elle avait été longtemps sans le distinguer, soutenait qu'elle l'avait remarqué depuis longtemps à la promenade, et pour preuve elle lui désigna la couleur de l'habit qu'il portait ce jour-là ; elle lui assurait qu'il lui avait plu dès lors plus que tout autre, et qu'elle n'avait cessé de désirer faire sa connaissance.

Avec quelle confiance Wilhelm croyait à tout cela ! avec quelle satisfaction il s'entendait raconter qu'en le voyant s'approcher d'elle, Marianne s'était sentie attirée vers lui par un attrait irrésistible ; qu'elle avait mainte fois passé dans les coulisses auprès de lui pour le voir de plus près et faire connaissance avec lui, et qu'enfin, désespérée de sa retenue et de sa timidité, elle lui en avait elle-même fourni l'occasion en le priant de lui faire apporter un verre de limonade !

Au milieu de cette douce causerie où ils rassemblaient toutes les petites circonstances de leur court roman, le temps s'écoula rapidement, et Wilhelm quitta sa maîtresse complétement tranquillisé, et avec l'intention formelle de mettre immédiatement ses projets à exécution.

CHAPITRE XVI

Le père et la mère de Wilhelm avaient pourvu à tout ce qui était nécessaire pour le voyage ; l'absence de quelques objets de peu d'importance retardait seule de quelques jours son départ. Wilhelm profita de ce répit pour écrire à Marianne une lettre, afin de la décider à répondre clairement aux propositions qu'il lui avait faites et qu'elle éludait toujours.

Voici ce que disait cette lettre :

« Au milieu des chères ténèbres de la nuit qui m'ont si souvent vu dans tes bras, je suis assis devant ma table, je pense à toi et je t'écris ; mes idées, mes préoccupations, sont uniquement tendues vers toi. O Marianne ! c'est par toi que je suis le plus heureux des hommes ! c'est par toi que je ressemble au nouveau marié, qui, plein de pressentiments, sentant se dévoiler en lui et par lui un nouveau monde, agenouillé sur le tapis de l'autel, soulève déjà de la pensée le rideau du sanctuaire dont le pieux cérémonial auquel il vient de se soumettre lui promet l'entrée.

« Je me suis imposé la loi de rester plusieurs jours sans te voir ; cela m'était facile, puisque j'ai pour compensation l'espoir d'être éternellement avec toi, de rester à toi pour toujours ! Dois-je te répéter ce que je désire ? Je le crois nécessaire, car il me semble que jusqu'à présent tu ne m'as pas compris.

« Combien de fois, avec l'accent timide de la fidélité, qui n'ose pas dire parce qu'elle voudrait tout obtenir combien de fois n'ai-je pas épié dans ton cœur le désir d'une union éternelle ! Tu m'as compris certainement, car le désir doit naître aussi dans ton âme ; tu m'as entendu dans chaque baiser que je te donnais au milieu de nos embrassements. C'est alors que j'ai appris à connaître ta discrétion, et que mon amour pour toi s'en est augmenté. Où une autre aurait mis son habileté en jeu pour hâter par une chaleur factice le développement du germe de cette résolution, pour amener une explication s'assurer un serment, toi, tu t'es retirée, tu as renfermé le cœur entr'ouvert de ton amant, tu as cherché à cacher ta résolution sous une apparente indifférence ; mais je te comprends ! Quel misérable je serais, de ne pas reconnaître à ces signes l'amour pur, désintéressé, uniquement préoccupé de son ami ! Fie-toi à moi, et sois calme. Nous appartenons l'un à l'autre, et nous ne perdons, nous ne sacrifions rien, si nous devons vivre l'un pour l'autre.

« Accepte-la, cette main, cette marque solennelle, quoique superflue pour nous. Nous avons goûté toutes les joies de l'amour, mais il existe de nouvelles félicités dans la durée. Ne me dis pas : « Comment? » ne t'inquiète pas ! Le sort se charge de notre amour d'autant plus sûrement que notre amour est modeste.

Depuis longtemps mon cœur a abandonné la maison de mes parents ; il est auprès de toi, comme mon esprit est au théâtre. O mon amante ! est-il réservé à un homme d'accomplir son désir aussi parfaitement que moi ! Mes yeux ne connaissent plus le sommeil ; et, comme une éternelle aurore, ton amour et ton bonheur se lèvent devant moi.

« C'est avec peine que je me retiens de m'élancer, de courir vers toi, d'arracher ton consentement, et de poursuivre dès demain matin mon but à travers le monde. Non, je me contiendrai ! je ne veux pas faire de démarche irréfléchie, folle, téméraire ; mon plan est tracé, je veux l'exécuter avec calme.

« Je connais le directeur Serlo, et le voyage que je vais faire me conduira de son côté. Il y a un an, il souhaitait son monde un peu de mon énergie et de mon amour pour le théâtre, et je serai certainement le bienvenu auprès de lui. Plus d'une raison m'empêche de débuter dans votre troupe ; mais Serlo joue assez loin d'ici pour que je puisse dissimuler au moins mes premiers pas. Je trouv là suffisamment de quoi vivre, j'étudie mon public, j'apprends à connaître la troupe, et je reviens te chercher.

« Marianne, tu vois ce que je peux m'imposer, pour être sûr de te posséder : rester si longtemps sans te voir, te savoir loin de moi ! je n'ose pas y penser ! Mais si je me représente ton amour, qui me rassure en tout point, si tu écoutes la prière que je te ferai avant notre séparation, si tu me tends tes mains devant le prêtre, alors je m'en irai tranquille. Ce n'est qu'une formalité pour nous, mais une belle formalité, la bénédiction du ciel par-dessus la bénédiction de la terre !

« J'ai assez d'argent pour commencer ; nous partagerons, cela suffira pour nous deux, et, avant qu'il soit épuisé, le ciel nous aidera.

« Oui, ma bien-aimée, je suis sans inquiétude. Ce qui a été commencé avec tant de joie doit finir par le bonheur. Je n'ai jamais douté qu'on puisse avancer dans le monde lorsqu'on a de l'énergie, et je me sens assez de courage pour gagner une large subsistance pour deux, pour plusieurs même. Le monde est ingrat, dit-on ; je n'ai pas encore trouvé qu'il fût ingrat, lorsqu'on sait agir comme il faut avec lui. Mon âme s'enflamme à la pensée de me montrer enfin, de dire au cœur des hommes ce que depuis si longtemps il a soif d'entendre. Mais cet accent si difficile, les plus incapables, les plus maladroits se flattent de le trouver. Que de fois, moi qui suis si plein de la beauté dramatique, ai-je eu l'âme douloureusement blessée de voir les plus misérables individus s'imaginer pouvoir dire à notre cœur une grande et puissante parole ! Un son poussé par une voix de fausset résonne plus purement ! c'est inouï, le crime que commettent ces drôles dans leur grossière ineptie.

« Le théâtre a souvent été en lutte avec la chaire ; ils ne

devraient pas, ce me semble, se quereller ainsi. Ne serait-il pas à désirer que dans ces deux endroits des hommes d'élite célébrassent le Dieu de la nature? Ce ne sont pas là des rêves, ma bien-aimée. Si j'ai appris sur ton cœur que tu es tout amour, j'ai saisi aussi les lumineuses pensées, et je dis..... Je ne l'exprimerai pas; mais j'ai l'espoir que nous apparaîtrons un jour aux hommes comme deux génies, venant ouvrir leurs cœurs, toucher leur sensibilité, leur préparer des jouissances célestes, aussi certainement que j'ai trouvé sur ton sein des joies qu'on devra toujours appeler célestes, car, dans ces moments, nous nous sentons transportés hors de nous-mêmes, élevés au-dessus de nous-mêmes.

« Je ne puis terminer, j'ai déjà trop dit, et je ne sais si je t'ai encore dit tout ce qui te concerne; car la rapidité de la roue qui tourne dans mon cœur ne peut s'exprimer par des mots.

« Reçois cependant ce feuillet, ma chérie; je viens de le relire, et je trouve qu'il faudrait le recommencer en entier; cependant il contient tout ce qu'il est nécessaire que tu saches, pour que je puisse bientôt me retrouver dans tes bras avec toute la joie de mon tendre amour. Je me fais l'effet d'un prisonnier qui dans son cachot lime ses fers en faisant le guet. Je souhaite une bonne nuit à mes parents, qui dorment paisiblement.—Adieu, ma bien-aimée, adieu! cette fois, je finis. Mes paupières se sont déjà baissées deux ou trois fois. La nuit est déjà avancée. »

CHAPITRE XVII

Le jour n'était pas fini que Vilhelm, sa lettre bien pliée et serrée dans sa poche, brûlait de se rendre chez

Marianne; aussi faisait-il à peine sombre lorsque, contre son habitude, il se dirigea furtivement vers sa demeure. Son plan était de s'annoncer pour la nuit, de quitter sa maîtresse pour quelques instants, de lui glisser la lettre dans la main, et, lorsqu'il reviendrait au milieu de la nuit, d'obtenir enfin sa réponse et son approbation, ou de la lui arracher par la force de ses caresses. Il vola dans ses bras, et, penché sur son sein, il put à peine se maîtriser. La vivacité de ses sentiments l'empêcha d'abord de remarquer qu'elle ne lui répondait pas avec sa tendresse habituelle; elle ne put cependant lui dissimuler longtemps son embarras. Elle prétexta d'une maladie, d'une indisposition; elle se plaignit d'un mal de tête, elle ne voulait pas lui permettre de revenir cette nuit. Il ne soupçonna rien de mauvais, et n'insista pas davantage; mais il sentit que ce n'était pas le moment de lui donner sa lettre. Il la garda, et comme différents gestes, quelques mots de Marianne l'avertirent poliment de se retirer, il saisit, dans le délire de son amour insatiable, un des fichus de sa maîtresse, le cacha dans sa poche, et quitta à regret ses lèvres et sa porte. Il rentra chez lui, mais il n'y put rester longtemps; il s'habilla et ressortit pour chercher le grand air.

Il avait parcouru quelques rues au hasard lorsqu'il rencontra un inconnu qui le pria de lui indiquer une certaine auberge; Wilhelm s'offrit de lui montrer la maison; l'étranger lui demanda le nom de la rue et des propriétaires de plusieurs grands édifices devant lesquels ils passaient; il s'informa de la manière dont la police était organisée dans la ville. Ils étaient engagés dans une conversation fort intéressante lorsqu'ils arrivèrent à la porte de l'auberge. L'étranger força son guide à y entrer, et à prendre avec lui un verre de punch. Il lui dit en même temps son nom, le lieu de sa naissance, les affaires qui l'amenaient dans cette ville, et pria Wilhelm de lui montrer une semblable confiance. Celui-ci n'hésita pas à lui donner son nom et son adresse.

« N'êtes-vous pas le petit-fils du vieux Meister, qui possédait une belle collection d'objets d'art? demanda l'étranger.

— En effet, c'est moi. J'avais dix ans lorsque mourut mon grand-père, et cela me fit bien de la peine de voir vendre toutes ces belles choses.

— Votre père a tiré de cette vente une somme considérable?

— Vous le savez donc?

— Oui, j'ai encore vu ce trésor dans votre maison. Votre grand-père n'était pas un simple collectionneur ; il se connaissait en art ; il avait fait dans ses jeunes et heureuses années un voyage en Italie, et en avait rapporté des trésors qu'on ne pourrait plus se procurer aujourd'hui à aucun prix. Il possédait d'excellentes peintures des meilleurs maîtres ; on en croyait à peine ses yeux, lorsqu'on parcourait ses dessins ; parmi ses marbres se trouvaient quelques fragments inappréciables ; il possédait une suite fort intéressante de bronzes ; il avait également rassemblé systématiquement ses monnaies au point de vue de l'art et de l'histoire; ses quelques pierres gravées méritaient de grands éloges, et le tout était parfaitement disposé, quoique les chambres et les salles de la vieille maison fussent loin d'être construites avec symétrie.

— Vous pouvez penser ce que nous perdîmes, nous autres enfants, lorsque l'on enleva et emballa tout cela. Ce furent les premiers moments tristes de ma vie. Je me souviens encore combien les chambres nous parurent vides, lorsque nous vîmes disparaître un à un les objets qui nous avaient amusés depuis notre enfance, et que nous croyions aussi immuables que la maison et que la ville même.

— Si je ne me trompe, votre père a placé le produit de cette vente dans le commerce d'un voisin, avec lequel il a fait une sorte d'association ?

— C'est vrai, et leurs spéculations communes leur ont parfaitement réussi ; ils ont beaucoup accru leur fortune pendant ces douze dernières années, et n'en sont devenus tous deux que plus ardents au gain ; mais le vieux Werner a en outre un fils qui s'entend bien mieux que lui à ces affaires.

— Je regrette que votre ville ait perdu un ornement tel que le cabinet de votre grand-père. Je le vis quelque temps avant qu'il fût vendu, et je puis dire que je suis la cause que cette vente ait eu lieu. Un gentilhomme, riche et grand amateur, mais qui dans une affaire aussi importante ne s'en rapportait pas à son propre jugement, m'avait envoyé ici pour que je lui donnasse mon avis. Je mis six jours à visiter le cabinet, et, le septième, je conseillai à mon ami de compter sans débattre la somme demandée. Vous étiez souvent autour de moi, petit garçon éveillé ; vous m'expliquiez le sujet des tableaux, et saviez fort bien commenter le cabinet.

— Je me souviens bien de cette personne, mais je ne l'aurais pas reconnue en vous.

— Il y a déjà bien du temps de passé depuis lors, et plus ou moins nous changeons toujours. Vous aviez, si j'ai bon souvenir, un tableau de prédilection, que vous ne vouliez pas me laisser quitter ?

— C'est vrai ; cela représentait l'histoire du fils du roi se mourant d'amour pour la fiancée de son père.

— Ce n'était certes pas le meilleur tableau : mal composé, d'un coloris médiocre, et d'une exécution maniérée.

— Je ne comprenais pas cela, et je ne le comprends pas encore aujourd'hui ; c'est le sujet qui me charme dans un tableau, et non pas l'exécution.

— Votre grand-père paraissait penser autrement ; car la plus grande partie de sa collection consistait en excellents ouvrages, où l'on admirait toujours le talent du maître, quoi qu'ils représentassent ; aussi ce tableau était-il suspendu dans le vestibule, ce qui marquait le peu de cas qu'il en faisait.

— C'est justement là où nous jouions toujours, nous autres enfants ; c'est là que ce tableau a produit sur moi une impression ineffaçable que même votre critique, que je respecte du reste, ne ferait pas disparaître si nous nous trouvions encore en face de ce tableau. Comme cela me peinait, comme cela me peine encore, de voir un jeune homme renfermer en lui-même les doux élans, le plus beau patrimoine que nous donne la nature, cacher dans son sein le feu qui devrait l'animer et l'échauffer lui et les autres ! Comme je plains la malheureuse qui doit se sacrifier à un autre, lorsque son cœur a rencontré le digne objet de son pur et sincère désir !

— Ces sentiments sont, à la vérité, bien éloignés du point de vue sous lequel un amateur doit apprécier les œuvres des grands maîtres ; mais il est probable que, si le cabinet de votre grand-père était resté la propriété de votre maison, vous seriez arrivé peu à peu à estimer les œuvres d'art pour elles-mêmes, au lieu de n'y voir jamais que vous-même et vos propres inclinations.

— Il est certain que la vente de ce cabinet m'a fait bien de la peine, et je l'ai souvent regrettée, dans un âge plus avancé ; mais, lorsque je pense qu'il fallait qu'il en fût ainsi pour voir développer en moi une vocation, un talent qui devait exercer sur ma vie une plus grande influence que ne l'auraient fait ces images inanimées, je me résigne volontiers, et je bénis le sort qui sait amener mon bien et le bien de chacun.

— Je regrette d'entendre ce mot de sort prononcé par un jeune homme qui se trouve dans un âge où l'on attribue habituellement la violence de ses inclinations à la volonté d'êtres supérieurs.

— Ainsi vous ne croyez pas au sort ? à une puissance qui nous domine, et qui dirige tout pour notre bien ?

— Il n'est pas ici question de mes croyances ; ce n'est pas le moment de développer comment je cherche à me rendre, jusqu'à un certain point, compte des choses qui nous paraissent inexplicables ; la question est de savoir quelle est la manière la plus avantageuse de se représenter les choses. La trame de ce monde se compose de nécessité et de hasard. La raison humaine se place entre les deux, et sait leur commander ; elle prend la nécessité comme base de son existence ; elle infléchit, guide et utilise le hasard, et ce n'est qu'en restant ferme et inébranlable que l'homme se rend digne d'être appelé le dieu de la terre. Malheur à celui qui dès sa jeunesse s'habitue à vouloir trouver dans la nécessité quelque chose d'arbitraire, qui attribue au hasard une sorte de raison à laquelle il faut obéir comme à une religion ! N'est-ce pas renoncer à sa propre intelligence et donner une carrière sans bornes à ses penchants ? Nous nous imaginons être pieux, parce que nous nous traînons sans réflexion ; nous nous laissons aller à des événements qui nous flattent, et à la fin nous donnons le nom de direction divine au résultat d'une existence vacillante.

— Ne vous êtes-vous jamais trouvé dans ce cas qu'une

circonstance insignifiante vous ait forcé à suivre une certaine route où vous rencontrez bientôt un événement agréable, et où une suite d'incidents inattendus vous conduisent enfin au but que vos yeux avaient à peine entrevu ? Cela ne devrait-il pas inspirer la soumission au sort, la confiance dans les passions ?

— Avec de semblables principes, il n'est point de femme qui pût conserver sa vertu, point d'homme qui pût garder son argent dans sa bourse, car il y a assez d'occasions de perdre l'un et l'autre. Je n'estime que l'homme qui sait ce qui est utile à lui et aux autres et qui travaille à borner ses désirs. Chacun a son propre bonheur entre les mains, comme l'artiste a la matière brute d'où il doit tirer une figure. Mais il en de cet art comme de tous les autres ; nous n'avons d'inné que l'aptitude ; elle veut être approfondie et soigneusement exercée. »

Ils traitèrent ce sujet et bien d'autres encore. Ils se séparèrent enfin, sans que l'un eût pu convaincre l'autre ; ils se donnèrent cependant rendez-vous pour le lendemain.

Wilhelm reprit sa promenade à travers les rues. Tout à coup il entendit des clarinettes, des hautbois et des cors de chasse. Son cœur en tressaillit. C'étaient des musiciens ambulants qui donnaient un agréable concert nocturne. Il les aborda ; moyennant une légère gratification ils le suivirent jusqu'à la demeure de Marianne. De grands arbres ornaient la place où se trouvait sa maison ; ce fut là qu'il plaça ses chanteurs ; lui-même s'installa sur un banc à quelque distance, et se laissa bercer par la musique qui murmurait autour de lui dans la fraîcheur de la nuit. Étendu sous un ciel constellé d'étoiles propices, la vie lui semblait un rêve d'or. « Elle aussi entend ces flûtes, se disait-il ; elle sait quelle pensée, quel amour rend ainsi la nuit harmonieuse; séparés, cette mélodie nous rattache l'un à l'autre, comme nous serons rattachés par l'intime accord de notre amour. Ah! deux cœurs aimants sont comme deux montres aimantées : ce qui fait marcher l'une doit aussi mettre l'autre en mouvement; car c'est la même chose qui agit en elles, la même force qui les pénètre. Lorsque je suis dans ses bras, puis-je imaginer la possibilité d'une séparation? et cependant je serai loin d'elle, je chercherai un asile pour notre amour et je l'aurai toujours près de moi.

« Combien de fois m'est-il arrivé, lorsqu'elle était absente, absorbé dans son souvenir, de toucher un livre, un vêtement ou quelque autre objet, et de croire sentir sa main; toute sa présence m'entoure. Et me rappeler ces moments qui fuient la lumière du jour comme l'œil d'un froid spectateur, et pour lesquels les dieux renonceraient volontiers au calme de leur pure félicité! Me les rappeler! Comme si l'on pouvait renouveler par le souvenir ce délire puisé à la coupe de l'ivresse, qui enlace nos sens de célestes liens, et les transporte tous hors d'eux-mêmes... Et sa beauté!... » Il se perdait dans ces pensées; du calme il passa au désir; il enlaça un arbre de ses bras, rafraîchit contre l'écorce ses joues brûlantes, et les vents de la nuit recueillaient l'haleine haletante qui s'échappait tumultueusement de sa poitrine. Il chercha le fichu qu'il avait emporté, il l'avait oublié dans l'autre habit. Ses lèvres brûlaient, ses membres tremblaient de désir.

La musique cessa, et il lui sembla tomber de la sphère où ses sensations l'avaient élevé jusqu'à ce moment. Son agitation s'accrut, ses sens n'étant plus alimentés et satisfaits par la douce mélodie. Il s'assit sur le seuil de Marianne, cela le calma un peu. Il baisa l'anneau de cuivre dont on se servait pour frapper à sa porte, il baisa les marches que ses pieds foulaient chaque jour et les échauffa du feu de sa poitrine. Puis il resta quelque temps assis sans bouger; sa pensée la voyait derrière ses rideaux, en négligé blanc avec le ruban rouge autour de la tête, reposant doucement; et il se sentait si près d'elle, qu'il lui sembla que dans ce moment elle devait rêver de lui. Ses pensées étaient douces comme les visions du crépuscule; le calme et le désir alternaient dans son cœur; l'amour parcourait de ses mille doigts les cordes de son âme; il lui semblait que le chant des sphères se fût suspendu, pour écouter les timides mélodies de son cœur.

S'il avait eu le passe-partout qui lui ouvrait habituellement la porte de Marianne, il ne se serait pas contenu, il aurait pénétré dans le sanctuaire de l'amour; mais il s'éloigna lentement, chancelant sous les arbres dans sa demi-rêverie; il voulait rentrer, et se retrouvait toujours tournant le dos à sa maison. Enfin il parvint à se dominer, il marchait, et, arrivé à l'angle de la rue, il jetait un dernier regard, lorsqu'il crut voir la porte de Marianne s'ouvrir, et une figure sombre en sortir. Il était trop loin pour bien distinguer, et, avant qu'il se fût remis et qu'il eût regardé attentivement, l'apparition s'était déjà perdue dans la nuit; il lui sembla cependant la revoir à quelque distance se glisser le long d'une maison blanche; il s'arrêta et cligna des yeux; mais, avant qu'il eût pris courage et qu'il se fût élancé à sa poursuite, le fantôme était disparu. Par où fallait-il le suivre? Quelle rue avait prise cet homme, si c'en était un?

Comme celui à qui l'éclair a découvert un coin de la contrée cherche de ses yeux éblouis, au milieu de l'obscurité, à reconnaître les objets qu'il a distingués et la suite du sentier, la nuit avait succédé à l'éclair dans les yeux, dans le cœur de Wilhelm. De même qu'un spectre qui cause une horrible épouvante n'est regardé, lorsque renaît le calme, que comme un enfant de la peur, terrible apparition qui ne laisse que des doutes dans l'âme, telle était la situation de Wilhelm, appuyé contre sa borne, ne remarquant ni la clarté du jour naissant, ni le chant du coq, jusqu'au moment où les industries matinales, commençant à s'animer, le décidèrent à regagner sa maison.

Comme il rentrait, il était presque parvenu à bannir de son âme, par les raisons les plus fondées, cette illusion soudaine; mais les douces sensations de la nuit, auxquelles il ne repensait plus que comme à une apparition, s'étaient également évanouies. Pour repaître son cœur et pour mettre le sceau à sa foi renaissante, il prit le fichu dans la poche où il l'avait serré quelques jours auparavant; le frôlement d'un papier qui en tomba lui fit retirer le fichu de ses lèvres. Il ramassa le billet et lut :

« C'est ainsi que je t'aime, petite folle. Qu'avais-tu donc hier ? Ce soir, j'irai chez toi. Je conçois que tu aies du regret de partir d'ici ; mais prends patience, je viendrai te rejoindre à la foire prochaine. A propos, ne me remets plus cette certaine camisole verte, brune et noire ; tu ressembles avec cela à la sorcière d'Andore. Ne t'ai-je pas envoyé ce négligé blanc parce que je veux tenir dans mes bras un petit agneau blanc? Fais-moi toujours porter tes billets par la vieille sibylle; le diable l'a créée tout exprès pour le rôle d'Iris. »

LIVRE II

CHAPITRE PREMIER

Tous ceux que nous voyons par des efforts énergiques tendre vers le but qu'ils se sont proposé peuvent compter sur l'intérêt de leurs semblables, soit qu'on blâme ou qu'on approuve ce but; mais, dès qu'il est atteint, nous détournons les yeux; tout ce qui est terminé et réglé ne peut plus captiver l'attention, surtout si nous avons déjà nous-mêmes prédit à l'entreprise une fâcheuse issue.

Nous épargnerons donc à nos lecteurs la description des tortures que subit notre malheureux héros lorsqu'il vit ses espérances et ses vœux renversés d'une façon aussi inattendue. Nous sauterons plutôt quelques années, et nous le reprendrons au moment où nous pourrons espérer le retrouver dans une autre sphère de bonheur et d'activité, en comblant toutefois cette lacune par le récit succinct des principaux événements nécessaires à l'intelligence de son histoire.

La peste et la fièvre maligne ont plus de force quand elles sévissent sur un corps robuste et sain; aussi le pauvre Wilhelm, accablé par un pareil malheur, vit-il tout son être bouleversé en un instant. Quand un incendie réel se mêle à un brillant feu d'artifice, les pièces, savamment préparées et disposées suivant un certain plan, éclatent et sifflent en se croisant sans ordre, de même l'espérance et le bonheur, la joie et la volupté, la réalité et les illusions s'anéantirent à la fois dans le cœur de notre malheureux héros. Dans ces moments de désolation, l'ami qui vole au secours de la victime reste immobile d'effroi, et pour la victime, le plus grand bonheur qui puisse lui arriver, c'est de perdre tout sentiment.

Puis vinrent les jours de douleur amère, toujours renouvelée, volontairement ravivée : ceux-là aussi peuvent être considérés comme une grâce de la nature. Dans ces heures, Wilhelm n'avait pas entièrement perdu sa bien-aimée ; sa douleur consistait en des essais infatigablement renouvelés de retenir le bonheur qui fuyait son âme, d'en ressaisir la possibilité dans son imagination, d'opérer comme une courte résurrection des joies à tout jamais perdues : c'est ainsi qu'on ne considère pas comme absolument mort un corps décomposé, tant que les forces, qui essayent en vain d'agir selon leur destination première, travaillent à la destruction des organes qu'elles animaient naguère ; ce n'est que lorsque les parties se sont réciproquement détruites, lorsque nous voyons le tout réduit en une poussière indifférente, c'est alors seulement que s'élève en nous le misérable et vide sentiment de la mort, que peut seul ranimer le souffle de l'Éternel.

Dans un cœur si neuf, si entier, si aimant, il y avait beaucoup à déchirer, à renverser, à détruire, et la force réparatrice de la jeunesse fournissait, donnait à la douleur un nouvel aliment et une nouvelle vivacité. Le coup avait frappé son être tout entier à la racine ; et Werner, son confident par nécessité, saisit avec ardeur le fer et le feu pour combattre jusque dans le plus intime recoin de la vie la passion détestée, le monstre. L'occasion était si heureuse, les preuves si bien entre ses mains ! combien d'histoires et de récits sut-il mettre à profit ! Il manœuvra pas à pas avec une telle violence, une telle cruauté, ne laissant pas à son ami le soulagement du moindre mensonge, lui fermant tout refuge où il aurait pu se sauver du désespoir, que la nature, ne voulant pas laisser périr son favori, le mit aux prises avec une maladie pour lui faire trêve de l'autre côté.

Une fièvre violente, avec son cortége, les médicaments, les transports, les faiblesses ; ajoutez-y les soins de la famille, l'affection des amis d'enfance, qui ne se font bien sentir que dans le besoin et la détresse, furent autant de distractions apportées dans ce changement de situation. Ce ne fut que lorsqu'il se trouva mieux, c'est-à-dire lorsque ses forces furent épuisées, qu'il put diriger ses yeux épouvantés au fond de l'abîme désastreux de son aride misère, de même qu'on plonge les regards dans le cratère d'un volcan éteint.

Il se faisait à lui-même les plus amers reproches d'avoir eu encore, après une telle perte, un instant de calme, de repos, d'indifférence. Il méprisait son propre cœur, et aspirait aux larmes et aux sanglots pour être soulagé.

Pour les retrouver, il évoquait le souvenir de son bonheur perdu, qu'il paraît de couleurs vives et séduisantes ; et quand il s'était péniblement élevé à la hauteur suprême, quand il croyait sentir le soleil des jours écoulés ranimer ses membres, réchauffer son sein, il se tournait brusquement vers l'abîme effroyable, repaissait son œil de cette profondeur écrasante, s'y précipitait, et extrayait de la nature ses plus amères souffrances. Par ces incessantes tortures il se déchirait de ses propres mains : car la jeunesse, si riche en forces intimes, ne sait pas ce qu'elle gaspille, quand à la douleur que cause toujours une perte quelconque elle ajoute des douleurs factices comme pour augmenter la valeur et l'importance du bien qu'elle vient de perdre. Au reste, il était tellement convaincu que cette perte était la première et la dernière qu'il éprouverait de sa vie, qu'il repoussait toute consolation tendant à lui représenter sa douleur comme pouvant avoir une fin.

CHAPITRE II

Accoutumé à se torturer lui-même de cette manière, il poursuivit à outrance et avec une critique amère tout ce qui, après l'amour et avec l'amour, lui avait fourni ses plus grandes joies, ses meilleures espérances, c'est-à-dire son talent de poëte et d'acteur. Il ne voyait dans ses travaux qu'une imitation, sans âme et sans valeur propre, de certaines formules de convention ; il n'y voulait reconnaître que de maladroits exercices d'écoliers sans la moindre étincelle de naturel, de vérité ni d'inspiration. Dans ses poésies, il ne voyait qu'un rhythme monotone dans lequel, reliées par des rimes misérables, se traînaient les inventions et les pensées les plus communes. Il se retirait ainsi toute espérance, tout plaisir qui, venant de ce côté, aurait pu le relever. Il ne traitait pas mieux son talent d'acteur. Il se reprochait de ne pas avoir découvert plus tôt la vanité sur laquelle se basait uniquement cette prétention. Sa figure, sa démarche, son geste, sa déclamation, y passèrent ; il se refusait absolument toute espèce d'avantages qui aurait pu l'élever au-dessus du commun, et portait par ce moyen son morne désespoir au plus haut degré ; car, s'il est cruel de renoncer à l'amour d'une femme, il n'est pas moins douloureux de s'arracher au commerce des muses, de se déclarer à jamais indigne de leur société, et de renoncer aux plus beaux et aux plus sensibles succès qui sont publiquement donnés à notre personne, à nos manières, à notre voix.

Notre ami s'était complétement résigné, et s'était en même temps voué avec un grand zèle aux affaires de commerce. A l'étonnement de son ami et à l'extrême satisfaction de son père, on ne voyait personne de plus actif que lui à la bourse, au comptoir, aux magasins; comptes et correspondance, tout ce qu'on lui confiait, il l'exécutait avec le plus grand soin et la plus grande rapidité. Ce zèle cependant n'avait rien de cet empressement joyeux qui récompense l'homme laborieux lorsque nous avons fait avec ordre et suite la chose pour laquelle nous sommes nés ; mais c'était l'activité calme du devoir, qui a pour fondement les meilleures intentions, qui est alimentée par la conviction et sera récompensée par une satisfaction intime ; mais qui souvent, lorsque la conscience la plus pure lui décerne la couronne, ne peut étouffer un soupir invincible.

Wilhelm avait vécu quelque temps de la sorte dans une grande application et s'était persuadé que cette rude épreuve lui avait été imposée pour son bien par le sort. Il se réjouissait d'avoir été averti à temps, quoique assez rudement, sur le chemin de la vie, tandis que d'autres expient plus tard et plus rudement les erreurs où les ont poussés les égarements de la jeunesse. Car habituellement l'homme se défend aussi longtemps que possible de congédier les folies que renferme son cœur, de reconnaitre une erreur capitale, et de s'avouer une vérité qui le désespère.

Ainsi décidé à renoncer à la poésie et à ses plus chères idées, il lui fallut cependant quelque temps pour se convaincre complétement de son malheur. Il parvint enfin, par de solides raisons, à anéantir si entièrement en lui tout espoir d'amour, de productions poétiques, de représentations théâtrales, qu'il résolut d'effacer toute trace de sa folie, tout ce qui pourrait y ramener sa pensée.

Dans ce but, il alluma par une soirée froide le feu de sa cheminée, et prit un coffret de reliques où se trouvaient renfermées mille bagatelles que, dans des moments d'ivresse ou d'abandon, Marianne lui avait données ou laissé prendre. Chaque fleur fanée lui rappelait l'instant où, encore fraîche, elle ornait ses cheveux ; chaque billet, le rendez-vous auquel il l'invitait ; chaque nœud de ruban, son beau sein, la place où il reposait sa tête. Tout cela ne devait-il pas ranimer des sentiments qu'il croyait morts depuis longtemps ? La passion dont il était devenu maître, étant séparé de son amie, ne devait-elle pas retrouver sa violence en présence de ces riens ? Car nous ne remarquons la tristesse et l'ennui d'un jour de brouillard que si un seul rayon de soleil, venant à percer, nous montre le joyeux éclat d'une heure sereine.

Ce ne fut pas sans émotion qu'il vit ces saintes reliques, conservées depuis si longtemps, s'envoler devant lui en flamme et en fumée. De temps en temps il s'arrêtait honteux Un collier et un fichu de gaze lui restaient encore lorsqu'il résolut de ranimer la flamme languissante avec les essais poétiques de sa jeunesse. Jusqu'alors il avait soigneusement conservé tout ce qui était sorti de sa plume depuis le premier développement de son esprit. Ses écrits étaient encore ficelés en liasses au fond du coffre où il les avait placés, comptant les emporter dans sa fuite. Combien les sentiments qu'il éprouva en les ouvrant étaient différents de ceux avec lesquels il les avait rangés là !

Lorsqu'une lettre écrite et cachetée par nous dans certaines circonstances nous revient, n'ayant pas trouvé l'ami auquel elle était adressée, et que nous l'ouvrons après un certain temps, nous sommes pris d'une sensation singulière en brisant notre propre cachet, et nous nous intéressons à notre moi ainsi modifié comme à une tierce personne. Un sentiment semblable s'empara violemment de notre ami lorsqu'il ouvrit le premier paquet et en jeta les cahiers déchirés dans le feu soudainement ravivé. A ce moment Werner entra, lui demanda ce que signifiait cette flamme si vive, et ce qu'il faisait là.

« Je prouve, dit Wilhelm, que j'ai le courage de renoncer à un métier pour lequel je n'étais pas né. »

En disant cela il jeta au feu le second paquet. Werner voulut le retenir, mais le sacrifice était consommé.

« Je ne vois pas comment tu en es venu à cette extrémité, dit Werner. Parce que ces compositions ne sont pas parfaites, en résulte-t-il qu'il faille les détruire ?

— Parce qu'un poëme doit ou être parfait, ou ne pas exister du tout ; parce que quiconque n'est point en état d'atteindre la perfection doit s'abstenir des arts et se tenir sévèrement en garde contre tout entraînement. Car il gît dans chaque homme un certain désir mal défini d'imiter ce qu'il voit ; mais ce désir ne prouve pas que nous ayons aussi la force de mettre à exécution ce que nous entreprenons. Vois les gamins des rues, chaque fois que des danseurs de cordes passent par la ville, aller et venir et chercher à se tenir en équilibre sur les planches et les poutres, jusqu'à ce qu'un autre appât les attire vers une semblable imitation. Ne l'as-tu pas observé dans le cercle de nos amis ? Dès qu'un virtuose se fait entendre, il s'en trouve quelques-uns qui se mettent aussitôt à apprendre à jouer du même instrument. Combien s'égarent sur cette route ! Heureux celui qui reconnaît à temps que ses désirs ont mal auguré de ses forces ! »

Werner le contredit. La conversation s'anima, et Wilhelm, non sans une certaine émotion, répéta à son ami les arguments avec lesquels il s'était si souvent tourmenté lui-même. Werner soutint qu'il était peu raisonnable de renoncer entièrement à un talent pour lequel on n'avait de goût et de disposition que dans une certaine mesure, sous prétexte qu'on ne l'exercera jamais avec la suprême perfection. Il se trouve mainte heure de loisir qu'on peut remplir ainsi, et peu à peu on arrive à produire quelque chose qui procure à nos amis d'agréables distractions.

Notre ami, qui avait sur ce point une tout autre opinion, l'interrompit vivement : « Combien tu te trompes, cher ami, si tu crois qu'une œuvre dont la première idée doit remplir toute notre âme puisse se produire à des heures dérobées, interrompues ! Non, le poëte doit vivre tout à lui, tout dans ses chères créations ! Lui, qui est précieusement doué par le ciel, qui garde dans son sein un trésor qui s'accroît sans cesse de lui-même, il doit, à l'abri du trouble extérieur, vivre au milieu de ses trésors dans une paisible félicité, que le riche demande vainement aux monceaux d'or entassés autour de lui. Vois les hommes courir après le bonheur et le plaisir ! Leurs désirs, leurs efforts, leur argent, chassent sans relâche, et quoi donc ? ce que le poëte a reçu de la nature : la jouissance de l'univers, la faculté de se sentir soi-même dans les autres, une communion harmonieuse avec mille choses souvent inconciliables.

« Pourquoi l'homme est-il sans cesse inquiet et tourmenté ? Parce qu'il ne peut concilier ses désirs avec les objets, parce que la jouissance s'anéantit entre ses mains, parce que la réalisation de ses vœux arrive toujours trop tard, et que ce qu'il a obtenu ou acquis ne répond jamais à l'idée qu'il s'en était faite lorsqu'il était encore réduit à le souhaiter. Le destin a élevé le poëte comme un dieu au-dessus de toutes ces misères. Il voit s'agiter sans but le tumulte des passions, des familles et des empires ; il voit les insolubles énigmes des malentendus, qu'un monosyllabe pourrait faire disparaître, amener des désordres inouïs et épouvantables ; il éprouve à lui seul tout ce que l'espèce humaine a de joies et de douleurs. Quand l'homme du monde, en proie à une sombre mélancolie, se traîne à travers le temps à cause d'un grand malheur, ou se précipite follement au-devant de sa destinée à cause d'un bonheur inattendu, l'âme impressionnable du poëte, semblable au soleil voyageur, marche de la nuit au jour, et les modulations de sa harpe se mettent à l'unisson de la joie et de la douleur. C'est dans son cœur que se développe la plus pure fleur de la sagesse que le ciel lui-même y a semée ; et, quand le reste des hommes rêve éveillé, sans cesse troublé par des imaginations monstrueuses, il vit comme un homme éveillé le rêve de la vie, dont les plus bizarres événements sont pour lui l'avenir et le passé. C'est ainsi que le poëte est à la fois maître et prophète, ami des dieux et des hommes! Comment veux-tu qu'il s'abaisse aux mesquines proportions d'un travail mercenaire ? Lui, doué comme un oiseau pour planer au-dessus du monde, pour nicher sur les hautes cimes, pour se nourrir de boutons et de fruits en allant légèrement de branche en branche, lui faudrait-il en même temps tirer la charrue comme le bœuf, s'habituer à suivre la piste comme le chien, ou peut-être encore, la chaîne au col, aboyer la nuit dans une cour de ferme? »

Comme on le pense, Werner l'avait écouté avec surprise.

« Si les hommes, s'écria-t-il, étaient seulement faits comme les oiseaux, et pouvaient, sans tisser ni filer, passer d'heureux jours dans une jouissance perpétuelle! Si, à l'entrée de l'hiver, ils pouvaient, afin d'échapper à la disette, diriger leur vol vers des contrées où commence un printemps nouveau !

— Telle était, s'écria Wilhelm, la vie des poëtes lorsque la véritable grandeur était mieux appréciée, et c'est ainsi qu'ils devraient vivre encore. Suffisamment riches au dedans, ils avaient peu à demander au dehors; le don de faire partager aux hommes de beaux sentiments, de sublimes tableaux, au moyen de paroles et de mélodies douces et assorties à chaque sujet, enchantait alors le monde et composait au poëte un riche patrimoine. A la cour des rois, à la table des riches, à la porte des amants, on les écoutait, fermant l'oreille et l'âme à toute distraction, de même qu'on s'arrête charmé, lorsque du fond du bosquet que nous traversons la voix du rossignol s'élève forte et touchante. Ils trouvaient un monde hospitalier, et leur état, inférieur en apparence, les relevait d'autant plus. Le héros applaudissait à leurs chants, et le vainqueur du monde rendait hommage au poëte, car il comprenait que sans lui son existence monstrueuse passerait sur la terre comme le souffle de la tempête. L'amoureux souhaitait éprouver, dans ses désirs et ses joies, des sensations aussi harmonieuses et aussi multiples que celles qu'il entendait exprimer à ses lèvres inspirées ; le riche même ne pouvait voir de ses propres yeux ses richesses, ses idoles, aussi brillantes qu'elles apparaissaient au poëte éclairé par les feux du génie, qui saisit et accroît la valeur de toute chose. Qui donc enfin a défini la forme des dieux, qui nous a élevés à leur hauteur, qui les a mis à notre portée, si ce n'est le poëte ?

— Mon ami, dit Werner après un instant de réflexion, j'ai regretté souvent de te voir travailler à bannir de ton âme ce que tu sens si passionnément. Je ne crois pas me tromper en te disant que tu ferais mieux de te céder un peu à toi-même au lieu de t'irriter par la contradiction, et de te supprimer la jouissance de tous les autres plaisirs en te privant de cette innocente occupation.

— Hélas! mon ami, il faut que je te l'avoue, quand tu devrais me trouver ridicule ; j'ai beau les fuir, ces idées me poursuivent toujours, et, lorsque j'examine mon cœur, j'y trouve tous mes anciens penchants, plus enracinés que jamais! Malheureux ! que me reste-t-il à présent ? Ah ! celui qui m'aurait prédit que les ailes de mon âme, qui déjà touchaient à l'infini et avec lesquelles j'espérais embrasser quelque chose de grand, seraient brisées sitôt, celui-là m'aurait réduit au désespoir ! Et maintenant que mon arrêt est prononcé, maintenant que je l'ai perdue, *elle* qui devait, comme une divinité, me conduire vers le but de mes rêves, que me reste-t-il à faire, si ce n'est de m'abandonner à la plus amère douleur? O mon frère ! je ne te mentirai pas ! *Elle* était dans mes projets secrets l'anneau qui retient une échelle de cordes ; poussé par la témérité, l'aventurier flotte dans l'espace, l'anneau se rompt, et il gît brisé aux pieds de ses espérances ! Plus de consolation, plus d'espoir pour moi. Je ne veux pas laisser subsister un seul de ces malheureux papiers ! » dit-il en se levant brusquement.

En même temps il saisit une couple de cahiers, les

déchira et les jeta au feu. Werner essaya en vain de le retenir.

« Laisse-moi, s'écria Wilhelm ; qu'est-ce que ces misérables feuilles ? Elles ne sont plus pour moi ni des échelons ni des encouragements. Doivent-elles subsister pour me torturer jusqu'à la fin de ma vie ? pour égayer le monde, au lieu d'exciter la compassion et l'horreur ? Malheur à moi et à ma destinée ! Je comprends maintenant les gémissements du poëte, des malheureux devenus sages par nécessité. Longtemps je me considérai comme inébranlable, comme invulnérable, et maintenant, hélas ! je vois qu'une ancienne et profonde blessure ne se cicatrise jamais ! Je sens que je l'emporterai dans la tombe. Non, pas un jour de ma vie ne se passera sans cette douleur, qui finira par m'entraîner. *Son* souvenir doit rester près de moi, vivre et mourir avec moi ; le souvenir de l'indigne... Ah ! mon ami, s'il faut parler selon mon cœur, peut-être pas tout à fait indigne ! Sa position, son sort, l'ont mille fois excusée à mes yeux. J'ai été trop cruel ; tu m'as impitoyablement communiqué ta froideur, ta dureté ; tu as retenu mon âme égarée, et tu m'as empêché de faire pour elle et pour moi ce que je devais à nous deux. Qui sait dans quelle position je l'ai jetée ? Et maintenant le remords me demande dans quel désespoir, dans quel dénûment je l'ai abandonnée ! N'était-il pas possible qu'elle eût quelque chose à dire pour s'excuser ? N'était-ce pas possible ? Combien de malentendus peuvent troubler le monde ! Combien de circonstances peuvent faire pardonner la plus grande faute ! Je me la représente souvent, assise dans la solitude, tristement accoudée : « Voilà donc, se dit-elle, l'amour, la « fidélité qu'il m'avait jurés ! Briser d'un coup si brutal « cette belle existence qui nous unissait ! »

Et, éclatant tout à coup en sanglots, il appuya sa tête sur la table, et inonda de larmes les manuscrits qui la couvraient.

Werner resta fort embarrassé devant lui. Il n'avait pas prévu cette explosion soudaine de la passion. Plusieurs fois il avait voulu interrompre son ami, plusieurs fois il avait essayé de détourner la conversation. Inutile ! il n'avait pu résister au torrent ! C'est alors que son amitié patiente reprit son office ; il laissa passer le premier accès de la douleur, en faisant voir de son mieux par sa présence muette quelle part sincère il prenait à cette affliction. C'est ainsi qu'ils passèrent le reste de la soirée, Wilhelm absorbé dans le calme et la résignation de sa douleur, Werner effrayé par le brusque éclat d'une passion qu'il croyait avoir depuis longtemps dominée, vaincue, par ses raisonnements et par ses conseils.

CHAPITRE III

Après de semblables rechutes, Wilhelm avait coutume de redoubler de zèle pour le commerce ; c'était le meilleur moyen d'échapper au labyrinthe qui cherchait à l'attirer de nouveau. Son affabilité avec les étrangers, sa facilité à correspondre dans toutes les langues vivantes, donnaient des espérances de plus en plus flatteuses au vieux Meister et à son associé, et les consolaient presque de cette maladie, dont ils ignoraient la véritable cause, ainsi que du retard qui jusque-là avait arrêté l'accomplissement de leurs projets. On décida une seconde fois le voyage de Wilhelm, et nous le retrouvons sur son cheval, son portemanteau attaché à la selle derrière lui, et ranimé par l'exercice et le grand air, près d'atteindre la contrée montagneuse où il avait différentes affaires à traiter. Il traversait lentement montagnes et vallées, avec une sensation d'extrême plaisir. Rochers surplombants, torrents bruyants, parois moussues, profonds précipices, il voyait tout cela pour la première fois, et cependant les rêves de sa première jeunesse l'avaient plus d'une fois transporté dans une pareille contrée; il se sentait rajeuni, les souffrances endurées avaient quitté son esprit, et il se récitait avec animation des passages de différents poëmes, entre autres du *Pastor Fido*, qui se pressaient en foule dans sa mémoire en présence de ce paysage tranquille. Il se rappelait aussi des morceaux de ses propres poésies, qu'il se redisait avec une satisfaction toute particulière. Il animait cette nature qu'il avait devant les yeux des images du passé, et chaque pas dans l'avenir lui donnait le pressentiment d'actes intéressants et de circonstances extraordinaires.

Des paysans qui venaient derrière lui le dépassaient en le saluant et continuaient, en pressant le pas, leur chemin à travers les montagnes par un sentier escarpé; ils interrompaient de temps en temps son soliloque, sans cependant faire autrement attention à lui.

Bientôt un voyageur, plus communicatif, l'accosta et lui expliqua le motif de ce mouvement inaccoutumé.

« Ce soir, lui dit-il, on joue la comédie à Hochdorf, et tous les habitants de la contrée s'y rendent pour assister à la représentation.

— Eh quoi! s'écria Wilhelm, l'art dramatique a pu se frayer une route et se construire un temple au milieu de ces montagnes solitaires, et à travers ces épaisses forêts, et c'est précisément en ce moment qu'il faut que j'y arrive?

I. 6

— Vous serez bien plus étonné encore, continua le narrateur, quand vous verrez par qui est jouée la pièce. Il y a dans l'endroit une fabrique qui occupe beaucoup d'ouvriers. Le maître, qui vit pour ainsi dire séparé de toute société humaine, n'a pas trouvé de meilleure distraction à donner à ses ouvriers, qui chôment en hiver, que de leur faire jouer la comédie. Il ne souffre pas qu'ils jouent aux cartes, et cherche à adoucir leurs mœurs. Ils occupent ainsi les longues veillées, et, comme c'est aujourd'hui l'anniversaire de la naissance de leur patron, ils vont la célébrer par une représentation extraordinaire. »

Wilhelm arriva à Hochdorf où il devait coucher, et descendit à la fabrique, dont le propriétaire se trouvait au nombre des débiteurs inscrits sur sa liste.

Lorsqu'il eut appris son nom, le vieillard s'écria : » Hé ! Monsieur, êtes-vous le fils de l'excellent homme à qui j'ai tant d'obligations et à qui je dois encore de l'argent? Monsieur votre père a eu tant de patience que je serais ingrat si je ne le payais pas avec empressement et plaisir. Vous venez juste à temps pour voir combien j'en ai l'envie. »

Puis il appela sa femme, qui témoigna non moins de joie de voir le jeune homme ; elle affirma qu'il ressemblait à son père, et lui offrit l'hospitalité, en lui assurant qu'à cause de l'affluence des voyageurs il ne pourrait trouver à se loger dans aucune auberge.

Les comptes furent bientôt réglés. Notre héros mit un rouleau d'or dans sa poche, et se dit à lui-même qu'il serait bien heureux si toutes ses affaires pouvaient se terminer aussi facilement.

L'heure du spectacle venait de sonner, et l'on n'attendait plus pour commencer que l'inspecteur forestier. Il ne tarda pas à arriver, accompagné de quelques gardes et fut reçu avec de grandes démonstrations de respect. On introduisit la société dans une vaste grange convertie en salle de spectacle et attenant au jardin. La salle et le théâtre, sans être d'un goût parfait, étaient fort convenablement disposés. Un des dessinateurs de la fabrique, qui avait autrefois travaillé au théâtre de la capitale, s'était chargé de peindre les décorations, qui représentaient, tant bien que mal, une forêt, une rue et une chambre. La pièce, empruntée au répertoire d'une troupe ambulante, avait été ajustée au personnel et aux talents des acteurs. Telle qu'elle était, elle intéressait. L'intrigue de deux amants qui se disputaient une jeune fille que tous deux voulaient enlever à un tuteur avare donnait lieu à des situations comiques. C'était la première pièce que notre ami voyait depuis longtemps ; il y fit mainte observation. L'action ne manquait pas à la pièce, mais il n'y avait aucun développement de caractères vrais. Elle plaisait et divertissait. C'est là l'enfance de l'art dramatique. Le vulgaire ne demande qu'à voir se dérouler une action ; l'homme plus instruit veut être ému, et la réflexion n'a de charmes que pour des esprits très-formés.

Quant aux acteurs, Wilhelm éprouvait à chaque instant le besoin de leur donner des conseils, car il leur manquait peu de chose pour être beaucoup plus habiles.

Une épaisse fumée de tabac, qui allait en s'épaississant, vint le déranger dans ses observations ; l'inspecteur forestier avait, presque dès le commencement de la pièce, allumé sa pipe, et son exemple avait trouvé de nombreux imitateurs. De leur côté, les chiens de ce dignitaire firent une diversion déplorable. On les avait laissés dehors, mais ils eurent bientôt trouvé le chemin de la porte de derrière, s'élancèrent sur la scène, sautèrent au milieu des acteurs, par-dessus l'orchestre, et vinrent se coucher aux pieds de leur maître, qui occupait la première place au parquet.

La pièce finale était un hommage rendu au maître de la fabrique. Son portrait, qui le représentait tel qu'il était le jour de son mariage, avait été placé sur un autel chargé de couronnes de fleurs : la troupe entière vint se prosterner devant cet autel, et le plus jeune enfant, vêtu de blanc, récita un discours en vers qui émut jusqu'aux larmes toute la famille, et jusqu'à l'inspecteur forestier, qui pleurait au souvenir de son enfant. Après le spectacle, Wilhelm ne put se retenir de monter sur le théâtre pour voir les actrices de près, complimenter les acteurs sur leur talent, et leur donner quelques conseils pour l'avenir.

Les affaires que notre ami eut à traiter dans les grandes et petites localités de la montagne ne s'arrangèrent pas toutes aussi heureusement qu'il l'aurait voulu. Plus d'un débiteur demanda du temps, d'autres le reçurent grossièrement, quelques-uns même se montrèrent de mauvaise foi. Pour se conformer à ses instructions, il dut porter plainte contre plusieurs, consulter des avocats, paraître en justice, et faire les ennuyeuses démarches nécessaires en pareil cas. Les marchands étaient si ignorants et leurs vues si bornées, qu'il ne réussit que rarement à se procurer des renseignements utiles ou à se créer des relations nouvelles. Pour surcroît de malheur, une pluie constante rendait le voyage à cheval presque impraticable dans ces contrées ; aussi remercia-t-il le ciel en se rapprochant du pays plat, et lorsque, arrivé au pied de la montagne, il vit se dérouler aux rayons du soleil une plaine fertile traversée par une rivière sur les bords de laquelle s'élevait une jolie petite ville. Il n'avait aucun client à y visiter ; cette circonstance le décida à s'y arrêter pendant une couple de jours, afin de se donner quelque repos à lui et à son cheval qui avait beaucoup souffert des mauvais chemins.

CHAPITRE IV

L'auberge qui se trouvait sur la place du marché et où entra Wilhelm était pleine de joie, ou au moins d'animation. Elle était occupée par une nombreuse société de danseurs de corde, d'acrobates et de saltimbanques, avec femmes et enfants, qui se préparaient à une représentation dans un inexprimable désordre. Ils se querellaient tantôt entre eux et tantôt avec l'aubergiste, et leurs disputes étaient insupportables ; leurs démonstrations de joie étaient encore moins agréables. Indécis s'il devait rester ou s'en aller, il se plaça devant la porte et vit des ouvriers qui commençaient à dresser un échafaudage sur la place.

Une jeune fille qui vendait des roses et autres fleurs vint lui présenter sa corbeille ; il acheta un beau bouquet, mais, ne le trouvant pas arrangé à son gré, il le délia et réunit de nouveau les fleurs avec le soin et le goût d'un amateur. Pendant qu'il considérait son œuvre avec satisfaction, la fenêtre d'une auberge à l'autre extrémité de la place s'ouvrit, et laissa voir une jeune et jolie femme. Malgré la distance, il put discerner qu'une aimable sérénité animait son visage. Ses cheveux blonds, négligemment détachés, flottaient sur son cou, et elle paraissait considérer notre ami. Au même instant un jeune garçon, vêtu d'une jaquette blanche et d'un tablier de coiffeur, sortit de cette maison, aborda Wilhelm, le salua et lui dit :

« La dame qui est à la fenêtre vous fait demander si

vous ne voudriez pas lui céder une partie de vos belles fleurs.

— Elles sont toutes à son service, » répondit Wilhelm en remettant le bouquet au jeune messager et en faisant en même temps un salut à la belle, qui lui répondit par un geste amical et se retira de la fenêtre.

Préoccupé de cette agréable aventure, il montait l'escalier qui menait à la chambre qu'on lui avait préparée, lorsqu'il rencontra une jeune créature qui attira son attention. Sa petite veste courte de soie avec des manches déchiquetées à l'espagnole dessinait sa taille svelte et souple ; son pantalon collant, orné de bouffants, lui seyait à merveille. De longs cheveux noirs crêpés et tressés encadraient sa tête. Il regarda cet enfant avec surprise, ne se rendant pas bien compte si c'était un garçon ou une fille. Il s'en tint cependant à cette dernière supposition, l'arrêta au moment où elle allait passer outre, lui souhaita le bonjour et lui demanda à qui elle appartenait, quoiqu'il fût facile de voir qu'elle faisait partie de la troupe sautante et dansante. Elle lui jeta un regard de côté, noir et pénétrant, se dégagea de ses bras et s'enfuit à la cuisine sans lui répondre.

Arrivé en haut de l'escalier, il trouva dans une première salle deux individus qui faisaient des armes ou plutôt qui exerçaient leur adresse ensemble. L'extérieur de l'un annonçait un membre de la société qui occupait l'auberge ; l'autre avait l'air un peu plus civilisé. Wilhelm les regarda faire tous deux avec intérêt, et, le barbu et nerveux saltimbanque ayant renoncé à la lutte quelques instants après, l'autre présenta fort poliment le fleuret à notre héros.

« Si vous voulez bien m'accepter pour élève, répondit celui-ci, je serai bien heureux de faire quelques passes avec vous. » Ils luttèrent un peu, et l'étranger, quoique beaucoup plus fort, eut la politesse d'assurer à Wilhelm qu'il ne lui manquait que l'habitude; et, en effet, notre ami avait montré qu'il avait reçu de bonnes et sérieuses leçons d'un excellent maître allemand.

Leur conversation fut interrompue par le tumulte de la troupe bigarrée qui sortait de l'auberge pour aller dans la ville annoncer ses représentations et piquer la curiosité des habitants. L'entrepreneur marchait à cheval, précédé d'un tambour; derrière lui venait une danseuse également à cheval et tenant devant elle un enfant paré de rubans et d'oripeaux. Suivait le reste de la troupe à pied, plusieurs portant sur leurs épaules et dans les positions les plus étranges des enfants parmi lesquels Wilhelm reconnut la jeune et sombre fille aux cheveux noirs qui avait attiré son attention.

Paillasse circulait à travers la foule avec des gestes bouffons, et distribuait les programmes en les accompagnant de grosses facéties, embrassant les jeunes filles et donnant des coups de fouet dans les jambes des gamins, ce qui excitait chez tous le désir de faire plus intimement connaissance avec lui.

Les affiches imprimées proclamaient les célébrités de la troupe, et entre autres un M. Narcisse et une mademoiselle Landrinette, qui, en leur qualité de principaux personnages, avaient eu l'adresse de rester au logis pour se donner un air d'importance et exciter davantage la curiosité, en augmentant ainsi le désir de les voir.

Pendant cette promenade, la belle voisine était revenue à la fenêtre, et Wilhelm s'empressa de s'enquérir d'elle auprès de son nouveau compagnon. Celui-ci, que nous désignerons sous le nom de Laertes, s'offrit de la lui présenter.

« Cette dame et moi, dit-il en souriant, nous sommes les derniers débris d'une troupe d'acteurs qui vient de faire naufrage en cette ville. Le charme de cet endroit nous a décidés à séjourner ici quelque temps, et à y dépenser tranquillement notre petite réserve, pendant qu'un de nos camarades est allé chercher un nouvel engagement pour lui et pour nous. »

Laertes accompagna son nouvel ami jusqu'à la porte de Philine, et, le priant de l'attendre un instant, entra dans la boutique d'un confiseur voisin.

« Vous me remercierez, dit-il en revenant, de vous avoir fait faire une aussi aimable connaissance. »

La jeune femme descendit de sa chambre et vint au-devant d'eux, chaussée de légères mules à hauts talons ; elle avait jeté une mantille noire sur un négligé blanc qui, bien qu'un peu fané, lui donnait un air de laisser-aller plein d'attraits ; sa jupe un peu courte laissait voir les plus jolis pieds du monde.

« Soyez le bienvenu, dit-elle à Wilhelm, et recevez mes remercîments de vos charmantes fleurs. »

Elle le conduisit d'une main dans la chambre, tandis qu'elle pressait de l'autre le bouquet sur sa poitrine. On s'assit ; la conversation ne roula que sur des objets insignifiants, auxquels Philine sut donner une tournure piquante. Laertes lui jeta sur les genoux une poignée de pralines qu'elle se mit aussitôt à croquer. « Voyez ! quel enfant que ce jeune homme ! s'écria-t-elle, il voudrait vous faire croire qu'il me faut toujours quelque chatterie, et c'est lui qui ne peut pas vivre sans manger quelque friandise.

— Avouons, répliqua Laertes, que dans ce cas, comme dans bien d'autres, nous nous tenons volontiers compagnie. Par exemple, voici une belle journée aujourd'hui ; je pensais à faire une promenade en voiture et à aller dîner au moulin ; cela sera une distraction pour notre nouvel ami !

— Très-volontiers ! dit Philine.

Laertes sortit en courant, car il ne marchait jamais autrement. Wilhelm voulait rentrer un instant chez lui pour remettre un peu d'ordre dans sa chevelure, fort endommagée par le voyage. « Vous pouvez faire cela ici, » lui dit-elle ; elle appela son petit domestique, força Wilhelm le plus gentiment du monde à quitter son habit, à passer un peignoir et à se laisser friser en sa présence. « Il ne faut pas gaspiller le temps ; on ignore combien d'instants on pourra passer ensemble. »

L'enfant, plutôt par mauvaise volonté que par maladresse, ne s'y prit pas bien ; il tirait les cheveux à Wilhelm et ne paraissait pas devoir en finir de sitôt. Philine, après l'avoir réprimandé plusieurs fois, finit par s'impatienter et le mit à la porte ; elle se chargea elle-même de la besogne, et boucla les cheveux de notre ami avec légèreté et délicatesse, sans se presser, et rectifiant de temps en temps telle ou telle partie de son ouvrage, ce qui fit que ses genoux touchèrent plus d'une fois ceux de Wilhelm, et que sa poitrine effleura ses lèvres de si près, qu'il éprouva plusieurs fois le désir d'y imprimer un baiser. Lorsque Wilhelm se fut nettoyé le front avec un petit couteau à poudre qu'elle lui avait présenté, elle lui dit : « Prenez cela, et en le regardant pensez à moi. » C'était un joli couteau ; le manche incrusté d'acier portait cette devise amicale : *Pensez à moi*. Wilhelm le plaça dans sa poche, la remercia, et lui demanda la permission de lui faire un petit cadeau en échange.

Laertes venait d'arriver avec la voiture, tout était prêt, et alors commença un voyage des plus gais ; Philine jeta une pièce de monnaie et une douce parole à chaque pauvre qui se présenta sur la route.

On était à peine arrivé au moulin et on venait de commander le dîner, lorsqu'une musique se fit entendre à la porte : c'étaient des mineurs qui chantaient à pleine gorge, avec accompagnement de cithra et de triangles, différents lieds populaires. Il ne fallut pas longtemps pour qu'un cercle pressé se formât autour d'eux, et de la fenêtre notre société leur fit un signe d'approbation. Se voyant l'objet de l'attention générale, ils élargirent le cercle, et parurent se préparer à exécuter la plus belle pièce de leur répertoire. Au bout de quelques instants un mineur s'avança une pioche à la main, et, tandis que ses compagnons jouaient une mélodie grave et sévère, il imita l'action d'un homme qui ouvre et fouille une mine.

Tout à coup un paysan sortit de la foule, et par une pantomime menaçante lui donna à entendre qu'il eût à se retirer. Les spectateurs eurent un moment de surprise, mais ils reconnurent bientôt dans ce paysan un mineur déguisé, lorsqu'il ouvrit la bouche, et dans une sorte de récitatif reprocha au mineur de venir bouleverser son champ. Celui-ci, sans se déconcerter, chercha à faire comprendre au paysan qu'il avait le droit de travailler là, et lui expliqua les travaux de son état. Le paysan ne comprenait pas cette terminologie inconnue, et lui fit des questions saugrenues qui excitèrent la gaieté des spectateurs. Le mineur lui démontra comme quoi son avantage était de le laisser chercher dans la terre des trésors dont lui-même profiterait. Le paysan tout à l'heure si menaçant se calma peu à peu et ils se séparèrent bons amis ; le mineur se tira de cette discussion de la manière la plus honorable.

« Ce petit dialogue, dit Wilhelm en dînant, nous a

prouvé d'une façon éclatante combien le théâtre peut être utile à toutes les classes de la société, quel avantage un gouvernement peut en tirer, en y représentant les actes, les travaux, les entreprises des hommes sous leur côté honorable, combien ce gouvernement y gagnerait en sécurité ! Aujourd'hui on ne nous montre que le côté ridicule de l'humanité. L'auteur de comédies n'est qu'un contrôleur malveillant qui n'a qu'un œil ouvert sur toutes les fautes de son prochain, et n'est heureux que lorsqu'il l'a pris en défaut. Ne serait-ce pas une occupation douce et honorable pour un homme d'État d'étudier l'impulsion à donner à chaque classe, et de diriger les travaux d'un poëte humoriste ? Je suis convaincu qu'on obtiendrait par ce moyen des pièces très-intéressantes, en même temps qu'utiles et gaies.

— J'ai vu le monde, répondit Laertes, et j'ai remarqué qu'on ne sait que défendre, empêcher et refuser, et rarement donner l'initiative, encourager ou récompenser. On laisse marcher les événements jusqu'à ce que le mal soit arrivé. Alors on se fâche et on frappe.

— Ne me parlez pas d'État ni d'hommes d'État, interrompit Philine, je ne puis me les figurer qu'en perruque ; et une perruque, sur quelque tête qu'elle soit, me donne des mouvements nerveux dans les doigts ; il me prend toujours envie d'en décoiffer le vénérable possesseur, de la jeter au milieu de la chambre et de rire aux dépens de la tête chauve. »

Et, pour achever de détourner la conversation, elle se mit à chanter quelques airs avec beaucoup de sentiment, puis elle dit qu'il fallait presser le retour pour ne pas manquer la représentation des saltimbanques, qui devait avoir lieu le soir. Gaie jusqu'à l'extravagance, elle continua ses générosités avec les pauvres, et, après avoir épuisé son argent et celui de ses compagnons de route, elle donna son chapeau de paille à une fille et son châle à une vieille femme.

Philine invita ses deux compagnons à monter chez elle, en assurant que de ses fenêtres on verrait la représentation beaucoup mieux que de l'autre auberge.

Lorsqu'ils arrivèrent, l'échafaudage était dressé, des tapisseries tendues formaient le fond. Les tremplins étaient établis, la corde fixée à ses poteaux, et la corde roide tendue sur son chevalet. La place était encombrée de peuple, et les fenêtres garnies de spectateurs de toutes sortes.

Paillasse prépara d'abord l'assemblée par quelques-unes de ces balourdises qui excitent toujours les éclats de rire et mettent de bonne humeur. Quelques enfants dont les corps disloqués exécutaient les contorsions les plus étranges causaient aux spectateurs une admiration mêlée de crainte. Wilhelm surtout ne put se défendre d'une vive pitié lorsqu'il vit l'enfant qu'il avait remarqué tout d'abord s'efforçant avec peine de répéter les exercices des autres saltimbanques. Puis tous les petits acrobates se mirent à sauter, faire la culbute, d'abord un à un, puis l'un derrière l'autre, et enfin tous ensemble, bondissant en avant et en arrière. Un tonnerre d'applaudissements et de hourras éclata dans toute l'assemblée.

Mais bientôt un spectacle plus sérieux fixa l'attention du public. Les enfants s'élancèrent sur la corde les uns après les autres, les plus maladroits les premiers, afin de prolonger le spectacle et de faire ressortir les difficultés de l'art. Quelques jeunes femmes et des hommes d'une agilité assez satisfaisante parurent à leur tour, mais ce n'était pas encore M. Narcisse ni mademoiselle Landrinette. Ils arrivèrent enfin, sortant de derrière une grande tapisserie rouge : leur parure et leur bonne mine charmèrent le public et remplirent parfaitement l'attente des spectateurs, qu'on avait habilement entretenue jusqu'à ce moment : Narcisse, garçon bien découplé, de taille moyenne, yeux noirs, chevelure abondante ; elle non moins bien bâtie; ils exécutèrent sur la corde toutes sortes de mouvements, de sauts et de poses. La légèreté de la femme, la hardiesse de l'homme, la justesse de leurs pas, augmentaient à chaque instant la satisfaction du public.

L'enthousiasme de la populace se communiqua aux spectateurs des fenêtres, les dames lorgnaient Narcisse, les hommes Landrinette, le peuple poussait des cris de joie, et le public distingué ne se retenait pas d'applaudir ; on ne faisait plus aucune attention aux platitudes de Paillasse. Personne ne s'esquiva lorsqu'on fit circuler le petit plat d'étain pour recueillir l'argent.

« Ils ont bien organisé leur affaire, dit Wilhelm à Philine, qui était restée auprès de lui à la fenêtre. En vérité, j'admire avec quelle intelligence ils amènent à propos leurs moindres tours, et comme, de la maladresse des enfants et des talents réels de leurs deux virtuoses, ils composent un tout qui soutient notre attention et nous intéresse jusqu'au bout. »

La foule s'était dissipée peu à peu. La place s'était déblayée; tandis que Philine et Laertes discutaient sur le mérite de Narcisse et de Landrinette, Wilhelm, apercevant l'enfant dans la rue, au milieu d'autres gamins qui jouaient, la fit remarquer à Philine, qui, avec sa vivacité naturelle, l'appela et lui fit signe de venir ; et, comme elle n'arrivait pas, elle descendit l'escalier en chantant et revint avec elle.

«Voilà l'énigme,» dit-elle à Wilhelm en ouvrant la porte.

L'enfant s'arrêta sur le seuil, comme si elle cherchait

un moyen de s'échapper, posa la main droite sur sa poitrine, la main gauche sur son front, et s'inclina profondément.

« N'aie pas peur, chère petite, » lui dit Wilhelm en allant vers elle.

Elle le regarda d'un air indécis et s'avança de quelques pas.

« Quel est ton nom? lui demanda-t-il.
— Ils m'appellent Mignon.
— Quel âge as-tu?
— Personne n'a compté mes années.
— Quel est ton père?
— Le grand diable est mort.
— Voilà qui est assez singulier! » s'écria Philine.

On lui adressa encore plusieurs questions, elle y répondit en mauvais allemand avec une singulière solennité, et en s'inclinant chaque fois, les mains toujours posées sur son front et sur sa poitrine.

Wilhelm ne pouvait se rassasier de la regarder. Ses yeux et son cœur étaient invinciblement attirés par la bizarrerie de cette mystérieuse créature. Sa taille était bien prise. Il lui supposa douze ou treize ans; ses membres annonçaient qu'elle était destinée à devenir plus grande ou indiquaient que sa croissance avait été entravée. Sans être régulière, sa figure était saisissante, son front mystérieux, son nez d'une beauté remarquable, sa bouche gracieuse et naïve, quoique trop serrée pour son âge, et se relevant de temps en temps aux coins. On discernait à peine son teint brun à travers une épaisse couche de fard. Cet être impressionnait vivement Wilhelm, il le regardait toujours, silencieux, oubliant les personnes qui se trouvaient avec lui. Philine le tira de sa rêverie, donna quelques bonbons à l'enfant et lui fit signe de s'éloigner. La petite salua à sa manière, et partit avec la rapidité de l'éclair.

L'heure était venue de se séparer; les nouveaux amis arrêtèrent une partie de campagne pour le lendemain. On résolut d'aller dîner chez un garde-chasse non loin de la ville. Wilhelm parla longtemps et avec éloges de Philine, Laertes ne répondit que par des phrases insignifiantes et équivoques.

Le lendemain, après avoir fait des armes pendant une heure, ils se rendirent à l'auberge de Philine, où ils avaient déjà envoyé la voiture. Quel fut l'étonnement de Wilhelm en s'apercevant que la voiture était disparue et que Philine n'était pas chez elle! On leur dit qu'elle était partie avec deux étrangers arrivés le jour même. Notre ami, qui s'était promis de passer une agréable journée en sa compagnie, ne put cacher son dépit. Laertes, au contraire, se mit à rire.

« Cela me plaît! C'est bien d'elle! s'écria-t-il. Allons tout droit chez le garde; qu'elle soit où elle voudra, il ne faut pas manquer notre promenade pour elle! »

Le long de la route, Wilhelm ne cessa de blâmer l'inconséquence de cette conduite.

« On ne peut pas accuser d'inconséquence, lui dit Laertes, une personne qui reste fidèle à son caractère. Quand Philine projette ou promet quelque chose, c'est toujours à la condition tacite qu'elle tiendra cette promesse, si cela lui convient.

— C'est là un bizarre caractère! répliqua Wilhelm.

— Ce que vous blâmez en elle lui a valu mon amitié; ce n'est rien moins que de la bizarrerie, c'est absence d'hypocrisie. C'est pour cela que je l'aime; oui, je suis son ami, parce qu'elle me représente bien un sexe que j'ai tant de raisons de haïr. C'est la véritable Ève, mère de tout le sexe féminin ; elles sont toutes comme cela, seulement les autres s'en cachent. »

En causant de la sorte, Laertes exprimait avec vivacité sa haine contre les femmes, sans cependant en donner la raison. On arriva à la forêt ; Wilhelm était devenu triste et pensif ; les sorties de Laertes lui avaient rappelé ses relations avec Marianne. Ils trouvèrent Philine seule et assise près d'une fontaine contre une table de pierre à l'ombre de vieux arbres. Elle les accueillit en chantant une chanson burlesque, et, lorsqu'ils lui demandèrent ce qu'elle avait fait de ses compagnons de voyage, elle s'écria :

« Je les ai arrangés de la belle façon, comme ils le méritaient. Déjà, en route, j'avais mis leur libéralité à l'épreuve, et, voyant que ce n'étaient que des gourmands économes, je résolus de les en punir. En arrivant, ils demandèrent au garçon ce qu'il y avait à manger. Celui-ci, avec sa volubilité habituelle, détailla tout ce qu'il y avait et même ce qu'il n'y avait pas. J'observais leur embarras. Ils se concertaient, hésitaient, demandaient le prix. « Que « cherchez-vous tant? leur dis-je, le dîner est un détail « qui concerne les dames, je m'en charge ; » et je me mis à rédiger un menu extravagant, dont il fallait envoyer chercher toutes les pièces par messagers dans les environs. Le garçon, que par un signe d'intelligence j'avais initié à mon projet, vint à mon aide, et nous les avons tellement épouvantés par l'idée de ce banquet fabuleux, qu'ils ont pris le parti de faire une promenade dans la forêt, d'où ils ne reviendront pas. J'en ai ri toute seule pendant un quart d'heure, et je rirai longtemps encore en pensant à leur figure ! »

A table, Laertes se rappela plusieurs accidents du même genre, et chacun se mit à raconter toutes sortes de mésaventures, et de duperies, et de facéties analogues.

Un jeune homme de leur connaissance qui s'était promené dans la forêt un livre à la main ne tarda pas à venir prendre place près d'eux. Il leur vanta le murmure de la source, le bruissement du feuillage, les effets de lumière et le chant des oiseaux. Philine lui répondit par un couplet en l'honneur du coucou, qui ne parut pas du goût de l'individu, car il prit presque aussitôt congé d'eux.

« Que je voudrais ne plus entendre parler de la nature et des scènes de la nature !... s'écria Philine lorsqu'il se fut éloigné. Y a-t-il quelque chose de plus insupportable que de s'entendre faire ainsi le décompte des plaisirs que l'on goûte ? Quand il fait beau temps, on va se promener, comme on danse quand on entend la musique ; mais qui va penser à la musique, au beau temps ? C'est le danseur qui nous intéresse et non le violon, et il est toujours agréable pour deux yeux bleus de s'arrêter sur deux beaux yeux noirs. Qu'ont à faire contre cela les sources et la fontaine, et les vieux tilleuls vermoulus ? »

En prononçant ces mots, son regard rencontra celui de Wilhelm placé vis-à-vis d'elle, et pénétra jusqu'à la porte de son cœur.

« Vous avez raison, dit-il avec quelque embarras ; l'homme sera toujours pour l'homme l'objet le plus intéressant, ce devrait être le seul intéressant ; le reste, tout ce qui nous entoure, n'est qu'un élément au milieu duquel nous vivons, ou un instrument dont nous nous servons ; plus nous y attachons de prix, plus nous y appliquons notre attention, plus nous affaiblissons la conscience de notre valeur individuelle et le sentiment de la sociabilité. Quiconque s'occupe beaucoup de sa maison, de ses habits, de sa parure ou de quelque autre objet qui lui est particulier, est peu sociable et peu complaisant. Oui, devant l'importance de l'homme, celle des choses doit disparaître et disparaît en effet. Ne voyons-nous pas cela au théâtre? Un bon acteur nous fait oublier les défauts ou la pauvreté des décorations, tandis que sur une scène magnifique l'absence de bons acteurs est plus sensible que partout ailleurs. »

Après le dîner, Philine alla s'asseoir à l'ombre sur l'herbe épaisse et chargea ses deux amis de lui cueillir beaucoup de fleurs ; elle tressa une couronne qu'elle posa sur sa tête : elle était ravissante ainsi. Elle forma une seconde couronne avec les fleurs qui lui restaient, et fit mettre les deux hommes à côté d'elle. Lorsqu'elle fut terminée, elle la posa gracieusement sur la tête de Wilhelm, la changeant vingt fois de place jusqu'à ce qu'elle fût bien d'aplomb.

« Et moi, à ce qu'il paraît, je n'aurai rien ! s'écria Laertes.

— Vous vous trompez, répondit Philine, et vous n'aurez pas à vous plaindre. »

Et elle ôta sa couronne, qu'elle lui mit sur la tête.

« Si nous étions rivaux, dit Laertes à Wilhelm, nous pourrions nous disputer sérieusement pour décider lequel de nous deux a été le mieux partagé.

— En ce cas, vous seriez de grands fous. »

En prononçant ces mots, elle se pencha vers Laertes et lui tendit sa bouche ; puis, se tournant aussitôt, elle jeta ses bras autour du cou de Wilhelm et appliqua sur ses lèvres un bon baiser.

« Lequel des deux était le plus doux? demanda-t-elle malignement.

— Chose étrange ! répondit Laertes ; il semble qu'un baiser de femme n'est jamais amer !

— Comme tout ce qui est donné sans caprice et accepté

sans jalousie. Maintenant, continua-t-elle, j'ai envie de danser pendant une heure, puis nous retournerons voir nos sauteurs. »

On rentra dans la maison du garde, où l'on trouva de la musique. Philine, qui était une danseuse accomplie, entraîna ses compagnons. Wilhelm, sans être maladroit, ne manquait que d'un peu d'habitude. Ses deux amis se chargèrent de compléter son éducation ; ce qu'il accepta avec joie.

On s'était attardé. Les danseurs de corde avaient déjà commencé leurs exercices, et de nombreux spectateurs encombraient la place. En descendant de voiture, nos amis remarquèrent un grand tumulte qui avait causé un rassemblement à la porte de l'auberge qu'habitait Wilhelm. Il y courut pour voir ce qui arrivait, et, ayant percé la foule, il aperçut le chef des saltimbanques traînant par les cheveux l'intéressante enfant pour la faire sortir de la maison, et frappant impitoyablement son petit corps avec le manche de son fouet.

Wilhelm sauta comme un éclair sur cet homme et le saisit à bras-le-corps.

« Lâche cette enfant, s'écria-t-il comme un furieux, ou l'un de nous deux restera sur la place ! » En même temps il le serra à la gorge avec une force que la fureur seule peut donner, et avec une telle vigueur, que l'homme, se sentant près d'étouffer, lâcha l'enfant, et essaya de se défendre contre son agresseur. Plusieurs assistants qui plaignaient l'enfant, et n'avaient pas osé entamer la lutte, se jetèrent sur le saltimbanque, lui prirent les bras, et le désarmèrent en lui reprochant violemment sa conduite. Réduit ainsi aux armes de la parole, il se mit à invectiver la pauvre petite, disant que cette paresseuse et inutile créature n'avait pas voulu faire son devoir, qu'elle avait refusé de danser la danse des œufs annoncée au public, qu'il voulait la tuer et que personne n'avait le droit de l'en empêcher ; et il essaya de se dégager pour chercher l'enfant, qui s'était cachée dans la foule. Wilhelm l'arrêta en s'écriant : « Tu ne reverras pas et tu ne toucheras pas cette enfant avant d'avoir avoué à la justice où tu l'as volée. Je te mènerai jusqu'au bout, et tu ne m'échapperas pas. »

Ce discours, prononcé par Wilhelm dans le feu de sa colère, sans préméditation, et poussé par un sentiment vague, ou, si l'on veut, par une inspiration, calma tout à coup le forcené, qui lui dit :

« Qu'ai-je donc à m'occuper de cette misérable créature ? remboursez-moi ce que m'ont coûté ses costumes, et elle est à vous ; nous nous reverrons seuls ce soir. »

A ces mots, il partit pour reprendre la représentation interrompue et rétablir le calme en faisant exécuter quelques tours nouveaux.

Wilhelm, redevenu calme, se mit à la recherche de l'enfant, mais il ne la trouva nulle part. Les uns disaient l'avoir vue à la cave, d'autres sur les toits des maisons voisines. Après l'avoir vainement cherchée, on prit le parti d'attendre, dans l'espoir qu'elle reviendrait d'elle-même.

Pendant ce temps, Narcisse était rentré dans la maison ; Wilhelm lui demanda des renseignements sur le sort de l'enfant. Nouvellement entré dans la troupe, il ne put le satisfaire à ce sujet : mais en échange, il lui raconta avec beaucoup de légèreté tout ce qui le concernait personnellement. Wilhelm lui ayant fait compliment sur ses nouveaux succès, celui-ci lui répondit d'un air indifférent :

« Nous sommes accoutumés à être un objet de risée

ou d'admiration ; mais nos succès extraordinaires ne changent rien à notre sort : le directeur nous paye, le reste est son affaire. » Puis il s'excusa, et fit mine de s'éloigner. Wilhelm lui demandant où il allait si vite, le jeune homme sourit et avoua que ses talents et sa bonne mine lui avaient valu des avantages plus réels que les applaudissements de la place publique ; qu'il avait reçu de plusieurs dames des messages qui témoignaient le désir de le connaître de plus près, et craignait de ne pouvoir terminer avant minuit les visites qu'il avait à faire. Il se mit alors à raconter ses aventures avec les plus grands détails, et il aurait été jusqu'à lui indiquer les noms et les adresses des dames qui lui avaient donné des rendez-vous, si Wilhelm n'avait mis un terme à son indiscrétion en prenant poliment congé de lui.

De son côté, Laertes avait eu une conversation avec mademoiselle Landrinette, après laquelle il la déclara digne d'être et de rester sa femme. Alors eut lieu l'entretien avec l'entrepreneur au sujet de l'enfant. Il la céda contre la somme de trente thalers, moyennant laquelle cet Italien barbu renonça à tous ses droits, en déclarant qu'il ne savait rien de son origine, sinon qu'il l'avait héritée de son frère, directeur de la troupe avant lui, et surnommé le *grand diable* à cause de son merveilleux talent.

La matinée suivante fut entièrement consacrée à la recherche de Mignon, on fouilla vainement tous les coins de la maison et du voisinage, elle était disparue et l'on craignait qu'elle ne se fût jetée à l'eau, ou qu'il ne lui fût arrivé quelque accident.

Les charmes de Philine ne purent dissiper l'inquiétude de notre ami. Il passa sa journée triste et préoccupé ; et, le soir, les efforts que firent les saltimbanques pour enthousiasmer le public ne purent le tirer de sa rêverie.

Le concours des populations voisines était venu augmenter la foule des jours précédents, et le succès de la troupe faisait la boule de neige. Les sauts périlleux à travers des épées croisées et des tonneaux à fond de papier produisirent grande sensation. L'homme fort de la troupe excita des cris d'horreur et d'admiration en s'établissant la tête et les pieds appuyés sur deux chaises, et en faisant placer sur son corps, formant l'arcade, une enclume sur laquelle un maréchal ferrant vint forger un fer à cheval.

Dans le tour intitulé les Forces herculéennes, une rangée d'hommes portait sur ses épaules d'autres hommes, et par-dessus ceux-ci des femmes et des enfants, de manière à figurer une sorte de pyramide humaine terminée par un enfant debout sur la tête, formant comme la pomme ou la girouette de l'édifice : un pareil exercice ne s'était jamais vu dans ce pays. Ce fut par là que se termina le spectacle.

Narcisse et Landrinette, assis dans des fauteuils, se firent porter en triomphe sur les épaules de leurs camarades à travers les rues principales ; le peuple hurlait de joie ; on leur jetait des rubans, des mouchoirs de soie, on se pressait pour voir leurs figures, et chacun s'estimait heureux quand il avait pu obtenir d'eux un regard.

Quel est l'acteur, quel est le poëte, quel est l'homme enfin qui ne se sentirait pas au comble de ses vœux, si une de ses belles paroles, une seule de ses belles actions produisait autour de lui une pareille impression ? Quelle délicieuse sensation cela serait de communiquer avec la rapidité d'une commotion électrique des sentiments nobles et dignes de l'humanité, d'exciter dans le peuple un enthousiasme égal à celui que soulevaient ces gens avec leur adresse corporelle, si l'on pouvait inculquer simultanément à la foule la compréhension de ce qui est humain, si l'on pouvait l'émouvoir, l'enflammer par la représentation du bonheur et du malheur, de la sagesse et de la folie, même de l'absurdité et de l'incohérence, le vivifier, l'animer et l'arracher à sa stupide apathie !

Persuadé que ces réflexions ne conviendraient ni à Philine ni à Laertes, notre héros se les fit à lui-même en errant dans la ville, et son ancien désir de propager le beau et le grand par l'influence du théâtre se réveilla en lui avec toute l'énergie et la vivacité d'une imagination lâchée en liberté.

CHAPITRE V

Lorsque les saltimbanques furent partis, non sans grand tapage, Mignon reparut et entra timidement dans la salle où Laertes faisait une leçon d'armes avec Wilhelm.

« Où t'étais-tu donc cachée ? lui dit Wilhelm amicalement ; tu nous as donné bien du mal. »

L'enfant ne répondit rien, et le regarda.

« Tu nous appartiens maintenant, dit Laertes ; nous t'avons achetée.

— Combien as-tu payé ? demanda-t-elle sèchement.

— Cent ducats ; si tu nous les rends, tu seras libre.

— C'est sans doute beaucoup d'argent ?

— Oh ! oui ; tu n'as qu'à bien te conduire.

— Je servirai, » dit Mignon.

Depuis cet instant elle observa avec une attention soutenue tout ce que faisait le domestique pour le service des deux amis, et, dès le lendemain, elle ne lui permit plus d'entrer dans leurs chambres ; elle voulait tout faire elle-même, en s'acquittant de sa besogne lentement et parfois gauchement, mais toujours avec un grand soin et une grande régularité.

Il lui arriva souvent de se placer devant un vase plein, de se frotter le visage avec ardeur, au point de s'écorcher les joues ; à force de la questionner, Laertes finit par lui faire avouer qu'elle voulait absolument faire partir le fard dont son visage était barbouillé. L'énergie qu'elle y mettait lui faisait prendre pour une couleur artificielle la rougeur occasionnée par le frottement ; on le lui expliqua, et elle cessa ; et bientôt son teint brun, rehaussé d'un léger incarnat, reparut sur son visage.

Enchaîné plus qu'il ne se l'avouait à lui-même par les charmes perfides de Philine et par l'aventure mystérieuse de cette enfant achetée, Wilhelm passa encore plusieurs jours dans cette singulière compagnie, et s'excusa à ses propres yeux en se perfectionnant dans l'escrime et dans la danse, deux arts qu'il ne retrouverait jamais une meilleure occasion d'approfondir.

Quelles ne furent pas sa surprise et sa joie quand il vit arriver M. et madame Mélina, qui, après les premières salutations, s'enquirent de la directrice et des autres acteurs, et apprirent avec terreur que la première était partie depuis longtemps, et que les autres s'étaient dispersés depuis peu.

Immédiatement après leur mariage, qu'ils devaient, comme on le sait, à l'intervention de Wilhelm, les nouveaux époux avaient cherché un engagement dans différents endroits, n'avaient rien trouvé, et s'étaient enfin rabattus sur cette petite ville, que plusieurs personnes qu'ils avaient rencontrées en route leur avaient assuré posséder un bon théâtre. Notre héros leur apprit que cette troupe s'était dispersée, et, pour les consoler de ce contre-temps, il les présenta à ses nouveaux amis. A pre-

mière vue, Philine ne trouva pas madame Mélina de son
goût et le mari déplut à Laertes. Ils ne demandaient qu'à
être débarrassés au plus tôt des nouveaux venus, et Wilhelm ne parvint pas à modifier leur opinion, quoiqu'il
leur affirmât que c'étaient de braves gens.

En effet, l'extension de la société ne tarda pas à troubler en plus d'une façon la vie insouciante et gaie que nos
trois aventuriers avaient menée jusque-là. Mélina, qui
avait trouvé de la place dans l'auberge où se trouvait Philine, commença à marchander et à se plaindre. Il voulait
payer le moins possible et avoir la plus belle chambre, le
meilleur dîner et le service le plus prompt, ce qui mit
bientôt de mauvaise humeur l'aubergiste et ses domestiques. Tandis que les autres, pour être tranquilles, se
contentaient de ce qu'on leur donnait, et payaient sur-le-
champ pour ne plus songer à la consommation faite, Mélina énumérait les repas que l'on venait de prendre; aussi
Philine l'appelait-elle sans façon animal ruminant.

Elle fut plus impitoyable encore pour madame Mélina.
Cette jeune femme avait reçu une certaine éducation;
mais elle manquait totalement d'esprit et d'âme. Elle ne
déclamait pas mal, et voulait toujours déclamer; mais on
reconnaissait bientôt que ce n'était qu'un débit, qui ne
portait que sur quelques passages isolés, et qui n'exprimait pas l'intention de l'ensemble. Par suite, elle produisait tout d'abord sur les hommes surtout une impression agréable. Ceux qui la voyaient intimement lui
trouvaient de la raison et du bon sens; elle possédait ce
que l'on pourrait appeler une sensibilité sympathique.
Quand elle voulait tirer un service d'un ami, elle savait
le flatter avec une habileté toute particulière; elle parta-
geait toutes ses idées; et, lorsque ces idées s'élevaient
au-dessus de son horizon, elle acceptait avec extase ces

révélations si neuves et si grandes. Elle savait parler et se taire à propos, ce qui la mettait à même de saisir le côté faible des autres, quoiqu'elle ne fût pas fort intelligente.

CHAPITRE VI

Mélina s'était complétement renseigné sur les mésaventures de la précédente direction ; les décorations et la garde-robe étaient engagées chez divers négociants, et un notaire était chargé par la directrice de les mettre en vente sous certaines conditions, s'il se présentait un amateur. Mélina voulut voir ces objets et emmena Wilhelm avec lui. En entrant dans le magasin, notre ami ressentit un mouvement d'attendrissement qu'il ne s'avoua pas. Quoique tout cela fût dans un triste état, les décorations barbouillées, les costumes turcs et romains, les vêtements grotesques d'hommes et de femmes, les robes de magiciens, de juifs et de moines, lui rappelaient qu'il avait passé les heureux instants de sa première jeunesse au milieu d'une pareille friperie. Si Mélina avait pu lire dans son cœur, il se serait fait donner sur-le-champ la somme nécessaire pour dégager ces objets, et rendre une nouvelle vie à ces membres disloqués. C'était bien là son projet, mais il n'en parla qu'indirectement.

« Quel heureux homme je serais, s'écria-t-il, si je possédais deux cents thalers pour commencer mon établissement en achetant ce premier fonds de théâtre ! comme j'aurais bientôt monté une petite pièce qui nous permettrait de vivre dans cette ville ; et la troupe que j'organiserais s'élèverait bientôt à un haut degré de perfection.»

Wilhelm ne répondit rien, et tous deux quittèrent pensifs ces trésors, sur lesquels se referma la porte du magasin. Mais depuis ce jour Mélina ne cessa de parler de ses plans et de son projet d'établir un théâtre, et des avantages qu'on pourrait en retirer. Il chercha à intéresser Philine et Laertes à cette spéculation, et l'on finit par proposer à Wilhelm de fournir les fonds. Cela donna à penser à notre ami, qui comprit qu'il avait trop prolongé son séjour dans cette ville ; il résista, et commença ses préparatifs pour continuer son voyage.

Cependant les allures et la conduite de Mignon devenaient de plus en plus attrayantes. Dans tout ce qu'elle faisait, cette enfant avait quelque chose d'extraordinaire. Jamais elle ne montait ni ne descendait les escaliers qu'en sautant, et, pendant qu'on n'y prenait pas garde, elle allait se percher sur le haut d'une armoire pour s'y reposer quelques instants. Wilhelm avait remarqué qu'elle avait pour chacun un salut particulier. Pour lui, par exemple, elle croisait toujours ses deux bras sur son cœur. Elle restait des journées entières complétement silencieuse ; d'autres fois elle répondait dans un langage singulier aux différentes questions qu'on lui adressait, sans qu'on pût distinguer si cette singularité provenait de son esprit ou de l'ignorance de la langue, car elle parlait un mauvais allemand qu'elle entremêlait de mots français et italiens. Infatigable dans l'exercice des devoirs qu'elle s'était imposés, elle se levait avec le jour ; elle disparaissait le soir de bonne heure, et couchait dans une chambre sur la terre nue, car rien n'avait pu la décider à se servir d'un lit ou d'une paillasse. On la trouvait souvent en train de se laver ; ses vêtements étaient propres, quoiqu'ils ne se composassent que de pièces et de morceaux. On rapporta aussi à Wilhelm qu'elle allait chaque jour de grand matin à la messe; il la suivit, et la vit se prosterner dans un coin de l'église et prier avec ferveur sans qu'elle s'aperçût de sa présence. Rentré chez lui, il réfléchit longtemps à cet être bizarre, sans pouvoir le définir.

Les instances réitérées de Mélina pour obtenir l'argent nécessaire au rachat des objets dont nous avons parlé plus haut rappelèrent de nouveau à Wilhelm la nécessité de songer à son départ. Il voulait envoyer par le courrier du jour de ses nouvelles aux siens, qui n'avaient rien reçu de lui depuis longtemps; il commença une lettre pour Werner; il était déjà assez avancé dans le récit de ses aventures, où, sans s'en apercevoir, il s'était plus d'une fois éloigné de la vérité, lorsqu'en tournant le feuillet il vit sur la dernière page des vers extraits de ses tablettes, qu'il avait commencé à copier pour madame Mélina. De dépit il déchira la lettre, et remit au courrier suivant pour récrire sa confession.

CHAPITRE VII

Notre société se trouvait réunie chez Philine, lorsque celle-ci, qui épiait chaque cheval, chaque voiture qui passait, s'écria tout à coup avec vivacité :

« Voilà notre Pédant ! notre charmant Pédant ! mais qui nous amène-t-il donc? » Elle se mit à la fenêtre, l'appela, et la voiture s'arrêta.

Un pauvre diable dont l'habit râpé et la tournure roide et gauche rappelaient ces candidats en théologie qui moisissent dans les universités, descendit de la voiture, et découvrit, en saluant Philine, une perruque mal poudrée, mais fortement crêpée. La jeune fille lui envoya des centaines de baisers avec la main.

Si elle trouvait son bonheur à inspirer de l'amour à tous les hommes et à le partager, son plaisir n'était pas moindre lorsqu'elle trouvait l'occasion de railler et de piquer ceux que pour l'instant elle n'aimait plus. Au milieu du bruit qui accompagna la réception de ce vieil ami, on oublia de s'occuper des personnages qui le suivaient. Cependant Wilhelm crut reconnaître l'homme âgé et les deux jeunes femmes qui étaient entrées avec lui. Il se rappela bientôt qu'il les avait vus tous trois quelques années auparavant dans la troupe qui jouait dans sa ville natale. Le temps avait développé et perfectionné les deux jeunes personnes, mais leur père était resté à peu de chose près le même. Il remplissait habituellement les rôles des bourrus bienfaisants, emploi dont le théâtre allemand est si prodigue, et qu'on rencontre si souvent dans la vie réelle, car c'est un des caractères de nos compatriotes de faire le bien sans ostentation ; ils oublient qu'il existe une manière de rendre un service avec grâce et amabilité, et, poussés par un esprit de contradiction instinctif, ils font souvent la faute d'agir avec une brusquerie de manières qui offre un contraste frappant avec leurs meilleures qualités.

Notre acteur jouait fort bien ces rôles, et, à force de les jouer souvent et à la perfection, il en avait gardé l'empreinte dans la vie commune.

En le reconnaissant, Wilhelm éprouva une violente commotion ; il se rappela combien de fois il avait vu cet homme au théâtre à côté de sa chère Marianne, il entendait les réprimandes du père, et la voix câline avec laquelle elle essayait de l'attendrir !

Les nouveaux venus demandèrent avant tout s'il y avait ou s'il y aurait bientôt un théâtre dans la ville. La réponse négative leur fut d'autant plus désagréable, que les troupes dont ils s'enquéraient étaient complètes, et que plusieurs autres étaient sur le point d'être dissoutes, à cause de la guerre qu'on craignait de voir éclater. Par besoin et par amour du changement, le bourru et ses filles avaient refusé un engagement avantageux, avaient loué une voiture avec le Pédant, qu'ils avaient rencontré en route, et s'étaient rendus dans cette ville, où, comme on l'a vu, les ressources manquaient complétement.

Tandis que la société s'entretenait avec vivacité de toutes ces circonstances, Wilhelm était resté pensif. Il voulait parler à part avec le vieillard; il désirait et craignait de savoir ce qu'était devenue Marianne, et il se trouvait en proie à une grande agitation.

Les amabilités des deux jeunes femmes n'avaient pu le détourner de sa rêverie. Une querelle qui survint tout à coup vint l'en tirer. C'était Frédéric, le petit domestique blond de Philine, qui venait de refuser de mettre le couvert. « Je me suis engagé à vous servir, disait-il, mais pas toutes les personnes qui sont chez vous. » Une violente dispute s'engagea entre la maîtresse et l'enfant. Philine le somma de faire son devoir, et, comme il persista dans son refus, elle lui signifia sans autre façon qu'il pouvait s'en aller servir où il voudrait.

« Vous croyez que je ne saurai pas m'éloigner de vous ? » s'écria-t-il. Il se sauva hors de lui, fit son paquet et sortit de la maison quelques instants après. « Viens, Mignon, dit Philine, et prépare ce qu'il faut; dis cela au sommelier, et aide-le à servir. »

Mignon se tourna vers Wilhelm, et lui demanda avec son laconisme accoutumé : « Le dois-je ? le puis-je ? »

Wilhelm lui répondit : « Fais, mon enfant, ce que mademoiselle te dit. »

Mignon obéit aussitôt et s'occupa toute la soirée de son monde avec le plus grand soin.

Après le dîner, Wilhelm engagea le Bourru à faire une promenade avec lui ; celui-ci accepta, et, après différentes questions secondaires, la conversation tomba enfin sur l'ancienne troupe, et Wilhelm se hasarda à lui demander ce que devenait Marianne.

« Ne me parlez pas de cette abominable créature ! s'écria le Bourru ; j'ai juré de ne plus jamais penser à elle. » Cette sortie effraya Wilhelm, mais son embarras redoubla en entendant le vieillard flétrir sa légèreté et ses dérèglements. Notre ami aurait voulu rompre cet entretien, mais il fallait qu'il écoutât jusqu'au bout les lamentations de cet homme.

« Je rougis, continua-t-il, de l'affection que je lui avais vouée ; et cependant, si vous l'aviez connue plus particulièrement, vous m'excuseriez certainement. Elle était si gracieuse, si naturelle, si bonne, si aimable, si compatissante et si affable ! jamais je n'aurais pensé que la dépravation et l'ingratitude fussent les principaux traits de son caractère. »

Wilhelm s'était armé de tout son courage pour écouter ces affreuses révélations, lorsqu'à sa grande surprise il entendit la voix du vieillard se radoucir, et le vit tirer de sa poche un mouchoir pour essuyer ses larmes qui entrecoupaient son discours.

« Qu'avez-vous ? s'écria notre héros ; qu'est-ce qui peut ainsi donner le change à vos impressions ? Ne me cachez rien ; je prends au sort de cette jeune fille plus d'intérêt que vous ne croyez ; dites-moi tout.

— Je n'ai que peu de choses à vous apprendre, répondit l'acteur en reprenant son ton brusque et bourru. Elle avait toujours eu grande confiance en moi ; je l'aimais comme ma fille ; ayant encore ma femme, je résolus de la prendre chez moi pour la retirer des mains de la vieille Barbara, dont la direction ne me faisait augurer rien de bon. Ma femme mourut, et le projet tomba dans l'eau.

« Vers la fin de notre séjour dans votre ville natale, il n'y a pas plus de trois ans, elle devint tout à coup triste et morose ; je lui en demandai la raison, mais je ne pus obtenir que des réponses évasives. Bientôt après nous nous mîmes en route. Elle se trouvait dans la même voiture que moi, et je découvris, ce qu'elle m'avoua bientôt, qu'elle était enceinte et craignait d'être renvoyée par le directeur. Ces craintes ne tardèrent pas à se réaliser. Il rompit son contrat, qui du reste allait expirer dans six semaines, lui régla son compte, et, malgré toutes les représentations qu'on lui fit, il l'abandonna dans une misérable auberge de petite ville.

« Que le diable emporte toutes les libertines ! ajouta-t-il avec dépit, et surtout celle-là, qui a empoisonné tant d'heures dans ma vie ! Combien je m'étais attaché à elle, ce que j'ai fait pour elle, comme je me suis occupé d'elle, même pendant son absence ! J'aurais mieux fait de jeter mon argent dans la rivière et d'employer mon temps à soigner des chiens galeux que de jamais prêter la moindre attention à une pareille créature ! Au commencement je recevais quelques lettres où elle me remerciait, et m'indiquait les villes où elle se trouvait ; puis plus rien, pas même un accusé de réception de la somme que je lui ai envoyée pour faire ses couches... Oh ! la dissimulation et la légèreté s'associent si bien chez les femmes, qu'elles trouvent toujours moyen de se tirer d'embarras et de désespérer un honnête homme. »

CHAPITRE VIII

Qu'on se figure l'état de Wilhelm lorsqu'il rentra chez lui après cet entretien ! Toutes ses anciennes blessures s'étaient rouvertes, et l'idée que Marianne n'avait pas été entièrement indigne de son amour s'élevait plus vive que jamais dans son âme ; car avec l'éloge, avec l'intérêt que le Bourru avait laissés percer malgré lui, notre ami voyait renaître tous ses charmes. Les violentes récriminations de cet homme ne firent pas sur Wilhelm l'effet qu'il avait voulu produire. Car celui-ci se sentait complice de ses fautes ; il excusait son silence. Il la voyait relevant de couches, mère, errer sans secours dans le monde, errer avec un enfant dont il était peut-être le père ; et ces images lui déchiraient le cœur.

Mignon l'avait attendu et l'éclaira pour l'aider à monter l'escalier. Après avoir posé son flambeau, elle lui demanda la permission d'exécuter le soir même devant lui un de ses tours. Il lui aurait volontiers refusé, surtout ne sachant pas où elle voulait en venir ; mais il ne voulait pas affliger cette bonne créature. Quelques instants après, elle reparut avec un tapis qu'elle étendit par terre. Wilhelm la laissa faire. Elle revint ensuite avec quatre flambeaux qu'elle plaça à chaque coin de ce tapis, une corbeille pleine d'œufs qu'elle apporta encore fit enfin deviner son projet. Puis elle s'avança d'un pas mesuré sur le tapis et disposa symétriquement les œufs dans un certain ordre. Ces préparatifs achevés, elle fit entrer un des domestiques de l'auberge qui jouait du violon. Il se mit dans un coin de la chambre ; elle se banda les yeux, lui donna le signal, et commença à marcher avec la musique, en marquant la mesure et la mélodie avec ses castagnettes.

Sa danse était rapide, légère et gracieuse. Elle manœuvrait si brusquement à travers les œufs, qu'on croyait à chaque instant qu'elle allait les casser ou du moins les faire rouler pêle-mêle dans un de ses mouvements inattendus ; mais elle n'en toucha pas un, quoiqu'elle fit toute espèce de pas, petits ou allongés, qu'elle sautât ou bien qu'elle parcourût les files en se traînant à genoux.

Sans s'arrêter, semblable à un automate, elle continuait sa marche ; la bizarre musique, recommençant sans cesse le même chant, donnait avec chaque reprise un nouvel élan à sa danse. Wilhelm était complétement captivé par cet étrange spectacle : il avait oublié ses chagrins, suivait chaque mouvement de cette chère créature et admirait combien son caractère se dévoilait dans cette danse.

C'était exact, net, bref, violent, solennel plutôt que tendre dans les poses gracieuses. Il ressentit en ce moment ce qu'il avait déjà éprouvé plusieurs fois à l'endroit de Mignon. Il se promit d'associer à son cœur cet être abandonné, de la prendre dans ses bras, et de la rattacher aux joies de la vie par sa tendresse paternelle.

La danse terminée, Mignon rapprocha les œufs du bout des pieds, en fit un petit tas, sans en briser ni en oublier aucun, se plaça à côté, retira le bandeau qui couvrait ses yeux et s'inclina profondément. Wilhelm la remercia d'avoir bien voulu lui montrer cette danse si gentiment et d'elle-même. Il la caressa en la plaignant de s'être donné tant de mal. Comme, pour la récompenser, il lui promettait un vêtement nouveau : « De tes couleurs ! » s'écria vivement l'enfant.

Wilhelm y consentit, mais sans comprendre ce qu'elle avait voulu dire. Elle mit ses œufs dans le panier, prit le tapis sous son bras, lui demanda s'il n'avait pas d'ordre à lui donner et s'esquiva.

Le musicien lui raconta que depuis quelque temps elle s'était bien donné de la peine pour lui apprendre l'air de sa danse, qui n'était autre que le fandango, et qu'à force de le lui entendre chanter, il était parvenu à le jouer. Il ajouta qu'elle avait voulu lui donner de l'argent pour le récompenser de ses peines, mais qu'il l'avait refusé.

CHAPITRE IX

Après une nuit agitée que notre ami avait passée, tantôt éveillé, tantôt inquiété par des songes pénibles qui lui montraient Marianne dans tout l'éclat de sa beauté, puis dans un état misérable, avec son enfant entre les bras, le jour se levait à peine que Mignon entra dans sa chambre, suivie d'un tailleur. Elle portait sous son bras du drap gris et du taffetas bleu de ciel, et lui expliqua à sa manière qu'elle voulait avoir une veste et un pantalon de matelot, comme en portaient les enfants de la ville, avec des tresses et des rubans bleus.

Depuis la perte de Marianne, Wilhelm avait renoncé à toute couleur gaie. Il s'était habitué à ne porter que du gris, et ne relevait ce costume sombre que par une doublure ou un collet bleu de ciel. Mignon, désireuse de porter au plus tôt ses couleurs, pressa le tailleur, qui promit d'apporter les vêtements dans le plus court délai.

Les leçons de danse et d'escrime que notre ami prit ce jour-là avec Laertes ne marchèrent pas bien. Elles furent du reste bientôt interrompues par l'arrivée de Mélina, qui fit voir avec de grands détails qu'une petite troupe se trouvait maintenant réunie, avec laquelle on pouvait fort bien jouer des pièces dès à présent. Il réitéra auprès de Wilhelm la demande de fournir quelque argent pour son établissement; mais celui-ci restait toujours irrésolu.

Philine entra quelques instants après avec les deux jeunes filles, en riant et faisant grand bruit. Elles avaient projeté une nouvelle partie de campagne, car changer de lieux et d'objet était l'unique plaisir après lequel elles soupiraient. Dîner chaque jour dans un nouvel endroit était leur plus ardent désir. Cette fois, il s'agissait d'une promenade sur l'eau.

Le bateau qui devait leur faire suivre les détours de l'agréable rivière avait déjà été commandé par le Pédant. Philine fit dépêcher la société, qui ne tarda pas à être embarquée.

«Que ferons-nous maintenant? demanda Philine quand tout le monde eut pris place sur les bancs.

— Le plus court serait de représenter une comédie extemporanée, répondit Laertes; que chacun de nous choisisse le rôle qui convient le mieux à son caractère, et nous verrons comment cela marchera!

— Excellent! dit Wilhelm; car dans une société où l'on ne se contraint point, où chacun suit son idée, la grâce et la gaieté ne peuvent pas demeurer longtemps; et, lorsqu'on s'y contraint, elles n'y viennent pas du tout. Ce n'est donc pas mal imaginé de prendre le déguisement dès le commencement et de nous montrer sous le masque aussi sincères qu'il nous plaira.

— Oui, dit Laertes; et c'est pour cela que nous trouvons tant d'attrait dans la société des femmes, qui ne se montrent jamais à nous sous leur aspect naturel.

— Cela prouve, répliqua madame Mélina, qu'elles ne sont pas aussi vaines que les hommes, qui s'imaginent être toujours assez aimables tels que la nature les a faits. »

Cependant on avait navigué entre d'agréables bocages, des collines, des jardins et des vignobles, et les jeunes femmes, surtout madame Mélina, exprimaient leur enthousiasme à l'endroit de ce paysage. Cette dernière commença à réciter solennellement un charmant poëme descriptif ayant trait à une scène analogue. Philine l'interrompit et proposa une loi contre quiconque parlerait d'objet inanimé, et commença vivement la comédie extemporanée. Le vieux Bourru devait représenter un officier en retraite; Laertes, un maître d'armes sans ouvrage; le Pédant un juif, et elle-même ferait une Tyrolienne; elle laissa les autres choisir leurs rôles. On supposait être une société composée de gens complétements étrangers les uns aux autres, se trouvant réunis dans le coche. Elle commença aussitôt à jouer son rôle avec le juif, et la gaieté devint bientôt générale.

On n'avait pas encore beaucoup avancé lorsque le batelier s'arrêta pour prendre, avec la permission de la société, un voyageur qui lui faisait signe de la rive.

« Voilà ce qu'il nous fallait ! s'écria Philine : un voyageur en fraude; cela manquait à notre compagnie. »

Un homme bien fait, de bonne mine, entra dans la barque. A son costume et à son allure respectable, on pouvait le prendre pour un ecclésiastique. Il salua la compagnie, qui lui rendit son salut à sa manière, et l'instruisit de son divertissement. Il prit le rôle d'un pasteur de campagne, dont, à l'étonnement général, il s'acquitta de la manière la plus agréable, sermonnant, racontant des historiettes, laissant voir quelques côtés faibles, sans jamais diminuer le respect dû à sa personne.

Quiconque était sorti, même une seule fois, de son rôle, devait donner un gage; Philine les avait recueillis avec grand soin et avait menacé l'ecclésiastique d'un déluge de baisers, lorsqu'on tirerait les gages, bien qu'il ne se fût pas laissé prendre en défaut. Quant à Mélina, il était complétement dépouillé ; boutons de chemises, boucles, tout ce qui pouvait se détacher de son costume, Philine le lui avait pris, car il n'avait pu entrer dans le rôle de touriste anglais qu'il avait choisi.

On arriva à l'endroit où l'on s'était promis de passer la journée. Le temps s'était de la sorte écoulé de la plus agréable manière ; chacun avait fait de son mieux preuve d'imagination et d'esprit, et habillé son rôle de plaisanteries aimables et divertissantes, et pendant la promenade Wilhelm entama une intéressante conversation avec l'ecclésiastique, auquel nous laisserons le titre que lui donnaient son extérieur et le rôle qu'il venait de jouer.

« Je trouve cet exercice, dit l'étranger, fort utile entre comédiens et même dans une société d'amis et de connaissances. C'est le meilleur moyen d'arracher chacun à soi-même pour l'y ramener par un détour ingénieux. On devrait introduire dans chaque troupe l'usage de s'exercer souvent ainsi ; le public gagnerait certainement si chaque moison représentait une pièce non écrite, mais à laquelle les acteurs se seraient préparés dans de nombreuses répétitions.

— Il ne faudrait pourtant pas, répondit Wilhelm, comparer une pièce extemporanée aux pièces improvisées à l'instant même, mais à celles dont le plan, l'action et la division des scènes sont réglés d'avance, l'exécution restant abandonnée à l'acteur.

— Sans doute, répliqua l'inconnu, et c'est précisément par rapport à l'exécution que ces sortes de pièces gagneraient infiniment, une fois que les acteurs seraient en train. Non pas l'exécution au point de vue du style, car l'écrivain consciencieux doit viser à la perfection de son travail, mais, au point de vue des gestes, de l'expression, des intonations et de ce qui s'y rattache, et même des aparté du jeu muet, qui me semble se perdre de jour en jour chez nous. Il se trouve bien en Allemagne des acteurs dont la personne exprime ce qu'ils pensent, ce qu'ils sentent; qui, par le silence, l'hésitation, par des signes imperceptibles, par des mouvements délicats du corps, préparent un discours et savent relier à l'ensemble, par une pantomime intelligente, les intervalles du récit. Mais un exercice qui développerait d'heureuses dispositions naturelles et enseignerait à rivaliser avec l'écrivain n'est pas aussi répandu que le désireraient ceux qui fréquentent le théâtre.

— Il me semble, dit Wilhelm, que les dispositions naturelles sont, pour l'acteur comme pour tout autre artiste et pour tout homme peut-être, le premier et le dernier moyen d'atteindre le but qu'il s'est proposé.

— Le premier et le dernier, le commencement et la fin, elles pourraient l'être et le demeurer; mais, dans l'intervalle, il manquerait bien des choses à l'artiste si l'éducation, et une éducation précoce, ne faisait d'abord de lui ce qu'il doit être plus tard; car celui auquel on accorde le génie est peut-être plus malheureux que celui qui n'a qu'une capacité ordinaire; le premier, en effet, peut se fausser plus facilement et s'égarer plus complétement que l'autre dans une mauvaise voie.

— Mais, s'écria Wilhelm, le génie ne se sauvera-t-il pas lui-même, ne guérira-t-il pas lui-même les blessures qu'il s'est faites?

— Nullement, répliqua l'autre, ou du moins ce ne sera que fort superficiellement; qu'on ne s'imagine pas dominer entièrement les premières impressions de la jeunesse. Si l'homme a grandi au milieu d'une sage indépendance, entouré d'objets beaux et nobles, dans la société de gens honnêtes ; si ses maîtres lui ont enseigné ce qu'il est indispensable de savoir, afin de pouvoir plus tard apprendre le reste ; s'il a retenu ce qu'on ne doit jamais oublier, si ses premières actions ont été dirigées de manière à accomplir plus tard le bien avec le plus de facilité, sans jamais être obligé de chercher à se défaire d'une ancienne habitude, cet homme passera sa vie plus pure, plus complète, plus heureuse que celui qui a dépensé les forces de sa jeunesse dans la lutte et dans l'erreur. On parle et on écrit beaucoup sur l'éducation, et je vois bien peu d'individus capables de comprendre et d'appliquer la notion simple, mais grande, qui renferme tout le système.

— Cela peut bien être vrai, répondit Wilhelm, car l'homme est assez borné pour vouloir façonner les autres à son image. Heureux celui que le destin adopte, le destin qui élève chacun à sa manière.

— Le destin, répliqua l'étranger en souriant, est un instituteur estimable, mais il coûte cher ; je m'en rapporterais toujours plus volontiers à la raison d'un de mes semblables. Le destin, pour la sagesse duquel je professe un profond respect, me semble avoir dans le hasard, par lequel il manifeste son action, un agent fort maladroit, car il arrive rarement que l'un exécute purement et simplement ce que l'autre a résolu.

— Vous me semblez avancer là une opinion fort singulière !

— Nullement ! Presque tout ce qui se passe dans le monde justifie mon assertion. Combien d'événements portent à leur début une idée sérieuse, et finissent pour la plupart d'une façon absurde !

— Vous voulez plaisanter?

— Et n'en est-il pas de même, continua l'autre, de ce qui arrive à chaque individu? Supposons que le destin ait désigné un homme pour être un grand acteur (car pourquoi ne songerait-il pas à nous doter de bons comédiens?), mais que par malheur le hasard conduise cet homme encore enfant dans un théâtre de marionnettes, et où il ne manquera pas de s'amuser, de s'attacher à un divertissement de mauvais goût, de trouver supportable, intéressante même, une chose absurde, et de recevoir ainsi, par un côté faux, une de ces impressions d'enfance que rien ne peut effacer, et pour lesquelles nous ne pouvons nous défendre d'un certain attachement.

— Comment en arrivez-vous au théâtre de marionnettes? lui demanda Wilhelm un peu déconcerté.

— Ce n'était qu'un exemple au hasard; s'il ne vous convient pas, prenons-en un autre. Supposons que le destin ait désigné quelqu'un pour être un grand peintre, et que le sort se plaise à faire végéter sa jeunesse dans de sales cabanes, dans des écuries, des granges; croyez-vous qu'un tel homme puisse jamais s'élever à des idées pures, nobles, indépendantes? Plus il se sera vivement pénétré de ces objets impurs dans ses premières années, plus il aura cherché à les ennoblir à sa façon, plus durement elles se vengeront de lui pendant tout le cours de son existence, car, pendant qu'il cherchait à les dominer, elles s'identifiaient plus intimement avec lui. Celui qui de bonne heure a vécu dans une société mauvaise ou insignifiante, quand même il pourrait plus tard en avoir une meilleure, regrettera toujours celle dont l'impression lui est restée, mêlée au souvenir des joies de l'enfance que l'on n'éprouve guère qu'une fois. »

On pense qu'une pareille conversation avait éloigné

peu à peu le reste de la société, et particulièrement Philine, qui s'était retirée dès le commencement. On rejoignit les deux causeurs par un sentier latéral. Philine tira les gages, qu'on dut racheter de mainte manière, et l'étranger charma toute la société, et principalement les dames, par les inventions les plus aimables, et par son abandon sympathique. Et ainsi s'écoulèrent le plus agréablement du monde les heures de cette journée, au milieu des rires, des chansons, des baisers et autres agaceries.

CHAPITRE X

Lorsqu'ils se disposèrent à retourner à la ville, ils cherchèrent de tous côtés leur ecclésiastique; mais il était disparu, et impossible à retrouver.

« Ce n'est pas aimable, dit madame Mélina, de la part d'un homme qui paraît bien élevé, de quitter sans prendre congé une société où il avait été si bien accueilli.

— Je me suis demandé tout le temps, dit Laertes, où j'ai déjà vu cet homme singulier. Je voulais lui faire cette question avant de lui dire adieu.

— Je me trouve absolument dans le même cas, répliqua Wilhelm ; et je ne l'aurais certainement pas laissé partir sans qu'il nous eût révélé quelque chose de ses affaires. Je me trompe fort, ou l'entretien que nous venons d'avoir ensemble n'est pas le premier.

— Et vous pourriez bien vous tromper tous deux, s'écria Philine. Cet étranger a un faux air d'ancienne connaissance, parce qu'il ressemble à un homme et non à Pierre ou à Paul.

— Qu'est-ce que cela veut dire? interrompit Laertes; est-ce que nous ne ressemblons pas aussi à des hommes?

— Je sais ce que je dis, répondit Philine ; si vous ne me comprenez pas, tant pis pour vous ; je ne me ferai pas l'interprète de mes paroles. »

Deux voitures attendaient. On complimenta Laertes, qui avait eu l'attention de les commander. Philine se plaça à côté de madame Mélina, et en face de Wilhelm ; les autres s'arrangèrent tant bien que mal. Quant à Laertes, il monta sur le cheval de Wilhelm, que l'on avait fait venir de la ville.

A peine en voiture, Philine se mit à chanter de jolis airs ; puis elle raconta des histoires qu'elle prétendit pouvoir être facilement revêtues de la forme dramatique. En dirigeant ainsi la conversation, elle eut bien vite mis notre ami de bonne humeur, et il eut bientôt tiré de sa riche imagination un drame complet avec ses actes, ses scènes, ses caractères et son intrigue. On trouva bon d'y introduire des ariettes et des chœurs ; on improvisa les vers, et Philine, qui se prêtait à tout, leur appliqua aussitôt des airs connus qu'elle chanta d'inspiration.

Elle était dans un de ses beaux jours; elle avait su animer notre ami par mille agaceries et il se sentait plus heureux qu'il ne l'avait été depuis longtemps.

Depuis la catastrophe qui l'avait arraché d'auprès de Marianne, il était resté fidèle au vœu de se mettre en garde contre les piéges insidieux des embrassements féminins, de fuir le sexe perfide, et de renfermer dans son sein ses regrets, ses douleurs et ses désirs les plus doux. L'exactitude avec laquelle il observait ce vœu donnait à tout son être un aliment secret, et, comme son cœur ne pouvait rester sans attachement, il avait besoin maintenant d'une tendre sympathie. Il errait comme entouré des premiers nuages de la jeunesse, ses yeux s'arrêtaient avec plaisir sur chaque objet aimable, et jamais son jugement sur un joli visage n'avait été plus indulgent. Combien dans une pareille situation la hardie jeune femme devait être dangereuse pour lui, cela n'est que trop facile à comprendre.

Ils trouvèrent dans la chambre de Wilhelm tout préparé pour les recevoir; les siéges prêts pour une lecture, et au milieu la table, où allait flamboyer un bol de punch. Les drames de chevalerie allemande avaient alors tout l'attrait de la nouveauté et avaient fixé l'attention et la faveur du public. Le vieux Bourru en avait apporté un de ce genre, et on avait résolu d'en faire la lecture. On prit place, et Wilhelm s'empara de l'exemplaire et commença à lire. Les chevaliers bardés de fer, les vieux burgs, la fidélité, la probité, la loyauté et surtout l'indépendance des personnages représentés furent accueillis avec enthousiasme. Le lecteur faisait de son mieux, et la société fut transportée. Entre le deuxième et le troisième acte, on apporta le punch dans un grand bol ; et, comme dans la pièce on buvait souvent et beaucoup, il était fort naturel qu'à chaque fois que cela se présentait dans la pièce, la société se mît à la place des héros, trinquât, et bût à la santé de ceux des personnages qu'elle préférait.

Chacun était enflammé du feu du plus noble patriotisme. Quel charme pour cette société allemande de se réjouir poétiquement, s'abandonnant à son propre caractère, sur son propre terrain ! Les voûtes souterraines, les caveaux, les châteaux ruinés, la mousse et les arbres creux, et par-dessus tout les conciliabules nocturnes des ziguéners, les réunions des francs juges avec leur justice providentielle et les tribunaux secrets, produisirent un effet incroyable. Chaque acteur cherchait comment, les unes en collerettes roides et empesées, les autres en casques et en cuirasses, produiraient devant le public leur nationalité allemande. Tous prenaient des noms empruntés à ce drame ou à l'histoire de cette époque, et madame Mélina déclara que le fils ou la fille qu'elle portait dans son sein ne s'appellerait pas autrement qu'Adelbert ou Mathilde.

Au cinquième acte les marques d'approbation devinrent encore plus bruyantes et plus éclatantes ; et, lorsqu'à la fin le héros triompha de ses persécuteurs et que le tyran reçut sa juste punition, l'enthousiasme était tel, qu'on jura n'avoir jamais passé d'aussi heureux moments. Mélina, que la boisson avait excité, était le plus bruyant, et, comme minuit sonnait et qu'on venait de vider le second bol de punch, Laertes jura haut et clair que personne au monde n'était digne de tremper désormais ses lèvres dans ces verres, et sur ce serment il jeta le sien derrière lui dans la rue en brisant les vitres. Les autres suivirent son exemple, et, malgré les protestations de l'aubergiste, qui accourut hors d'haleine, le bol, qui, après une telle solennité, ne devait plus être souillé par une boisson profane, fut brisé en mille morceaux. Philine, chez qui les vapeurs du punch étaient le moins visibles, excitait malicieusement les autres au tapage, tandis que les deux jeunes filles dormaient étendues sur le canapé, dans les poses les plus abandonnées. Madame Mélina déclamait un poëme héroïque, tandis que son mari, dont l'ivresse n'était rien moins qu'aimable, se plaignait de la mauvaise qualité du punch, et jurait qu'il aurait organisé tout autrement la fête. Laertes lui imposa silence ; et, comme il devenait de plus en plus grossier et insolent, celui-ci, sans plus de réflexion, lui jeta brusquement à la tête les morceaux du bol ; ce qui augmenta singulièrement le tumulte.

La garde survint et voulut pénétrer dans la maison. Wilhelm, échauffé par sa lecture, quoiqu'il n'eût presque pas bu, eut assez de peine à calmer ces hommes avec le secours de l'hôte, en leur distribuant de l'argent et de bonnes paroles, et à ramener chez eux les membres de la société dans le fâcheux état où ils se trouvaient. A son retour, vaincu par le sommeil, il se jeta tout habillé sur son lit, fort mécontent de tout cela; et rien n'égale la sensation désagréable qu'il éprouva lorsque, en ouvrant les yeux le lendemain matin, il jeta un regard morne sur les ravages de la veille, le désordre et les mauvais effets qu'avait produits un poëme plein de génie, de passion et de nobles pensées.

CHAPITRE XI

Après une courte réflexion, notre héros fit appeler l'aubergiste, et lui dit de porter sur son compte la dépense et les dégâts. Il apprit en même temps, non sans chagrin, qu'en revenant de la campagne, Laertes avait tellement poussé son cheval, que la bête en était probablement fourbue, comme on dit.

Un salut que Philine lui envoya de sa fenêtre le remit bientôt en bonne humeur, et il courut aussitôt à la plus proche boutique pour acheter le petit présent qu'il lui devait encore en échange du couteau à poudre, et nous devons reconnaître qu'il ne se tint pas dans les limites d'un présent proportionné. Il prit non-seulement une belle paire de boucles d'oreilles, mais encore un chapeau, un châle et quelques autres bagatelles, pour remplacer les objets que, le jour de leur première entrevue, elle avait si follement jetés aux pauvres.

Madame Mélina, qui vint l'observer au moment où il présentait ses cadeaux, chercha avant le dîner à l'entretenir sérieusement au sujet de son penchant pour cette femme. Une pareille remontrance le surprit d'autant plus qu'il ne croyait pas la mériter. Il jura qu'il n'y avait rien de sérieux dans ces attentions pour une personne dont il connaissait tous les défauts, et il s'excusa tant bien que mal de ses manières d'agir amicales avec elle, mais sans parvenir à rassurer madame Mélina; car elle n'en fut que plus offensée de voir que ses flatteries, par lesquelles elle s'était attiré de la part de notre ami une sorte de bienveillance, n'étaient pas de force à défendre cette conquête contre les attaques d'une rivale plus passionnée, plus jeune et mieux favorisée par la nature.

Lorsqu'on se mit à table, on trouva Mélina de très-mauvaise humeur, et il commençait déjà à la déverser sur des niaiseries, lorsque l'hôte entra et annonça un harpiste.

« Vous prendrez certainement plaisir à entendre la musique et les chants de cet homme ; personne ne peut l'admirer sans lui donner quelque chose.

— Je ne suis nullement disposé à écouter votre ménestrel s'écria Mélina. Laissez-le continuer son chemin. Nous avons, au reste, parmi nous des chanteurs qui auraient autant besoin que lui de gagner de l'argent. » Il accompagna ces mots d'un regard malin dirigé vers Philine. Elle le comprit et l'en punit aussitôt en se déclarant en faveur du chanteur annoncé. Elle se tourna vers Wilhelm et lui dit : « Faut-il donc ne pas entendre cet homme? ne ferons-nous rien pour nous arracher à notre déplorable ennui? »

Mélina voulut répondre, et la discussion serait devenue vive, si Wilhelm n'avait salué le chanteur arrêté sur le seuil de la porte et ne lui avait fait signe d'approcher.

L'aspect de cet hôte étranger remplit de surprise toute

la société, et il avait déjà pris possession d'une chaise avant que personne eût osé l'interroger ni proférer une parole. Une légère couronne de cheveux gris entourait son crâne chauve, de grands yeux bleus regardaient doucement sous de longs cils blancs. Au-dessous d'un nez régulier descendait une barbe blanche, qui laissait apercevoir les agréables contours de ses lèvres. Un ample vêtement brun enveloppait tout son corps élancé, depuis le col jusqu'aux pieds. Il commença à préluder sur la harpe qu'il avait placée devant lui. Les sons harmonieux qu'il tirait de cet instrument disposèrent bientôt l'auditoire en sa faveur.

« Vous savez aussi chanter, bon vieillard ? dit Philine.

— Chantez-nous, interrompit Wilhelm, un de ces chants qui réjouissent l'esprit, le cœur, en même temps que les sens. L'instrument ne doit qu'accompagner la voix. Des mélodies, des accords, des roulades sans paroles, et dénués de sens, me font l'effet de ces papillons ou de ces oiseaux à plumage brillant qui voltigent devant nous dans les airs et ne nous inspirent d'autre désir que celui de les arrêter et de les garder captifs; tandis que le chant s'élève comme un séraphin vers les cieux, et éveille dans la meilleure partie de notre moi le besoin de nous élancer avec lui. »

Le vieillard jeta un regard sur Wilhelm, leva les yeux au ciel, toucha quelque accord de sa harpe, et commença son chant. Il célébrait les louanges du chant, exaltait le bonheur des chanteurs et exhortait les hommes à les honorer. Il y mettait tant de vie et de vérité, qu'on aurait dit qu'il venait de composer ce morceau à l'instant même et pour la circonstance. Wilhelm eut peine à se retenir de lui sauter au cou : ce ne fut que la crainte de faire rire à ses dépens qui le retint sur sa chaise, car déjà les convives faisaient à mi-voix des observations absurdes, et se demandaient si ce vieillard était un juif ou un moine.

Lorsqu'on lui demanda quel était l'auteur des paroles, il ne donna pas de réponse précise, assura qu'il savait beaucoup de morceaux, et qu'il serait heureux s'il pouvait plaire à la société. La plupart des auditeurs étaient gais et joyeux ; Mélina lui-même était devenu expansif à sa manière, et, tandis qu'on plaisantait et riait de l'un à l'autre, le vieillard commença, dans un chant ingénieux, la louange de la vie en société. Il peignait par des accords flatteurs la concorde et la bienveillance. Par instants son chant devenait sec, rauque et confus, lorsqu'il peignait l'odieuse dissimulation, la haine aveugle, et la redoutable discorde ; et l'âme de chacun se sentit comme soulagée lorsque, porté sur les ailes d'une mélodie vive et puissante, le vieux harpiste chanta ceux qui amènent la paix et le bonheur des âmes qui se retrouvent. Il avait à peine terminé que Wilhelm s'écria :

« Qui que tu sois, toi qui viens à nous comme un génie secourable et sauveur nous apporter des paroles de consolation et de vie, reçois l'hommage de mon respect et de mes remercîments. Sache que nous t'admirons tous, et confie-toi à nous, si tu as besoin de quelque chose ! »

Le vieillard resta silencieux, glissa doucement ses doigts sur les cordes, les attaqua tout à coup avec force, et chanta :

> Qu'entends-je là, en dehors de la porte,
> Qu'est-ce qui vibre sur le pont ?
> Laissez, que les chants à mon oreille
> Résonnent dans la salle.
> Voilà ce que dit le roi ; le page courut,
> Le page revint, le roi s'écria :
> Faites entrer le vieillard !

Salut à vous, hauts seigneurs !
Salut à vous, belles dames !
Quel riche firmament ! étoile contre étoile !
Qui connaît leurs noms ?
Dans la salle pleine de pompe et de magnificence,
Vous, mes yeux, fermez vous, ce n'est pas ici le moment
De se réjouir et d'admirer.

Le chantre ferma les yeux,
Et frappa de sonores accords.
Les chevaliers regardaient fièrement,
Et les belles baissaient les yeux sur leur poitrine.
Le roi, auquel le chant avait plu,
Ordonna que pour prix de sa chanson
On allât lui chercher une chaîne d'or.

Ne me la donne pas, la chaîne d'or,
Donne la chaîne aux chevaliers :
A leur aspect audacieux
Les lances de l'ennemi se brisent :
Donne-la au chancelier qui est là,
Et fais-lui encore porter ce fardeau doré
A côté de ses autres fardeaux.

Je chante comme chante l'oiseau
Qui habite dans le feuillage.
Le chant qui sort de mon gosier
Est la récompense qui me récompense le plus richement.
Cependant, si j'ose te demander, je te demanderai une seule chose :
Fais-moi donner un coup de ton meilleur vin
Dans une coupe pure.

Il la prit et la vida ;
O boisson douce et bienfaisante !
O maison trois fois heureuse,
Celle où ce don est peu de chose !
Lorsque vous serez joyeux, pensez à moi,
Et remerciez Dieu aussi chaleureusement
Que je vous remercie pour cette boisson.

La ballade terminée, il prit en souriant le verre de vin qu'on lui avait versé, et le vida d'un air affectueux, après avoir salué son auditoire. Une satisfaction générale se répandit dans l'assemblée. On battit des mains en lui souhaitant que ce verre lui donnât la santé, et réconfortât ses vieux membres. Il chanta encore quelques romances qui accrurent l'allégresse de la compagnie.

« Sais-tu cet air, vieillard : *Le berger se parait pour la danse?* demanda Philine.

— Oh ! oui, répondit-il ; si vous voulez chanter et jouer le chant, je suis là pour vous accompagner. »

Philine se leva et se mit en place. Le vieillard commença l'accompagnement, et elle chanta un *lied* que nous ne donnerons pas à nos lecteurs : ils pourraient le trouver insipide, peut-être même inconvenant.

Pendant ce temps la société, qui s'était de plus en plus animée, avait avalé un nombre assez considérable de bouteilles et commençait à parler très-haut ; mais notre ami, qui avait la mémoire fraîche des conséquences de leur gaieté, tâcha d'y mettre un terme ; il glissa dans la main du vieillard une riche récompense ; les autres donnèrent aussi quelque chose ; on le congédia pour qu'il allât se reposer ; l'on se promit de goûter encore une fois son talent le soir même.

Dès qu'il fut parti, Wilhelm dit à Philine :

« Votre chanson n'a aucun mérite poétique ou moral ; et cependant, si vous exécutiez jamais sur un théâtre quelque chose de sortable, avec cette naïveté, cette grâce, ce naturel, vous pourriez compter sur un immense succès.

— Oui, répondit Philine, ce serait une sensation fort agréable que de se réchauffer contre la glace.

— Combien cet homme, continua Wilhelm, s'est montré supérieur à bien des acteurs ! Avez-vous remarqué comme l'accent dramatique de ses romances était juste ?

Assurément l'expression qu'il met dans ses chants vit plus que nos roides personnages de théâtre ; on prendrait volontiers la représentation de maintes pièces pour un récit, tandis que l'on trouve aux récits musicaux de ce vieillard un intérêt vivant et animé.

— Vous êtes injuste, répliqua Laertes ; je ne me donne pas pour un grand acteur ni pour un grand chanteur ; mais, lorsque la musique accompagne les mouvements de mon corps, leur donne la vie et leur indique la mesure et l'expression marquées d'avance par le compositeur, je suis un tout autre homme que dans le drame, où il me faut d'abord créer tout cela, composer moi-même la mesure et la déclamation, que ceux qui jouent avec moi peuvent me faire perdre à chaque instant.

— Tout ce que je sais, s'écria Mélina, c'est que cet homme nous surpasse sur un point, et même sur un point principal. Nous qui serons peut-être bientôt embarrassés de savoir où chercher un dîner, il nous décide à partager notre dîner avec lui. Il a su, au moyen d'une petite chanson, tirer de nos poches l'argent que nous pourrions employer à nous faire une position. C'est si agréable, à ce qu'il paraît, de dissiper l'argent qui créerait une existence à soi et aux autres ! »

Cette observation donna à l'entretien une tournure désagréable. Wilhelm, à qui ce reproche s'adressait particulièrement, y répondit avec une certaine vivacité; et Mélina, qui ne se distinguait pas par une extrême délicatesse, finit par exposer ses griefs en termes directs.

« Voilà bientôt quinze jours, dit-il, que nous avons visité la garde-robe et les décorations qui sont engagées ici, et nous pourrions nous les procurer à un prix très-minime. Vous m'aviez fait espérer que vous m'avanceriez les fonds, et, jusqu'à présent, je n'ai pas vu que vous ayez réfléchi, ou que vous ayez pris une résolution. Si vous vous étiez décidé tout de suite, nous marcherions maintenant ; vous n'avez pas davantage mis à exécution votre projet de départ, et vous ne me paraissez pas avoir épargné l'argent ces derniers temps ; il y a au moins des personnes qui savent vous fournir l'occasion de le faire disparaître aussi vite que possible. »

Ce reproche, qui n'était pas tout à fait injuste, blessa notre ami. Il répliqua avec vivacité, et même avec emportement, et, comme la société se levait et s'agitait, il sortit, en laissant entendre clairement qu'il ne resterait pas plus longtemps au milieu de gens si grossiers et si ingrats. Il descendit, de fort mauvaise humeur, pour s'asseoir sur un banc de pierre placé devant la porte de son auberge, et sans s'apercevoir que, d'abord par gaieté, et ensuite par dépit, il avait bu plus qu'à l'ordinaire.

CHAPITRE XII

Au bout de quelques instants que Wilhelm, agité par mille pensées, avait passés assis et regardant vaguement devant lui, Philine sortit doucement de l'auberge en fredonnant, près de la porte, s'assit, s'arrêta près de lui, on pourrait presque dire sur lui, tant elle s'était rapprochée de lui, s'appuya sur son épaule, joua avec ses cheveux, caressa ses joues, en lui disant les mots les plus doux du monde. Elle le supplia de rester, pour ne pas la laisser seule au milieu d'une société où elle se mourait d'ennui. Elle ne pouvait plus vivre sous le même toit que Mélina, et venait s'installer dans l'auberge de Wilhelm.

Celui-ci chercha en vain à l'en détourner, à lui faire comprendre qu'il ne pouvait ni ne devait rester plus longtemps; elle continua ses supplications, lui jeta à l'improviste les bras autour du cou, et lui ferma la bouche par des baisers passionnés.

« Êtes-vous folle, Philine? s'écria-t-il en cherchant à se dégager. Rendre la place publique témoin de pareilles caresses que je ne mérite d'aucune façon ! Laissez-moi, vous dis-je ! je ne puis pas rester, et je ne resterai pas.

— Et moi je te retiendrai, lui dit-elle, et je t'embrasserai dans cette rue, jusqu'à ce que tu m'aies promis ce que je désire. J'en rirai à en mourir, continua-t-elle ; après cet épanchement on nous prendra sûrement pour des époux dans la lune de miel, et les maris qui auront vu cette scène me citeront à leurs femmes comme un exemple de tendre abandon et de naïveté séduisante. »

Plusieurs individus passèrent en effet; elle redoubla ses caresses, et lui, pour éviter le scandale, se vit forcé de les souffrir avec le calme impassible et la froide majesté d'un mari. Puis elle fit des grimaces aux passants et commit tant d'extravagances, que Wilhelm lui promit enfin de rester encore ce jour-là, le lendemain et le surlendemain.

« Vous êtes une véritable bûche ! lui dit-elle en se détachant de lui, et moi une folle de vous prodiguer ainsi mes caresses. » Elle se leva fâchée, et fit quelques pas; puis elle revint en riant et s'écria : « Je crois que c'est précisément pour cela que je raffole de toi. Je vais aller chercher mon tricot, pour me donner une contenance ; reste là, que je retrouve l'homme de pierre sur le banc de pierre. »

Cette fois elle lui faisait tort, et, malgré ses efforts pour ne pas se laisser entraîner par elle, s'ils s'étaient trouvés en ce moment dans un bosquet solitaire, il n'aurait vraisemblablement pas laissé ses caresses sans réponse.

Lui jetant un regard à la fois tendre et moqueur, elle entra dans l'auberge. Rien n'autorisait Wilhelm à la suivre, sa conduite aurait plutôt éveillé chez lui une nouvelle répugnance; et cependant, sans savoir au juste pourquoi, il se leva de son banc pour la suivre.

Il était sur le point de franchir le seuil, lorsque survint Mélina, qui l'aborda très-poliment et le pria d'excuser les quelques paroles trop vives qui lui étaient échappées dans la discussion. « Vous ne m'en voudrez pas, continua-t-il, si, dans la position où je me trouve, je me montre peut-être trop préoccupé de mes affaires ; mais les soucis que me cause ma femme, et bientôt peut-être un enfant, m'empêchent de vivre tranquillement au jour le jour, et de passer mon temps dans la jouissance de sensations agréables, comme cela vous est encore permis à vous. Réfléchissez, et, si cela vous est possible, mettez-moi en possession du fonds du théâtre qui se trouve ici. Je ne resterai pas longtemps votre débiteur, et ma reconnaissance vous sera acquise pour toujours. »

Wilhelm, ennuyé de se voir retenu sur le seuil qu'un penchant irrésistible pour Philine le poussait à franchir, lui dit avec distraction et d'un ton d'une bienveillance précipitée :

« Si cela peut vous rendre heureux et content, je n'ai pas à hésiter plus longtemps. Allez et arrangez tout. Je suis prêt à vous compter l'argent ce soir même ou demain matin. »

Et, pour gage de cette promesse, il tendit la main à Mélina, qu'il vit avec satisfaction traverser promptement la rue. Mais, comme Wilhelm allait entrer à la maison, il en fut empêché une seconde fois par un obstacle encore plus désagréable. Un jeune garçon, une valise sur le dos, vint se jeter au-devant de Wilhelm, qui reconnut aussitôt Frédéric.

« Me voilà revenu, s'écria-t-il en promenant d'un air joyeux ses grands yeux bleus le long de chaque fenêtre; où est mademoiselle? qui diable pourrait vivre sans la voir? »

L'aubergiste, qui survint, lui répondit :

« Elle est là-haut. »

En quelques enjambées il eut escaladé les escaliers, tandis que notre héros restait comme enraciné sur le seuil. Dans le premier moment, il aurait volontiers saisi le jeune homme par les cheveux pour le faire descendre à reculons; mais un accès violent d'une jalousie furieuse arrêta net le cours de ses idées, et, lorsqu'il revint de son engourdissement, il se sentit accablé par une inquiétude, un malaise tel qu'il n'en avait encore jamais éprouvé de sa vie.

Ce fut dans cet état qu'il entra dans sa chambre, où il trouva Mignon occupée à écrire. L'enfant s'efforçait depuis longtemps, avec la plus grande application, d'apprendre à écrire ce qu'elle savait par cœur, et avait prié son maître et ami de corriger ce qu'elle avait fait. Elle était infatigable et comprenait bien, mais les lettres étaient toujours inégales, et les lignes tortueuses. Là encore son corps se trouvait en contradiction avec son esprit. Wilhelm, qui, lorsqu'il était dans une assiette habituelle, prenait ordinairement plaisir à voir l'attention de cette enfant, ne jeta cette fois qu'un regard distrait sur ce qu'elle lui montrait; elle s'en aperçut et s'en affligea d'autant plus, qu'elle croyait avoir mieux travaillé ce jour-là que les autres.

Poussé par son inquiétude, Wilhelm erra pendant quelque temps dans les corridors, et finit par redescendre à la porte cochère. Un cavalier arrivait au galop en ce moment ; il avait fort bon air et paraissait plein de vivacité, quoique dans un âge mûr. L'aubergiste accourut à sa rencontre, lui tendit la main comme à une ancienne connaissance, et s'écria :

« Eh ! monsieur l'écuyer, on vous revoit donc encore une fois ?

— Je ne m'arrêterai que pour faire manger l'avoine à mon cheval, répondit l'étranger, il faut que je me rende sans retard au château pour tout faire préparer à la hâte. Le comte arrive demain avec sa femme, et ils y prolongeront leur séjour pour recevoir de leur mieux le prince de*** qui va probablement établir son quartier général dans cette contrée.

— C'est bien dommage que vous ne puissiez pas rester avec nous, répliqua l'aubergiste ; nous avons ici bonne compagnie. »

Le piqueur, qui était arrivé derrière l'écuyer, emmena le cheval, tandis que son maître continuait à s'entretenir sous la porte avec l'aubergiste, en jetant de temps en temps un regard oblique sur Wilhelm.

Celui-ci, remarquant qu'il était question de lui, s'éloigna et fut se promener au hasard dans les rues.

CHAPITRE XIII

Dans la pénible situation d'esprit où il se trouva, Wilhelm conçut l'idée d'aller à la recherche de ce vieillard dont la harpe pourrait chasser les mauvais esprits qui l'obsédaient. Il s'informa de sa demeure, et on lui indiqua une auberge misérable située dans un quartier éloigué ; et, arrivé à l'auberge, on lui fit gravir l'escalier jusqu'au grenier, où il entendit sortir d'une chambre la douce harmonie de la harpe. C'étaient des sons plaintifs et émus, accompagnant un chant triste et douloureux. Wilhelm se glissa près de la porte, et, comme le bon vieillard exécutait une sorte de fantaisie, répétant un petit nombre de strophes, récitant et chantant alternativement, l'auditeur put, après quelques moments d'attention, saisir à peu près ce qui suit :

> Celui qui n'a jamais mangé son pain mouillé de larmes,
> Celui qui pendant des nuits d'anxiété
> N'est pas resté pleurant assis sur son lit,
> Celui-là ne vous connaît pas, ô puissances célestes !

> Vous nous faites entrer dans la vie !
> Vous laissez le malheureux devenir coupable,
> Puis vous l'abandonnez à la souffrance !
> Car toute faute s'expie sur la terre.

Cette plainte douloureuse pénétra jusqu'au fond de l'âme de l'auditeur. Il lui semblait que plusieurs fois les larmes empêchaient le vieillard de continuer ; puis l'instrument résonna seul jusqu'à ce que la voix y mêlât de nouveau ses sons entrecoupés. Wilhelm était toujours sur le seuil ; son âme était profondément remuée ; la douleur de l'inconnu ouvrit son cœur navré ; il ne résista pas au sentiment de pitié qui l'envahissait, il ne put ni ne voulut retenir les larmes qu'amenait dans ses yeux la plainte du vieillard. Toutes les souffrances qui pesaient sur son âme se fondirent en même temps ; il s'y abandonna tout entier, ouvrit brusquement la porte de la chambre, et se trouva devant le vieillard qui s'était fait forcément un siége du mauvais lit, unique meuble de sa misérable demeure.

« Quelles sensations tu as excitées en moi, bon vieillard ! s'écria-t-il ; tu viens de rendre la vie à tout ce que renfermai mon cœur engourdi ; ne t'arrête pas, continue : en soulageant tes propres souffrances, tu rends heureux un ami. » Le vieillard allait se lever et répondre ; mais Wilhelm l'en empêcha, car il avait remarqué au dîner qu'il n'aimait pas à parler ; et il s'assit à côté de lui sur le grabat.

Le vieillard essuya ses larmes, et lui demanda avec un sourire affable :

« Comment vous trouvez-vous ici ? Je devais aller vous revoir ce soir.

— Nous serons plus tranquilles ici, répondit Wilhelm. Chante ce que tu voudras, ce qui convient à ta situation ; fais comme si je n'étais pas là. Il me semble qu'aujourd'hui tu ne saurais te tromper. Que tu es heureux de pouvoir ainsi charmer ta solitude, et, puisque tu es étranger en tous lieux, de trouver ainsi dans ton cœur de plus agréables connaissances ! »

Le vieillard jeta les yeux sur sa harpe ; et, après un prélude mélancolique, il se mit d'accord et chanta :

> Celui qui s'abandonne à la solitude,
> Oh ! celui-là est bientôt seul,
> Chacun vit, chacun aime,
> Et tout le laisse à sa souffrance.
>
> Oui, laissez-moi à mes tourments,
> Si je puis seulement une fois
> Être entièrement solitaire,
> Je ne serai plus seul.
>
> Un amant se glisse doucement prêtant l'oreille
> Pour guetter si son amie est seule.
> Ainsi de jour et de nuit se glisse
> Ma souffrance chez moi, pauvre solitaire,
>
> Mes tourments chez moi, pauvre solitaire.
> Ah ! si je suis seulement une fois
> Solitaire dans le tombeau,
> Là, elles me laisseront seul.

Il serait impossible sans tomber dans des longueurs de donner une juste idée du charme de la singulière conversation de notre héros avec ce mystérieux étranger. A chaque question du jeune homme, le vieillard répondait avec la plus pure justesse de ton par des accords qui éveillaient toutes les sensations analogues, et ouvraient un vaste champ à l'imagination.

Quiconque a assisté à une réunion de ces hommes pieux qui, séparés de l'Église, croient atteindre une édification plus pure, plus intime, plus spirituelle, celui-là pourrait se rendre compte de la scène que nous venons d'indiquer. Il se souviendra comment le liturgiste unit à sa parole le vers d'un cantique qui élève l'âme au point où l'orateur veut qu'elle prenne son vol ; comment alors un assistant ajoute avec une autre mélodie un vers d'un autre chant, un troisième y rattache un troisième vers, de sorte que l'idée générale des cantiques auxquels ils sont empruntés se trouve éveillée, en même temps que chaque passage acquiert une nouveauté et une individualité propre par cette association qui ferait croire qu'on les a composés à l'instant même, de sorte que d'un assemblage de pensées et de mélodies connues résulte en ce moment pour ces gens un tout particulier, dans la jouissance duquel ils se vivifient, s'animent et se restaurent.

C'est ainsi que le vieillard édifiait son hôte ; ces chants et ces passages connus et inconnus, ces réminiscences éloignées ou prochaines, donnaient à des sensations, éveillées ou assoupies, agréables ou douloureuses, une circulation qui, dans l'état présent de notre ami, pouvait avoir pour lui les plus heureux résultats.

CHAPITRE XIV

En revenant chez lui, Wilhelm se mit à réfléchir sur sa position plus sérieusement qu'il ne l'avait fait jusqu'alors, et il était arrivé au logis avec la résolution de s'en arracher, lorsque l'aubergiste vint lui confier en grand mystère que mademoiselle Philine avait fait la conquête de l'écuyer du comte, qui, après avoir donné ses ordres au château, était revenu au galop, et était en train de faire un excellent souper dans la chambre de la demoiselle.

Au même instant, Mélina entra suivi d'un notaire ; ils se rendirent ensemble dans la chambre de Wilhelm, qui, après une courte hésitation, fit honneur à sa parole et compta à Mélina, contre une lettre de change, la somme de trois cents thalers, que celui-ci remit aussitôt au notaire, et contre laquelle il reçut le titre de vente de tout le mobilier théâtral, qui devait lui être livré le lendemain matin.

A peine s'étaient-ils séparés, que Wilhelm entendit dans la maison des cris épouvantables. Il distingua le son d'une voix jeune, colère et menaçante, qui éclatait bruyamment au milieu de sanglots et de hurlements. Il entendit la voix descendre, passer devant sa chambre, et se perdre dans la cour.

Poussé par la curiosité, il descendit et trouva Frédéric en proie à une sorte de frénésie. L'enfant pleurait, grinçait des dents, trépignait, agitait ses poings fermés d'un air menaçant, et se tordait de rage et de colère ; Mignon, debout en face de lui, le regardait avec surprise. L'aubergiste expliqua en quelques mots la cause de cette scène :

« Le pauvre garçon à son retour, ayant été bien reçu par Philine, s'était montré gai et content ; il ne faisait que chanter et sauter, jusqu'au moment où l'écuyer eut fait connaissance avec mademoiselle Philine. Frédéric, qui se trouvait dans l'état intermédiaire qui sépare l'enfance de la jeunesse, avait commencé à montrer son dépit, à battre les portes, à courir à travers la maison comme un fou; Philine lui avait ordonné de servir au souper, ce qui l'avait rendu encore plus mécontent et plus rebelle; à la fin, au lieu de poser un plat de ragoût sur la table, il l'avait laissé tomber entre mademoiselle et son convive, qui étaient assis fort près l'un de l'autre ; sur quoi l'écuyer lui avait appliqué une bonne paire de soufflets et l'avait jeté à la porte. »

Quant à l'hôte, il s'était empressé de nettoyer les deux personnes, dont les habits avaient fort souffert.

En apprenant le bon effet de sa vengeance, Frédéric se mit à rire aux éclats, tandis que les larmes coulaient encore le long de ses joues. Il se réjouit ainsi quelques instants de tout son cœur; mais l'affront que lui avait fait cet homme plus fort que lui lui revint à la mémoire, il se remit à sangloter et à menacer. Wilhelm considérait cette scène muet et pensif : il voyait ses propres et ses plus intimes sentiments reproduits en traits violents et exagérés. Lui aussi brûlait d'une jalousie invincible ; lui aussi, si les bienséances ne l'avaient pas retenu, il aurait volontiers, pour satisfaire sa mauvaise humeur, maltraité l'objet aimé, provoqué son rival ; il aurait voulu exterminer ces gens qui ne paraissaient être là que pour le tourmenter.

Laertes, qui était accouru et qui avait appris l'aventure, prit un plaisir malin à exciter la colère de Frédéric, qui soutenait en jurant qu'il n'avait jamais laissé tomber une insulte, que l'écuyer lui devait une satisfaction, et que, s'il s'y refusait, il se vengerait d'une autre manière.

Laertes était là dans son élément. Il monta pour provoquer l'étranger au nom du jeune homme.

« C'est drôle, dit celui-ci ; je ne me serais pas attendu ce soir à une pareille plaisanterie. »

Ils descendirent et Philine les suivit.

« Mon fils, dit l'écuyer à Frédéric, tu es un brave garçon, et je ne refuse pas de me battre avec toi ; mais, comme l'inégalité de nos âges et de nos forces donne à la chose une tournure particulière, je propose, au lieu de toute autre arme, une paire de fleurets ; nous frotterons les boutons avec de la craie : celui qui marquera sur l'habit de l'autre la première botte ou les plus nombreuses sera proclamé vainqueur, et régalé par lui avec le meilleur vin qu'il sera possible de se procurer dans la ville. »

Laertes déclara la proposition acceptable ; Frédéric lui obéit comme à son maître. On apporta les fleurets. Philine se plaça sur une chaise, tira son tricot et considéra les deux combattants avec une grande tranquillité d'esprit.

L'écuyer, qui était maître passé en l'art de l'escrime, eut la complaisance de ménager son adversaire et de se laisser faire plusieurs marques de craie sur son habit ; sur quoi ils s'embrassèrent, et l'on apporta le vin. L'écuyer voulut connaître l'origine et l'histoire de Frédéric, qui lui redit le conte qu'il avait souvent répété et que nous ferons connaître une autre fois à nos lecteurs.

Ce duel acheva de peindre à l'âme de Wilhelm ses propres sentiments, car il ne pouvait se dissimuler qu'il aurait volontiers croisé lui-même le fleuret ou plutôt l'épée contre l'écuyer, quoiqu'il eût bien vu que cet homme était beaucoup plus fort que lui à l'escrime. Cependant il n'accorda pas un regard à Philine, il s'abstint de toute observation qui aurait pu trahir ses sentiments, et, après avoir bu quelques verres à la santé des combattants, il courut à sa chambre, où mille pensées pénibles vinrent l'assiéger.

Il se rappelait le temps où son esprit s'élevait porté sur les ailes de l'espérance, où il nageait comme dans son élément au milieu des plus vives jouissances. Il voyait clairement qu'il était tombé dans une apathie vague, où il ne goûtait que du bout des lèvres ce que naguère il buvait à longs traits. Mais ce qu'il ne voyait pas clairement, c'était le penchant irrésistible dont la nature lui avait fait une loi, et que la marche des événements se plaisait à exciter sans jamais le satisfaire entièrement.

On ne doit donc pas s'étonner qu'en réfléchissant à sa position et en cherchant en lui-même les moyens d'en sortir, il fût tombé dans une extrême perplexité. Ce n'était pas assez que son amitié pour Laertes, son inclination pour Philine, son affection pour Mignon, l'enchaînassent plus longtemps qu'il n'était convenable à un lieu et à une société qui lui fournissait le moyen de satisfaire ses désirs comme à la dérobée, et, sans se désigner de but, de s'en revenir furtivement à ses anciens rêves : il se croyait assez de force pour rompre ces liens et partir promptement. Mais il venait de s'engager avec Mélina dans une affaire d'argent, il avait fait la connaissance de l'énigmatique vieillard, et il éprouvait un désir inexprimable de le déchiffrer. Après mille réflexions contradictoires, il avait résolu de ne pas se laisser retenir même par ces dernières considérations : « Je partirai ! s'écriat-il ; je veux partir ! » Puis il se jeta sur un siége : il était fort ému. Mignon entra et lui demanda s'il voulait qu'elle lui roulât les cheveux ; elle marchait silencieusement et paraissait profondément affligée de ce qu'il l'eût si sèchement congédiée le matin.

Rien n'est plus touchant qu'un amour qui se nourrit en

silence, qu'un dévouement qui se fortifie en secret et se manifeste enfin dans un instant propice à l'objet qui en avait été indigne. Le bouton longtemps et étroitement fermé allait éclore, et le cœur de Wilhelm ne pouvait pas être plus sympathique que dans ce moment.

Elle se tenait debout devant lui et voyait son trouble.

« Maître, dit-elle enfin, si tu es malheureux, que deviendra Mignon?

— Chère créature, lui dit-il en lui prenant les mains, tu es aussi une de mes douleurs ; il faut que je parte. »

Elle le regarda, vit briller dans ses yeux des larmes mal contenues, et se prosterna devant lui. Il lui tenait les mains, et elle posait sa tête sur les genoux de Wilhelm, sans dire un mot. Il joua avec ses cheveux d'une main amicale. Elle resta longtemps immobile ; enfin il aperçut en elle une sorte de tressaillement qui lui prit tout doucement d'abord, puis, toujours croissant, se répandit dans tous ses membres.

« Qu'as-tu, Mignon ? s'écria-t-il ; qu'as-tu ? »

Elle releva sa jolie tête et le regarda en posant la main sur son cœur avec un mouvement qui trahissait une vive douleur ; il la souleva : elle tomba sur ses genoux ; il la pressa contre lui et l'embrassa. Pas un serrement de main, pas un mouvement ne lui répondit. Elle se pressait toujours le cœur ; tout d'un coup elle poussa un cri accompagné de mouvements convulsifs ; elle se redressa et tomba par terre devant lui comme si toutes ses articulations se fussent brisées. C'était un spectacle affreux. « Mon enfant, s'écria-t-il en la relevant et en l'embrassant avec force, que t'arrive-t-il ? » Le tressaillement persistait, se communiquant du cœur aux membres ébranlés. Elle gisait affaissée dans ses bras. Il la pressait sur sa poitrine et la baignait de larmes. Tout d'un coup elle parut se roidir, comme un être arrivé au suprême degré de la douleur corporelle ; ses membres reprirent une nouvelle vivacité, et, comme un ressort qui se détend, elle se jeta à son cou ; on aurait dit qu'un déchirement violent ébranlait tout son être ; en ce moment un torrent de larmes coula de ses yeux fermés sur le sein de Wilhelm. Il la tenait toujours embrassée. Elle pleura, et aucune langue ne pourrait exprimer la violence de ces larmes. Ses longs cheveux s'étaient dénoués et pendaient derrière elle ; tout son être semblait s'écouler irrésistiblement dans le torrent de ses larmes. Ses membres roidis redevinrent plus souples ; son cœur s'épanchait, et dans le trouble du moment Wilhelm craignait qu'elle ne fondît dans ses bras et qu'il ne restât plus rien d'elle. Il la serrait toujours avec plus de force. « Mon enfant ! s'écria-t-il, mon enfant ! tu es à moi. Puisse ce mot te consoler ! tu es à moi, je te garderai, je ne t'abandonnerai pas ! » Ses larmes coulaient toujours. Enfin elle se redressa, une tendre sérénité brillait sur son visage : « Mon père, dit-elle, tu ne veux pas m'abandonner ? ne veux-tu pas être mon père ? je suis ton enfant ! »

Les accords de la harpe résonnaient doucement à la porte ; le vieillard venait apporter ses plus doux chants, en sacrifice du soir, à son jeune ami, qui, tenant toujours plus étroitement son enfant dans ses bras, goûtait le plus pur et le plus ineffable bonheur.

LIVRE III

CHAPITRE PREMIER

Connais-tu le pays où les citrons mûrissent ?
Dans le feuillage sombre l'oranger d'or flamboie
Un doux vent souffle du ciel bleu ;
Le myrte discret, le laurier superbe, s'y dressent.
     Le connais-tu ?
     C'est là, c'est là,
O mon bien-aimé ! que je voudrais aller avec toi !

Connais-tu la maison ? Son toit repose sur des colonnes.
La chambre brille, la chambre resplendit,
Et les statues de marbre se dressent et me regardent :
« Que t'a-t-on fait, à toi, pauvre enfant ? »
     Les connais-tu ?
     C'est là ! c'est là,
O mon protecteur ! que je voudrais aller avec toi !

Connais-tu la montagne et son sentier brumeux ?
La mule y cherche une route à travers les nuages ;
Dans les cavernes habite la vieille race de dragons,
Le rocher se précipite, et par-dessus lui torrent.
     La connais tu ?
     C'est là ! c'est là !
Que notre route nous conduit ; ô mon père, partons [1] !

Lorsque le lendemain matin Wilhelm chercha Mignon dans la maison, il ne la trouva pas, mais il apprit qu'elle était sortie de bonne heure avec Mélina, qui était venu

---

[1] Beethoven a mis cette pièce en musique conjointement avec cinq autres de Goethe, sous ce titre : *Sechs Gesaenge von Goethe*, op. 75.

la prendre pour l'aider à transporter la garde-robe et le reste des accessoires du théâtre.

Au bout de quelques heures, il entendit de la musique à sa porte. Il crut d'abord que c'était le harpiste ; mais il reconnut les sons d'une guitare, et la voix qui chantait était la voix de Mignon. Il ouvrit la porte ; l'enfant entra et chanta le lied que nous venons de rapporter.

L'air et l'expression plurent singulièrement à notre ami, quoiqu'il n'eût pas compris toutes les paroles. Il se fit répéter et expliquer les strophes, les écrivit et les traduisit en allemand. Mais il ne put imiter que de loin l'originalité des tournures ; la naïveté enfantine de l'expression disparaissait lorsque la langue incorrecte devint régulière, et l'incohérence ordonnée. Rien ne pouvait se comparer au charme de la mélodie.

Elle commençait chaque strophe avec pompe et solennité, comme pour préparer l'attention à quelque chose d'extraordinaire. Au troisième vers, le chant devenait plus sourd et plus grave ; ces mots : *le connais-tu ?* elle les rendait avec une intention mystérieuse. Une aspiration irrésistible se trahissait lorsqu'elle disait : *C'est là ! c'est là, que je voudrais aller avec toi !* et elle savait moduler à chaque reprise le refrain de telle sorte, qu'il était d'abord suppliant et pressant, puis passionné et plein de promesses.

Après qu'elle eut fini le chant pour la seconde fois, elle resta un moment silencieuse, jeta sur Wilhelm un regard profond, et lui demanda : « Le connais-tu, ce pays?

— Je présume que c'est l'Italie, répondit-il ; où as-tu pris cette chanson ?

— L'Italie ! répéta Mignon pensive. Si tu vas en Italie, emmène-moi, j'ai froid ici.

— Est-ce que tu y aurais déjà été, chère petite ? » demanda Wilhelm.

L'enfant garda le silence, et on ne put tirer d'elle rien de plus.

Mélina qui survint examina la guitare, et fut satisfait de la trouver déjà si bien remise en état. Cet instrument faisait partie de son fonds de théâtre. Mignon la lui avait empruntée le matin, le harpiste l'avait montée aussitôt, et l'enfant montra dans cette occasion un talent qu'on avait été jusqu'alors loin de lui supposer.

Déjà Mélina avait pris possession de la garde-robe et de ses accessoires; quelques membres du conseil municipal lui promirent l'autorisation de donner des représentations dans la ville. Ce succès lui avait égayé le cœur et éclairci le visage. C'était un tout autre homme. Il était doux, poli envers tout le monde, prévenant même, et engageant. Il se félicitait de pouvoir enfin occuper et engager pour quelque temps ses amis, restés jusqu'à présent dans la gêne et l'oisiveté. Il regrettait de n'être peut-être pas en état de payer, dans les commencements, selon leurs mérites les excellents sujets que la bonne fortune lui amenait, car il devait avant tout s'acquitter de la dette contractée envers un ami aussi généreux que Wilhelm.

« Je ne puis vous exprimer, lui dit Mélina, quel service vous me rendez en me mettant à même de prendre la direction d'un théâtre. En effet, lorsque je vous rencontrai, je me trouvais dans une position fort étrange. Vous vous souvenez avec quelle vivacité, lors de notre première rencontre, je vous ai témoigné ma répugnance pour le théâtre; mais, dès que je fus marié, je dus, par affection pour ma femme qui s'y promettait beaucoup de succès, chercher un engagement. Je n'en trouvai pas, du moins pas de fixe; par bonheur je rencontrai quelques négociants, qui dans des cas exceptionnels pouvaient avoir besoin de quelqu'un capable de tenir la plume, sachant le français et ayant quelques notions de comptabilité. Cela alla bien pendant quelque temps; j'étais convenablement payé, je me remontai un peu, mes relations n'avaient rien que d'honorable. Mais les travaux exceptionnels de mon patron touchèrent à leur fin; il n'y avait pas à songer à un emploi fixe, ma femme aspirait d'autant plus au théâtre, et malheureusement à une époque où l'état de sa santé ne lui permettait pas d'espérer un brillant accueil de la part du public. Maintenant j'espère que l'établissement que je fonderai avec votre secours sera un bon début pour les miens; c'est à vous que je serai redevable de mon bonheur futur, de quelque façon qu'il me vienne. »

Wilhelm avait écouté avec plaisir, et les acteurs furent également satisfaits des déclarations du nouveau directeur; ils se félicitaient tout bas de cet engagement si vite décidé, et se montraient disposés à accepter, pour le commencement, de faibles appointements, car la plupart considéraient ce qui leur était offert si inopinément comme un appoint sur lequel ils ne comptaient pas quelques instants auparavant. Mélina mit à profit ces dispositions, prit chacun d'eux à part, et, traitant celui-ci d'une façon, celui-là d'une autre, il les décida à signer sur-le-champ leurs contrats, sans qu'ils eussent réfléchi à leurs nouveaux engagements, et se croyant suffisamment garantis par la clause qui leur permettait de se retirer en donnant congé six semaines d'avance.

On allait rédiger ces conventions en bonne forme, et Mélina songeait déjà aux pièces qui devraient amorcer le public, lorsqu'un courrier vint annoncer à l'écuyer l'arrivée de ses maîtres, et celui-ci fit aussitôt amener les chevaux de relais.

Au bout de quelques instants, un carrosse lourdement chargé s'arrêta devant la porte de l'auberge, et deux laquais sautèrent du siége. Selon son habitude, Philine fut la première à se montrer, et se plaça sous le portail.

« Qui êtes-vous ? dit en entrant la comtesse.

— Une comédienne, pour servir Votre Excellence, » répondit-elle ; et la jeune espiègle, s'inclinant avec un visage modeste et d'un geste respectueux, baisa la robe de la dame.

Le comte, qui vit autour de lui quelques personnes qui se donnaient également pour comédiens, s'enquit de la composition de la troupe, du dernier endroit où elle avait séjourné, ainsi que du directeur. « Si c'étaient des Français, dit-il à sa femme, nous pourrions procurer au prince un plaisir inattendu, et lui donner chez vous son divertissement favori.

— Il serait cependant possible, répliqua la comtesse, quoique ces gens ne soient malheureusement que des Allemands, de les faire jouer au château tant que le prince y sera. Ils ont sans doute quelque talent. Un théâtre est le meilleur moyen d'amuser une nombreuse société, et le baron pourra les dresser un peu. »

En disant cela, ils montèrent l'escalier, et Mélina vint se présenter en qualité de directeur.

« Réunissez vos gens, lui dit le comte, et amenez-les-moi, afin que je voie ce que je pourrai en faire. Je veux aussi avoir la liste des pièces qu'ils sont en état de jouer. »

Mélina sortit de la chambre en faisant une profonde révérence et revint quelques instants après avec ses acteurs ; ils se pressaient les uns contre les autres. Les uns se présentèrent mal par trop grand désir de plaire, les autres ne firent pas mieux à cause de leur mauvaise tenue. Philine témoigna un grand respect pour la comtesse, qui était extrêmement aimable et affectueuse. Pendant ce temps, le comte inspectait le reste de la troupe ; il s'informa de l'emploi de chacun, en disant au directeur qu'il devait, avant tout, tenir à la spécialité des emplois, avis que celui-ci reçut avec la plus grande humilité.

Le comte indiqua à chaque sujet les études qu'il avait à approfondir, ce qu'il avait à modifier dans sa personne et dans sa tenue; il leur fit voir avec clarté ce en quoi pèchent toujours les Allemands, et montra des connaissances si exceptionnelles, qu'ils restaient interdits devant un connaisseur si éclairé, un si noble protecteur, et osaient à peine respirer.

« Quel est cet homme dans ce coin? » demanda le comte en montrant un sujet qui ne lui avait pas encore été présenté; et un maigre personnage s'approcha, vêtu d'un habit râpé et garni de pièces aux coudes; une pitoyable perruque couvrait la tête de l'humble client.

Cet homme, dont nous avons fait la connaissance dans le livre précédent comme favori de Philine, jouait habituellement les pédants, les magisters, les poëtes, et généralement les rôles où l'on reçoit les coups de bâtons et des cruches d'eau sur la tête. Il avait fini par y contracter une certaine humilité rampante, ridicule et timide, et son bégayement qui convenait à ses rôles ne manquait jamais de faire rire le spectateur, ce qui le rendait fort utile aux troupes dont il faisait partie, d'autant plus qu'il était du reste fort serviable et complaisant. Il s'approcha du comte à sa manière, s'inclina et répondit à chaque question de la même façon qu'il avait coutume d'agir et de parler en scène. Le comte le considéra quelques instants avec une attention bienveillante, puis il s'écria en se tournant vers la comtesse :

« Mon enfant, regarde bien cet homme : je réponds que c'est un grand comédien, ou qu'il peut le devenir. »

L'homme fit dans toute la sincérité de son cœur une si

stupide révérence, que le comte éclata de rire en le voyant faire et s'écria :

« A merveille ! excellent ! Je jure que cet homme peut jouer tout ce qu'il veut ; c'est grand dommage qu'on ne l'ait pas mieux employé jusqu'à présent. »

Cette préférence marquée était blessante pour les autres ; Mélina seul n'y trouva rien d'humiliant. Il donna même complétement raison au comte, et répondit du ton le plus respectueux :

« Hélas ! oui, il n'a manqué à celui-là et à la plupart de nous autres que les encouragements d'un connaisseur tel que celui que nous trouvons aujourd'hui dans Votre Excellence.

— Est-ce là toute la troupe ? demanda le comte.

— Il y a pour l'instant plusieurs membres absents, répondit le prudent Mélina ; et, surtout si nous trouvons quelque appui, il nous sera facile de nous compléter promptement dans le voisinage. »

Cependant Philine dit à la comtesse : « Il y a encore là haut un très-beau jeune homme qui remplirait certainement à merveille les rôles de premier amoureux.

— Pourquoi ne se montre-t-il pas ? répliqua la comtesse.

— Je vais le chercher, » s'écria Philine en sortant à la hâte.

Elle trouva Wilhelm encore occupé de Mignon, et l'engagea à descendre. Il la suivit d'assez mauvaise volonté ; cependant la curiosité le poussait, car, lorsqu'on lui eut annoncé de quels personnages il s'agissait, il sentit un vif désir de les connaître de plus près.

Il entra dans la chambre, et ses yeux rencontrèrent tout d'abord ceux de la comtesse qui s'étaient dirigés vers lui. Philine le conduisit devant la dame, tandis que le comte s'entretenait avec les autres. Wilhelm s'inclina respectueusement et répondit, non sans quelque trouble, aux questions que lui fit la charmante dame. Sa beauté, sa jeunesse, ses grâces, ses manières affables et élégantes, firent sur lui la plus agréable impression, d'autant plus que ses paroles et gestes étaient accompagnés d'une certaine réserve, on pourrait même dire d'une sorte d'embarras. Il fut aussi présenté au comte, qui fit peu attention à lui, mais conduisit sa femme dans l'embrasure d'une croisée, où il parut la consulter. On put observer que l'opinion de la comtesse concordait parfaitement avec celle de son mari, et qu'elle semblait le prier avec instance et l'affermir dans ses résolutions. Bientôt il se tourna vers la troupe et dit :

« Pour l'instant je ne puis m'arrêter, mais je vous enverrai un de mes amis; et, si vous me proposez des conditions acceptables et me promettez de faire tous vos efforts, je suis disposé à vous faire jouer au château. »

Ces paroles causèrent à tous une très-grande satisfaction, et Philine baisa avec vivacité les mains de la comtesse.

« Prends patience, petite, lui dit la dame en caressant les joues de la jeune étourdie ; prends patience ; lorsque tu viendras chez moi, je tiendrai ma promesse : mais il faut que tu t'habilles un peu mieux. »

Philine s'excusa sur ce qu'elle ne pouvait guère dépenser pour sa garde-robe ; aussitôt la comtesse dit à sa femme de chambre de donner un chapeau anglais et un châle de soie qu'on pouvait retirer facilement des ses malles. La dame en para elle-même Philine, qui continua fort gentiment son rôle avec un air de candeur et de naïveté enfantine.

Le comte présenta enfin la main à sa femme pour l'emmener. En partant, elle salua amicalement toute la société, et se tourna encore une fois vers Wilhem et lui dit de l'air le plus aimable :

« Nous nous reverrons bientôt. »

Une si belle perspective enthousiasma la troupe ; chacun donna un libre cours à ses projets, à ses espérances, à son imagination, parla des rôles qu'il voulait jouer, des succès qu'il obtiendrait. Mélina combinait les moyens de donner bien vite quelques représentations afin de gagner un peu d'argent des habitants de la petite ville, et de mettre sa troupe en haleine, tandis que les autres se rendirent à la cuisine, où ils donnèrent l'ordre de préparer un dîner moins frugal qu'à l'ordinaire.

CHAPITRE II

Quelques jours après le baron arriva, et Mélina ne le vit pas sans inquiétude ; le comte l'avait annoncé comme un connaisseur, il y avait à craindre qu'il ne découvrît le côté faible de ce petit groupe, et qu'il ne s'aperçût qu'il avait devant lui une troupe non encore formée, ne possédant pas une seule pièce convenablement montée. Mais le directeur et ses acteurs furent bien vite rassurés, car ils trouvèrent dans le baron un homme qui professait le plus grand enthousiasme pour le théâtre national, et pour qui tous les comédiens et toutes les troupes étaient les bienvenus. Il les salua tous avec solennité, se félicita de rencontrer d'une façon aussi inattendue une troupe allemande, de se mettre en rapport avec elle, et d'introduire les muses nationales dans le château de son parent.

Puis il tira de sa poche un cahier, dans lequel Mélina espérait trouver le projet du traité : mais c'était tout autre chose. Le baron les pria de lui prêter leur attention pour entendre un drame qu'il avait composé et qu'il désirait voir jouer par eux. Ils formèrent le cercle, trop heureux de pouvoir s'assurer à si peu de frais les bonnes grâces d'un homme indispensable, quoique l'épaisseur du cahier leur promît une séance démesurément longue. C'est ce qui eut lieu en effet, car la pièce était en cinq actes, et les actes, de ceux qui ne finissent jamais.

Le héros était un homme de haut rang, vertueux, bienfaisant et avec cela persécuté et méconnu, mais finissant par triompher de ses ennemis que la justice du poëte aurait sévèrement châtiés si le vainqueur ne s'était pas empressé de leur accorder leur pardon.

Pendant cette lecture, chaque auditeur eut le loisir de penser à lui-même, de s'élever tout doucement de l'humilité où il était plongé tout à l'heure à une heureuse satisfaction, du haut de laquelle il contemplait dans l'avenir les plus agréables perspectives. Ceux qui ne voyaient pas dans cette pièce de rôle favorable pour eux la trouvèrent détestable et tinrent intérieurement le baron pour un pauvre dramaturge; les autres comblaient d'éloges, à la grande satisfaction de l'auteur, les passages où ils espéraient être applaudis.

Les questions d'argent furent vite réglées. Mélina sut traiter avec le baron à son avantage, et tenir le contrat secret aux autres comédiens. Mélina parla en passant de Wilhelm au baron, lui assura qu'il était en état de remplir les fonctions de poëte du théâtre, et qu'il n'était même pas mauvais acteur. Le baron fit aussitôt connaissance avec lui en le traitant de collègue; Wilhelm exhiba quelques petites pièces qu'un hasard avait sauvées, avec quelques autres reliques, le jour où il avait jeté ses œuvres au feu. Le baron loua beaucoup ses vers et sa manière de les dire, et il convint qu'il viendrait avec la troupe au château; et, en prenant congé, il promit à tous excellent accueil, logement commode, bonne nourriture, succès et présents; Mélina y ajouta l'assurance d'une gratification déterminée.

On peut juger de la bonne humeur que cette visite mit dans la société, qui, au lieu d'une position pénible et incertaine, voyait tout d'un coup devant elle honneur et bien-être. Ils voulurent jouir d'avance de leur bonne fortune, et chacun considéra comme inconvenant de garder un seul sou dans sa poche.

Cependant Wilhelm se consultait pour savoir s'il suivrait la troupe au château, et trouva pour plus d'une raison qu'il était prudent de le faire. Mélina comptait, au moyen de cet engagement inattendu, rembourser sa dette, au moins en partie, et notre ami, qui cherchait à approfondir la connaissance des hommes, ne voulait pas perdre cette occasion de voir de près le grand monde, où il espérait trouver de nombreux éclaircissements sur la vie, sur lui-même et sur l'art. De plus, il n'osait pas s'avouer combien il était désireux de se retrouver auprès de la belle comtesse. Il cherchait plutôt à se persuader qu'il tirerait un grand avantage de la connaissance plus intime de la haute et de la riche société. Il fit ses réflexions sur la comtesse, le baron, l'aisance, l'élégance, la grâce de leurs manières; et, comme il se trouvait seul, il s'écria avec enthousiasme :

« Trois fois heureux les hommes que leur naissance élève dès l'origine au-dessus des classes inférieures de l'humanité ! Ceux qui n'ont pas à traverser ces situations où tant d'hommes distingués usent leur vie entière, qui ne s'y arrêtent pas même en voyageurs rapides ! Du haut de ce sommet élevé, leur coup d'œil doit être vaste et juste, et facile chaque pas de leur vie. Dès leur naissance ils sont comme placés ensemble sur un navire, pour se servir du vent favorable et s'abriter du vent contraire pendant la traversée que nous devons tous faire, tandis que les autres, nageant isolément, s'épuisent, profitent peu des souffles propices, et voient bientôt leurs forces affaiblies succomber au milieu de la tempête. Que de commodités, que de facilités donne un riche patrimoine! Comme il prospère sûrement, un commerce basé sur un bon capital qui empêche qu'une entreprise manquée n'amène une inactivité funeste! Qui peut mieux juger du mérite et de la futilité des biens terrestres que celui qui a été en état d'en jouir depuis son enfance? Qui peut diriger de meilleure heure ses facultés intellectuelles vers le nécessaire, l'utile, le vrai, que celui qui a été à même de reconnaître ses erreurs à un âge où il lui restait encore assez de force pour recommencer une nouvelle vie?»

C'est ainsi que notre ami assignait le bonheur à ceux qui vivent dans les hautes régions, ainsi qu'à ceux qui peuvent se rapprocher de cette sphère, puiser à cette source, et bénissait son bon génie qui allait lui faire gravir ces degrés.

Cependant Mélina, après s'être longtemps cassé la tête à chercher, à distribuer sa troupe en emplois selon le désir du comte et suivant sa propre conviction, et à assigner à chaque membre de sa troupe sa spécialité, dut se trouver très-heureux, lorsqu'on en vint à l'exécution, de trouver son petit personnel disposé à se charger de tel ou tel rôle que la nécessité lui imposait. Laertes, pour la forme, prit l'emploi de jeune premier; Philine celui de soubrette; les deux jeunes filles se partagèrent les ingénues et les amantes passionnées; le vieux ne pouvait que perdre à être changé, et Mélina crut pouvoir se charger des cavaliers; madame Mélina, à son grand regret, se vit condamnée aux rôles de jeunes femmes et de mères sensibles; et, comme dans les pièces modernes on ne voit guère de pédants, et que les poëtes, lorsqu'il s'y en trouve, ne sont pas ridicules, le favori du comte dut jouer les ministres et les présidents, qui sont généralement présentés au théâtre comme des scélérats fort maltraités au cinquième acte. Dans ses rôles de gentilshommes et de chambellans, Mélina supportait volontiers les injures que lui adressaient, dans mainte pièce favorite, de loyaux Allemands, parce qu'il trouvait là l'occasion de s'habiller avec élégance et de se donner des airs de grand seigneur qu'il croyait posséder à la perfection.

Une foule d'acteurs, venus de différentes contrées, ne tardèrent pas à se présenter successivement au directeur, qui les enrôla sans sérieux examen, mais aussi les engagea sans appointements sérieux.

Wilhelm, que Mélina avait voulu plusieurs fois, mais en vain, persuader d'accepter un rôle d'amoureux, se mit de tout son cœur au service de l'entreprise; quoique notre nouveau directeur ne lui sût aucun gré de ses efforts, car il croyait avoir acquis avec sa dignité toutes les facultés nécessaires à la direction. Une de ses occupations favorites était de faire des coupures au moyen desquelles il réduisait chaque pièce à la longueur convenable, sans se préoccuper d'aucune autre considération. Il attira une grande affluence, le public se montrait très-satisfait, et les habitants les plus difficiles affirmaient que le théâtre de la capitale était loin d'être aussi bien monté que celui-ci.

CHAPITRE III

Enfin le moment était venu où l'on devait se préparer au voyage, et attendre les carrosses et les voitures destinés à conduire toute la troupe au château du comte. De grandes discussions s'étaient déjà élevées par avance pour savoir comment on se répartirait dans les voitures, et quelles places chacun occuperait. L'ordre et la distribution furent enfin décidés et réglés non sans peine, mais malheureusement aussi sans effet; à l'heure dite, il arriva un nombre de voitures inférieur à celui qu'on attendait, et il fallut bien s'en contenter. Le baron, qui suivait à cheval à quelque distance, donna pour raison que tout était en grand désordre au château, non-seulement parce que le prince devait arriver plusieurs jours avant l'époque qu'il avait fixée, mais encore parce qu'il était survenu plusieurs visiteurs inattendus; l'on était très-encombré et les comédiens ne seraient pas aussi bien logés qu'on le leur avait d'abord promis, ce qui le chagrinait fort.

On se distribua tant bien que mal dans les voitures, et, comme il faisait assez beau temps et que le château n'était éloigné que de quelques lieues, les plus alertes aimèrent mieux faire la route à pied que d'attendre le retour des voitures. La caravane partit avec des cris de joie, et pour la première fois de la vie sans être forcée de songer à payer le compte des aubergistes. Le château apparaissait à leur imagination comme un palais enchanté; ils étaient les gens les plus heureux et les plus joyeux du monde, et chacun, selon son imagination, rattachait à ce jour une longue série de plaisirs, de gloire et de fortune.

Une forte pluie qui survint tout à coup ne put les distraire de ces agréables impressions; mais, comme la pluie tombait toujours plus violente et plus persistante, plusieurs d'entre eux finirent par s'en trouver fort incommodés. La nuit survint, et rien ne leur fut plus agréable que d'apercevoir enfin le palais du comte, illuminé à tous les étages, qui resplendissait en face d'eux sur une hauteur, en sorte qu'ils pouvaient en compter les fenêtres.

En approchant, ils s'aperçurent que les fenêtres des bâtiments secondaires étaient également éclairées ; chacun cherchait quelle serait sa chambre, et la plupart se contentaient d'un cabinet sous les combles ou dans les ailes.

Au bout de quelques minutes on traversa le village ; en passant devant l'auberge, Wilhelm fit arrêter et se disposa à descendre ; mais l'hôte lui assura qu'il ne lui restait pas le moindre coin. M. le comte, surpris par des commensaux inattendus, avait fait retenir toute l'auberge, et depuis la veille on avait marqué à la craie, sur chaque porte, le nom de celui qui devait occuper la chambre. Notre ami fut donc obligé, bien malgré lui, de se rendre au château avec le reste de la troupe.

Ils virent, dans un corps-de-logis séparé, des cuisiniers affairés s'agiter autour d'un grand brasier, et déjà ce spectacle les réjouit. Des laquais armés de flambeaux descendirent avec précipitation l'escalier, et le cœur des bons voyageurs battit de joie ; mais quelle ne fut pas leur déception lorsque cette réception se changea en horribles imprécations ; les laquais se mirent à jurer contre les cochers qui avaient osé entrer dans cette cour, et leur crièrent de tourner bride et de s'en aller au vieux château : ils n'avaient pas de place pour de pareils hôtes. A cet accueil aussi inhospitalier qu'inattendu, ils ajoutèrent mainte impertinence, se raillant entre eux sur la sotte méprise qui les avait fait sortir à la pluie. Elle tombait toujours ; pas une étoile ne brillait au ciel, et la troupe fut menée par un chemin raboteux, entre deux hautes murailles, au vieux château situé sur les derrières, et qui était resté inhabité depuis que le père du comte avait fait bâtir le château actuel en avant de celui-ci. Les voitures s'arrêtèrent les unes dans la cour, les autres sous une longue porte voûtée, et les cochers, qui n'étaient que des paysans de corvée, dételèrent et retournèrent au village.

Personne ne paraissant pour les recevoir, les voyageurs descendent de voiture, ils appellent, ils cherchent : peine perdue ! Tout restait obscur et silencieux. Le vent soufflait par la haute porte, les vieilles tours et les cours revêtaient des aspects inquiétants, et l'on pouvait à peine discerner les formes à travers l'obscurité. Ils avaient froid et peur, les femmes s'épouvantaient, les enfants commençaient à pleurer, l'impatience allait toujours croissant, et un si soudain changement de fortune, auquel personne n'était préparé, les avait tous déconcertés.

Comme ils s'attendaient à chaque instant à ce qu'on vînt leur ouvrir, et que, trompés par la pluie et par l'orage, ils croyaient à tout moment entendre les pas du portier tant souhaité, ils restèrent assez longtemps dans la consternation et l'inaction, et pas un d'eux n'eut l'idée d'aller au château neuf et d'y réclamer le secours des âmes compatissantes. Ils ne pouvaient s'expliquer ce qu'était devenu leur ami, le baron ; ils se trouvaient de la sorte dans une situation fort pénible.

Enfin on entendit réellement arriver du monde, mais on reconnut à leurs voix les camarades qui, ayant fait la route à pied, étaient restés en arrière des voitures. Ils racontèrent que le baron était tombé de cheval, s'était assez grièvement blessé au pied, et que, lorsqu'ils s'étaient présentés au château, on les avait brutalement adressés ici.

La compagnie était dans la plus grande perplexité ; on délibérait sur ce qu'on devait faire, et l'on n'arrivait à aucune solution. Enfin l'on vit dans l'éloignement venir une lumière : l'on reprit courage ; mais l'espoir de la délivrance dut encore s'évanouir lorsque l'apparition s'approcha et qu'il fut possible de la distinguer. C'était un valet d'écurie éclairant l'écuyer du comte, personnage que nous connaissons déjà ; il s'informa avec empressement de mademoiselle Philine. Elle sortit aussitôt de la foule, et il la pria instamment de se laisser conduire au château neuf, où on lui avait préparé une petite place chez les femmes de la comtesse. Sans hésiter plus longtemps, elle accepta l'offre avec reconnaissance, saisit le bras de l'écuyer, et, après avoir recommandé ses malles à ses camarades, se disposa à partir avec lui ; mais toute la troupe réunie leur barra le chemin, pria, supplia, conjura l'écuyer, qui ne put obtenir la permission de s'éloigner avec sa belle qu'après avoir promis tout ce qu'on lui demanda et avoir donné l'assurance de leur faire ouvrir au plus vite le château et de les y loger au mieux. La lueur de la lanterne ne tarda pas à disparaître, et ils attendirent encore longtemps une nouvelle lumière, qui enfin, après une longue pause, après mille jurements et malédictions, finit par apparaître, leur apportant espoir et consolation.

Un vieux domestique ouvrit la porte du vieux bâtiment, dans lequel ils se précipitèrent pêle-mêle. Chacun s'occupa de ses effets, de les décharger, de les entrer dans la maison. Tout cela était aussi transpercé que les personnes. Avec cette unique lumière l'opération se fit lentement ; ils tombaient et se heurtaient dans cette vieille construction. On demanda d'autres lumières, on réclama du feu. Le laconique domestique abandonna, à grand regret, sa lanterne, s'en alla et ne revint plus.

On se mit alors à explorer la maison. Les portes de toutes les chambres étaient ouvertes ; de grands poêles, des tapisseries, des parquets, témoignaient encore du luxe qui y avait régné jadis ; mais toute espèce de meubles, à l'exception de quelques gigantesques bois de lits vides, avait disparue ; pas une table, pas une chaise, pas une glace, tous les objets d'ornement ou de nécessité avaient été enlevés. On fut obligé de s'asseoir sur les malles et les porte-manteaux mouillés ; une partie des voyageurs fatigués s'établit sur le parquet.

Wilhelm s'était assis sur les marches d'un escalier ; Mignon reposait sur ses genoux ; l'enfant était inquiète, et, lorsqu'il lui demanda ce qu'elle avait, elle répondit : « J'ai faim... » et il n'avait rien sur lui pour calmer la pauvre petite : le reste de la troupe avait épuisé ses provisions ; il dut laisser la pauvre créature sans soulagement. Pendant tous ces événements il était resté calme et impassible, retiré en lui-même ; il était affligé et vexé de ne pas avoir suivi sa première idée et de ne pas être descendu à l'auberge, lors même qu'il aurait été obligé de camper dans le grenier.

Les autres voyageurs se conduisirent chacun à sa manière. Quelques-uns avaient entassé dans l'immense cheminée de la salle un monceau de vieilles boiseries ; ils allumèrent leur bûcher avec des cris de joie ; l'espoir de se chauffer et de se sécher fut trompé d'une terrible manière ; cette cheminée ne se trouvait là que pour l'ornement, et était murée par le haut. La fumée revint bientôt sur elle-même et remplit la chambre ; le bois sec éclata en flamme étincelante, et la flamme était également ramenée ; l'air qui se précipitait à travers les vitres brisées la faisait dévier en tous sens ; on eut peur de mettre le feu au château ; on fut forcé de retirer les tisons et de les éteindre avec les pieds. La fumée ne fit que s'en accroître : la situation devenait intolérable ; on touchait au désespoir.

Wilhelm, pour éviter la fumée, s'était réfugié dans une pièce éloignée, où, bientôt après, Mignon vint le retrouver, conduisant un élégant domestique portant une grande lanterne à deux bougies. Cet homme se tourna vers Wilhelm, et, tout en lui présentant des fruits et des gâteaux sur une belle assiette de porcelaine, lui dit : « C'est la jeune demoiselle de là-bas qui vous envoie cela, et vous prie de venir la rejoindre. Elle vous fait dire, ajouta le domestique d'un air dégagé, qu'elle se trouve fort bien et qu'elle voudrait partager sa satisfaction avec ses amis. »

Wilhelm ne s'attendait à rien moins qu'à cette offre, car, depuis l'aventure du banc de pierre, il avait traité Philine avec un mépris marqué, et il s'était si bien promis d'éviter toute espèce de relation avec elle, qu'il était sur le point de lui renvoyer son aimable présent ; un regard suppliant de Mignon le décida à l'accepter et à remercier au nom de l'enfant. Quant à l'invitation, il la refusa sèchement, et il pria le domestique de prendre quelque soin des nouveaux arrivés, et demanda des nouvelles du baron. Il était au lit, mais, à ce que croyait savoir cet homme, il avait donné à un autre domestique l'ordre de s'occuper des pauvres comédiens si mal hébergés.

Le laquais partit, laissant à Wilhelm une de ses bougies, que celui-ci, à défaut de chandelier, appliqua sur le rebord de la fenêtre, ce qui lui permit de voir, au milieu de ses réflexions, les quatre murs de la chambre éclairés. On attendit encore longtemps avant qu'on exécutât les préparatifs promis. Peu à peu on apporta des chandelles, mais point de mouchettes, puis quelques chaises ; une heure plus tard, on arriva avec des couvertures et des coussins, le tout imprégné d'eau, et il n'était pas loin de minuit lorsqu'on amena enfin des paillasses et des matelas, qu'on eût été si heureux de recevoir d'abord. Dans les intervalles on avait aussi apporté de quoi boire et de quoi manger ; on consomma ce repas sans y regarder de près, quoique cela ressemblât fort à une desserte confuse, qui témoignait d'une médiocre estime pour les hôtes auxquels on la servait.

CHAPITRE IV

Quelques étourdis accrurent, par leur impertinence et leurs sottises, les inconvénients de cette malencontreuse nuit; ils se harcelaient, s'éveillaient, se faisaient toutes sortes d'espiègleries. Lorsque le jour parut, ce fut une série de plaintes contre le baron, cet ami qui les avait si cruellement trompés et leur avait fait un tout autre tableau de l'ordre et du confortable qu'ils devaient trouver au château. Mais quel ne fut pas leur étonnement et leur joie lorsque apparut de grand matin, suivi de quelques domestiques, le comte en personne; il s'informa de leur situation, et se montra très-courroucé lorsqu'il apprit tous les accidents qui leur étaient arrivés; et le baron, qui arriva en boitant, se plaignit du maître d'hôtel, qui, dans cette circonstance, s'était permis de regarder ses ordres comme non avenus.

Le comte ordonna d'apporter à l'instant même, et en sa présence, tous les meubles et les objets nécessaires à la commodité de ses hôtes. Là-dessus vinrent quelques officiers qui poussèrent aussitôt une reconnaissance auprès des actrices. Le comte se fit présenter la troupe tout entière, nomma chacun par son nom, et entremêla sa conversation de quelques plaisanteries avec tant de grâce, qu'ils furent enchantés d'un aussi aimable protecteur.

Wilhelm ne put se dispenser de paraître, accompagné de Mignon qui se pendait après lui. Il s'excusa tant bien que mal de la liberté qu'il avait prise; mais le comte l'accueillit comme s'il s'était attendu à le voir là.

Un monsieur, qui se tenait près du comte, et qu'on pouvait prendre pour un officier, quoiqu'il ne portât point d'uniforme, s'entretint particulièrement avec notre ami.

Il se distinguait parmi tous les autres. De grands yeux bleus brillaient sous un front élevé, ses cheveux blonds tombaient négligemment, et sa stature moyenne dénotait un personnage hardi, sûr et résolu. Ses questions étaient vives, et il paraissait s'entendre aux choses dont il parlait.

Wilhelm pria le baron de lui dire quel était cet homme. Mais celui-ci ne sut pas lui en dire beaucoup de bien.

Il avait le titre de major, était en réalité le favori du prince, il s'occupait de ses affaires intimes ; on le considérait comme son bras droit, et on avait quelques raisons de le supposer son fils naturel. Il avait vu la France, l'Angleterre, l'Italie, à la suite des différentes ambassades ; il avait été distingué partout, ce qui le rendait présomptueux : il s'imaginait surtout connaître à fond la littérature allemande, contre laquelle il se permettait toutes sortes de fades plaisanteries. Lui, baron, évitait toute espèce d'intimité avec lui, Wilhelm ferait bien de se tenir également éloigné de cet homme, car il finissait toujours par donner à chacun son paquet. On l'appelait Jarno, mais on ne savait pas ce que signifiait ce nom.

Wilhelm ne répondit rien ; il se sentait secrètement attiré vers cet homme, quoiqu'il eût quelque chose de froid et d'antipathique.

Les comédiens furent répartis dans les différentes pièces du château ; et Mélina leur enjoignit très-sévèrement de se conduire convenablement ; les femmes devaient loger à part, et chacun ne devait s'occuper que de ses rôles et en étudier les finesses. Il rédigea un programme et un règlement, composé de nombreux articles qu'il fit afficher sur toutes les portes. Il y déterminait les amendes à payer, que chaque délinquant devait déposer dans une caisse commune.

Ces dispositions ne furent guère respectées. Les jeunes officiers allaient et venaient, plaisantaient assez cavalièrement avec les actrices, se moquaient des acteurs, ce qui rendit illusoire la petite ordonnance de police avant même qu'elle eût pu prendre racine. On se pourchassait à travers toutes les chambres, on se déguisait, on se cachait. Mélina, qui au commencement voulut déployer quelque sévérité, fut poussé à bout par toutes sortes d'espiègleries, et, lorsque le comte le fit appeler pour examiner l'emplacement destiné au théâtre, les choses allaient au plus mal. Les jeunes gens imaginaient mille sottes plaisanteries ; quelques acteurs leur vinrent en aide, et l'on aurait cru que tout le vieux château était occupé par une bande de possédés. Le scandale ne cessait qu'à l'heure du repas.

Le comte avait conduit Mélina dans une grande salle qui appartenait encore au vieux château, mais qui se reliait par une galerie au château neuf, et où l'on pouvait parfaitement établir un petit théâtre. L'ingénieux seigneur indiqua sur place comment il voulait que tout fût disposé ; on se mit à l'œuvre en grande hâte. Les échafaudages furent dressés et mis en état. On employa celles des décorations qu'on put utiliser, le reste fut complété avec le secours de quelques domestiques intelligents. Wilhelm lui-même se mit à l'œuvre, il aida à régler les perspectives et à tracer les esquisses, dans le but d'éviter toute maladresse. Le comte, qui visitait souvent les travaux, en fut très-satisfait ; il leur indiquait comment ils devaient faire ce qu'ils faisaient effectivement, et montrait dans chaque branche de l'art des connaissances peu communes.

On s'occupa alors sérieusement des répétitions. Ni le temps ni la place ne manquaient ; mais on était sans cesse troublé par des visiteurs : car chaque jour il arrivait de nouveaux hôtes au château, et chacun voulait voir de ses yeux les comédiens.

CHAPITRE V

Depuis plusieurs jours le baron avait fait espérer à Wilhelm qu'il le présenterait à la comtesse une seconde fois et plus particulièrement : « J'ai tant parlé à cette excellente dame, disait-il, de vos compositions si pleines d'esprit et de sentiment, qu'elle est impatiente de vous voir et de vous faire lire quelques-unes de vos pièces. Tenez-vous prêt à accourir au moindre signe, car le premier jour qu'elle sera tranquille elle vous fera certainement appeler. » Il lui désigna une petite pièce en un acte, par laquelle il devait absolument commencer ses lectures. Il ajouta que la dame regrettait bien qu'il fût arrivé dans un pareil moment et qu'il fût ainsi traité dans le vieux château avec le reste de la troupe. Wilhelm se mit aussitôt à revoir cette pièce, qui allait lui ouvrir son entrée dans le grand monde.

« Jusqu'à présent, se dit-il, tu n'as travaillé que pour toi, tu n'as reçu les applaudissements que de quelques amis. Tu as longtemps douté de ton talent, et tu es encore inquiet de savoir si tu es dans la bonne voie et si tu as autant de talent que de vocation pour le théâtre. Devant de pareils connaisseurs, dans le cabinet où il n'y a pas d'illusion possible, l'épreuve est plus dangereuse que partout ailleurs ; et pourtant je ne voudrais pas reculer ; je voudrais relier cette jouissance à mes bonheurs passés, et élargir le champ de mes espérances. »

Puis il reprit quelques-unes de ses pièces, les relut avec la plus grande attention, les corrigea çà et là, se les récita à haute voix, afin de trouver l'intonation et l'expression justes, et plaça dans sa poche celle qu'il avait le plus étudiée et qu'il comptait lui devoir faire le plus d'honneur, lorsque le lendemain matin il fut invité à passer chez la comtesse.

Le baron lui avait assuré qu'il la trouverait seule avec une de ses amies intimes. Lorsqu'il entra dans l'appartement, la baronne de C... vint fort gracieusement au-devant de lui, se félicita de faire sa connaissance, et le présenta à la comtesse, qui se faisait coiffer en ce moment, et le reçut avec des phrases et un regard bienveillants. Mais, au grand regret de Wilhelm, Philine était là agenouillée près du fauteuil, et faisant toutes sortes de singeries. « La belle enfant, dit la baronne, nous a amusées par ses chansons. Finissez donc le petit air que vous aviez commencé, nous n'en voulons rien perdre. »

Wilhelm écouta avec patience, tout en souhaitant le départ du coiffeur, devant lequel il ne se souciait pas de commencer sa lecture. On lui présenta une tasse de chocolat, et la baronne elle-même lui offrit des biscuits. Ce déjeuner cependant ne lui fut pas agréable : il était trop préoccupé de l'idée de réciter à la belle comtesse quelque chose qui l'intéressât et qui pût fournir les moyens de lui plaire. La présence de Philine aussi le contrariait; elle avait souvent été pour lui un auditeur fort incommode. Il considérait avec dépit les mains du coiffeur, et aspirait à voir l'achèvement du coquet édifice.

Pendant ce temps le comte était entré. Il parla des hôtes qu'il attendait ce jour-là, de l'emploi de la journée et de différents détails d'intérieur. A peine se fut-il retiré, que plusieurs officiers qui devaient partir avant le dîner firent demander à la comtesse la permission de lui présenter leurs hommages.

Le valet de chambre avait fini, et elle fit introduire ces messieurs.

Pendant ce temps la baronne prit la peine d'entretenir notre ami ; elle lui témoignait beaucoup de faveur, à quoi il répondait avec respect, quoiqu'il fût un peu distrait. Il pressait à tout instant son manuscrit dans sa poche; il épiait le moment, et la patience fut sur le point de lui échapper, lorsqu'on introduisit un marchand de nouveautés qui ouvrit l'un après l'autre ses caisses, ses cartons et ses ballots, et étala chacune de ses marchandises avec l'importunité particulière à cette sorte de gens.

La société devint plus nombreuse. La baronne regarda Wilhelm et dit quelques mots tout bas à la comtesse. Il le remarqua, sans s'expliquer leur projet ; il ne le comprit que de retour chez lui, lorsqu'il se fut retiré après une heure d'angoisse et d'attente inutile. Il trouva dans sa poche un beau portefeuille anglais. La baronne l'y avait glissé sans qu'il s'en aperçût, et presque au même instant le petit nègre de la comtesse lui remit un gilet élégamment brodé, sans lui dire bien clairement de quelle part il lui venait.

CHAPITRE VI

Un mélange de dépit et de satisfaction troubla Wilhelm le reste de la journée. Mais vers le soir il trouva de l'occupation : Mélina lui apprit que le comte avait parlé d'un prologue qui devait être récité en l'honneur du prince le jour de son arrivée. Son intention était de personnifier dans ce prologue les vertus d'un héros et celles d'un philanthrope. Ces vertus devaient paraître ensemble, chanter ses louanges et couronner de fleurs et de lauriers son buste, au-dessus duquel on ferait étinceler au même instant sa couronne et son chiffre illuminés. Le comte l'avait chargé de versifier cette pièce et de la mettre en scène, et il espérait que Wilhelm, pour qui c'était chose facile, voudrait bien lui venir en aide.

« Eh quoi ! répondit Wilhelm avec humeur, n'y a-t-il donc d'autre moyen que des bustes, des chiffres et des personnages allégoriques pour honorer un prince qui, à mon avis, mérite de tout autres louanges? Un homme sensé peut-il être flatté de se voir couronné en effigie et de voir son nom resplendir sur du papier huilé ? Je crains bien que les personnages allégoriques, vu surtout la pénurie de notre garde-robe, ne prêtent aux mauvaises plaisanteries et aux équivoques. Si vous voulez faire la pièce ou la faire faire, je ne vous en empêche pas, je ne vous demande qu'une chose : c'est d'en être dispensé ! »

Mélina s'excusa en disant que ce n'était qu'une donnée approximative indiquée par M. le comte, qui leur laissait, du reste, liberté entière d'arranger la pièce comme ils voudraient.

« Ce sera très-volontiers, répliqua Wilhelm, que je contribuerai aux plaisirs de vos illustres spectateurs, et ma muse n'a pas encore eu d'aussi agréable occupation que de louer un prince si digne de respect, ne serait-ce que d'une voix tremblante. Je réfléchirai et je réussirai peut-être à faire produire au moins quelque effet à votre petite troupe. »

Dès ce moment, Wilhelm se mit à composer son plan. Avant de s'endormir il avait déjà à peu près tout coordonné, et le lendemain matin de bonne heure le plan était prêt, les scènes ébauchées, il avait même écrit quelques-uns des principaux passages, ainsi que les vers des strophes.

Wilhelm courut aussitôt chez le baron pour le consulter

sur certains détails, et lui soumit son plan. Celui-ci le trouva fort à son goût, tout en manifestant une très-grande surprise, car ce projet ne ressemblait en rien à celui dont le comte lui avait parlé la veille, et qui, d'après son projet, devait être mis en vers.

« Il ne me paraît pas probable, dit Wilhelm, que le comte ait eu l'intention de faire exécuter le prologue tel qu'il l'a tracé à Mélina. Si je ne me trompe, il n'a voulu, par une simple indication, que nous mettre dans la bonne voie. L'amateur et le connaisseur indiquent à l'artiste ce qu'ils désirent, et s'en rapportent à lui sur le soin d'exécuter l'œuvre.

— Nullement, répliqua le baron ; le comte s'attend à ce que la pièce soit exécutée d'après le plan qu'il en a donné, et pas autrement. Le vôtre a une ressemblance éloignée avec son idée ; et, si nous voulons le lui faire accepter ou le faire renoncer à sa première pensée, il faut faire agir les dames contre lui. La baronne, mieux que toutes, mènera l'opération de main de maître ; la question est de savoir si votre plan lui plaira assez pour qu'elle prenne la chose sur elle, et alors tout marchera bien.

— Ce n'est pas seulement pour ce motif, dit Wilhelm, que nous avons besoin de la protection des dames : notre garde-robe et notre personnel seraient insuffisants pour la représentation. Je compte sur quelques jolis enfants que j'ai vus aller et venir dans la maison, et qui appartiennent au valet de chambre et au maître d'hôtel. »

Il pria le baron de faire connaître son plan aux dames. Celui-ci revint bientôt lui dire qu'elles voulaient l'entendre lui-même.

« Ce soir, dit-il, lorsque ces messieurs seront au jeu, que l'arrivée d'un général doit rendre plus sérieux que d'habitude, elles se retireront dans leur chambre sous prétexte d'indisposition, vous serez introduit par un escalier dérobé, et vous pourrez exposer votre affaire tout à votre aise. Cette sorte de mystère donne à l'aventure un double attrait. La baronne se réjouit comme un enfant de ce rendez-vous, d'autant plus qu'il a pour résultat de contrarier secrètement et malicieusement le comte dans ses desseins. »

Le soir, à l'heure convenue, on fit venir Wilhelm, qui fut introduit avec précaution. La manière dont la baronne vint au-devant de lui dans le petit cabinet lui rappela, un moment, une époque heureuse. Elle l'amena dans l'appartement de la comtesse, et l'on en vint aux questions, à l'examen. Il exposa son plan avec une éloquence chaleureuse qui enchanta les dames ; et nos lecteurs nous permettront de leur en donner une légère idée.

Au milieu d'une contrée champêtre, des enfants devaient ouvrir la pièce en exécutant une danse représentant ce jeu où un joueur court autour des autres et cherche à prendre la place de quelqu'un ; ils passaient ensuite à d'autres divertissements et entonnaient enfin un chant joyeux en formant une ronde. Là-dessus entrent le vieux harpiste et Mignon ; ils ont piqué la curiosité des paysans qui les escortent. Le harpiste chante des hymnes en l'honneur de la paix et du bonheur ; Mignon exécute la danse des *œufs*. Ces plaisirs innocents sont troublés par une musique guerrière, et la foule est surprise par une troupe de soldats qui envahissent la scène. Les hommes se défendent et sont vaincus, les femmes s'enfuient et les vainqueurs les ramènent ; tout annonce une scène de désordre et de carnage, lorsqu'un personnage, dont le poëte n'a pas encore déterminé le caractère, survient et rétablit la tranquillité en annonçant l'arrivée du chef de l'armée. Ici le caractère du héros est dépeint sous les plus beaux traits.

Il promet la sécurité au milieu des armes, et impose des bornes à l'excès et à la violence. Une fête générale est célébrée en l'honneur du généreux guerrier.

Les dames se montrèrent fort satisfaites de ce plan, mais elles déclarèrent que, pour le faire adopter au comte, il était indispensable d'y mêler un peu d'allégorie. Le baron proposa de présenter le chef des soldats comme le génie de la discorde et de la violence ; puis de faire intervenir Minerve, qui l'enchaînerait, annoncerait l'arrivée du héros et célébrerait ses louanges. La baronne se chargea de persuader au comte que l'on représenterait avec quelques modifications le plan donné par lui-même ; mais elle exigea expressément que l'on plaçât au dénoûment le buste, le chiffre et la couronne du prince, car sans cela toute négociation serait inutile.

Wilhelm, qui s'était déjà figuré dans son esprit avec quelle délicatesse il ferait sortir de la bouche de Minerve les louanges de son héros, ne céda sur ce point qu'après une longue résistance ; mais il se sentit vaincu par une douce violence. Les beaux yeux de la comtesse et son amabilité l'auraient aisément décidé à faire abnégation de ses plus belles conceptions, de l'unité si souhaitée, des plus ingénieux détails, et à agir contre sa conscience de poëte. Sa conscience sociale eut aussi à soutenir un rude combat lorsque, arrivé à la distribution des rôles, les dames exigèrent formellement qu'il en prît un.

Laertes faisait, pour sa part, le puissant dieu de la guerre. Wilhelm devait représenter le chef des paysans, qui avait à réciter de jolis vers pleins de sentiment. Après s'être défendu quelque temps, il fut bien obligé de se rendre. Il ne trouva plus d'excuse lorsque la baronne lui eut fait entendre que le théâtre du château ne pouvait être considéré que comme théâtre de société, et qu'elle-même y figurerait sans scrupule si on pouvait lui ménager habilement une entrée.

Là-dessus les dames congédièrent notre ami de la manière la plus amicale ; la baronne lui assura qu'il était un homme incomparable, le reconduisit jusqu'à l'escalier dérobé, et lui pressa doucement la main en lui souhaitant une bonne nuit.

CHAPITRE VII

Excité par l'intérêt que les dames prenaient à la chose, il voyait s'animer le plan que le récit qu'il venait d'en faire avait rendu plus présent à son esprit ; il passa la plus grande partie de la nuit et le jour suivant à versifier soigneusement le dialogue et les chants. Il avait presque terminé, lorsqu'on vint le prier de se rendre au château neuf, où le comte, qui était en train de déjeuner, voulait lui parler. Il entra dans la salle ; la baronne vint à sa rencontre, et, sous prétexte de lui souhaiter le bonjour, elle lui dit à voix basse :

« Ne parlez de la pièce qu'autant qu'on vous interrogera.

— J'apprends, lui dit le comte, que vous êtes fort occupé et que vous travaillez au prologue que je veux donner en l'honneur du prince. J'approuve votre idée de mettre Minerve en scène, et je me suis déjà occupé de la façon dont doit être habillée la déesse, afin de ne pas commettre d'irrégularité en fait de costume. Pour cela j'ai fait apporter de ma bibliothèque tous les livres où se trouve cette figure. »

Au même instant, plusieurs domestiques entrèrent, chargés de paniers pleins de livres de tous formats.

Montfaucon, la collection des statues, monnaies et pierres antiques ; toutes sortes d'ouvrages mythologiques furent ouverts, et les figures comparées. Cette revue ne suffit point pour le satisfaire ; son excellente mémoire lui retraçait tous les frontispices, toutes les vignettes où se trouvaient des Minerves ; on dut aller chercher successivement chaque ouvrage à la bibliothèque, si bien que le comte se trouva bientôt assis au milieu d'un monceau de livres.

A la fin, comme il ne lui revenait plus de Minerves à la mémoire, il s'écria en riant: « Je jurerais qu'il ne reste pas maintenant une seule Minerve dans toute ma bibliothèque, et je gage que jamais encore aucune collection de livres n'a été ainsi complétement dépouillée de sa déesse protectrice. »

Tout le monde s'égaya de cette plaisanterie, et surtout Jarno, qui avait malignement excité le comte à faire toujours apporter de nouveaux volumes, et qui se mit à rire d'une manière immodérée.

« Maintenant, continua le comte en se tournant vers Wilhelm, une grave question: quelle divinité voulez-vous représenter ? Minerve ou Pallas? la déesse des beaux-arts ou celle de la guerre ?

— Ne serait-il pas plus à propos, Excellence, répondit Wilhelm, de laisser ce point dans le vague, et de lui conserver ce double caractère qu'elle comporte aussi dans la mythologie ? Elle vient annoncer un guerrier, mais c'est pour rassurer le peuple ; elle célèbre un héros, mais elle exalte son humanité en lui faisant dompter la force brutale, et rétablit la paix et le bonheur. »

La baronne, qui tremblait de voir Wilhelm se trahir, se hâta de faire entrer le tailleur de la comtesse, que l'on consulta sur la meilleure coupe à donner à une robe antique. Cet homme, accoutumé à composer des déguisements, trouva la chose très-facile; et, comme madame Mélina, malgré sa grossesse très-avancée, s'était chargée du rôle de la céleste vierge, il reçut l'ordre de lui prendre mesure, et la comtesse indiqua, non sans mauvaise humeur de la part de ses femmes de chambre, les robes qui seraient découpées pour cet usage.

La baronne sut encore éloigner Wilhelm, en lui faisant entendre qu'elle se chargeait de ce qui restait à faire. Elle lui envoya le musicien qui dirigeait la chapelle du comte, afin qu'il composât la musique nécessaire à certains morceaux, et qu'il arrangeât pour les autres des airs connus tirés de son répertoire.

Dès lors tout alla à souhait; le comte ne s'inquiéta plus de la pièce; il n'était plus occupé que du transparent qui devait surprendre les spectateurs à la fin du prologue. Son imagination et l'adresse de son confiseur produisirent effectivement une illumination vraiment agréable. Il avait, dans ses nombreux voyages, assisté aux plus belles fêtes de ce genre, il avait mis à contribution une foule de gravures et de dessins, et savait combiner toutes ces connaissances avec beaucoup de goût.

De son côté, Wilhelm acheva sa pièce, distribua les rôles, étudia le sien; et le musicien, qui s'entendait fort bien à la musique de danse, régla le ballet, de sorte que tout allait au mieux.

Mais un obstacle inattendu vint à la traverse, et menaça de faire une lacune dans les combinaisons de notre héros. Il s'était flatté de produire un grand effet avec la danse des œufs de Mignon; quelle fut sa surprise lorsque l'enfant, avec son laconisme ordinaire, refusa de danser, en prétendant qu'elle s'appartenait maintenant et qu'elle ne remonterait plus sur un théâtre! Il essaya de la persuader par mille exhortations; mais il dut bientôt cesser, car elle se mit à pleurer amèrement, se jeta à ses pieds et s'écria :

« Mon père bien-aimé, toi aussi, éloigne-toi des planches ! »

Il ne prit point garde à cet avis, et chercha un autre moyen de rendre sa scène intéressante.

Philine, chargée de représenter une villageoise, de chanter les soli dans la ronde et de conduire les chœurs, attendait l'instant de la représentation avec une joie folle. Au reste, tout allait au mieux et au gré de ses désirs; elle avait sa chambre, était toujours auprès de la comtesse, qui s'amusait de ses singeries et lui faisait chaque jour quelque cadeau. On lui fit aussi un costume spécial pour cette pièce. Douée par la nature d'un grand talent d'imitation, elle avait pris dans la fréquentation des dames les manières qui lui seyaient le plus, de sorte qu'au bout de quelque temps elle était devenue une personne de bon ton et pleine d'élégance. L'écuyer redoublait d'attentions, et comme les officiers se pressaient autour d'elle, se trouvant dans un aussi brillant élément, elle s'amusa à jouer la prude et à se donner, fort habilement du reste, certains airs d'importance. Froide et fine comme elle l'était, elle connut au bout de huit jours les côtés faibles de toute la maison, de sorte que, si elle avait su se conduire avec prudence, il lui eût été facile de s'assurer une position brillante. Mais elle n'usa de ses avantages que pour se procurer quelques jours de folle gaieté et se montrer impertinente toutes les fois qu'elle crut pouvoir l'être sans danger.

Les rôles étaient appris et une répétition générale était indiquée. Le comte voulait y assister, et sa femme commença à être inquiète de la façon dont il prendrait la chose. La baronne fit appeler Wilhelm en secret, et plus l'heure avançait, plus l'embarras augmentait, car il ne restait absolument rien du plan primitif.

Jarno survint en ce moment ; on l'initia. Il trouva la chose drôle et s'empressa d'offrir ses bons services à ces dames.

« Il faudrait, Mesdames, que l'affaire fût tout à fait désespérée pour que vous ne puissiez pas vous en tirer ; cependant, par précaution, je formerai le corps de réserve. »

La baronne lui raconta ensuite comment on avait fait connaître au comte la pièce tout entière, mais toujours par morceaux isolés et sans ordre, de sorte qu'il était préparé à tous les détails et qu'il était persuadé que l'ensemble cadrerait avec son idée première.

« Ce soir, pendant la répétition, continua-t-elle, je me placerai près de lui et je tâcherai de le distraire ; j'ai déjà recommandé au confiseur, tout en exécutant au mieux la décoration finale, d'y laisser glisser quelques méprises.

— Je sais une cour, répliqua Jarno, où nous aurions besoin d'amis aussi sages et aussi adroits que vous. Si cependant ce soir vos moyens ne réussissent pas, faites-moi signe, je ferai sortir le comte, et je ne le laisserai rentrer que lorsque Minerve apparaîtra et que l'illumination viendra à notre secours. J'ai déjà depuis plusieurs jours quelque chose à lui dire qui concerne son père, et j'ai tardé pour cause à lui en parler ; cela sera une distraction, et assurément pas des plus agréables. »

Quelques affaires empêchèrent le comte d'assister au commencement du prologue ; puis la baronne s'empara de lui. Le secours de Jarno ne fut point nécessaire, car le comte, occupé de reprendre, de corriger, de diriger, s'oublia complètement dans ces détails ; madame Mélina ayant parlé tout à fait selon ses idées et l'illumination ayant parfaitement réussi, il se déclara complétement satisfait. Ce ne fut que lorsque tout fut fini et que l'on allait se mettre au jeu qu'il commença à se demander si la pièce était bien de son invention. Mais, sur un signe de la baronne, Jarno fit manœuvrer son corps de réserve.

La soirée se passa; la nouvelle positive de l'arrivée du prince se confirma; on sortit plusieurs fois à cheval pour aller voir l'avant-garde, campée dans les environs; la maison était pleine de tumulte et de désordre, et les comédiens, la plupart du temps oubliés par les domestiques négligents, passaient leur temps dans le vieux château à attendre et à répéter, sans que personne parût se souvenir qu'ils étaient là.

CHAPITRE VIII

Le prince était enfin arrivé; ses généraux, son état-major et le reste de sa suite arrivèrent en même temps; les nombreux individus qui survenaient soit pour affaires, soit pour lui présenter leurs hommages, donnaient au château les apparences d'une ruche prête à essaimer. Tout le monde se pressait pour voir cet excellent prince, chacun admirait sa condescendance et son affabilité et s'étonnait de trouver dans le héros et le guerrier l'homme de cour le plus aimable.

Les hôtes du comte devaient, d'après son ordre, se trouver à leur poste pour l'arrivée du prince; mais les comédiens furent forcés de se tenir soigneusement cachés, parce qu'on voulait faire au souverain une surprise de la solennité préparée en son honneur. En effet, lorsque le soir on l'introduisit dans une immense salle décorée de tapisseries du dernier siècle, brillamment éclairée, il ne s'attendait à rien moins qu'à une pièce, surtout à un prologue à sa louange. Tout se passa à souhait. Après le prologue, les acteurs reparurent, furent présentés au prince, qui sut faire à chacun d'eux quelques questions obligeantes et lui adresser quelques mots aimables. Wilhelm, en sa qualité d'auteur, fut surtout mis en évidence et recueillit également sa part de félicitations.

Au bout de quelques jours, personne ne songea plus au prologue, et ce fut comme s'il n'en avait jamais été question; Jarno seul en parla encore à Wilhelm et lui en fit un éloge intelligent :

« C'est dommage, ajouta-t-il toutefois, que vous ayez joué avec des noix creuses pour des noix creuses. »

Ces paroles préoccupèrent Wilhelm pendant plusieurs jours, il ne savait quel sens leur donner ni dans quelle intention ils lui avaient été adressés.

Cependant les comédiens jouaient chaque soir et faisaient de leur mieux pour captiver l'attention du public. Un succès qu'ils ne méritaient point les encouragea, et, dans leur vieux château, ils s'imaginèrent que c'était réellement pour eux que s'était réunie toute cette assemblée, que c'était pour leurs représentations qu'affluaient ces étrangers et qu'ils étaient le point central autour duquel et pour lequel tout se mouvait et circulait.

Wilhelm seul observait avec regret que c'était tout le contraire qui avait lieu. Car le prince, qui était resté assidûment à sa place pendant les premières représentations depuis le commencement jusqu'à la fin, trouva peu à peu des prétextes pour se dispenser du spectacle; et précisément ceux dont Wilhelm avait pu apprécier les connaissances dans leur conversation, Jarno à leur tête, ne passaient plus que de rares instants dans la salle, s'installaient dans l'antichambre, jouaient ou paraissaient causer de leurs affaires.

Wilhelm était fort piqué de voir que ses efforts persévérants n'obtenaient pas le succès qu'il en attendait. Choisissant les pièces, copiant les rôles, surveillant les fréquentes répétitions, il secondait avec zèle Mélina, qui, reconnaissant sa propre insuffisance, le laissait agir. Wilhelm apprenait ses rôles avec application, les jouait avec chaleur et passion, et avec autant de convenance que lui permettait le peu d'expérience qu'il avait acquis par lui-même.

Les marques d'intérêt soutenu que manifestait le baron écartaient tous les doutes de la troupe, car il leur affirmait qu'ils arrivaient aux grands effets, surtout lorsqu'ils jouaient une de ses pièces. Il regrettait seulement que le prince eût un penchant exclusif pour le théâtre français et que, par contre, une partie de sa suite, Jarno en tête, professât une préférence passionnée pour les monstruosités de la scène anglaise.

Si, sous le rapport artistique, l'amour-propre des acteurs n'avait pas toujours lieu d'être satisfait, leurs personnes du moins étaient loin d'être indifférentes aux spectateurs et aux spectatrices. Nous avons déjà dit que dès le commencement les actrices avaient attiré l'attention des officiers; elles furent plus heureuses dans la suite et ne tardèrent pas à faire des conquêtes plus importantes. Nous les passerons sous silence, pour ne parler ici que de l'intérêt toujours croissant que la comtesse témoignait à Wilhelm, en même temps que chez lui germait un secret attachement pour elle : lorsqu'il était en scène, elle n'avait d'yeux que pour lui, et il ne semblait plus jouer et parler que pour elle. Se regarder mutuellement était pour eux un plaisir inexprimable auquel leurs âmes naïves s'abandonnaient sans former des vœux plus ardents et sans se préoccuper des conséquences possibles.

Semblables aux avant-postes de deux armées ennemies qui, séparés par un simple ruisseau, causent et rient ensemble, sans penser à la guerre dans laquelle sont engagés les partis opposés, la comtesse et Wilhelm échangeaient des regards par-dessus l'abîme du rang et de la naissance, et chacun de son côté croyait pouvoir se laisser aller sans danger à ses sentiments.

Cependant la baronne avait fait choix de Laertes, dont la jeunesse, la bonne mine, la gaieté et l'air déterminé lui plaisaient ; et lui, tout ennemi des femmes qu'il fût, n'était pas homme à dédaigner une bonne fortune. Du reste, les charmes et surtout l'affabilité séduisante de la baronne l'auraient peut-être sérieusement captivé malgré lui, si le baron ne lui avait par hasard rendu le bon ou si l'on veut le mauvais service de l'éclairer sur les intentions de cette dame. Un jour que Laertes la vantait hautement, et la mettait au-dessus de toutes les personnes de son sexe, le baron lui dit en badinant :

« Je vois l'affaire ; notre chère amie a conquis quelqu'un de plus pour ses étables. »

Cette malheureuse comparaison, qui faisait une allusion directe aux dangereux enchantements de Circé, déplut souverainement à Laertes; et il ne put écouter sans colère le baron, qui continua impitoyablement :

« Chaque étranger croit être le premier à qui s'adressent ces séduisantes cajoleries, mais il se trompe grossièrement, car nous avons tous passé par là. Homme fait, jeune homme, enfant même, n'importe, tout le monde doit être son esclave pendant quelque temps, s'attacher à elle, et soupirer passionnément pour elle. »

L'heureux mortel qui, dès son entrée dans les jardins de sa magicienne, est accueilli par tous les enchantements d'un printemps artificiel, ne peut éprouver une surprise plus désagréable que d'entendre, lui dont l'oreille épie le doux chant du rossignol, le grognement inattendu d'un devancier métamorphosé! Tel était l'état de Laertes après la funeste révélation du baron.

A la suite de cette révélation, Laertes eut honte de la faiblesse vaniteuse qui l'avait poussé à penser encore quelque bien d'une femme. Il la négligea ostensiblement, fréquenta l'écuyer, avec lequel il faisait assidûment des armes et allait à la chasse, et traitait les répétitions et les représentations comme une chose accessoire

Presque chaque matin le comte et la comtesse faisaient venir quelque membre de la troupe, et chacun avait l'occasion d'envier le bonheur immérité de Philine. Le comte gardait pendant des heures, à sa toilette, le Pédant, son favori. Cet homme avait été peu à peu habillé à neuf, et rien ne manquait à son équipement, pas même la montre et la tabatière.

Parfois la troupe séparément ou en masse était introduite auprès de Leurs Seigneuries après le dîner, honneur dont les comédiens étaient très-fiers; ils ne remarquaient pas qu'à la même heure les valets amenaient des chiens et que l'on faisait sortir les chevaux dans la cour d'honneur.

On avait averti Wilhelm que, pour donner bonne opinion de lui-même au prince, il fallait lui vanter Racine, son auteur favori. Dans une de ces après-midi à laquelle on l'avait convié, il en trouva l'occasion. Le prince lui demanda s'il n'étudiait pas avec soin les grands maîtres français; Wilhelm lui répondit affirmativement avec une grande vivacité. Il ne remarqua pas que le prince, sans attendre la réponse, se disposait à le quitter et à se tourner vers d'autres personnages ; il s'empara pour ainsi dire de lui, en lui barrant presque le passage, et continua en lui disant qu'il plaçait très-haut le théâtre français et qu'il lisait avec délices les œuvres des plus grands maîtres; qu'il avait appris avec bonheur que Son Altesse rendait pleine justice au génie de Racine.

« Je me figure bien, ajouta-t-il, quel cas des personnages d'un haut rang doivent faire d'un poëte qui peint avec tant de justesse et de perfection leurs relations et leurs rapports. Corneille, si j'ose m'exprimer ainsi, a fait revivre les grands hommes, et Racine les grands seigneurs. En le lisant, je me représente bien le poëte vivant au milieu d'une cour brillante, ayant sous les yeux un puissant monarque, fréquentant les grands et voyant de près les secrets de l'humanité tels qu'ils se cachent derrière les précieuses tentures. Lorsque j'étudie son Britannicus, Bérénice, je me crois véritablement transporté à la cour, il me semble que je suis initié aux grands et aux petits mystères de ces demeures des dieux terrestres, et, avec les yeux de ce Français délicat, je vois, sous leur véritable jour, avec leurs défauts et leurs souffrances, le roi que des milliers d'hommes adorent et les seigneurs dont ils envient le bonheur. L'histoire de Racine, mort de chagrin parce que Louis XIV ne le regardait plus et lui témoignait son mécontentement, est pour moi la clef de toutes ses œuvres; il est impossible qu'un poëte aussi plein de talent, dont l'existence dépendait d'un grand roi, n'ait pas composé des œuvres dignes de l'approbation d'un roi ou d'un prince. »

Jarno s'était approché, et écoutait notre ami avec étonnement ; le prince, qui ne lui avait pas répondu et ne lui avait témoigné son approbation que par un regard, se tourna d'un autre côté, bien que Wilhelm, qui ignorait encore qu'il n'est pas convenable en pareille circonstance de prolonger un entretien et d'épuiser un sujet, eût volontiers continué à parler, et prouvé au prince qu'il avait lu avec fruit et plaisir son auteur favori.

« N'avez-vous donc jamais rien vu de Shakspeare ? lui dit Jarnot en le prenant à part.

— Non, répondit Wilhelm. Depuis qu'il commence à être connu en Allemagne, je suis resté étranger au théâtre, et je ne sais si je dois m'applaudir du hasard qui est venu réveiller un ancien penchant de jeunesse. Cependant ce que j'ai entendu dire de ses pièces ne m'a pas rendu curieux de faire connaissance avec ces étranges monstruosités qui paraissent blesser toute bienséance et toute vraisemblance.

— Essayez cependant, je vous le conseille ; cela ne peut pas nuire de voir l'étrange de ses propres yeux. Je vous en prêterai une couple de volumes. Vous ne pouvez faire un meilleur emploi de votre temps que de vous dégager de tout lien, et de porter dans la solitude de votre vieille demeure cette lanterne magique qui va vous montrer un monde nouveau. C'est folie que de perdre son temps à habiller ces singes en hommes et à apprendre à danser à ces chiens. Je ne vous recommande qu'une chose, c'est de ne pas vous attacher à la forme ; quant au fonds, je m'en remets à votre jugement. »

Les chevaux étaient à la porte, et Jarno partit avec quelques cavaliers pour se divertir à la chasse. Wilhelm le vit à regret s'éloigner. Il aurait voulu causer encore longtemps avec cet homme, qui, bien qu'avec une sorte de dureté, lui avait donné de nouvelles idées, idées dont il avait tant besoin.

Lorsque l'homme travaille au développement de ses

forces, de ses facultés et de son intelligence, il se trouve souvent dans un embarras d'où un ami bienveillant pourrait le tirer sans peine. Il ressemble au voyageur qui tombe dans l'eau près du terme de sa route : que quelqu'un le saisisse en ce moment, le ramène à terre, il en est quitte pour un bain ; tandis que, s'il parvient seul à se sauver, il regagne le bord, il reste en deçà de la rivière, et se trouve obligé de faire un long et pénible détour pour atteindre son but.

Que les choses se passaient dans le monde autrement qu'il se l'était imaginé! Il voyait de près la vie active et grave des grands et des puissants, et s'étonnait de la tournure aisée qu'ils savaient lui imprimer. Une armée en marche, un prince héroïque à sa tête, tant de guerriers pour le seconder, tant d'adorateurs se pressant autour de lui, avaient surexcité son imagination. Il était dans cette disposition d'esprit, quand on lui apporta les livres promis; et bientôt, comme on peut le supposer, le torrent de ce grand génie le saisit, l'entraîna dans un océan sans limites, où il ne tarda pas à se perdre et à s'oublier.

CHAPITRE IX

Depuis leur séjour au château, les relations des acteurs avec le baron avaient passé par différentes phases. Au commencement on était mutuellement satisfait l'un de l'autre. Le baron, en voyant pour la première fois de sa vie ses pièces, qui n'avaient encore paru que sur un théâtre de société, entre les mains de véritables comédiens et sur le point d'être sérieusement représentées, était de la meilleure humeur. Il se montrait généreux, achetait à chaque marchand de nouveautés, et il n'en manquait pas, de petits cadeaux pour les actrices, il faisait porter aux acteurs mainte bouteille de champagne d'extra. En échange, ils jouaient ses pièces de leur mieux ; et Wilhelm s'était donné beaucoup de mal pour apprendre les superbes discours de l'admirable héros dont le rôle lui était échu.

Cependant quelques mésintelligences s'étaient glissées dans leurs rapports. La préférence du baron pour certains acteurs devint de jour en jour plus sensible, et blessa naturellement les autres. Il vantait exclusivement ses favoris, ce qui sema dans la troupe la jalousie et la division. Les favoris acceptaient des éloges sans en être autrement reconnaissants, et les délaissés faisaient sentir leur dépit de toutes les façons, et rendaient à leur honorable protecteur le séjour au milieu d'eux aussi désagréable que possible. Leur malignité trouva un aliment dans une certaine pièce de vers dont on ne connaissait pas l'auteur, et qui causait une grande émotion au château. Jusqu'alors on s'était moqué, mais avec adresse et esprit, des relations du baron avec les comédiens; on avait raconté mainte histoire sur son compte, travesti certains incidents. A la fin on arriva à dire qu'il existait une sorte de rivalité entre lui et quelques acteurs qui s'imaginaient aussi être écrivains, et c'est là-dessus que se base la pièce de vers dont nous venons de parler et que nous rapportons ici :

> Moi pauvre diable, monsieur le baron,
> Je vous envie votre rang,
> Et votre place si près du trône,
> Et mainte belle pièce de terre,
> Et le château fort de votre père,
> Et ses chasses et ses canons.
>
> A moi, pauvre diable, monsieur le baron,
> Vous me portez envie à ce qu'il paraît,
> De ce que la nature, dès mon enfance,

M'a traité maternellement.
J'étais vif de cœur, vif de tête ;
Pauvre, c'est vrai, mais pas un pauvre sot.

Si vous m'en croyez, monsieur le baron,
Restons chacun comme nous sommes.
Vous, restez le fils de monsieur votre père,
Et moi, je reste l'enfant de ma mère.
Nous vivons sans envie et sans haine,
Nous ne nous convoitons pas nos titres :
Vous, pas une place au Parnasse ;
Moi, pas une place au chapitre.

Les avis étaient fort partagés sur cette pièce, qui circulait dans toutes les mains en copies presque illisibles ; mais personne ne pouvait en deviner l'auteur. Tandis que l'on s'en égayait avec malignité, Wilhelm déclara la blâmer ouvertement.

« Nous autres Allemands, s'écria-t-il, nous mériterions que nos muses restassent dans l'abaissement où elles ont si longtemps langui, puisque nous ne savons pas apprécier les hommes de qualité qui s'adonnent sous une forme quelconque à notre littérature. La naissance, le rang, la richesse, n'ont rien d'incompatible avec le génie et le goût : les pays étrangers nous l'ont montré ; ils comptent une foule de nobles parmi les sommités de leurs arts. Si jusqu'à présent ç'a été une merveille en Allemagne de voir un homme de haute naissance se consacrer aux sciences, si jusqu'à présent peu de noms célèbres se sont rendus plus célèbres encore par le goût des arts et des sciences ; si au contraire plusieurs sont sortis de l'obscurité, et, étoiles inconnues, ont paru à l'horizon, il n'en sera pas toujours ainsi ; et, si je ne m'abuse, la première classe de la nation est en chemin d'utiliser ses avantages pour conquérir, dans l'avenir, les plus belles couronnes que tressent les muses. Rien ne m'est plus odieux que de voir non-seulement le bourgeois railler le gentilhomme qui apprécie les muses, mais même des personnes de haut rang détourner, par un caprice inconsidéré et par une malignité toujours impardonnable, leurs pareils d'une voie où chacun peut espérer rencontrer l'honneur et la satisfaction. »

Cette dernière partie paraissait être dirigée contre le comte, dont Wilhelm avait ouï dire qu'il avait trouvé les vers fort bons. En effet, ce seigneur, qui ne cessait de plaisanter le baron à sa manière, était ravi d'avoir cette occasion de martyriser son parent de toutes les façons. Chacun faisait ses conjectures particulières sur l'auteur possible de ces vers, et le comte, qui n'aimait pas à être surpassé en pénétration, eut une idée qu'il imagina de soutenir : la pièce ne pouvait avoir été écrite que par son Pédant, car c'était un rusé compère, dont il avait depuis longtemps découvert le génie poétique. Pour compléter le divertissement, il fit venir un matin le comédien, qui dut lire les vers en présence de la comtesse, de la baronne et de Jarno, et reçut en récompense des éloges, des applaudissements et un cadeau ; le comte lui ayant demandé s'il n'avait pas quelque poésie antérieure à celle-ci, le Pédant répondit prudemment d'une façon évasive. Ainsi le Pédant s'acquit une réputation de poëte et d'homme d'esprit, et aux yeux des partisans du baron celle d'un satirique et d'un méchant homme. Depuis ce jour, le comte l'applaudissait plus fort que jamais de quelque façon qu'il jouât, de sorte que le pauvre diable finit par en être tout bouffi, presque fou même, et songea à demander qu'on lui donnât comme à Philine une chambre dans le château.

Si sa demande avait été tout d'abord admise, il aurait échappé à un très-fâcheux événement. Un soir qu'il revenait tard au vieux château et qu'il marchait à tâtons dans le chemin sombre et étroit, il fut tout à coup assailli, saisi par plusieurs individus, tandis que d'autres le rouaient à outrance, et, profitant de l'obscurité, le rossèrent de telle façon, qu'il faillit en rester sur la place, et eut bien de la peine à se traîner jusqu'auprès de ses camarades, qui, tout en feignant l'indignation, ressentirent une secrète joie de cet accident et purent à peine retenir leur rire, en le voyant si bien étrillé, et son bel habit brun tout taché de blanc, comme s'il avait eu affaire à des meuniers.

Le comte, qui fut aussitôt averti, entra dans une colère indescriptible. Il traita cette affaire d'attentat épouvantable, le qualifia de crime de lèse-tranquillité du château, et fit faire par le bailli l'enquête la plus sévère. L'habit poudré de blanc devait figurer comme principale pièce à conviction. Tout ce qui dans le château avait affaire avec la poudre ou la farine fut cité à l'instruction, mais sans résultat.

Le baron jura solennellement sur l'honneur que cette sorte de plaisanterie lui avait à la vérité fort déplu, et que la conduite du comte n'avait pas été des plus amicales, mais qu'il avait su se mettre au-dessus de cela et qu'il n'avait pas la moindre part à l'accident dont le poète ou le libelliste, comme on voudrait l'appeler, aurait été la victime.

Les allées et venues des étrangers et le mouvement du château firent bientôt oublier l'événement, et le pauvre favori dut payer cher le plaisir d'avoir porté quelques instants les plumes d'autrui.

Notre troupe, qui jouait régulièrement tous les soirs, et qui était fort bien traitée en tous points, commença à élever ses prétentions à mesure qu'on agissait mieux pour elle. Au bout de quelque temps le manger, le boire, le service, le logement, semblèrent mesquins aux comédiens; ils firent entendre au baron, leur protecteur, qu'il eût à prendre plus de soin d'eux, et à leur procurer enfin les agréments et le confortable qu'il leur avait promis. Leurs plaintes devenaient plus bruyantes, et les efforts que leur ami faisait pour les contenter étaient toujours impuissants.

Wilhelm, en dehors des répétitions et des représentations, se montrait le moins possible. Enfermé dans une des chambres les plus reculées, dont l'entrée n'était guère permise qu'à Mignon et au harpiste, il vivait et respirait dans le monde de Shakspeare, ne connaissant et ne sentant plus rien de ce qui se passait en dehors de lui.

On parle d'enchanteurs qui, au moyen de formules magiques, évoquent dans leurs cellules des foules d'esprits de toutes sortes. Les conjurations sont si fortes, qu'ils remplissent bientôt toute la chambre, et les esprits, se pressant jusqu'à la limite du cercle étroit tracé par le magicien, s'agitent autour de ce cercle et au-dessus de la tête du maître dans une transformation perpétuellement giratoire. Chaque coin est encombré, chaque corniche occupée. Des œufs se développent démesurément, des figures gigantesques se réduisent en champignons. Par malheur, le maître en magie noire a oublié le mot qui doit faire refluer cette marée d'esprits. Tel était Wilhelm : il sentait s'éveiller en lui, avec une énergie inconnue, mille sensations, mille facultés dont il n'avait jamais eu aucune idée, aucun sentiment. Rien ne pouvait le tirer de cet état, et il se fâchait fort lorsque quelqu'un venait l'entretenir de ce qui se passait au dehors.

Il fit à peine attention lorsqu'on lui annonça qu'il y allait avoir une exécution dans la cour du château, que l'on fouetterait un enfant prévenu d'effraction nocturne et qui, portant le costume de perruquier, se trouvait vraisemblablement au nombre des meurtriers. L'enfant niait obstinément, et l'on ne pouvait le punir légalement pour ce crime; mais on voulait lui donner une leçon comme vagabond et le relâcher ensuite; on l'avait vu rôder depuis plusieurs jours dans le pays, passer la nuit dans les moulins, enfin appliquer une échelle au mur du jardin et escalader ce mur.

Wilhelm ne trouvait rien de particulièrement remarquable à cette affaire, lorsque Mignon entra avec précipitation et lui assura que le prisonnier n'était autre que Frédéric, qui avait quitté la compagnie et qu'on avait perdu de vue depuis son affaire avec l'écuyer.

Wilhelm, qui s'intéressait à cet enfant, accourut, et trouva tout préparé déjà dans la cour du château; car le comte aimait que ces choses se fissent avec solennité. On amena l'enfant. Wilhelm s'avança et demanda qu'on retardât un instant l'exécution, parce qu'il connaissait l'enfant et qu'il pouvait donner quelques renseignements à son endroit. Il eut quelque peine à se faire écouter, et obtint enfin la permission de parler en particulier avec le coupable. Celui-ci lui affirma qu'il n'avait même pas entendu parler d'une attaque où un acteur aurait été maltraité; qu'il n'avait rôdé autour du château et ne s'y était introduit de nuit que pour chercher Philine, dont il avait fini par découvrir la chambre à coucher, et auprès de laquelle il serait certainement arrivé s'il n'avait été arrêté en route.

Wilhelm, qui, pour l'honneur de la troupe, ne tenait pas à révéler cette liaison, courut trouver l'écuyer et le pria d'employer sa connaissance des personnes et de la maison à arranger cette affaire et à délivrer l'enfant.

Cet homme imagina, avec l'aide de Wilhelm, une petite histoire : comme quoi l'enfant avait appartenu à la troupe, s'en était échappé, puis avait voulu la rejoindre et y rentrer. Dans ce but, il avait formé le projet d'aller de nuit à la recherche de quelques-uns de ses protecteurs, et d'implorer leur bienveillance. On déclara du reste qu'il s'était toujours bien conduit. Les dames s'en mêlèrent, et il fut relâché.

Wilhelm se chargea de lui : c'était le troisième personnage de cette singulière famille, que Wilhelm commençait à considérer comme sienne. Le vieillard et Mignon accueillirent amicalement l'enfant prodigue, et tous trois s'unirent dès lors pour servir leur ami et leur protecteur, et lui ménager une existence agréable.

CHAPITRE X

Philine s'insinuait chaque jour davantage auprès des dames. Lorsqu'elles se trouvaient réunies entre elles, la conversation roulait généralement sur les hommes qui habitaient le château, et Wilhelm n'était pas le dernier dont on s'occupât. La rusée jeune femme avait bientôt découvert qu'il avait produit une profonde impression sur le cœur de la comtesse ; aussi racontait-elle sur lui ce qu'elle savait et ce qu'elle ne savait pas. Mais elle se gardait bien de rien rapporter qui pût être interprété à son désavantage ; elle vantait la noblesse de ses sentiments, sa libéralité, et surtout sa délicatesse dans ses rapports avec le sexe féminin. Elle répondait avec prudence à toutes les questions qui la touchaient, et la baronne, remarquant aussi l'inclination croissante de sa belle amie, se réjouit fort de cette découverte ; car ses liaisons avec plusieurs de ces messieurs, et notamment dans ces derniers temps avec Jarno, n'avaient pas échappé à la comtesse, dont l'âme pure ne pouvait voir une pareille légèreté sans la désapprouver et en faire doucement des reproches à la baronne.

De cette façon la baronne avait, comme Philine, un intérêt particulier à rapprocher notre ami de la comtesse, et Philine comptait par la même occasion travailler encore pour elle, et essayer de regagner l'affection du jeune homme, qu'elle avait perdue.

Un jour que le comte était parti pour la chasse avec le reste de la société, et qu'on n'attendait ces messieurs que le lendemain, la baronne imagina une plaisanterie qui était tout à fait dans ses manières. Elle aimait à se travestir, et apparaissait souvent, pour surprendre la société, habillée tantôt en jeune paysanne, tantôt en page ou en piqueur. Elle se donnait ainsi des airs de petite fée, se trouvant partout, et justement là où on l'attendait le moins. Elle n'était jamais plus contente que lorsque, après avoir servi la société et avoir circulé longtemps sans être reconnue, elle finissait par se découvrir elle-même d'une façon badine.

Vers le soir, elle fit venir Wilhelm dans sa chambre; et, comme elle avait quelque chose à terminer, Philine fut chargée de le préparer.

En arrivant, il trouva dans la chambre, non sans surprise, au lieu de la noble dame, la malicieuse jeune femme. Elle l'accueillit avec une sorte de franchise pleine de convenance, qu'elle avait étudiée depuis quelque temps, et le força par cela même à être également poli.

Elle commença par le plaisanter de la bonne fortune qui le poursuivait, et qui l'amenait dans ce moment même dans cette chambre; puis elle lui reprocha avec une grâce exquise la façon dont il l'avait traitée jusqu'à présent, se blâma et s'excusa elle-même, avoua qu'elle avait mérité cet accueil, lui fit un tableau émouvant de sa situation passée, comme elle l'appelait, et ajouta qu'elle se mépriserait elle-même si elle n'était pas assez forte pour se changer et se rendre digne de l'amitié de Wilhelm.

Ce discours surprit Wilhelm. Il ne connaissait pas assez le monde pour savoir que les êtres légers et incapables de se corriger se blâment souvent le plus sévèrement, reconnaissent et déplorent leurs fautes avec la plus grande franchise, bien qu'ils n'aient nullement la force d'abandonner la mauvaise voie où les entraîne un naturel invincible. Il ne pouvait donc rester froid devant la tendre pécheresse. Il se mit à causer avec elle, et apprit d'elle qu'on projetait un singulier travestissement, dont on désirait ménager la surprise à la belle comtesse.

Il éprouva, à ce sujet, quelques scrupules, qu'il ne dissimula pas à Philine; mais la baronne, qui entra à ce moment, ne lui laissa pas le loisir de l'incertitude; elle l'entraîna avec elle, en lui assurant que c'était le moment.

Il commençait à faire sombre. Elle le conduisit dans la garde-robe du comte, lui fit retirer son habit et endosser la robe de chambre de soie du comte, lui mit sur la tête le bonnet avec la coiffe rouge, le conduisit dans le cabinet, et lui enjoignit de s'asseoir dans son grand fauteuil et de prendre un livre; elle alluma elle-même la lampe d'Argant, qui était devant lui, et lui indiqua ce qu'il avait à faire et quel rôle il avait à jouer.

« On annoncera, dit-elle, à la comtesse, l'arrivée imprévue de son mari, rentré de fort mauvaise humeur; elle viendra, se promènera quelques instants dans la chambre, s'appuiera sur le dos du fauteuil, puis lui passera le bras sur l'épaule et prononcera quelques mots. »
Il fallait qu'il jouât le rôle du mari aussi longtemps et

aussi bien que possible ; lorsque à la fin il serait forcé de se découvrir, il devait être extrêmement galant et gracieux.

Wilhelm, assez inquiet, était en place, revêtu de cet étrange travestissement ; le projet l'avait surpris, et l'exécution avait devancé la réflexion. Ce ne fut que lorsque la baronne fut rentrée dans sa chambre qu'il comprit combien était dangereux le poste qu'il avait accepté. Il ne se dissimulait pas que la beauté, la jeunesse, les grâces de la comtesse eussent fait quelque impression sur lui ; mais, éloigné par sa nature de toute vaine galanterie, et ses principes ne lui permettant pas de penser à une entreprise sérieuse, il se trouvait en ce moment dans une grande perplexité. La crainte de déplaire à la comtesse, ou de lui plaire plus qu'il ne convenait, était également forte chez lui.

Tous les appas féminins qui avaient agi sur lui jusqu'à ce jour se représentaient à son imagination. Marianne lui apparut dans son négligé blanc, et le suppliait de se souvenir d'elle ; les grâces de Philine, ses beaux cheveux, ses manières caressantes, avaient repris de leur empire à la suite de leur dernière rencontre ; mais tout cela rentrait dans le vague de l'éloignement lorsqu'il pensait à la noble, à la brillante comtesse, dont il allait sentir dans quelques instants le bras s'enrouler autour de son cou, dont les innocentes caresses provoqueraient les siennes.

Il ne soupçonnait assurément pas de quelle étrange façon il allait être tiré d'embarras. Quels furent sa surprise, son effroi, lorsque la porte placée derrière lui s'ouvrit, et qu'en levant furtivement les yeux sur la glace, il reconnut le comte qui entrait, une lumière à la main !

Il hésita un instant sur ce qu'il avait à faire, s'il devait rester assis, se lever, se sauver, avouer, inventer un mensonge ou lui demander pardon. Le comte, qui était resté immobile sur le seuil, se retira et ferma doucement la porte. Au même moment la baronne accourut par une porte latérale, éteignit la lampe, arracha Wilhelm de son fauteuil et l'entraîna dans le cabinet. Il ôta précipitamment la robe de chambre, qui reprit sa place habituelle. La baronne prit sous son bras l'habit de Wilhelm, et regagna avec lui sa chambre en traversant plusieurs pièces, cabinets et corridors. Après s'être un peu remise de sa course, elle lui raconta qu'elle était allée trouver la comtesse pour lui annoncer la fausse nouvelle du retour de son mari. « Je le sais déjà, lui avait répondu la comtesse; que peut-il être arrivé? Je l'ai vu rentrer par la petite porte du château. » Effrayée, la baronne avait couru dans la chambre du comte pour en tirer le jeune homme.

« Malheureusement, s'écria Wilhelm, vous êtes venue tard! Le comte était déjà venu dans la chambre, et m'avait vu assis à sa place.

— Vous a-t-il reconnu?

— Je ne sais pas. Il m'a vu dans la glace, de même que je l'ai vu, et, avant que je susse si c'était lui ou bien une apparition, il était déjà parti, fermant les portes derrière lui. »

L'anxiété de la baronne s'accrut encore lorsqu'un domestique vint la demander, et lui dit que le comte était auprès de sa femme. Elle s'y rendit le cœur oppressé, et trouva le comte parfaitement calme, plus doux et plus aimable dans son langage qu'il n'avait coutume. Elle ne savait que penser. On parla des incidents de la chasse et de la cause de son retour précipité. La conversation ne tarda pas à tomber. Le comte devint silencieux, et la baronne fut tout interdite lorsqu'il demanda où était Wilhelm, et manifesta le désir qu'on le fît appeler pour lui lire quelque chose.

Wilhelm, qui s'était rhabillé dans la chambre de la baronne et s'était un peu remis, obéit, non sans inquiétude. Le comte lui donna un livre, où il lut en suffoquant une nouvelle romanesque. Sa voix avait quelque chose de mal assuré et de tremblant, qui par bonheur s'accordait avec le contenu du roman. Le comte lui donna plusieurs fois des signes d'approbation, le félicita de l'expression qu'il mettait à sa lecture, et finit par congédier notre ami.

CHAPITRE XI

Wilhelm avait à peine lu quelques pièces de Shakspeare, et l'impression produite était si forte, qu'il se trouvait hors d'état de continuer. Son âme tout entière était en mouvement. Il chercha l'occasion de causer avec Jarno, et ne put assez le remercier des jouissances qu'il lui avait procurées.

« J'avais bien prévu, lui dit celui-ci, que vous ne pourriez rester insensible devant la supériorité du plus extraordinaire et du plus admirable des écrivains.

— Oui, dit Wilhelm, je ne me souviens pas qu'un livre, qu'un homme, qu'aucune circonstance de la vie ait fait sur moi une impression aussi forte que ces précieux ouvrages que je dois à votre complaisance de connaître aujourd'hui ! On dirait l'œuvre d'un génie céleste qui se rapproche des hommes pour leur apprendre de la plus douce manière à se connaître entre eux. Ce ne sont pas des poëmes. On croit avoir ouvert devant soi l'immense livre du destin, à travers lequel l'ouragan de la vie la plus agitée rugit, tournant violemment les feuillets. La force et la tendresse, la violence et le calme de ces œuvres m'ont tellement surpris et mis tellement hors de mon assiette, que j'en suis à attendre avec impatience le moment où je serai en état de continuer ma lecture.

— Bravo ! dit Jarno en tendant la main à notre ami et en lui serrant la sienne, voilà ce que je voulais ! Et le résultat que j'espère ne se fera certainement pas attendre.

— Je voudrais, répliqua Wilhelm, pouvoir vous révéler ce qui se passe actuellement en moi. Toute la prescience de l'homme et du sort que j'ai entrevue jusqu'à présent, et qui, sans que je m'en rende compte, me suit depuis ma jeunesse, je la retrouve révélée et développée dans les pièces de Shakspeare. Il semble qu'il vous dévoile les mystères, sans qu'on puisse dire cependant : Ici ou là est le mot de l'énigme. Ses hommes paraissent être des hommes naturels, et cependant ils ne le sont pas. Ces créations mystérieuses et complexes se meuvent comme des montres dont le cadran et la boîte seraient de cristal ; elles indiquent, selon leur destination, la suite des heures, et l'on peut saisir quel est le rouage et le ressort qui les fait marcher. Le rapide regard que j'ai jeté dans le monde shakspearien m'excite plus que tout à progresser d'un pas plus rapide dans le monde réel, à me mêler aux flots des événements qui vont l'inonder, dans l'espoir de puiser quelques coupes dans la vaste mer de la vraie nature, et de les reverser ensuite du haut de la scène sur mes compatriotes altérés.

— Que je suis ravi de l'état d'esprit où je vous vois ! s'écria Jarno en frappant de la main l'épaule de Wilhelm ému. N'abandonnez pas votre projet d'entrer dans une vie active, et dépêchez-vous d'utiliser hardiment vos belles années. Si je peux vous être de quelque secours, ce sera de tout cœur. Mais je ne vous ai pas encore demandé comment vous vous trouvez dans cette troupe pour laquelle vous n'êtes ni né ni élevé. J'espère et je vois, du reste, que vous ne cherchez qu'à vous en retirer. Je ne sais rien de votre famille ni de vos affaires domestiques ; dites-m'en ce que vous jugerez bon de m'en confier. Je puis vous affirmer que les temps de guerre où nous vivons peuvent amener de brusques changements de fortune ; si vous voulez consacrer à notre service vos forces et vos talents ; si vous ne redoutez ni la peine, ni même au besoin le danger, j'ai dans ce moment l'occasion de vous donner une place que dans la suite vous ne regretterez pas d'avoir occupée pendant quelque temps. » Wilhelm ne savait comment exprimer sa reconnaissance, et s'empressa de raconter toute l'histoire de sa vie à son ami et protecteur.

Tout en causant de la sorte, ils s'étaient perdus dans le parc et étaient arrivés à la grande route qui le traversait. Jarno s'arrêta un instant et dit : « Réfléchissez à mon projet, décidez-vous, donnez-moi votre réponse dans quelques jours et accordez-moi votre confiance. Je vous le jure, c'est encore pour moi un problème incompréhensible que vous vous soyez mêlé à pareille société. J'ai vu souvent avec dégoût et dépit que votre cœur se soit attaché à un chanteur ambulant et à une créature niaise et douteuse. »

Il n'avait pas terminé qu'un officier arriva au galop, suivi d'un domestique qui tenait un cheval de main. Jarno lui jeta un bruyant salut. L'officier sauta de cheval ; ils s'embrassèrent et se mirent à causer, tandis que Wilhelm, tout troublé des derniers mots de son belliqueux ami, se retirait à l'écart pour réfléchir. Jarno feuilleta quelques papiers que lui avait présentés le nouveau venu ; celui-ci s'avança vers Wilhelm, lui tendit la main et lui dit avec emphase : « Je vous trouve en honorable compagnie ; suivez les conseils de votre ami, et vous remplirez en même temps les vœux d'un inconnu qui prend le plus grand intérêt à votre personne. » Il dit, embrassa Wilhelm et le serra avec effusion sur sa poitrine. Au même moment Jarno survint et dit à l'étranger : « Tout est pour le mieux ; je pars avec vous, de façon que vous puissiez recevoir les ordres nécessaires et être revenu avant la nuit. » Tous deux s'élancèrent à cheval abandonnant notre ami stupéfait à ses propres réflexions.

Les dernières paroles de Jarno résonnaient encore à ses oreilles. Il ne pouvait supporter de voir ces deux créatures qui avaient si innocemment gagné son affection, placées si bas par un homme qu'il estimait. La singulière embrassade de cet officier qu'il ne connaissait pas l'avait peu impressionné et n'avait occupé qu'un instant sa curiosité et son imagination, mais le discours de Jarno lui avait porté au cœur ; il était profondément blessé, et, en revenant au château, il se répandit en reproches contre lui-même d'avoir pu méconnaître et oublier un instant la froideur et l'insensibilité qui regardait par les yeux, qui parlait par les gestes de Jarno. « Non ! s'écria-t-il, tu t'imagines, courtisan éteint, pouvoir être un ami ! Tout ce que tu peux m'offrir n'égale pas le sentiment qui me lie à ces malheureux. Quel bonheur d'avoir découvert à temps ce que j'ai à attendre de toi ! »

Il serra dans ses bras Mignon accourue au-devant de lui, et s'écria : « Non, rien ne nous séparera, excellente petite créature ! L'apparente sagesse du monde ne me fera pas t'abandonner ni oublier ce que je te dois. »

L'enfant, dont il repoussait habituellement les caresses passionnées, fut toute joyeuse de ces marques inattendues de tendresse, et elle se suspendit à lui avec tant de force, qu'il eut toutes les peines du monde à s'en dégager.

Depuis ce temps il observa plus attentivement la conduite de Jarno, qui ne semblait pas toujours exempte de reproches ; souvent même elle lui déplaisait de tous points. Il soupçonnait fort, par exemple, que la pièce de vers contre le baron, que le pauvre Pédant avait payée si cher, fût l'ouvrage de Jarno. Comme celui-ci avait plaisanté de cette aventure devant Wilhelm, notre ami croyait y reconnaître la preuve d'un cœur profondément corrompu ; qu'y a-t-il en effet de plus odieux que de railler un innocent dont on a causé les malheurs, au lieu de songer à le dédommager? Wilhelm aurait pu facilement provoquer cette bonne action, car un hasard singulier l'avait mis sur la trace des auteurs de ce guet-apens nocturne.

On était parvenu jusqu'alors à lui cacher que quelques jeunes officiers passaient des nuits entières avec une partie des acteurs et des actrices dans la salle basse du vieux château. Un matin qu'il s'était levé de bonne heure selon son habitude, il entra par hasard dans la salle et trouva les jeunes seigneurs occupés à une singulière toilette : ils avaient délayé de la craie dans une écuelle et promenaient cette pâte avec un pinceau sur leurs habits et leurs culottes sans les retirer : ils rétablissaient par cette méthode expéditive la propreté de leurs vêtements. Ce procédé, qui surprit notre ami, lui remit aussitôt en mémoire l'habit du pédant poudré et taché de blanc : ses soupçons se confirmèrent lorsqu'il apprit qu'il se trouvait dans la société plusieurs parents du baron.

Pour s'éclairer davantage, il proposa aux jeunes gens un petit déjeuner. Ils furent fort animés et racontèrent mainte histoire amusante. Un d'eux, surtout, qui avait été pendant quelque temps employé au recrutement, ne se lassait pas de vanter l'adresse et l'activité de son capitaine, qui savait attirer toute espèce d'hommes et s'entendait admirablement à gagner chacun selon son caractère. Il raconta en détail comment des jeunes gens de bonne maison, ayant reçu une éducation soignée, se laissaient leurrer par des promesses d'établissement avantageux, et se moquait de bon cœur des niais, si fiers au commencement de se voir estimés et distingués par un officier de mérite, brave, intelligent et généreux.

Combien Wilhelm bénit son bon génie qui lui montrait si inopinément l'abîme dont il avait si innocemment côtoyé le bord ! Il ne vit plus dans Jarno qu'un recruteur ; l'embrassade de l'officier étranger s'expliquait maintenant. Il repoussait les principes de ces hommes, et évita depuis ce moment de fréquenter quiconque portait un uniforme. Il aurait appris avec joie que l'armée se remettait en marche, s'il n'avait pas craint de se voir séparé peut-être pour toujours de sa belle amie.

CHAPITRE XII

Cependant la baronne avait passé plusieurs jours tourmentée par l'inquiétude et par une curiosité qu'elle ne pouvait satisfaire. La conduite du comte depuis l'aventure était une énigme pour elle. Il avait entièrement changé de manières ; il ne se livrait plus à ses plaisanteries accoutumées. Ses exigences envers la société et les domestiques n'étaient plus les mêmes. Plus de pédanteries ni d'allures impérieuses ; il était silencieux et concentré, enfin on aurait dit un tout autre homme. Dans les lectures qu'il demandait souvent, il choisissait des livres sérieux ou religieux, et la baronne tremblait que derrière ce calme apparent il ne cachât un ressentiment secret, le projet arrêté de venger le méfait qu'il avait découvert par hasard. Elle se décida à se confier à Jarno ; elle le pouvait d'autant plus qu'elle était avec lui dans des rapports qui permettent de n'avoir rien de caché l'un pour l'autre.

Depuis quelque temps, Jarno était décidément son ami ; ils étaient assez prudents pour dissimuler au monde bruyant qui les entourait leur inclination et leurs plaisirs. Les yeux de la comtesse seuls avaient découvert ce nouveau roman, et très-vraisemblablement la baronne cherchait à occuper son amie, pour échapper aux reproches indirects qu'elle avait souvent à essuyer de la part de cette belle âme.

A peine la baronne eut-elle raconté l'histoire à son ami, qu'il s'écria en riant : « Le vieux croit certainement s'être vu lui-même ! il craint que cette apparition ne lui annonce un malheur, peut-être même la mort, et le voilà redevenu souple comme les hommes faibles lorsqu'ils pensent au dénoûment auquel personne n'a échappé ni n'échappera. Soyez tranquille ! Comme j'espère qu'il vivra encore longtemps, profitons au moins de cette occasion pour le former si bien, qu'il ne sera plus à charge ni à sa femme ni à ses gens. »

Ils se mirent donc, dès que le moment favorable se fut présenté, à parler en présence du comte de pressentiments, d'apparitions et autres phénomènes de ce genre. Jarno jouait l'incrédule, son amie également, et ils firent si bien, que le comte finit par prendre Jarno à part, lui reprocha d'être un esprit fort, et chercha à lui démontrer par son propre exemple la possibilité et la réalité de ces histoire. Jarno fit celui qui est surpris, puis hésitant, puis convaincu ; et, pendant la nuit suivante, il s'égaya avec son amie de la faiblesse de cet homme du monde qu'un épouvantail avait tout d'un coup corrigé de ses défauts, et qui était d'autant plus louable qu'il attendait avec résignation un malheur imminent, et même la mort.

« Il se serait difficilement résigné aux conséquences qu'auraient eues naturellement cette apparition, » dit la baronne avec son enjouement accoutumé, qui lui revenait dès que son cœur était débarrassé d'un souci. Jarno fut richement récompensé, et l'on forgea de nouveaux projets pour rendre le comte encore plus soumis, et pour aviver et fortifier l'inclination de la comtesse pour Wilhelm.

Dans ce but on raconta toute l'histoire à la comtesse, qui s'en fâcha d'abord; mais, depuis ce moment, elle devint plus rêveuse, et, dans les instants de loisir, elle paraissait penser à la scène qu'on lui avait préparée et en poursuivre l'idée.

Les préparatifs que l'on faisait de tous les côtés ne permettaient plus de douter que l'armée ne se remît en marche, et que le prince ne transportât plus loin son quartier général. On disait aussi que le comte allait quitter ses terres pour rentrer à la ville. Nos acteurs purent prévoir ce qui allait leur arriver; mais Mélina seul prit ses mesures en conséquence; les autres ne pensèrent qu'à saisir au vol les plaisirs du moment.

Pendant ce temps Wilhelm était occupé à un travail tout particulier. La comtesse lui avait demandé la copie de ses poésies, et ce désir de l'aimable dame était pour lui la plus belle des récompenses.

Un jeune auteur qui ne s'est pas encore vu imprimé met, en pareil cas, la plus grande attention à faire de ses œuvres une copie nette et élégante. C'est pour ainsi dire l'âge d'or du métier d'auteur; on se croit transporté dans ces siècles où la presse n'avait pas encore inondé le monde de tant d'écrits inutiles, où l'on ne transcrivait que les productions de valeur que conservaient soigneusement les plus nobles esprits; et combien facilement on tombe dans cette conclusion vicieuse qu'un manuscrit moulé est une production de valeur, digne d'être possédée et conservée par un connaisseur et un protecteur des arts!

On avait annoncé un grand repas en l'honneur du prince, qui allait partir sous peu. Plusieurs dames du voisinage avaient été invitées, et la comtesse s'était habillée de bonne heure. Elle avait mis, ce jour-là, un costume plus riche qu'elle n'avait coutume d'en porter; sa coiffure était plus recherchée; elle s'était parée de tous ses bijoux. La baronne avait également fait son possible pour se mettre avec goût et éclat.

Philine, voyant que le temps durait à ces dames qui attendaient leurs hôtes, proposa de faire venir Wilhelm, qui désirait présenter son manuscrit et lire encore quelques bagatelles. En entrant, il fut ébloui de la bonne mine et de la grâce de la comtesse, que sa parure faisait encore ressortir. Sur l'ordre de ces dames, il fit sa lecture, mais si maladroitement, qu'un auditoire moins indulgent l'eût bientôt congédié.

Chaque fois qu'il regardait la comtesse, il croyait voir une étincelle électrique jaillir devant ses propres yeux; il pouvait à peine retrouver de l'haleine pour continuer sa lecture. La belle dame lui avait toujours plu; mais, ce jour-là, il lui semblait n'avoir jamais rien vu de si parfait, et voici à peu près le résumé des milles pensées qui se croisaient dans son esprit :

« Comme ils sont fous les poëtes et les soi-disant hommes raisonnables qui s'élèvent contre la toilette et le luxe, et demandent à voir les femmes de toutes classes vêtues d'une façon simple et conforme à la nature! Ils blâment la toilette, sans songer que ce n'est pas cette pauvre toilette qui nous choque, lorsque nous rencontrons une personne laide ou insignifiante habillée d'une façon somptueuse ou originale ; je voudrais rassembler ici tous les connaisseurs du monde, et leur demander s'ils voudraient supprimer quelque chose de ces plis, de ces rubans et de ces dentelles, de ces bouffants, de ces tresses et de ces pierres éclatantes; s'ils ne craindraient pas d'amoindrir l'agréable impression qui naît si volontiers et si naturellement en eux. Oui, naturellement, je puis le dire : de même que Minerve tout armée sortit du cerveau de Jupiter, cette déesse me semble s'être échappée toute parée du calice d'une fleur. »

Il la contemplait souvent, en lisant, comme s'il avait voulu se graver cette impression pour l'éternité, et lisait parfois de travers, sans cependant s'en troubler, quoique d'habitude il se désespérât d'une erreur de mot ou d'une lettre, et qu'il considérât dans ce cas sa lecture comme déshonorée.

Une fausse alerte qui fit croire à l'arrivée des invités mit fin à la lecture; la baronne sortit, et la comtesse, avant de fermer son secrétaire, qui était resté ouvert, prit un petit écrin et passa encore quelques bagues à ses doigts. « Nous allons bientôt nous séparer, dit-elle les yeux fixés sur l'écrin; acceptez ce souvenir d'une amie qui ne désire rien plus que votre bonheur. » En disant cela, elle prit une bague qui contenait un écusson en cheveux tressés placé sous un chaton de cristal, et enrichi de pierres fines. Elle le tendit à Wilhelm, qui ne sut quoi dire ni quoi faire, et resta immobile comme cloué au sol. La comtesse ferma son secrétaire et s'assit sur son sofa.

« Et moi, je m'en irai les mains vides? » dit Philine en s'agenouillant à droite de la comtesse. Voyez cet homme qui a tant de mots à sa disposition quand il n'en faudrait pas, et qui ne peut pas balbutier un pauvre remercîment ! Allons, Monsieur, mimez au moins votre devoir, et si vous n'êtes capable de rien imaginer aujourd'hui, imitez-moi. »

Philine saisit la main droite de la comtesse et la baisa avec feu. Wilhelm tomba à genoux, prit la main gauche et la pressa sur ses lèvres. La comtesse parut embarrassée, mais pas mécontente.

« Ah! s'écria Philine, j'ai bien vu d'aussi belles parures, mais je n'ai pas vu encore de dame qui les portât si dignement! Quel bracelet, mais aussi quelle main! quel collier, mais quelle poitrine!

— Tais-toi, flatteuse! dit la comtesse.

— Est-ce le portrait de M. le comte? dit Philine désignant un riche médaillon que la comtesse portai gauche, suspendu à une chaîne de prix.

— Il était alors mon fiancé, répondit la comtesse.

— Était-il donc si jeune à cette époque? demanda Philine; vous n'êtes cependant mariés que depuis quelques années.

— Il faut mettre cette jeunesse sur le compte du peintre, répliqua la baronne.

— C'est là un bel homme, dit Philine. Cependant, continua-t-elle en portant la main sur le cœur de la comtesse, ne s'est-il jamais glissé une autre image dans cette cassette cachée?

— Tu es bien osée, Philine, s'écria-t-elle; je t'ai gâtée. Ne me dis pas cela une seconde fois.

— Je serais bien malheureuse de vous avoir fâchée! » exclama Philine en se relevant et courant vers la porte.

Wilhelm tenait encore dans ses mains les mains de la comtesse. Il regardait fixement le bracelet qui, à sa grande surprise, portait tracées en brillants les initiales de son nom.

« Sont-ce vraiment vos cheveux, demanda-t-il discrètement, que je possède dans cet anneau? — Oui, » répondit-elle à mi-voix. Puis elle rassembla ses forces, et lui dit en lui serrant la main : « Levez-vous, et adieu!

— Mon nom est écrit là, s'écria-t-il, quel singulier hasard ! » il montra le bracelet. « Comment? dit la comtesse, c'est le chiffre d'une de mes amies.

— Ce sont mes initiales. Ne m'oubliez pas. Votre image restera ineffaçable dans mon cœur! Adieu, laissez-moi fuir. »

Il lui pressa la main et voulut se lever. Mais, de même que dans un rêve, l'étrange se dégageant de l'étrange nous saisit et nous surprend, sans savoir comment cela s'était fait, il se trouva tenant la comtesse dans ses bras, ses lèvres rencontrèrent les siennes, et un baiser réciproque leur fit goûter cette félicité que nous ne savourons que dans la première écume qui bouillonne au-dessus de la coupe de l'amour que l'on vient de remplir.

La tête de la comtesse s'appuyait sur l'épaule du jeune homme, froissant les boucles et les rubans. Elle avait ses bras passés autour de son col, il l'enlaçait avec ardeur, et lui répondait en la pressant sur son cœur. Oh ! un pareil moment devrait être éternel, et malheur au destin jaloux qui vint interrompre ce moment si doux à nos amis!

Quel fut l'effroi, la stupeur de Wilhelm réveillé de ce rêve céleste, lorsque la comtesse se dégagea en poussant un cri, et porta la main sur son cœur.

Il restait stupéfié devant elle ; elle se couvrit les yeux de l'autre main et lui dit après un instant de silence :

« Eloignez-vous, hâtez-vous! »

Il restait toujours là.

« Quittez-moi ! » s'écria-t-elle. Et, retirant la main qui lui cachait les yeux, elle lui jeta un regard indescriptible, et ajouta de la voix la plus tendre : « Fuyez-moi si vous m'aimez. »

Wilhelm était sorti de la chambre de la comtesse, et

était rentré chez lui sans savoir encore où il se trouvait.

Les malheureux ! Quel étrange avertissement du sort ou de la destinée les avait arrachés l'un à l'autre !

LIVRE IV

PREMIER CHAPITRE

Laertes se tenait pensif accoudé à la fenêtre et regardait la campagne. Philine traversa doucement la grande salle, s'appuya sur son ami, et le plaisanta sur son air grave.

« Ne ris pas, lui répondit-il, c'est affreux comme le temps passe, comme tout change et finit. Vois : là s'étendait, il y a quelques jours, un beau camp ; comme les tentes avaient un air joyeux ! quelle animation c'était là dedans ! avec quelle vigilance on surveillait tout le canton ! et maintenant tout cela a disparu comme par enchantement. Pendant quelque temps la paille foulée et les trous creusés pour les cuisines en indiqueront encore la trace ; puis la charrue détruira ces derniers vestiges, et la présence de milliers de vaillants hommes dans cette contrée ne sera plus qu'un souvenir vague dans la tête de quelques vieilles gens. »

Philine se mit à chanter et ramena son ami dans la salle pour le faire danser. « Puisque nous ne pouvons rattraper le temps une fois qu'il est passé, honorons-le au moins gaiement et gentiment tandis qu'il passe, comme une belle divinité. »

Ils avaient à peine fait quelques tours de danse que madame Mélina traversa la salle. Philine eut la méchanceté de l'inviter à danser et de lui rappeler par là la mauvaise tournure que lui donnait son état de grossesse.

« Si je pouvais, s'écria Philine lorsqu'elle eut tourné le dos, ne plus jamais voir de femme en *bon espoir* [1] !

— Elle espère cependant, dit Laertes.

— Mais cela s'habille si mal ! As-tu vu les plis que fait par devant sa robe devenue trop courte, et qui se promènent en éclaireurs lorsqu'elle marche ? Elle n'a ni l'adresse ni le goût de se tenir un peu et de dissimuler son état.

— Laisse-la faire, dit Laertes, le temps viendra bien à son secours.

— Ce serait bien plus gentil, s'écria Philine, si on n'avait qu'à secouer les arbres pour en faire tomber les enfants. »

Le baron entra, et leur adressa quelques paroles aimables de la part du comte et de la comtesse, qui étaient partis de grand matin, et leur fit quelques cadeaux. Puis il se rendit auprès de Wilhelm qui était occupé de Mignon dans la chambre voisine. L'enfant s'était montrée très-empressée et très-amicale, elle s'était informée auprès de Wilhelm de ses parents et de ses frères et sœurs, ce qui lui avait rappelé qu'il était de son devoir de donner de ses nouvelles aux siens.

Le baron, en lui transmettant les adieux de Leurs Seigneuries, lui donna l'assurance que le comte avait été fort content de lui, de son jeu, de ses travaux poétiques et de la peine qu'il s'était donnée pour le théâtre. Pour preuve

---

[1] *Guter Hoffnung sein* (proprement, être en bon espoir) : périphrase qui correspond à notre : être dans une position intéressante. Nous avons dû conserver cette expression, qui amène la réplique de Laertes. (*N. du trad.*)

de ces sentiments il tira une bourse dont le riche tissu laissait entre-luire les brillantes couleurs des pièces d'or neuves; Wilhelm recula d'un pas et refusait la bourse.

« Ne considérez ce cadeau, dit le baron, que comme un dédommagement de votre temps, que comme indemnité de vos peines, et non pas comme la récompense de votre talent. Si le talent nous procure un nom honorable et l'affection des hommes, il est juste que nos travaux et nos efforts nous fournissent le moyen de satisfaire à nos besoins, car nous ne sommes par de purs esprits. Si nous étions dans la ville, où l'on trouve ce qu'on veut, cette petite somme se serait traduite en une montre, en un anneau ou en quelque chose d'analogue; je vous remets directement la baguette magique : achetez-vous avec cela le bijou qui vous sera le plus agréable et le plus utile, et gardez-le en souvenir de nous. Mais ayez cette bourse en grand honneur. Les dames l'ont brodée elles-mêmes, et leur intention a été de donner, grâce au contenant, la forme la plus agréable au contenu.

— Excusez, répondit Wilhelm, mon embarras et mon hésitation à accepter ce présent; il met à néant, pour ainsi dire, le peu que j'ai fait et entrave un heureux souvenir. L'argent est une bonne chose lorsqu'on veut en finir avec quelqu'un, et je voudrais ne pas en avoir fini avec le souvenir de votre maison.

— Ce n'est pas le cas, répliqua le baron; mais, puisque vous êtes si délicat, vous ne voudrez pas que le comte se puisse considérer comme votre débiteur; c'est un homme qui place son plus grand honneur à être juste et attentionné. Il sait parfaitement quelle peine vous vous êtes donnée et comme vous avez consacré tout votre temps à mettre ses plans à exécution; il sait que, pour accélérer certains préparatifs, vous n'avez pas épargné votre propre argent. Oserais-je me représenter devant lui si je ne puis lui donner l'assurance que le témoignage de sa reconnaissance vous a fait plaisir?

— Si je n'avais à penser qu'à moi, si je ne suivais que mes propres sentiments, répondit Wilhelm, je me permettrais de refuser obstinément et malgré tout ce cadeau, quelque riche et honorable qu'il soit; mais je ne vous cacherai pas que, s'il me met dans l'embarras, il me tire en même temps d'un embarras où je me trouvais vis-à-vis des miens, et qui m'a causé maint chagrin secret. Je n'ai pas employé au mieux l'argent comme le temps dont je dois rendre compte; aujourd'hui la générosité de M. le comte me permet de donner à mes parents la nouvelle du bonheur où m'a amené ce singulier détour. Je sacrifie un devoir sacré à la délicatesse, qui dans de pareilles circonstances nous retient, semblable à une tendre conscience, et, pour reparaître avec assurance aux yeux de mon père, je me résigne à rougir aux vôtres.

— C'est étrange, répliqua le baron, quel bizarre scrupule on se fait de recevoir de l'argent d'amis et de protecteurs dont on accepterait avec joie et reconnaissance tout autre cadeau. La nature humaine ne manque pas de pareilles singularités, elle aime à créer et à entretenir des scrupules de ce genre.

— N'en est-il pas de même de tous les points d'honneur? demanda Wilhelm.

— Eh oui! répondit le baron, et aussi d'autres préjugés; nous ne voulons pas les extirper de peur d'arracher en même temps quelque plante précieuse; mais je suis heureux de voir quelques personnes sentir qu'il y a des choses au-dessus desquelles on peut et on doit se placer, et je me rappelle toujours avec plaisir l'histoire de ce poëte d'esprit qui avait fait pour le théâtre de la cour quelques pièces qui avaient obtenu l'approbation du souverain. « Je veux le récompenser richement, » dit le généreux prince. On lui demanda si un bijou lui ferait plaisir ou s'il n'aurait pas de scrupule à accepter de l'argent. Le poëte, plaisant de sa nature, répondit au chambellan chargé de la commission : « Je vous remercie de tout mon « cœur de votre bonne idée, et comme l'empereur prend « de notre argent tous les jours, je ne vois pas pourquoi « je rougirais d'accepter de l'argent de lui. »

Le baron avait à peine quitté la chambre, que Wilhelm se mit à compter la somme qui lui lui arrivait d'une façon si inattendue, et, à son idée, si immértiée. La valeur et la dignité de l'or, qui ne nous devient sensible que dans l'âge mûr, sembla lui apparaître comme par un pressentiment lorsqu'il vit rouler de leur jolie bourse les belles pièces étincelantes. Il fit son compte et trouva, en y comprenant le remboursement que Mélina lui avait promis d'effectuer sur-le-champ, qu'il avait en caisse autant, sinon plus, que le jour où Philine lui avait fait demander le premier bouquet. Il considérait son talent avec une satisfaction intime, et, avec un léger orgueil, le bonheur qui l'avait guidé et accompagné. Il prit la plume avec confiance pour écrire une lettre qui tirerait sa famille de toute inquiétude et mettrait sous le meilleur jour la conduite qu'il avait menée jusqu'à ce moment. Il évita de donner des détails et enveloppa sous des expressions majestueuses et mystérieuses le récit de ce qui lui était arrivé. Le bon état de sa caisse, le gain qu'il devait à son talent, la faveur des grands, l'affection des femmes, l'extension du cercle de ses connaissances, le perfectionnement de ses facultés physiques et morales, ses espérances pour l'avenir, formaient un si étrange mirage, que la Fata Morgana elle-même n'en eût pas composé un plus merveilleux.

Dominé par cette heureuse exaltation, il poursuivit en lui-même, lorsqu'il eut fermé sa lettre, un long monologue où il récapitulait le contenu de sa missive et se traçait un avenir plein d'activité et d'honneur. L'exemple de tant de nobles guerriers l'avait enflammé, la poésie de Shakspeare lui avait ouvert un nouveau monde, et une ardeur indescriptible avait coulé en lui des lèvres de la belle comtesse. Tout cela ne pouvait pas, ne devait pas rester sans effet.

L'écuyer survint et lui demanda si les malles étaient faites. Malheureusement personne, à l'exception de Mélina, n'y avait encore pensé, et il fallait décamper promptement. Le comte avait promis de faire transporter la troupe à quelques journées de là; les chevaux étaient prêts et l'on ne pouvait s'en passer plus longtemps. Wilhelm demanda sa malle; madame Mélina se l'était appropriée à son usage; il réclama son argent, M. Mélina l'avait soigneusement emballé au fond de sa grande caisse. Philine lui dit : « J'ai encore de la place dans la mienne. » Elle y mit les habits de Wilhelm et ordonna à Mignon de porter le reste. Wilhelm, bien malgré lui, dut accepter cet arrangement.

Tandis qu'on emballait et qu'on faisait les préparatifs, Mélina dit : « Cela me déplaît de voir que nous voyageons comme des danseurs de corde et des charlatans; je désirerais que Mignon prît des habits de femme et que le harpiste se fît bien vite raser la barbe. » Mignon se serra contre Wilhelm et lui dit avec vivacité : « Je suis ton enfant, je ne veux pas être une fille! » Le vieillard se tut, et Philine fit quelques observations plaisantes sur l'originalité du comte leur protecteur : « Si le harpiste se coupe la barbe, dit-elle, il faut qu'il la couse soigneusement sur un ruban, et qu'il la garde pour se l'appliquer si par hasard il rencontre le comte quelque part dans le monde; car c'est cette barbe qui lui a conquis la faveur de ce seigneur. »

Comme on la pressait de donner des éclaircissements sur cette singulière révélation, elle l'expliqua de la façon suivante : « Le comte croit que l'illusion gagne beaucoup lorsque l'acteur continue son rôle et soutient son personnage dans la vie habituelle; c'est pour cela qu'il estimait tant le pédant, et il trouvait fort judicieux de la part du harpiste de porter sa fausse barbe non-seulement le soir en scène, mais aussi pendant le jour : l'air naturel de ce déguisement lui plaisait fort. »

Tandis que les autres plaisantaient de cette erreur du comte et de ses idées singulières, le harpiste tira Wilhelm à part, prit congé de lui et le pria, les larmes aux yeux, de le laisser partir à l'instant. Wilhelm chercha à le persuader et lui assura qu'il le défendrait contre tous, qu'on ne lui toucherait pas un poil de sa barbe et qu'on y porterait encore moins le rasoir s'il s'y opposait.

Le vieillard était fort ému; un feu étrange brillait dans ses yeux. « Ce n'est pas cela ce qui me chasse, s'écria-t-il; depuis longtemps je me reproche secrètement de rester auprès de vous. Je ne devrais m'arrêter nulle part; car le malheur me poursuit et frappe ceux qui s'associent à moi. Vous avez tout à craindre, si vous ne me laissez pas partir; mais ne m'interrogez pas, je ne m'appartiens pas, je ne puis pas rester.

— A qui appartiens-tu donc? qui peut exercer sur toi un pareil empire?

— Mon maître, abandonnez-moi à mon horrible secret et rendez-moi ma liberté. La vengeance qui me poursuit n'est pas d'un juge terrestre; j'obéis à une fatalité implacable; je ne puis pas rester, et je ne le dois pas!

— Je ne peux pas t'abandonner dans l'état où je te vois.

— Ce serait une trahison, mon bienfaiteur, que d'hésiter. Je suis en sûreté près de vous, mais vous êtes en péril. Vous ne savez pas qui vous traînez après vous ; je suis coupable, mais plus malheureux que coupable. Ma présence effraye le bonheur, et une bonne action est anéantie lorsque j'y suis mêlé. Je devrais être fugitif et errant, pour que mon mauvais génie ne puisse me rejoindre ; car il ne me suit que lentement et ne se montre qu'au moment où je repose ma tête pour m'endormir. Je ne peux mieux vous témoigner ma reconnaissance qu'en vous abandonnant.

— Homme étrange ! tu ne peux pas plus m'ôter ma confiance en toi que l'espoir de te voir heureux. Je ne veux pas pénétrer les secrets de ta superstition ; mais si tu vis dans la crainte de présages et de dénoûments extraordinaires, je te dirai, pour te consoler et pour t'encourager : associe-toi à mon bonheur, et nous verrons qui des deux est le plus fort de ton noir ou de mon blanc génie ! »

Wilhelm saisit cette occasion pour lui dire mainte chose consolante ; car depuis quelque temps déjà il avait cru reconnaître dans son compagnon un homme sur lequel le hasard ou la Providence avaient mis le poids d'un grand crime, dont il traînait le remords partout derrière lui. Peu de jours auparavant, Wilhelm avait écouté ses chants et y avait remarqué ce passage :

> Pour lui l'éclat du soleil levant colore
> De flammes le pur horizon,
> Et au-dessus de sa tête criminelle se brise
> En morceaux le bel édifice de l'univers.

Quoi que dit le vieillard, Wilhelm avait toujours à lui

opposer un argument plus fort ; il lui fit voir chaque chose du bon côté et parla avec tant de persuasion, de cœur, d'une façon si consolante, que le vieillard parut renaître et renoncer à sa boutade.

CHAPITRE II

Mélina avait l'espoir de s'établir avec sa troupe dans une ville petite, mais bien habitée. Ils eurent bientôt atteint le point où devaient les transporter les chevaux du comte, et durent chercher d'autres chevaux et d'autres voitures pour continuer leur route. Mélina s'était chargé du transport et se montrait fort parcimonieux selon son habitude. En revanche, Wilhelm sentait dans sa poche les beaux ducats de la comtesse, qu'il se croyait bien le droit de dépenser joyeusement, oubliant trop vite qu'il les avait pompeusement compris dans le bilan détaillé qu'il avait adressé aux siens.

Son ami Shakspeare, qu'il reconnaissait avec joie pour son parrain, ce qui lui rendait d'autant plus cher son nom de Wilhelm, lui avait fait connaître un prince qui vit pendant quelque temps dans une assez mauvaise société, et qui, malgré sa noble nature, s'amuse de la rudesse, de la grossièreté et de la sottise de ses matériels compagnons. Cet idéal lui souriait, car il pouvait le comparer à son état actuel et il lui devenait extrêmement facile de se faire illusion, sentiment pour lequel il éprouvait un penchant presque irrésistible.

Il commença par songer à son habillement. Il trouva qu'une veste, sur laquelle on jette en cas de besoin un manteau court, est le vêtement qui convient le mieux à un voyageur ; de longues culottes de tricot et une paire de bottines lui parurent la vraie tenue d'un piéton ; puis il s'acheta une belle écharpe de soie dont il s'entoura, sous prétexte de se tenir le corps chaud ; il délivra son col de l'esclavage de la cravate et fit adapter à sa chemise quelques bandes de mousseline assez larges et tombantes qui avaient tout à fait l'aspect des anciens collets. La belle cravate de soie, souvenir sauvé lors de sa séparation de Marianne, retombait, nouée négligemment, sous le collet de mousseline ; un chapeau rond avec un ruban bariolé et une grande plume complétait le travestissement.

Les femmes assurèrent que ce costume lui allait parfaitement. Philine s'avoua enchantée et lui demanda ses beaux cheveux, qu'il avait impitoyablement coupés pour se rapprocher de plus près de son idéal de naturel. Elle se mit ainsi dans ses bonnes grâces, et notre ami, qui par ses libéralités s'était acquis le droit d'agir avec la troupe à la façon du prince Harry, prit bientôt goût lui-même à encourager et à mettre en train mainte folie : on faisait des armes, on dansait, on inventait toutes sortes de jeux ; dans leur franche gaieté, ils buvaient en forte quantité le vin passable qu'on parvenait à se procurer, et, à travers cette existence désordonnée, Philine guettait le héros dédaigneux, sur qui son bon génie n'a qu'à veiller de près !

L'amusement favori et la principale récréation des comédiens consistaient à jouer une pièce extemporanée, où ils imitaient et contrefaisaient leurs protecteurs et bienfaiteurs de la veille. Quelques-uns avaient parfaitement observé la singularité de tenue de différents hauts personnages, et cette imitation était reçue avec enthousiasme par le reste de la troupe. Philine avait tiré des archives secrètes de son expérience quelques étranges déclarations d'amour qui lui avaient été adressées, alors les rires et les observations malicieuses n'en finissaient pas.

Wilhelm blâma leur ingratitude, mais ils répliquèrent

qu'ils avaient bien rendu ce qu'ils avaient reçu dans cette maison, et que du reste on n'avait pas agi au mieux vis-à-vis de gens de mérite tels qu'eux, ils se plaignaient du peu d'attention qu'on avait eu pour eux, du sans-façon avec lequel on les avait laissés au dernier rang. Les moqueries, les farces et les imitations recommençaient, et l'on devenait à mesure plus amer et plus injuste.

« Je désirerais, dit alors Wilhelm, que ni l'envie ni l'amour-propre ne transparaissent à travers vos paroles et que vous considériez ces personnes et leur position à leur vrai point de vue. C'est une chose toute particulière d'être placé par sa naissance en un rang élevé dans la société humaine. Celui à qui un riche patrimoine rend tout facile, celui qui, si je puis m'exprimer ainsi, se trouve dès son enfance entouré de tous les accessoires de l'existence, s'accoutume la plupart du temps à considérer ces biens comme les premiers et les plus indispensables de tous; il saisit moins clairement la valeur d'une personnalité bien douée par la nature. Les façons d'agir des grands envers les petits et envers leurs pareils sont mesurées sur les avantages extérieurs; elles permettent à chacun de faire valoir son titre, son emploi, son vêtement, ses équipages, tout, excepté ses mérites! »

La société applaudit avec transport. On trouvait affreux que l'homme de mérite soit toujours obligé de rester en arrière, et que dans le grand monde on ne trouve jamais trace de rapports naturels et sincères. Ils firent mille et mille réflexions, sur ce dernier point principalement.

« Ne les en blâmez pas, s'écria Wilhelm, plaignez-les plutôt, car bien rarement ils éprouvent la sensation nette de ce bonheur que nous considérons comme le plus élevé, et qui se puise au plus intime trésor de la nature. A nous seuls, pauvres gens qui possédons peu ou rien, il est donné de goûter, dans une large mesure, les jouissances de l'amitié. Ceux que nous aimons, nous ne pouvons ni les élever par notre grâce, ni les faire avancer par notre faveur, ni les enrichir par nos présents : nous n'avons que nous-mêmes. Ce nous-mêmes nous devons le leur livrer tout entier, et, s'il a quelque prix, nous assurons pour jamais ce bien à notre ami. Quelle jouissance, quel bonheur pour celui qui donne et celui qui reçoit ! Dans quel état divin nous met la fidélité ; elle donne à la vie passagère une assurance céleste, elle constitue le capital de notre richesse. »

Mignon s'était approchée à ces mots ; elle l'entoura de ses bras délicats et appuya sa petite tête sur le cœur de son ami. Il posa la main sur la tête de l'enfant et continua :

« Qu'il est facile à un grand de nous gagner ! Comme il s'attache facilement les cœurs ! Des façons aimables, aisées, ou même seulement humaines, font des miracles ; et combien de moyens a-t-il de retenir ceux qu'il a une fois amenés à lui ! Pour nous tout est plus rare, plus difficile ; et comme il est naturel, alors, que nous attachions un grand prix à ce que nous recevons et à ce que nous rendons ! Que d'exemples touchants de domestiques fidèles qui se sont sacrifiés pour leurs maîtres ! Comme Shakespeare a bien peint cela ! Dans ce cas, la fidélité, c'est l'effort d'une noble âme pour s'égaler à plus grand qu'elle. Par son amour et son attachement invariable, le serviteur devient semblable à son maître, qui, sans cela, est autorisé à ne le considérer que comme un esclave salarié. Oui, ces vertus ne sont que pour les petits ; ils ne peuvent s'en passer, c'est leur plus belle parure. Celui qui peut se racheter aisément est si aisément entraîné à se dispenser de la reconnaissance ! Je crois, dans ce sens, pouvoir affirmer qu'un grand peut bien avoir des amis, mais ne peut pas être ami. »

Mignon se serrait toujours contre lui.

« Voilà qui est bien, répondit quelqu'un de la troupe ; nous n'avons pas besoin de leur amitié, et nous ne l'avons jamais implorée. Seulement, ceux qui veulent protéger les arts devraient au moins s'y connaître un peu mieux. Lorsque nous avons le mieux joué, personne ne nous a écoutés ; tout n'était que pure cabale. Celui-ci plaisait qui était le favori, et celui-là n'était pas le favori, qui méritait le plus de l'être. C'était intolérable de voir comme la sottise et le mauvais goût attiraient leur attention et leurs applaudissements.

— Si je retranche, répliqua Wilhelm, ce qui peut être mis au compte de l'ironie et de la malignité, je trouve qu'il en est dans l'art comme dans la vie. Comment l'homme du monde peut-il, avec son existence dissipée, conserver la ferveur qui doit toujours animer l'artiste lorsqu'il veut produire quelque chose de complet, et qui ne doit pas être étrangère à celui qui veut prêter à l'ouvrage l'intérêt que demande et qu'espère l'artiste ?

« Croyez-moi, mes amis, il en est du talent comme de la vertu ; il faut les aimer pour eux-mêmes ou bien y renoncer tout à fait ; et pourtant tous deux ne sont reconnus et récompensés que lorsqu'on peut les pratiquer en secret, comme un dangereux mystère.

— Et, en attendant qu'un connaisseur nous découvre, on peut mourir de faim, dit une voix partant d'un coin.

— Pas si vite, répliqua Wilhelm. Je l'ai observé moi-même : tant qu'un homme vit et se remue, il trouve toujours sa subsistance, qui n'est pas, à la vérité, des plus abondantes d'abord. Et de quoi vous plaignez-vous donc? N'avons-nous pas été bien accueillis et bien hébergés à l'improviste, au moment où tout allait au plus mal pour nous? Et maintenant, que nous ne manquons encore de rien, avons-nous l'idée de faire quelque chose pour nous exercer ou pour nous perfectionner? Nous nous occupons de sujets étrangers, et, semblables aux écoliers, nous éloignons tout ce qui peut nous rappeler notre leçon.

— En effet, s'écria Philine, c'est inexcusable! Choisissons une pièce et jouons-la sur-le-champ; chacun fera de son mieux, comme s'il avait devant lui le plus auguste auditoire. »

On ne délibéra pas longtemps; on désigna la pièce : c'était un de ces drames qui obtenaient à cette époque le plus grand succès en Allemagne, et qui sont maintenant complétement ignorés. Quelques-uns sifflèrent une ouverture, où chacun se mit rapidement dans l'esprit de son rôle : on commença et on joua la pièce avec le plus grand soin, bien mieux qu'on ne s'y attendait. On s'applaudissait réciproquement; rarement on avait aussi bien travaillé.

Quand ils eurent fini, ils ressentirent une satisfaction extrême, en partie d'avoir bien employé leur temps, en partie parce que chacun avait le droit d'être content de lui. Wilhelm les complimenta longuement, et la conversation recommença, plus vive et plus gaie encore.

« Vous verriez, s'écria notre ami, comme nous irions loin si nous continuions de cette manière nos exercices, sans nous contenter exclusivement d'apprendre par cœur, de répéter et de jouer mécaniquement, par devoir et par métier. Que d'éloges méritent les musiciens, que de satisfaction ils se procurent à eux-mêmes, lorsqu'ils font leurs exercices en commun! Ils sont forcés d'accorder leurs instruments; de suivre exactement la mesure ; avec quelle délicatesse ils savent renforcer ou affaiblir le son !

Aucun ne cherche, pendant le solo d'un de ses camarades, à se faire valoir en exagérant son accompagnement. Chacun s'efforce de jouer dans l'esprit et dans l'intention du compositeur, et à interpréter pour le mieux sa partie, qu'elle soit ou non importante. Ne devrions-nous pas travailler avec la même précision et la même intelligence, nous qui pratiquons un art encore plus délicat que n'importe quelle musique, puisque nous sommes appelés à représenter avec grâce et agrément les plus communes et les plus rares expressions de l'existence humaine? Y a-t-il quelque chose de plus abominable que de bousiller dans les répétitions, et de s'abandonner à son humeur et au hasard pendant la représentation? Notre plus grand plaisir et notre plus grand bonheur devraient être de nous mettre d'accord pour nous plaire réciproquement, et n'estimer les applaudissements du public qu'autant que nous nous les serions garantis, pour ainsi dire, entre nous. Pourquoi le chef d'orchestre est-il plus sûr de son orchestre que le directeur de l'est ne son drame? Parce que là chacun aura à rougir de sa faute, qui blesse l'oreille extérieure. Mais comme rarement j'ai vu un acteur s'accuser lui-même et rougir d'une faute, pardonnable ou non, qui blesse si vivement l'oreille intérieure! Je voudrais que le théâtre fût étroit comme la corde d'un funambule, afin qu'aucun maladroit ne s'y risquât, tandis que maintenant tout le monde se sent assez d'aptitude pour venir y parader. »

La troupe prit bien cette apostrophe, chacun étant persuadé qu'il n'était pas question de lui, puisqu'il venait tout à l'heure de se montrer si bien à côté des autres. On convint que pendant ce voyage et plus tard encore, si l'on restait réunis, on maintiendrait l'usage des exercices en commun, dans l'esprit qui les avait établis. On prétendit seulement que, la chose étant purement de bonne volonté et d'initiative, le directeur ne devrait absolument pas s'en mêler. On admit comme démontré qu'entre honnêtes gens la forme républicaine est la meilleure ; on décida que l'emploi de directeur devait passer de main en main, qu'il serait élu par toute la troupe, et qu'on lui adjoindrait une sorte de petit sénat. Ils étaient si pleins de leur projet, qu'ils voulurent aussitôt le mettre à exécution.

« Je n'ai rien à objecter, dit Mélina ; s'il vous convient de faire une tentative de ce genre pendant le voyage, je suspends mon autorité directoriale jusqu'à ce que nous soyons rétablis à demeure. » Il comptait profiter de cela pour faire des économies, et rejeter mainte dépense sur la petite république ou sur le directeur intérimaire. On discuta ensuite avec ardeur sur la meilleure forme à donner au nouvel État.

« C'est un empire nomade, dit Laertes ; nous n'aurons pas du moins de difficultés pour nos frontières. »

On se mit aussitôt à l'œuvre, et Wilhelm fut élu premier directeur. On composa le sénat, les femmes y eurent place et voix ; on proposa, on rejeta, on approuva des lois. Le temps s'écoulait inaperçu au milieu de ces amusements ; et, comme on le passait agréablement, on crut avoir véritablement fait quelque chose d'utile, et, par cette nouvelle forme, ouvert de nouveaux horizons au théâtre national.

CHAPITRE III

Wilhelm, voyant la société en si bonne disposition, espéra pouvoir aussi s'entretenir avec elle du mérite poétique des pièces. « Ce n'est pas assez, leur dit-il lorsque, le lendemain, ils se retrouvèrent réunis, que l'acteur parcoure superficiellement une pièce, la juge d'après une première impression et la déclare, avant toute épreuve, de son goût ou contre son goût. Cela est permis au spectateur qui veut être ému et intéressé, mais qui ne tient pas à juger. L'acteur, au contraire, doit pouvoir rendre compte de la pièce, et donner les raisons de son blâme ou de son approbation; et comment le fera-t-il, s'il ne sait pas entrer dans l'esprit, dans les vues de son auteur? J'ai éprouvé si vivement par moi-même, ces jours derniers, quelle faute c'est de juger une pièce d'après un rôle, de ne considérer le rôle qu'en lui-même et non par rapport avec la pièce, je l'ai si vivement éprouvé, que je vais vous citer cet exemple, si vous voulez bien me prêter une oreille attentive.

« Vous connaissez l'incomparable *Hamlet* de Shakespeare, par la lecture qui vous a fait tant de plaisir au château. Nous nous étions proposé de le jouer, et je m'étais chargé, sans savoir ce que je faisais, du rôle du prince; je croyais l'étudier en apprenant par cœur les passages principaux, les monologues et les endroits où la force d'âme, l'élévation d'esprit, la passion, ont une libre carrière, où l'âme émue s'exprime dans des mots pathétiques.

« Je croyais entrer parfaitement dans l'esprit du rôle en me chargeant moi-même du poids de cette profonde mélancolie, et en cherchant, sous cette impression, à poursuivre mon modèle à travers l'étrange labyrinthe de ses boutades et de ses singularités. C'est ainsi que j'apprenais, ainsi que j'étudiais, et je m'imaginais peu à peu ne plus faire qu'un avec mon héros.

« Mais plus j'avançais, plus il me devenait difficile de me représenter l'ensemble du tout; à la fin il me sembla que cela était presque impossible. Je lus alors la pièce tout d'un trait ; là encore beaucoup de choses me parurent inadmissibles : c'étaient tantôt les caractères, tantôt le langage qui se contredisaient, et je désespérais presque de trouver le ton qui me permettrait de rendre mon rôle avec ses déviations et ses nuances. Je me fatiguai longtemps en vain dans ce labyrinthe, jusqu'au moment où je crus être enfin amené près de mon but par une voie toute différente.

« Je recherchai toutes les traces du caractère d'Hamlet pendant sa jeunesse, avant la mort de son père ; j'observai comment, indépendamment de cette triste circonstance, indépendamment des effroyables événements qu'elle amène, s'était comporté cet intéressant jeune homme, et ce qu'il serait peut-être devenu sans ce malheur.

« La royale fleur, si tendre, et de si noble race, croissait sous l'influence immédiate de la majesté ; l'idée du droit et de la dignité souveraine, le sentiment du bien et de l'équitable, la conscience de sa haute naissance, se développaient simultanément en lui. C'était un prince ; né prince, il désirait régner, seulement pour que l'homme de bien fût libre d'être bon. D'un extérieur agréable, d'une nature d'élite, d'un cœur compatissant, il devait devenir le modèle de la jeunesse et les délices du monde.

« Sans qu'il eût de passion dominante, son amour pour Ophélie était un secret pressentiment de plus doux besoins ; son goût pour les exercices chevaleresques n'était pas inné, il avait besoin d'être excité par les éloges donnés à un rival. Comme il était pur, il comprenait la loyauté, et savait apprécier le repos que goûte un cœur sincère dans le sein d'un ami. Il avait appris jusqu'à un certain point à reconnaître et à estimer le bon et le beau dans les sciences et les arts ; le mauvais goût lui répugnait, et, dans cette âme délicate, la haine ne pouvait germer; il en avait assez cependant pour mépriser les courtisans faux et changeants, et les jouer plaisamment. Il avait de l'abandon dans ses manières, de la simplicité dans sa conduite, et, sans se plaire dans l'oisiveté, il ne recherchait pas le travail. Il semblait continuer à la cour l'existence peu laborieuse de l'université. Sa gaieté venait plutôt de son humeur que de son cœur : c'était un bon camarade, facile, discret, prudent. Il savait oublier et pardonner une offense; mais il lui était impossible de s'accorder avec quiconque franchissait les bornes du juste, du bien et du convenable.

« Si nous relisons la pièce ensemble, vous pourrez juger si je suis dans la bonne voie. J'espère du moins justifier mon opinion par plusieurs passages. »

On applaudit énergiquement à cette peinture ; on crut prévoir que désormais la conduite d'Hamlet s'expliquerait parfaitement. On apprécia beaucoup cette manière d'entrer dans l'esprit de l'auteur ; chacun fit le projet d'étudier dans ce sens une pièce quelconque, et de développer la pensée de l'écrivain.

CHAPITRE IV

Quoique la troupe ne dût rester que quelques jours dans cet endroit, il s'offrit à plusieurs de ses membres quelques aventures assez agréables. Laertes surtout était en butte aux séductions d'une dame qui avait des biens dans les environs; mais il agit extrêmement froidement et même grossièrement avec elle, ce qui lui attira mille railleries de la part de Philine. Elle saisit cette occasion pour raconter à notre ami la malheureuse histoire d'amour qui avait rendu ce pauvre jeune homme si ennemi du sexe féminin. « Qui pourrait lui en vouloir, s'écriat-elle, de haïr un sexe qui l'a si maltraité, et qui lui a fait boire, comme une liqueur concentrée, tous les maux que les hommes ont à attendre des femmes? Représentez-vous que, dans l'espace de vingt-quatre heures, il a été amant, fiancé, mari, trompé, blessé et veuf. Je ne crois pas qu'on puisse être plus malheureux. »

Laertes sortit de la chambre, moitié riant, moitié fâché, et Philine se mit à raconter l'histoire avec sa grâce accoutumée : comment Laertes, jeune garçon de dix-huit ans, venant de s'engager dans une troupe de théâtre, avait rencontré une charmante fille de quatorze ans, se disposant à partir avec son père, qui venait de se fâcher avec le directeur. Il en était subitement tombé éperdûment amoureux, avait supplié le père de rester, et enfin avait promis d'épouser la fille. Après quelques douces heures de fiançailles, il s'était marié, avait passé une heureuse nuit ; mais dès le lendemain, tandis qu'il était à la répétition, sa femme, lui rendant les honneurs dus à son rang, l'ornait d'une paire de cornes ; et comme, dans sa trop vive tendresse, il était revenu beaucoup trop tôt à la maison, il trouva sa place occupée par un ancien amant. Dans son aveugle passion il avait dégainé, provoqué l'amant et le père, et s'en était tiré avec une blessure assez grave. Le père et la fille étaient partis dans la nuit, et le pauvre garçon restait là avec une double blessure. Son malheur l'avait fait tomber entre les mains du plus maladroit chirurgien du monde, il sortit de cette aventure avec les dents noires et les yeux chassieux. « C'est regrettable, car c'est du reste le plus brave garçon qu'il y ait sur la terre du bon Dieu. Mais, ce qui me chagrine, c'est que le pauvre fou hait les femmes maintenant ; car comment peut-il vivre, celui qui hait les femmes? »

Mélina les interrompit en venant leur annoncer que les transports étaient organisés, et que l'on se remettrait en route le lendemain de bonne heure. Il leur soumit les dispositions qu'il avait prises pour les voitures.

« Si un bon ami veut bien me prendre sur ses genoux, je ne me plaindrai pas que la voiture soit étroite et misérable ; au reste, tout cela m'est égal.

— Cela ne fait rien, dit Laertes qui entra dans le moment.

— C'est désagréable ! » s'écria Wilhelm en courant vers la porte. Il trouva pour son argent une voiture fort commode que Mélina avait refusée. On modifia la répartition, et l'on se réjouissait de pouvoir voyager à l'aise, lorsque la nouvelle se répandit qu'un corps franc, dont on n'augurait rien de bon, s'était montré sur la route qu'ils devaient suivre.

Dans la ville on était fort inquiet de cette nouvelle, tout incertaine et douteuse qu'elle était. D'après la position des armées, il paraissait impossible qu'un corps ennemi eût pénétré si avant, ou qu'un corps ami fût resté si en arrière. Chacun décrivait à notre troupe les dangers auxquels elle s'exposait, et lui conseillait de prendre une autre route.

La plupart étaient inquiets et effrayés, et lorsque, suivant la nouvelle forme républicaine, on convoqua tous les membres de l'État pour délibérer sur ce cas extraordinaire, l'opinion presque unanime fut qu'il fallait éviter le mal en restant dans la ville, ou s'esquiver en choisissant un autre itinéraire.

Wilhelm seul, qui ne s'était pas effrayé, traita de honteux un plan qu'on avait adopté avec tant de sérieux, tandisqu'il ne reposait que sur un simple bruit. Il leur inspira courage ; ses arguments étaient mâles et persuasifs.

« Ce n'est encore qu'un bruit, leur dit-il, et combien en court-il de pareils pendant la guerre! Les gens raisonnables disent que le fait est invraisemblable, presque impossible. Devons-nous nous déterminer, dans une affaire aussi importante, d'après des propos incertains? La route que le comte nous a tracée, et que marque notre passeport, est la plus courte, et nous y trouvons les chemins en meilleur état. Elle nous mène à la ville où vous retrouverez connaissances et amis, et où vous espérez être bien reçus. Le détour que vous proposez nous y conduit bien aussi; mais dans quels mauvais chemins il nous engage, et comme il nous écarte! Pouvons-nous espérer de nous en tirer dans cette saison déjà avancée? et que de temps et d'argent nous gaspillerons pendant ce temps! » Il dit encore bien des choses, et présenta l'affaire par tant de côtés avantageux que leurs craintes diminuèrent et leur courage reprit le dessus. Il leur vanta si bien la discipline des troupes régulières, leur montra le peu de cas qu'il fallait faire des maraudeurs et de la canaille battant la campagne, il leur représenta même le danger comme si attrayant et si gai, que les esprits se rassérénèrent.

Dès le commencement Laertes s'était mis de son côté, et jura qu'il ne voulait ni hésiter ni faiblir; le vieux Bourru exprima son assentiment à sa manière! Philine se moqua de tout le monde, et madame Mélina, qui, malgré son état de grossesse avancée, n'avait point perdu sa fermeté naturelle, trouva le projet héroïque. Mélina, qui espérait réaliser des économies en suivant la route la plus courte, ne fit aucune opposition, et l'on adopta avec enthousiasme la proposition.

On se mit alors à faire, à tout événement, ses préparatifs de défense. On acheta de grands couteaux de chasse, et on se les suspendit au côté à des baudriers brodés. Wilhelm passa de plus à sa ceinture une paire de pistolets de poche ; Laertes possédait déjà un bon fusil, et l'on se mit gaiement en route.

Le second jour, les voituriers, qui connaissaient bien le pays, proposèrent de faire la halte de midi sur un plateau boisé, parce que le prochain village était encore éloigné, et que dans les beaux jours on prenait volontiers ce chemin.

Le temps était beau, et chacun adopta la proposition. Wilhelm prit les devants, à pied, à travers la montagne, stupéfiant par son étrange accoutrement les passants qui le rencontraient. Il marchait d'un pas rapide et joyeux au milieu des bois. Laertes le suivait en sifflant ; les femmes seules se faisaient traîner dans les voitures. Mignon courait également à côté d'eux, fière de son couteau, qu'on n'avait pu lui refuser quand la troupe s'était armée. Elle avait enroulé autour de son chapeau le collier de perles, seule relique que Wilhelm eût conservée de Marianne. Frédéric le blond portait le fusil de Laertes ; le harpiste avait l'air le plus pacifique du monde. Il avait rattaché sa longue robe à sa ceinture, pour marcher plus commodément. Il s'appuyait sur un bâton noueux ; son instrument était resté à la voiture.

Lorsque, non sans peine, ils eurent atteint le sommet, ils reconnurent aussitôt la place indiquée, aux beaux hêtres qui l'entouraient et l'ombrageaient. Une grande clairière, en pente douce, invitait à s'y arrêter, une source encadrée de verdure offrait le plus agréable rafraîchissement, et de l'autre côté, à travers les ravins et les croupes boisées, on apercevait une perspective lointaine et pleine de promesses : c'étaient des villages et des moulins dans la vallée, une petite ville dans la plaine, et de nouvelles montagnes qui, surgissant plus loin encore, rendaient cette perspective plus attrayante encore, en en adoucissant le fond.

Les premiers arrivés prirent possession de l'endroit ; ils s'établirent à l'ombre, allumèrent du feu et attendirent, en chantant et en faisant ces préparatifs, le reste de la société, qui arriva successivement, et salua tout d'une voix ce lieu charmant, ce temps magnifique et cette contrée indescriptiblement belle.

CHAPITRE V

Si l'on avait souvent passé de bonnes et de joyeuses heures ensemble entre quatre murs, on fut naturellement encore plus animé dans cet endroit, où la franche étendue du ciel et la beauté du site semblaient épurer les cœurs. Tous se sentaient plus unis, tous souhaitaient de passer leur vie dans un aimable séjour. On enviait les chasseurs, les charbonniers, les bûcherons, tous ces gens que leur état fixe dans ces heureuses demeures ; on vantait par-dessus tout la séduisante existence des bandes de tsiganes. On enviait ces étranges compagnons, qui, dans leur divine oisiveté, sont appelés à contempler les charmes pittoresques de la nature ; on se félicitait de leur ressembler en quelques points.

Pendant ce temps, les femmes s'étaient mises à cuire des pommes de terre, à déballer et à préparer les vivres. Quelques marmites étaient placées autour du feu ; la société s'était campée par groupes sous les arbres et les buissons. Ses accoutrements bizarres et son armement varié lui donnaient un air étrange. Les chevaux mangeaient le foin à l'écart, et, si l'on avait pu dissimuler le voitures, l'aspect de cette petite bande eût produit une illusion toute romanesque.

Wilhelm goûtait un plaisir qu'il ne connaissait pas encore ; il pouvait se figurer une colonie errante, avec lui pour chef. Il s'entretenait dans cet esprit avec chacun, et cherchait à dépeindre l'illusion de ce moment avec tous les charmes de la poésie. Les sentiments de la société s'exaltèrent ; on mangea, on but, on poussa des cris d'allégresse, on se répéta mille fois qu'on n'avait jamais passé de pareils instants.

La joie ayant pris son essor, le besoin de l'activité s'éveilla chez les jeunes gens. Wilhelm et Laertes prirent leurs fleurets, et se mirent à faire des armes dans une intention théâtrale ; ils voulaient représenter le duel où Hamlet et son adversaire trouvent une fin si tragique. Les deux amis étaient persuadés que dans cette scène importante il ne suffisait pas de tirer maladroitement au hasard, comme cela a lieu d'habitude au théâtre ; ils voulaient faire voir comment on peut, à la représentation, donner un spectacle satisfaisant même à celui qui connaît l'escrime. On fit cercle autour d'eux ; ils luttaient avec ardeur et adresse ; l'intérêt des spectateurs croissait à chaque engagement.

Tout à coup une détonation se fit entendre dans les buissons voisins ; puis presque aussitôt une seconde, la société effrayée se dispersa. On aperçut bientôt une troupe d'hommes armés qui se dirigeaient vers l'endroit où les chevaux mangeaient leur foin, non loin des voitures et des bagages.

Un cri général sortit des poitrines des femmes ; nos héros jetèrent leurs fleurets, saisirent leurs pistolets, coururent sur les brigands, et leur demandèrent, en les menaçant, raison de leur attaque.

Comme on leur répondit laconiquement par deux coups de mousquet, Wilhelm déchargea son pistolet sur une tête crépue qui avait escaladé une voiture et coupait les courroies des bagages. L'homme avait été touché et tomba sur le coup ! Laertes aussi avait bien visé, et les deux amis, enhardis, tiraient leurs couteaux, quand une partie de la bande se jeta sur eux en jurant et en hurlant, leur tira quelques coups de fusil et les menaça, le sabre nu, de les punir de leur audace. Nos jeunes héros se conduisirent bravement ; ils appelèrent à leur secours le reste de la compagnie, l'exhortant à combattre pour la défense commune. Mais bientôt Wilhelm ne vit plus rien, et perdit le sentiment de ce qui se passait. Étourdi par un coup de feu qui l'avait frappé entre la poitrine et le bras gauche, et par un coup de sabre qui lui avait fendu son chapeau et avait pénétré presque jusqu'au crâne, il tomba, et ce ne fut que plus tard qu'il apprit l'issue malheureuse de cette attaque.

Lorsqu'il rouvrit les yeux, il se trouva dans la plus étrange situation. Le premier objet qui le frappa, à travers le brouillard qui s'étendait encore sur ses yeux, fut le visage de Philine, qui se penchait vers le sien. Il se sentait faible, et en faisant un mouvement pour se soulever, il rencontra les genoux de Philine, sur lesquels il resta appuyé. Elle était assise sur le gazon, pressant doucement la tête du jeune homme étendu devant elle, et lui faisant une couche de ses bras. Mignon, les cheveux sanglants et en désordre, était agenouillée à ses pieds et les embrassait en versant d'abondantes larmes.

Quand il vit ses habits maculés de sang, il demanda d'une voix éteinte où il se trouvait, et ce qui était arrivé à lui et aux autres. Philine le pria de rester tranquille : « Les autres, dit-elle, sont en sûreté, et personne n'est blessé que vous et Laertes. » Elle ne voulut pas lui en dire davantage, et le supplia instamment de ne pas remuer, parce que sa blessure avait été mal pansée et à la hâte. Il tendit la main à Mignon, et demanda pourquoi les cheveux de l'enfant étaient teints de sang; il la croyait également blessée.

Pour le tranquilliser, Philine lui raconta que cette brave créature, voyant son ami blessé, ne sachant que faire dans sa précipitation pour étancher le sang, avait pris ses propres cheveux qui flottaient sur son col, pour tamponner la blessure, mais elle avait bien dû renoncer à ce moyen insuffisant. On l'avait ensuite pansé avec de l'agaric et de la mousse, et Philine avait donné son fichu pour cette opération.

Wilhelm remarqua que Philine était adossée à sa malle, qui paraissait fermée et intacte. Il lui demanda si les autres avaient été aussi heureux, et s'ils avaient pu sauver leur bagage. Elle lui répondit en haussant les épaules et en jetant un regard sur la pelouse où gisaient pêle-mêle les caisses brisées, les coffres forcés, les sacs de voyage mis en pièces, et une foule de petits objets dispersés çà et là. On ne voyait plus personne, et ce groupe étrange se trouvait abandonné dans ce désert.

Wilhelm en apprenait toujours plus qu'il n'aurait voulu en savoir. Les autres hommes, qui auraient pu faire encore quelque résistance, s'étaient bientôt effrayés et avaient été vaincus ; les uns s'étaient enfuis, les autres avaient contemplé ce désastre avec épouvante. Les voituriers, qui résistaient le plus opiniâtrément à cause de leurs chevaux, furent terrassés et garrottés, et en quelques instants tout fut pillé et enlevé. Les infortunés voyageurs, n'ayant plus à craindre pour leur vie, se mirent à déplorer leurs pertes ; ils coururent en toute hâte au village voisin, emmenant avec eux Laertes blessé, et n'emportant que quelques débris de leurs affaires. Le harpiste avait appuyé contre un arbre son instrument brisé, et s'était dirigé avec eux vers le village, pour y chercher un chirurgien et procurer tous les secours possibles à son bienfaiteur laissé comme mort.

CHAPITRE VI

Nos trois malheureux compagnons restèrent encore assez longtemps dans cette étrange position ; personne ne venait les secourir. Le soir arriva ; la nuit allait tomber ; le calme de Philine commençait à se changer en inquiétude ; Mignon courait çà et là, et l'impatience de l'enfant allait toujours croissant. Leur vœu s'accomplit enfin, et des hommes s'approchèrent ; mais elles furent prises d'une nouvelle frayeur. Elles entendaient distinctement une troupe de chevaux gravissant le chemin qu'ils avaient eux-mêmes parcouru, et craignaient que ce ne fût une nouvelle compagnie de ces hôtes importuns qui venait visiter le champ de bataille, et glaner après les autres.

Mais ils furent agréablement surpris lorsqu'ils aperçurent, sortant des taillis, une jeune femme montée sur un cheval blanc, accompagnée d'un homme âgé et de quelques cavaliers ; des piqueurs, des domestiques et un détachement de hussards les suivaient.

Philine, toute saisie de cette apparition, était sur le point de les appeler et d'implorer le secours de la belle amazone, mais déjà cette dame fixait ses yeux étonnés sur ce groupe singulier ; elle amena son cheval près d'eux et s'arrêta. Elle s'informa avec vivacité de l'état du blessé, dont la position sur les genoux de la légère Samaritaine parut la surprendre au plus haut degré.

« Est-ce votre mari ? demanda-t-elle à Philine. — Ce n'est qu'un ami intime, » répondit-elle d'un ton qui déplut à Wilhelm. Son regard s'était attaché sur le visage doux, distingué, calme et compatissant de l'étrangère ; il lui semblait n'avoir jamais rien vu de plus noble et de plus aimable. Un long manteau d'homme cachait sa taille, elle l'avait sans doute emprunté à l'un de ses compagnons pour se préserver de la fraîcheur du soir.

Les cavaliers s'étaient également approchés ; quelques-uns descendirent de cheval ; la dame en fit autant, et s'enquit, avec compassion, de tous les détails du malheur survenu aux voyageurs, et surtout de la blessure du jeune homme étendu devant elle. Puis elle se détourna vivement, et se dirigea avec le vieux seigneur vers les voitures qui montaient lentement la côte et s'arrêtèrent sur le champ de bataille.

La jeune dame se tint quelques instants à la portière d'un des carrosses pour s'entretenir avec les nouveaux arrivants ; il en descendit un homme de taille ramassée, qu'elle amena auprès de notre héros. A la cassette qu'il tenait à la main et à sa poche de cuir garnie d'instruments, on reconnut aussitôt un chirurgien. Ses manières étaient plutôt rudes qu'aimables, mais sa main était légère et ses soins bienvenus.

Il sonda soigneusement la plaie, déclara qu'aucune des blessures n'était dangereuse, qu'il allait les panser sur-le-champ, et qu'on pourrait alors transporter le malade au village le plus proche.

L'inquiétude de la jeune dame semblait s'accroître.

« Voyez, disait-elle en s'agitant en tous sens et en ramenant le vieux seigneur, voyez comme on l'a traité ! Et

n'est-ce pas pour nous qu'il souffre ? » Wilhelm entendit
ces paroles sans les comprendre. Elle allait et venait avec
agitation. Il semblait qu'elle ne pouvait cesser de considérer
le blessé, et qu'en même temps elle craignit de
faillir aux convenances en restant là tandis qu'on commençait
avec bien de la peine à le déshabiller. Le chirurgien
était en train de couper la manche gauche, lorsque
le vieux seigneur s'approcha d'elle et lui représenta
d'un ton grave la nécessité de continuer leur route.
Wilhelm avait tourné les yeux vers elle, et il était tellement
captivé par son regard qu'il sentait à peine ce
qu'on lui faisait.

Philine s'était levée pour baiser la main de la noble
dame. Elles se tenaient debout à côté l'une de l'autre :
notre ami crut n'avoir jamais rencontré un pareil contraste.
Philine ne lui était pas encore apparue sous un jour si
défavorable. Elle ne devait pas, d'après son idée, s'approcher
d'une aussi noble créature, encore moins la toucher.

La dame fit différentes questions à Philine, mais tout
bas. Elle se tourna enfin vers le vieillard qui se tenait à
côté d'elle toujours grave, et lui dit : « Cher oncle, oserai-je
être généreuse à vos dépens ? » En même temps
elle retira son manteau, qu'elle voulait sûrement donner
au pauvre garçon blessé et mal couvert.

Wilhelm, que son regard sauveur avait seul captivé jusque-là,
fut tout surpris de sa noble stature, lorsqu'elle eut
enlevé le manteau. Elle s'approcha et étendit doucement
le vêtement sur lui. Au moment où il ouvrait la bouche
pour balbutier quelques mots de remerciment l'impression
produite par sa présence agit si violemment et si
étrangement sur ses sens déjà émus, qu'il crut tout à
coup voir luire des rayons autour de la tête de la noble
dame et une lumière éclatante s'étendre par degrés sur

toute sa personne. En même temps il ressentit une douleur violente, le chirurgien se mettant en mesure de retirer la balle qui était restée dans la plaie. La sainte disparut de devant les yeux de notre ami évanoui ; il perdit entièrement connaissance, et lorsqu'il revint à lui, cavaliers et voitures, la belle dame et son escorte, tout était parti.

CHAPITRE VII

Dès que notre ami fut pansé et habillé, le chirurgien se retira, au moment même où le harpiste revenait suivi d'un certain nombre de paysans. Ils eurent bien vite construit un brancard avec des branches et des rameaux entrelacés ; ils y placèrent le blessé, et lui firent descendre doucement la montagne, sous la conduite d'un garde à cheval que les voyageurs avaient laissé auprès d'eux. Le harpiste, silencieux et rêveur, portait son instrument brisé ; quelques paysans s'étaient chargés du coffre de Philine ; elle-même marchait lentement à la suite, avec son paquet ; Mignon courait tantôt en avant, tantôt sur les côtés, dans le bois et les buissons, et regardait tendrement son protecteur blessé.

Celui-ci, enroulé dans le manteau, était tranquillement étendu sur le brancard. Une chaleur électrique semblait se communiquer de la fine étoffe à son corps ; en un mot, il éprouvait une sensation d'une douceur indéfinissable. La belle dame qui lui avait donné ce vêtement avait puissamment agi sur lui. Il voyait encore le manteau tombant sur ses épaules, sa noble figure ceinte de rayons, debout devant lui, et son âme courait à travers les rochers et les bois sur les traces de la belle disparue.

La nuit tombait déjà lorsque le cortége arriva au village, à la porte de l'auberge où se trouvait le reste de la troupe, déplorant avec désespoir ses pertes irrréparables. L'unique petite salle de la maison regorgeait de monde ; les uns étaient couchés sur la paille, d'autres s'étaient emparés de bancs ; quelques-uns se pressaient derrière le poêle et, dans une chambre voisine, madame Mélina attendait avec angoisse son accouchement. La peur avait hâté le moment, et l'on n'avait guère d'assistance à attendre de l'hôtesse, femme jeune et sans expérience.

Lorsque les nouveaux arrivants demandèrent qu'on les laissât entrer, il s'éleva un murmure général. On prétendait que ce n'était que d'après les conseils de Wilhelm, sous sa propre responsabilité, qu'on avait suivi ce chemin périlleux et qu'on s'était exposé à ce malheur. On rejeta sur lui la faute de ce funeste événement ; on lui refusa l'entrée en lui criant qu'il n'avait qu'à chercher son gîte ailleurs. On traita Philine encore plus indignement. Le harpiste et Mignon eurent aussi leur part.

Le garde, à qui sa belle maîtresse avait très-expressément recommandé de prendre soin des pauvres abandonnés, ne tarda pas à s'impatienter de cette querelle ; il se fit jour à travers la troupe, en jurant et menaçant, leur ordonna de reculer et de faire place aux nouveaux venus. On commença à se radoucir. Il arrangea pour Wilhelm un lit sur une table qu'il poussa dans un coin ; Philine fit mettre son coffre à côté et s'assit dessus. Chacun se serra comme il put, et le garde sortit, pour voir s'il ne pourrait pas trouver un logement plus commode pour le jeune couple.

A peine fut-il dehors, que le mécontentement éclata plus fort qu'auparavant ; les reproches se suivaient sans interruption. Chacun racontait et exagérait ses pertes ; on maudissait la témérité qui avait causé tous ces malheurs, on ne cachait même pas la maligne joie qu'on ressentait de voir notre ami blessé; on raillait Philine, on lui faisait un crime de l'adresse qu'elle avait eue de sauver sa malle. De leurs plaisanteries et de leurs épigrammes il fallait conclure que pendant la défaite et le pillage elle s'était efforcée d'attendrir le chef de la bande, et l'avait décidé, — qui sait par quels artifices et quelles complaisances ? — à lui rendre son coffre intact. On prétendait qu'elle avait été absente du champ de bataille quelque temps. Philine ne répondait rien, elle se contentait de faire cliqueter le gros cadenas de sa malle, pour bien convaincre ses envieux qu'il y était toujours, et accroître le désespoir de la troupe par la vue de son propre bonheur.

CHAPITRE VIII

Wilhelm, quoique affaibli par la quantité de sang qu'il perdait et devenu plus calme et indulgent, grâce à l'apparition de l'ange secourable, ne put à la fin s'empêcher d'être indigné des propos grossiers et injustes que, enhardie par son silence, la société ne cessait de répéter. Enfin il se sentit assez de force pour se soulever et leur reprocher la méchanceté avec laquelle ils maltraitaient leur ami, leur guide. Il leva sa tête enveloppée de bandages, s'adossa péniblement à la muraille, et leur parla ainsi :

« Je pardonne à la douleur que chacun ressent de ses pertes de m'offenser dans un moment où vous devriez me plaindre, de me repousser et de me chasser pour la première fois que j'ai besoin de votre secours. En échange des services que je vous ai rendus, des complaisances que j'ai eues pour vous, je me suis jusqu'à présent trouvé suffisamment récompensé par votre reconnaissance et votre conduite amicale ; ne me poussez pas à bout, ne forcez pas mon cœur à revenir en arrière, et à récapituler ce que j'ai fait pour vous ; ce compte ne me ferait que de la peine. Le hasard m'a conduit vers vous, les circonstances et un penchant secret m'ont retenu auprès de vous ; j'ai pris part à vos travaux et à vos joies ; mes faibles connaissances étaient toutes à votre service. Vous m'imputez maintenant de la façon la plus amère le malheur qui nous a frappés : ne vous souvenez-vous donc pas que la première idée de prendre ce chemin vous est venue d'étrangers, a été examinée par vous tous, et approuvée par chacun de vous aussi bien que par moi ? Si notre voyage s'était accompli heureusement, chacun se féliciterait de la bonne idée qu'il a eue de conseiller cette route, de l'avoir préférée ; il se souviendrait avec joie de nos délibérations et de son vote ; maintenant vous me rendez seul responsable ; vous rejetez sur moi une faute dont je me chargerais volontiers si ma conscience n'était pas parfaitement pure, et si je ne pouvais pas en appeler à vous-mêmes. Si vous avez quelque chose à dire contre moi, faites-le régulièrement, et je saurai me défendre ; si vous n'avez rien de fondé à me reprocher, taisez-vous, et ne me tourmentez pas maintenant que j'ai tant besoin de repos. »

Pour toute réponse, les femmes se mirent à pleurer et à décrire leurs pertes en détail ; Mélina était tout hors de lui ; car il avait sans doute perdu plus que les autres et plus que nous ne pouvons penser. Il arpentait comme un furieux l'étroite salle, se frappait la tête contre la muraille, jurait et maugréait de la façon la plus inconvenante ; en ce moment l'hôtesse sortit de la petite chambre en lui annonçant que sa femme venait d'accoucher d'un enfant mort ; il se permit alors les plus violentes invectives, et tout le monde se mit avec lui à hurler, crier, grogner et tempêter.

Wilhelm, ému jusqu'au fond de l'âme et pris en même

temps de compassion pour leur situation et d'indignation pour leurs ignobles sentiments, sentit toutes les forces de son âme renaître malgré la faiblesse de son corps.

« Je suis sur le point de vous mépriser, s'écria-t-il, si dignes de pitié que vous soyez! Jamais le malheur ne nous excuse d'accabler de reproches un innocent. Si j'ai ma part dans cette funeste démarche, j'ai aussi ma part de souffrances. Je suis étendu là, blessé, et si la troupe a perdu beaucoup, c'est moi qui ai le plus perdu! Ce qui a été volé de la garde-robe, les décorations qui ont été détruites, tout cela était à moi ; car vous, monsieur Mélina, vous ne m'avez pas encore payé, et je vous tiens quitte ici de cette obligation.

— Beau cadeau que vous me faites, s'écria Mélina, de ce qu'on ne reverra jamais ! Votre argent était dans le coffre de ma femme, et c'est votre faute si vous l'avez perdu. Mais, si ce n'était que cela!... » Et il se remit à trépigner, à jurer et à crier. Chacun se rappelait les beaux vêtements tirés de la garde-robe du comte, les boucles, les montres, les tabatières, les chapeaux que Mélina avait achetés à si bon compte du valet de chambre. Chacun repassait dans sa mémoire ses trésors particuliers, si misérables qu'ils fussent ; on guignait avec dépit le coffre de Philine, et l'on donnait à entendre à Wilhelm qu'il n'avait vraiment pas mal fait de s'associer avec cette belle, et de profiter de son bonheur pour sauver ses affaires.

« Croyez-vous donc, s'écria-t-il enfin, que j'aurai quelque chose en propre, tandis que vous manquerez du nécessaire, et sera-ce la première fois que je partagerai avec vous dans un moment de gêne? Qu'on ouvre le coffre, et ce qui est à moi, je le consacre aux besoins publics!

— C'est mon coffre, dit Philine, et je ne l'ouvrirai que lorsque cela me plaira. Une couple de nippes que vous m'avez confiées ne rapporteraient pas grand'chose, fussent-elles vendues aux plus honnêtes juifs. Songez à vous, à ce que coûtera votre guérison, à ce qui peut vous survenir dans un pays étranger.

— Vous ne me retiendrez pas, Philine, répliqua Wilhelm, ce qui est à moi et ces quelques objets nous tireront du premier embarras. Mais, à défaut d'espèces sonnantes, l'homme possède encore mainte richesse pour secourir ses amis. Tout ce qui est à moi doit être consacré à ces malheureux, qui regretteront certainement leur conduite actuelle lorsqu'ils seront revenus à eux. Oui, continua-t-il, je sens que vous êtes dans le besoin, et ce que je pourrai faire pour vous, je le ferai. Rendez-moi votre confiance, calmez-vous pour le moment, acceptez ce que je vous promets. Qui veut recevoir ma parole au nom de tous ? »

A ces mots il tendit la main et s'écria : « Je promets de ne pas me séparer de vous, de ne pas vous abandonner avant que chacun voie sa perte réparée au double ou au triple, jusqu'à ce que vous ayez complétement oublié l'état où vous vous trouvez, quel qu'en soit le coupable, et que vous l'ayez échangé contre un plus heureux. »

Il tendait toujours la main, et personne ne voulait la serrer. « Je le promets de nouveau, » s'écria-t-il en retombant sur son oreiller. Personne ne bougea ; ils étaient humiliés, mais non pas consolés ; et Philine, assise sur son coffre, croquait des noix qu'elle avait retrouvées dans sa poche.

CHAPITRE IX

Le garde revint avec quelques paysans, et se prépara à emmener le blessé. Il avait décidé le pasteur de l'endroit à recevoir le jeune couple. On emporta le coffre de Philine, qui suivait d'un air simple. Mignon courait en avant. Lorsque le malade arriva au presbytère, on lui donna un large lit nuptial, depuis longtemps destiné à servir de lit d'honneur et d'hospitalité.

Alors seulement on s'aperçut que la blessure s'était rouverte et avait abondamment saigné. Il fallut établir un nouveau bandage. Le malade fut pris par la fièvre ; Philine le veilla fidèlement, et, lorsqu'elle fut vaincue par la fatigue, le harpiste la releva ; Mignon, malgré sa ferme résolution de veiller aussi, s'était endormie dans un coin.

Le lendemain, Wilhelm, qui s'était un peu remis, apprit du garde que les seigneurs qui les avaient secourus la veille avaient abandonné leurs terres depuis peu, pour fuir les mouvements des troupes et se retirer jusqu'à la paix dans une contrée plus tranquille. Il lui donna le nom du vieux seigneur et de sa nièce, désigna le lieu où ils se rendaient d'abord, et expliqua à Wilhelm comme quoi la jeune dame lui avait recommandé de prendre soin des voyageurs abandonnés.

L'entrée du chirurgien interrompit les remercîments que Wilhelm prodiguait au garde ; l'homme de l'art fit une description détaillée des blessures, assura qu'elles seraient promptement guéries si le malade se tenait tranquille et se soignait.

Lorsque le garde fut parti, Philine raconta qu'il lui avait laissé une bourse de vingt louis d'or, avait fait un cadeau au pasteur pour le prix de son loyer, et avait déposé entre ses mains les honoraires du chirurgien ; qu'elle passait pour la femme de Wilhelm, qu'elle s'établissait une fois pour toutes en cette qualité auprès de lui, et ne souffrirait pas qu'il cherchât une autre personne pour le garder.

« Philine, lui dit Wilhelm, le malheureux événement qui nous a frappés m'a rendu votre débiteur d'une grande somme de reconnaissance, et je désire ne pas voir s'accroître encore mes obligations envers vous. Je serai inquiet tant que vous serez auprès de moi ; car je ne sais avec quoi je vous récompenserai de vos peines. Donnez-moi mes affaires que vous avez sauvées dans votre coffre ; rejoignez la troupe, cherchez un autre logement, acceptez mes remerciments et ma montre d'or, faible gage de ma reconnaissance ; mais quittez-moi ! Votre présence me trouble plus que vous ne le croyez. »

Lorsqu'il eut fini de parler, elle lui rit au nez. « Tu es un fou, lui dit-elle, tu ne deviendras jamais raisonnable. Je sais mieux que toi ce qu'il te faut ; je resterai, je ne bougerai pas de place ; quant à la reconnaissance des hommes, je n'y ai jamais compté, aussi peu sur la tienne que sur celle des autres ; et, si je t'aime, que t'importe ? »

Elle resta, et elle eut bientôt conquis les bonnes grâces du pasteur et de toute sa famille, étant toujours gaie, sachant faire un cadeau, donner à chacun une parole selon son goût, et faisant à côté de cela tout ce qu'elle voulait. Wilhelm n'allait pas mal ; le chirurgien, homme ignorant mais non maladroit, laissait agir la nature, et le malade fut bientôt en voie de guérison. Il désirait ardemment se retrouver sur pied afin de pouvoir poursuivre ses plans et ses désirs.

Il se rappelait sans cesse la circonstance qui avait produit sur son âme une impression indélébile ; il voyait sortir des taillis la belle amazone à cheval ; elle s'approchait de lui, mettait pied à terre, allait et venait, et prenait soin de lui. Il voyait descendre de ses épaules le manteau qui les enveloppait, puis disparaître la splendeur de son visage et de sa personne. Ses songes de jeunesse venaient se relier à cette image ; il s'imaginait avoir vu de ses propres yeux la noble et héroïque Clorinde ; il se souvenait du fils du roi malade, et de la belle et compatissante princesse s'approchant de son lit silencieuse et modeste.

« N'est-il pas possible, se disait-il souvent à lui-même, que dans la jeunesse, de même que dans le sommeil, les nuages du temps à venir planent autour de nous, et se manifestent sous forme de pressentiments à nos yeux encore innocents ? Le germe de ce qui nous arrive n'a-t-il pas déjà été semé par la main du sort, n'existe-t-il pas un avant-goût des fruits que nous espérons recueillir plus tard ? »

Son état lui donnait le loisir de se retracer mille fois cette scène. Mille fois il se rappela le son de cette douce voix ; et comme il enviait Philine qui avait baisé cette main secourable ! Souvent toute cette histoire lui semblait n'avoir été qu'un rêve ; il l'aurait considérée comme un conte, si le manteau n'avait pas été là pour lui affirmer la réalité de l'apparition.

Aux soins extrêmes qu'il prenait de ce vêtement se joignait le plus vif désir de s'en couvrir. Dès qu'il se leva il le jeta sur ses épaules, et craignit toute la journée de le voir endommagé par une tache ou de quelque autre façon.

CHAPITRE X

Laertes vint voir son ami. Il n'avait pas été présent à la violente scène de l'auberge, car il était couché dans une chambre de l'étage supérieur. Il était entièrement consolé de ses pertes, grâce à son refrain accoutumé : « Qu'importe ! » Il racontait différents traits ridicules de la troupe, il en voulait surtout à madame Mélina : elle ne pleurait la perte de sa fille uniquement que parce qu'elle n'avait pu jouir de la satisfaction germanique de faire baptiser une Mathilde. Quant à son mari, on découvrait maintenant qu'il avait eu beaucoup d'argent, et qu'il n'aurait nullement eu besoin des avances qu'il avait tirées de Wilhelm. Mélina voulait partir par la prochaine diligence, et demander à Wilhelm une lettre de recommandation pour le directeur Serlo son ami, dans la troupe duquel il espérait s'engager, son entreprise particulière ayant échoué.

Depuis quelques jours Mignon était silencieuse; et, comme on la pressait, elle avoua qu'elle avait le bras droit foulé. « C'est ta témérité qui t'a valu cela, » lui dit Philine; et elle raconta comment l'enfant avait tiré son couteau de chasse pendant le combat et, voyant son ami en danger, avait frappé hardiment sur les brigands; qu'enfin on l'avait saisie par le bras et rejetée de côté. On la gronda de ne pas avoir avoué plus tôt son mal; mais on vit bien qu'elle avait peur du chirurgien, qui jusque-là l'avait toujours prise pour un garçon. On s'occupa de la guérir, et elle dut porter le bras en écharpe. Elle en fut d'autant plus affectée, qu'elle fut forcée de laisser à son amie Philine la meilleure partie des soins et de la garde de Wilhelm, et l'aimable pécheresse ne s'en montrait que plus active et plus attentionnée.

Un matin, Wilhelm en s'éveillant se trouva singulièrement rapproché d'elle. Dans l'agitation de son sommeil il avait glissé tout à fait dans le fond de sa large couche. Philine était étendue en travers sur le devant; elle paraissait s'être assise sur le lit et s'être endormie en lisant; son livre était tombé de sa main; elle était rejetée en arrière, sa tête tout proche de la poitrine de Wilhelm, sur laquelle s'était répandue à flots sa blonde chevelure dénouée. Le désordre du sommeil relevait ses charmes plus que l'art et l'apprêt. Un calme enfantin et souriant voltigeait sur son visage. Il la contempla quelque temps, et semblait se reprocher le plaisir qu'il mettait à la regarder ; et nous ne savons s'il bénit ou s'il maudit son état, qui lui faisait un devoir du calme et de la modération. Il l'avait considérée assez longtemps avec attention, lorsqu'elle commença à s'éveiller. Il ferma doucement les yeux, mais il ne put s'empêcher de les entr'ouvrir et de la regarder encore, lorsqu'elle se rajusta et sortit pour demander le déjeuner.

Tous les comédiens s'étaient successivement présentés chez Wilhelm, lui avaient demandé plus ou moins grossièrement des lettres de recommandation et de l'argent, qu'ils avaient obtenu, au grand regret de Philine. En vain elle représentait à son ami que le garde avait également laissé une somme considérable à ces gens, et qu'on ne faisait maintenant que se moquer de lui. Ils eurent tous deux sur ce sujet une discussion fort vive, et Wilhelm déclara une fois pour toutes qu'il fallait qu'elle se joignît au reste de la troupe et allât chercher fortune auprès de Serlo.

Par instants elle perdait patience ; puis, bientôt calmée, elle s'écria: « Si je retrouvais seulement mon blondin, je ne m'inquiéterais certainement plus de vous ! » Elle voulait parler de Frédéric, qui avait disparu du champ de bataille, et qu'on n'avait pas revu depuis.

Le lendemain Mignon vint auprès du lit du malade, et lui annonça que Philine était partie dans la nuit; elle avait laissé et mis en ordre, dans la chambre voisine, tout ce qui appartenait à Wilhelm. Il s'aperçut bientôt de son absence. Il perdait en elle une gardienne fidèle, une joyeuse compagne ; il n'était plus habitué à être seul. Mais Mignon combla bientôt ce vide.

Depuis que la légère jeune femme entourait le blessé de ses soins amicaux, la petite s'était retirée peu à peu et était restée silencieuse ; mais, maintenant que le champ était redevenu libre, elle reparut avec sa vigilance et son amour ; elle était empressée pour le servir, gaie pour l'amuser.

CHAPITRE XI

La guérison marchait à grands pas. Il espérait pouvoir dans quelques jours reprendre son voyage. Il ne voulait plus continuer, sans plan, pour ainsi dire, une vie indolente ; une marche raisonnée devait désormais marquer sa route. Il voulait d'abord retrouver ses nobles bienfaiteurs pour leur exprimer sa reconnaissance, puis rejoindre son ami le directeur afin de soigner au mieux les intérêts de la troupe infortunée, et en même temps aller visiter les correspondants auxquels il était adressé et régler les affaires dont il était chargé. Il espérait que le bonheur l'accompagnerait dans l'avenir comme il l'avait fait jusqu'à présent, et lui fournirait l'occasion de réparer ses pertes au moyen d'une bonne spéculation, et de combler les vides de sa caisse.

Le désir de revoir sa libératrice croissait de jour en jour. Pour régler son itinéraire il se consulta avec le pasteur, qui avait des connaissances géographiques et statistiques assez étendues, et possédait une bonne collection de livres et de cartes. On chercha l'endroit que la noble famille avait choisi pour séjourner pendant la guerre ; on chercha des détails sur elle-même ; mais l'endroit ne se trouvait dans aucune géographie, sur aucune carte ; et les manuels généalogiques ne disaient rien d'une famille de ce nom.

Wilhelm devint fort inquiet; et, comme son chagrin devenait visible, le harpiste lui avoua qu'il avait des raisons de croire que le garde, pour une cause ou pour une autre, lui avait tu le vrai nom de ses maîtres.

Wilhelm, qui se croyait dans le voisinage de la dame, espéra recueillir quelques nouvelles en envoyant le harpiste à la découverte; mais son espérance fut encore déçue. Malgré les recherches du vieillard, on ne put trouver aucune trace. A cette époque, de nombreux mouvements, des marches imprévues, avaient eu lieu dans la contrée; personne n'avait spécialement remarqué les voyageurs; de sorte que le messager, pour ne pas être pris pour un espion juif, avait dû revenir et reparaître devant son maître et ami sans lui rapporter le rameau d'olivier. Il rendit exactement compte de la manière dont il avait tâché de remplir sa mission, et s'efforça d'écarter tout soupçon de négligence. Il cherchait par tous les moyens possibles à calmer le chagrin de Wilhelm, rassemblait tout ce qu'il avait appris du garde, et formait mille conjectures, parmi lesquelles il se présenta enfin une circonstance qui permit à Wilhelm d'expliquer les quelques mots énigmatiques prononcés par la belle disparue.

Les brigands avaient probablement guetté, non pas la troupe de comédiens, mais cette société noble, où ils comptaient avec raison trouver beaucoup d'argent et d'objets précieux, et dont ils devaient parfaitement connaître la marche. On ne savait s'il fallait attribuer cette attaque à un corps franc ou bien à des maraudeurs ou à des brigands. Dans le fait, heureusement pour la noble et riche caravane, les petits et les pauvres étaient venus les premiers et avaient subi le sort destiné à ceux-là. C'est à cela que se rapportaient les paroles de la dame, que Wilhelm se rappelait parfaitement. S'il était satisfait et heureux qu'un génie prévoyant l'eût désigné comme victime destinée à sauver cette mortelle si parfaite, il était d'un autre côté presque au désespoir de sentir s'échapper, du moins pour le moment, l'espoir de la retrouver et de la revoir.

Ce qui augmentait en lui cette singulière agitation, c'était la similitude qu'il croyait avoir découverte entre la comtesse et la belle inconnue. Elles se ressemblaient comme pourraient se ressembler deux sœurs dont aucune des deux ne saurait être appelée l'aînée ou la cadette, car elles paraissaient deux jumelles.

Le souvenir de l'aimable comtesse lui était infiniment doux. Son image ne lui revenait que trop à la mémoire ; mais en même temps la figure de la noble amazone venait s'interposer. Ces apparitions se confondaient, sans qu'il fût en état de fixer l'une ou l'autre.

Aussi combien la ressemblance de leur écriture dut le surprendre, car il conservait dans son pupitre un lied écrit de la main de la comtesse, et il avait trouvé dans le manteau un billet où l'on s'informait avec une tendre sollicitude de la santé d'un oncle !

Wilhelm était persuadé que c'était sa libératrice qui avait écrit ce billet, que, pendant le voyage, elle l'avait envoyé dans une auberge d'une chambre à l'autre, et que l'oncle l'avait serré dans sa poche. Il comparait les deux écritures, et, si les délicats caractères tracés par la comtesse lui avaient tant plu jusqu'alors, il trouvait une harmonie inexprimable et coulante dans le tracé analogue, mais plus franc, de l'inconnue. Il n'y avait rien dans ce billet, et déjà l'écriture semblait l'exalter autant que la présence de la belle.

Il tomba dans une langueur rêveuse ; et comme il s'harmonisait avec ses sensations, le lied que chantaient en ce moment Mignon et le harpiste avec une tendre expression, comme un duo vague :

> Seul, celui qui connaît la langueur
> Sait ce que je souffre !
> Isolée et privée de toute joie,
> Je regarde au firmament
> De ce côté là-bas.
>
> Ah! celui qui m'aime et me connaît
> Est dans l'éloignement.
> La tête me tourne, cela me brûle
> Dans les entrailles.
> Seul, celui qui connaît la langueur
> Sait ce que je souffre [1] !

CHAPITRE XII

Les douces séductions du cher ange gardien, au lieu de diriger notre ami vers une voie quelconque, ne faisaient qu'alimenter et accroître l'inquiétude qu'il avait éprouvée jusque-là. Une flamme secrète se glissait dans ses veines ; des objets tantôt nets, tantôt vagues se succédaient dans son âme, et y éveillaient un désir infini. Il désirait tantôt un coursier, tantôt des ailes, et, tandis qu'il lui paraissait impossible de rester en place, il en était encore à se demander de quel côté il voulait aller.

Le fil de sa destinée s'était singulièrement emmêlé ; il souhaitait d'en voir délier ou couper les nœuds étranges. Souvent, lorsqu'il entendait le trot d'un cheval ou le roulement d'une voiture, il se dirigeait rapidement vers la fenêtre, dans l'espoir que ce serait quelqu'un qui vînt le chercher, et, ne fût-ce que par hasard, lui apportât des nouvelles, la certitude ou la joie. Il se racontait des histoires à lui-même : son ami pouvait venir le surprendre

[1] Beethoven a composé sur ce *Lied* quatre airs différents réunis sous ce titre : *Sehnsucht* (langueur) sans numéro d'œuvre. (P. 147 du catalogue de Breitkopf et Hærtel.)

dans cette contrée; Marianne peut-être pouvait lui apparaître. Le son du cor de chaque postillon le mettait en mouvement. Mélina lui donnait de ses nouvelles; bien plus, le garde revenait, et l'invitait à se rendre auprès de la beauté adorée.

Malheureusement rien de tout cela n'arrivait; au bout du compte il se retrouvait seul, et, tandis qu'il songeait au passé, une circonstance lui était toujours plus pénible et plus insupportable, à mesure qu'il l'examinait et l'approfondissait davantage : c'était son malheureux emploi de chef de troupe, auquel il ne pouvait penser sans amertume. En effet, quoiqu'il se fût parfaitement justifié devant la compagnie le soir de cette triste journée, il ne pouvait cependant pas se dissimuler sa faute à lui-même ; et, dans ses moments d'hypocondrie, il s'attribuait tout l'accident à lui seul.

L'amour-propre donne à nos qualités, comme à nos défauts, une importance qu'ils n'ont pas ; il avait captivé leur confiance, dirigé leur opinion, et il avait marché en avant, conduit par l'inexpérience et la témérité ; il avait rencontré un obstacle qu'il ne pouvait pas vaincre. Le remords, tantôt éclatant, tantôt sourd, le poursuivait, et lorsque, après ce sensible dommage, il avait promis à la troupe égarée par lui de ne pas l'abandonner jusqu'à ce qu'elle eût réparé ses pertes avec usure, il avait à se reprocher un nouvel acte de témérité, qui reportait sur ses épaules le mal réparti sur toute la troupe. Tantôt il se reprochait d'avoir fait une telle promesse dans l'exaltation et la pression du moment; tantôt il sentait que cette main bienveillante qu'il avait tendue et que personne n'avait daigné accepter n'était qu'une légère formalité à côté du vœu que son cœur avait formé. Il réfléchit aux moyens de leur être utile, et trouva qu'il avait toute raison de hâter sa visite à Serlo. Il fit ses paquets, et partit sans attendre sa guérison complète, sans écouter les conseils du pasteur et du chirurgien, suivi de ses étranges compagnons, Mignon et le vieux harpiste, fuyant l'oisiveté où son sort ne l'avait retenu que trop longtemps.

CHAPITRE XIII

Serlo le reçut à bras ouverts, et lui cria en allant au-devant de lui : « Est-ce bien vous? Vous reconnais-je? Vous n'êtes que peu ou pas changé! Votre amour pour l'art pur est-il toujours aussi fort et aussi violent? Je suis si heureux de votre arrivée, que j'oublie la défiance que m'avaient inspirée vos dernières lettres. »

Wilhelm surpris lui demanda de s'expliquer plus clairement.

« Vous n'avez pas agi avec moi en vieil ami, répondit Serlo ; vous m'avez traité comme un grand seigneur, à qui on peut recommander en toute sûreté des gens sans valeur. Notre sort dépend du jugement du public, et je crains que votre M. Mélina et les siens n'aient de la peine à se faire favorablement recevoir ici. »

Wilhelm voulut dire quelque chose en leur faveur; mais Serlo se mit à faire de ce monde une description si impitoyable, que notre ami se trouva fort heureux lorsqu'une dame, entrant dans la chambre, vint interrompre l'entretien; elle lui fut présentée par son ami comme sa sœur Aurélie. Elle lui fit l'accueil le plus amical, et sa conversation était si agréable, qu'il ne remarqua pas une teinte prononcée de mélancolie qui donnait un attrait tout particulier à sa spirituelle figure.

Pour la première fois depuis longtemps Wilhelm se retrouvait dans son élément. Il avait rencontré jusque-là des auditeurs qui ne l'écoutaient que parce que les convenances les y forçaient, tandis que maintenant il avait le bonheur de parler à des artistes et à des connaisseurs, qui non-seulement le comprenaient, mais qui faisaient à ses paroles des réponses instructives. Avec quelle rapidité on parcourut les pièces nouvelles! Avec quelle sûreté on les jugea! Comme on sut apprécier et peser le jugement du public! Avec quelle promptitude on s'éclairait l'un l'autre.

La préférence de Wilhelm pour Shakspeare amena nécessairement la conversation sur cet écrivain. Il manifestait vivement l'espérance que ces admirables pièces feraient époque en Allemagne, et il ne tarda pas à amener son Hamlet, qui l'avait tant préoccupé!

Serlo lui assura qu'il aurait donné cette pièce depuis longtemps, si cela eût été possible, et qu'il se serait chargé volontiers du rôle de Polonius : « Et, ajouta-t-il en riant, nous trouverions même des Ophélies, si nous avions le prince. »

Wilhelm ne remarqua pas qu'Aurélie ne paraissait pas goûter cette plaisanterie de son frère; il exposa avec science et détail dans quel sens il voudrait voir jouer *Hamlet*. Il leur présenta tout au long les résultats dont nous l'avons vu occupé plus haut, et se donna toutes les peines du monde pour faire admettre son opinion, malgré le doute que Serlo opposait à ses hypothèses. « Soit, dit enfin celui-ci, nous vous accordons tout cela; mais qu'est-ce que vous voulez prouver par là?

— Beaucoup, tout, répliqua Wilhelm. Imaginez un prince tel que je l'ai dépeint, dont le père meurt subitement. La soif des honneurs et du pouvoir ne sont pas les passions qui l'animent; il lui suffisait d'être fils de roi; mais maintenant le voilà forcé de prendre plus d'attention à la distance qui sépare le roi de ses sujets. Le droit à la couronne n'était pas héréditaire; mais l'existence plus prolongée du père n'eût fait que renforcer les droits de son fils unique et assurer son espoir de succéder au trône. Au contraire de cela, il se voit exclu, peut-être pour toujours et malgré de feintes promesses, par son oncle ; il se sent dépourvu de richesses, de crédit et devenu étranger à ce que, dès sa jeunesse, il était accoutumé à considérer comme sa propriété. Son esprit prend alors une direction mélancolique. Il sait qu'il n'est pas plus, qu'il n'est pas même autant qu'un simple gentilhomme; il se fait le serviteur de chacun ; il n'est pas poli, il n'est pas affable, non, il est dégradé et indigent.

« Il ne regarde plus son état passé que comme un rêve évanoui. C'est en vain que son oncle cherche à relever son courage, à lui faire envisager sa situation d'un autre point de vue; le sentiment de sa nullité ne peut plus l'abandonner.

« Le second coup qui l'a frappé l'a blessé encore plus profondément, l'a humilié davantage encore : c'est le mariage de sa mère. Fils fidèle et tendre, son père mort, il lui restait une mère : il espérait honorer l'héroïque figure du défunt dans la compagnie de sa noble mère abandonnée ; mais il perd aussi sa mère d'une façon plus cruelle que si c'était la mort qui la lui eût enlevée. Le portrait consolant qu'un fils bien né aime tant à se faire de ses parents s'évanouit; il n'a plus de protection auprès du mort, plus d'attachement auprès de la vivante : elle est femme, et elle est aussi soumise à la loi générique de son sexe, à la fragilité.

« C'est alors qu'il se sent rabaissé, alors qu'il se sent orphelin, et aucun bonheur au monde ne remplacera ce qu'il a perdu. N'étant ni triste ni rêveur de sa nature, la tristesse et la rêverie seront un lourd fardeau pour lui.

C'est dans cet état que nous le voyons paraître. Je ne crois pas ajouter rien à la pièce ni en changer les traits. »

Serlo regarda sa sœur et lui dit : « T'ai-je fait un portrait inexact de notre ami? Il commence bien, et va nous raconter et nous faire accroire encore bien des choses. »

Wilhelm jura ses grands dieux qu'il ne voulait pas en faire accroire, mais démontrer, et demanda un instant encore de patience.

« Imaginez-vous aussi vivement que possible, s'écria-t-il, ce jeune homme, ce fils de roi ; représentez-vous sa position et observez-le, lorsqu'il apprend que l'ombre de son père est apparue : accompagnez-le dans cette nuit terrible, lorsque le vénérable fantôme s'avance au-devant de lui. Un effroi énorme le saisit ; il adresse la parole à l'ombre, la regarde marcher, la suit et l'écoute. La terrible accusation portée contre son oncle résonne à ses oreilles, avec l'appel à la vengeance et cette instante prière : « Souviens-toi de moi ! »

« Et lorsque le spectre est disparu, que voyons-nous devant nous? Un jeune héros, qui a soif de vengeance? un prince légitime, qui se sent heureux d'être poussé à renverser l'usurpateur de sa couronne? Non ! la stupéfaction et la mélancolie enveloppent le malheureux abandonné ; il devient amer en face des criminels qui sourient ; il jure de ne pas oublier le mort, et termine par cette plainte significative : « Le temps a rompu sa chaîne ; « malheur à moi, qui suis né pour la rétablir ! »

« C'est dans ces mots qu'à mon sentiment se trouve la clef de toute la conduite d'Hamlet, et il est clair pour moi que Shakspeare a voulu peindre ceci : un grand acte imposé à une âme qui n'est pas assez forte pour accomplir cet acte. C'est dans cet esprit que la pièce me paraît conduite d'un bout à l'autre. Un chêne a été planté dans un vase précieux qui n'aurait dû renfermer dans son sein que des fleurs délicates ; les racines se développent et le vase est brisé.

« Un être beau, pur, noble, profondément moral, mais dénué de la force matérielle qui fait les héros, succombe sous le fardeau qu'il ne peut ni supporter ni rejeter ; tous les devoirs sont sacrés pour lui, mais celui-ci est trop lourd. On lui demande l'impossible, non pas l'impossible en soi, mais ce qui est impossible à lui. Comme il s'agite, se tourne, se tourmente, avance, recule, sans cesse ramené, se ramenant sans cesse lui-même à son but et finissant presque par le perdre de vue, sans pouvoir jamais retrouver le calme ! »

CHAPITRE XIV

Différentes personnes entrèrent et interrompirent la conversation. C'étaient des amateurs qui se réunissaient une fois la semaine chez Serlo pour faire un petit concert. Il aimait beaucoup la musique, et prétendait que sans ce goût un comédien ne parvient jamais à comprendre et à sentir clairement son art. De même que l'action est plus facile et mieux séante lorsque les gestes sont accompagnés et soutenus par une mélodie, le comédien doit composer son rôle même lorsqu'il est écrit en prose, de manière à ne pas le débiter d'une façon monotone et suivant ses habitudes individuelles, mais à le traiter avec les modulations convenables, et suivant le rhythme et la mesure.

Aurélie paraissait prendre peu de part à tout ce qui se passait ; à la fin elle emmena notre ami dans un cabinet voisin, et, se mettant à la fenêtre en considérant le ciel étoilé, elle lui dit : « Vous n'êtes pas encore quitte vis-à-vis de nous à l'endroit d'*Hamlet ;* je ne veux pas être importune, et je désire que mon frère entende aussi ce qu'il vous reste à dire ; mais dites-moi cependant ce que vous pensez d'Ophélie.

— Il n'y a pas grand'chose à en dire, répliqua Wilhelm, car le maître a dessiné son caractère en quelques grands traits. Tout son être se meut dans une sensibilité douce et pure. Son amour pour le prince à la main duquel elle est en droit d'aspirer coule de source ; son excellent cœur s'abandonne si entièrement à sa passion, que le père et le frère s'en effrayent tous deux, et tous deux l'en avertissent d'une façon indiscrète. La bienséance, comme la gaze légère de son sein, ne peut cacher l'agitation de son cœur, elle trahit plutôt cette timide agitation ; son imagination est enflammée, sa timide modestie respire un amoureux désir, et si l'occasion, déesse facile, secouait l'arbrisseau, le fruit tomberait assurément....

— Et, dit Aurélie, lorsqu'elle se voit abandonnée, repoussée, méprisée, lorsque, dans l'âme de son amant insensé, la sublimité se transforme en un infime abaissement, lorsqu'au lieu de la douce coupe de l'amour il lui tend le calice amer de la souffrance.

— Son cœur se brise, s'écria Wilhelm, toutes les articulations de son être se disjoignent ; la mort de son père survient, et le bel édifice s'écroule tout d'une pièce ! »

Wilhelm n'avait pas remarqué avec quelle expression Aurélie avait écouté ces dernières paroles. Uniquement occupé du chef-d'œuvre, de son harmonie et de sa perfection, il ne se doutait pas que son amie éprouvait une tout autre impression, et que ces images dramatiques réveillaient chez elle une douleur profonde.

Aurélie était restée la tête appuyée sur les bras, et ses yeux, qui se remplissaient de larmes, se levaient vers le ciel. Elle ne put contenir plus longtemps sa douleur secrète, elle saisit les mains de notre ami, et s'écria, tandis qu'il se tenait étonné devant elle : « Pardonnez, pardonnez à un cœur plein d'angoisses ! La société me gêne et m'oppresse ; il me faut me cacher de mon impitoyable frère; voilà que votre présence a rompu tous mes liens. Mon ami, poursuivit-elle, je ne vous connais que depuis un instant, et déjà vous allez être mon confident. » Elle pouvait à peine prononcer ces mots et se laissa tomber sur son épaule. « Ne pensez pas de mal de moi, continua-t-elle en sanglotant, si je m'ouvre si vite à vous, si vous me voyez si faible. Soyez, restez mon ami, je le mérite. » Il l'exhortait de la façon la plus tendre ; vainement ! ses pleurs coulaient toujours et étouffaient ses paroles.

Dans ce moment Serlo entra fort mal à propos, et Philine fort à l'improviste : il la tenait par la main. « Voilà votre ami, lui dit-il, il sera heureux de vous dire bonjour.

— Comment ! s'écria Wilhelm, c'est ici que je vous retrouve ? » Elle s'avança au-devant de lui d'un air discret et posé, lui souhaita la bienvenue, vanta la bonté de Serlo, qui, non pour son mérite, mais dans l'espoir qu'elle se formerait, l'avait admise dans son excellente troupe. Elle se montra amicale avec Wilhelm, tout en conservant une distance respectueuse.

Cette feinte ne dura que tant que les deux autres personnes restèrent là. Car, lorsque Aurélie se fut retirée pour cacher sa douleur et qu'on eut rappelé Serlo, Philine regarda avec précaution aux portes pour voir s'ils étaient bien partis, puis elle bondit comme une folle à travers la chambre, s'assit par terre et faillit étouffer de rire. Elle se releva ensuite, courut caresser notre ami, se félicita des mesures qu'elle avait prises, de la bonne idée qu'elle avait eue d'aller en avant pour reconnaître le terrain et faire son nid.

« On vit ici d'une façon bigarrée, dit-elle, c'est ce qui me va. Aurélie a eu une malheureuse intrigue avec un seigneur qui doit être un bien bel homme, et que je voudrais bien voir une fois. Il lui a laissé un souvenir, ou je me trompe fort, car je vois courir un petit garçon, d'environ trois ans, beau comme le soleil ; le papa doit être ravissant. Je ne peux pas souffrir les enfants, mais celui-ci me plaît infiniment. J'ai fait mon calcul : la mort du mari, la nouvelle relation, l'âge de l'enfant, tout cela s'accorde. Aujourd'hui, l'ami a passé son chemin. Depuis un an il ne la voit plus. Elle en est inconsolable. La folle ! — Le frère a dans la troupe une danseuse qu'il courtise, une petite actrice avec laquelle il est intime, dans la ville quelques dames à qui il fait la cour, et me voici aussi sur la liste ; le fou ! — Demain je te parlerai du reste de la société. Et maintenant, encore un tout petit mot de Philine, que tu connais : l'archifolle est amoureuse de toi. » Elle jura que c'était vrai, puis assura que ce n'était qu'une pure plaisanterie. Elle pria instamment Wilhelm de devenir amoureux d'Aurélie, ce qui rendrait la partie complète. « Elle court après son infidèle, toi après elle, moi après toi, et le frère après moi. Si cela ne nous donne pas de la distraction pour six mois, je veux mourir au premier épisode qui viendra se jeter dans la quadruple intrigue de ce roman. » Elle le pria de ne lui pas gâter ses affaires, et de lui témoigner autant de respect qu'elle voulait en mériter par sa conduite vis-à-vis du monde.

CHAPITRE XV

Le lendemain matin, Wilhelm pensa à aller rendre visite à madame Mélina ; il ne la trouva pas chez elle ; il demanda où étaient les autres membres de la troupe ambulante, et apprit que Philine les avait invités à déjeuner. Il y courut par curiosité, et les trouva fort dispos et entièrement consolés. La prudente créature les avait réunis, leur avait offert le chocolat, et leur avait donné à entendre que tout espoir n'était pas encore perdu. Elle comptait, grâce à son influence, persuader au directeur combien il serait avantageux pour lui d'admettre dans sa troupe d'aussi habiles gens.

Ils l'écoutaient attentivement, avalaient tasse sur tasse, trouvaient Philine charmante, et promettaient de ne dire que du bien d'elle.

« Croyez-vous donc, dit Wilhelm, lorsqu'il se trouva seul avec Philine, que Serlo se décidera à garder nos compagnons? — Nullement, répliqua Philine, et je n'y tiendrais certes pas; je voudrais les voir bien loin; je ne désire garder que Laertes : nous mettrons peu à peu les autres de côté. »

Là-dessus elle fit comprendre à notre ami qu'elle était certaine qu'il ne laisserait plus longtemps ignorer son talent, et qu'il entrerait au théâtre sous un directeur tel que Serlo. Elle ne pouvait assez vanter l'ordre, le goût, l'esprit qui y régnaient; elle sut si bien circonvenir notre ami, si bien flatter son talent, que son cœur et son imagination penchèrent vers ce projet autant que son jugement et sa raison s'en éloignaient. Il dissimula son penchant à lui-même et à Philine, et passa une journée d'inquiétude; il ne pouvait se décider à visiter ses correspondants, et à aller chercher les lettres qui pouvaient se trouver en cette ville à son adresse; car, bien qu'il pût se représenter l'inquiétude des siens, il redoutait d'apprendre en détail leurs soucis et leurs projets, d'autant plus qu'il se promettait pour le soir même une grande et pure jouissance, l'audition d'une pièce nouvelle.

Serlo, lui, s'était refusé à l'admettre à la répétition. « Il faut d'abord, disait-il, que vous nous connaissiez sous notre meilleur côté, avant que nous vous permettions de regarder dans nos cartes. »

Ce fut avec une extrême satisfaction que notre ami assista à la représentation : c'était la première fois qu'il voyait un théâtre aussi parfaitement ordonné. Les acteurs étaient pleins de talent et d'heureuses dispositions ; ils avaient une intelligence nette et claire de leur art, et cependant ils n'étaient pas tous de même force ; mais ils se portaient et se soutenaient mutuellement, s'excitaient entre eux et jouaient avec beaucoup de sûreté et de convenance. On sentait tout de suite que Serlo était l'âme de tout cela, et il se distinguait lui-même tout à son avantage. Une verve comique, une vivacité modérée, un sentiment mesuré des convenances, joints à une grande facilité d'imitation, se faisaient admirer en lui dès qu'il entrait en scène, dès qu'il ouvrait la bouche. Son aisance personnelle paraissait se communiquer à tous ses auditeurs, et l'esprit avec lequel il rendait les traits les plus délicats de son rôle de la façon la plus simple et la plus intelligible excitait d'autant plus la satisfaction, qu'il savait dissimuler l'art qu'il s'était approprié par une étude incessante.

Sa sœur Aurélie ne restait pas au-dessous de lui ; elle obtenait même encore plus de succès, parce qu'elle émouvait les sentiments des hommes qu'il savait si bien échauffer et réjouir.

Au bout de quelques jours passés de la façon la plus agréable, Aurélie fit venir notre ami. Il courut chez elle et la trouva étendue sur un canapé ; elle paraissait avoir mal à la tête, et une agitation fébrile agitait visiblement tout son être. Son regard s'éclaircit lorsqu'elle vit entrer

Wilhelm. « Excusez-moi, s'écria-t-elle aussitôt, la confiance que vous m'avez inspirée m'a affaiblie. Jusqu'à présent je m'entretenais en silence avec ma douleur; elle me donnait de la force et du calme. Maintenant vous avez rompu, je ne sais comment cela s'est fait, les liens de ma taciturnité, et vous allez être forcé de prendre part, malgré vous, au combat que je me livre à moi-même. »

Wilhelm lui répondit d'une façon amicale et affable. Il lui assura que son image et sa douleur n'avaient cessé de flotter devant son esprit, qu'il implorait sa confiance, qu'il se dévouait à son amitié.

Tandis qu'il parlait, son regard fut attiré par l'enfant qui était assis par terre devant lui et bousculait des jouets de toutes sortes. Il pouvait avoir, comme l'avait dit Philine, environ trois ans; et Wilhelm comprit alors pourquoi la légère jeune femme, qui employait rarement des expressions élevées, avait comparé cet enfant au soleil. En effet, autour de ses grands yeux et de son visage arrondi se tordaient des boucles de cheveux dorés; sur son front éblouissamment blanc se dessinaient des sourcils fins, foncés et légèrement arqués; les vivaces couleurs de la santé brillaient sur ses joues. « Asseyez-vous à côté de moi, dit Aurélie; vous regardez avec surprise cet heureux enfant. Je l'ai reçu avec joie dans mes bras, je le garde avec soin; mais c'est par lui que je reconnais toute l'étendue de ma douleur, car elle me laisse rarement sentir le prix d'un tel trésor.

« Permettez-moi, continua-t-elle, de vous parler encore de moi et de mon histoire, car il m'importe beaucoup que vous ne me méconnaissiez pas. Je croyais avoir quelques instants de répit, et je vous ai fait appeler; maintenant vous êtes là, et voilà que le fil s'est rompu de nouveau.

« Une créature abandonnée à ajouter aux autres! direz-vous ; vous êtes homme, et vous pensez : Comme elle s'agite en face d'un malheur nécessaire, qui atteint une femme plus certainement que la mort, en face de l'infidélité d'un homme, la folle ! O mon ami, si mon sort était commun, je supporterais volontiers un malheur commun ! Mais il est si étrange ! Que ne puis-je vous le montrer dans un miroir, charger quelqu'un de vous le raconter ! Oh ! si j'avais été séduite, surprise puis abandonnée, j'aurais encore une consolation dans mon désespoir ; mais ma situation est bien autrement cruelle : c'est moi-même qui me suis abusée, qui me suis trompée contre ma volonté, et c'est là ce que je ne me pardonnerai jamais.

— Avec des sentiments aussi nobles que sont les vôtres, répondit Wilhelm, vous ne pouvez pas être tout à fait malheureuse.

— Et savez-vous à qui je dois ces sentiments ? dit Aurélie ; à la plus détestable éducation qui ait jamais perverti une jeune fille, au plus mauvais exemple qui ait été fait pour égarer les sens et le cœur.

« Après la mort prématurée de ma mère, je passai mes plus belles années, celles où se développent le corps et l'esprit, chez une tante qui s'était fait une loi de braver les lois de l'honneur. Elle s'abandonnait aveuglément à tous ses caprices ; et, soit que, selon la circonstance, elle commandât, soit qu'elle fût l'esclave, cela lui était égal, pourvu que dans ses grossiers plaisirs elle pût s'oublier elle-même.

« Quelle idée pouvions-nous, nous autres enfants avec le regard pur et limpide de l'innocence, nous faire du sexe mâle ? Comme ils étaient stupides, pressants, effrontés, mal élevés, ceux qu'elle attirait auprès d'elle ! Comme au contraire ils étaient las, dédaigneux, vides et dégoûtés, lorsqu'ils avaient donné satisfaction à leurs désirs ! C'est ainsi que j'ai vu pendant des années cette femme avilie sous la dépendance des pires hommes. Quels traitements devait-elle souffrir, de quel front savait-elle admettre son sort, de quelle façon en supporter les ignobles chaînes !

« C'est ainsi que j'appris à connaître votre sexe, mon ami, et que je le haïssais d'autant plus franchement que je remarquais combien les hommes convenables par eux-mêmes, lorsqu'ils se trouvent en contact avec nous, semblent renoncer aux bons sentiments dont la nature eût pu les rendre susceptibles.

« Malheureusement je fis en même temps, dans de telles circonstances, de tristes expériences sur mon propre sexe ; et, jeune fille de seize ans, j'en savais plus qu'aujourd'hui, aujourd'hui où je ne me comprends pas moi-même. Pourquoi sommes-nous si raisonnables lorsque nous sommes jeunes, si raisonnables pour devenir de plus en plus insensées ! »

L'enfant fit du bruit, Aurélie s'impatienta et sonna. Une vieille femme arriva pour l'emmener. « As-tu toujours mal aux dents? dit Aurélie à la vieille, qui avait un bandeau sur la joue. — D'une façon presque insupportable, » répondit-elle d'une voix sourde. Elle prit dans ses bras l'enfant, qui parut satisfait, et l'emporta.

A peine l'enfant fut-il parti, qu'Aurélie se mit à pleurer amèrement. « Je ne peux plus que gémir et me plaindre, s'écria-t-elle, et je rougis d'être là devant vous comme un misérable ver. Ma raison m'abandonne, je ne puis continuer ce récit. » Elle s'arrêta court, et se tut. Son ami, qui ne voulait rien dire qui fût banal, et qui ne pouvait rien dire de significatif, lui serra la main et la considéra quelque temps. Enfin, dans son embarras, il prit un livre jeté sur la petite table qui se trouvait à côté de lui; c'étaient les œuvres de Shakspeare, ouvertes à *Hamlet*.

Serlo, qui parut à la porte, s'informa de la santé de sa sœur, regarda le livre que notre ami tenait à la main et s'écria : « Je vous retrouve encore avec votre *Hamlet !* Tant mieux ; il m'est venu des doutes qui amoindrissent singulièrement l'importance canonique que vous attribuez à cet ouvrage. Les Anglais eux-mêmes ont reconnu que l'intérêt principal cesse avec le troisième acte ; que les deux derniers ne sont que pauvrement reliés au tout, et il est vrai, en effet, que vers la fin la pièce ne marche plus.

— Il est fort possible, dit Wilhelm, que des individus d'une nation qui a produit tant de chefs-d'œuvre laissent fausser leurs jugements par les préventions ou l'étroitesse des principes ; mais cela ne doit pas nous empêcher de voir de nos propres yeux et d'être impartiaux. Je suis très-loin de blâmer le plan de cette pièce ; bien plus, je crois qu'il n'en a pas été conçu de plus grand ; il n'a même pas été conçu, il existe réellement.

— Comment expliquerez-vous cela ? demanda Serlo.

— Je n'expliquerai rien, répondit Wilhelm, je ne veux que vous exposer ma propre pensée. »

Aurélie se leva de son coussin, s'appuya sur sa main, et regarda notre ami, qui, avec la conviction d'avoir raison, continua à parler de la sorte : « Cela nous charme, cela nous flatte de voir un héros qui agit par lui-même, qui aime et qui hait quand son cœur le lui commande, qui entreprend et qui exécute, qui surmonte tous les obstacles et qui atteint un grand but. L'historien et le poëte nous persuaderaient volontiers que cette noble conduite est l'apanage de l'homme. Mais ici, la leçon est tout autre : le héros n'a pas de plan, mais la pièce en a un parfait. Ce n'est plus le traître puni par une vengeance dont l'idée a été constamment et immuablement suivie ; non, un acte épouvantable a lieu ; il se développe dans ses conséquences et entraîne les innocents dans le tourbillon ; le meurtrier semble devoir éviter l'abîme qui lui est destiné, et y tombe au moment où il croit pouvoir continuer son chemin en toute sécurité. Car c'est le propre des crimes d'étendre le mal sur les innocents, comme celui des bonnes actions d'en faire profiter ceux qui en sont indignes, sans que l'auteur soit ni puni ni récompensé. Ici, dans notre pièce, chose étrange ! le purgatoire envoie son spectre et réclame la vengeance, mais c'est en vain. Toutes les circonstances se réunissent et poussent à la vengeance, mais c'est en vain. Nulle force terrestre ou souterraine ne peut produire ce que le sort seul s'est réservé d'amener. L'heure de la justice arrive : le méchant tombe avec le bon. Une race est moissonnée, une autre éclôt. »

Après un instant de silence, pendant lequel ils se regardèrent fixement, Serlo prit la parole : « Vous ne faites pas un beau compliment à la Providence en glorifiant le poète ; vous me paraissez, en l'honneur de votre poëte, comme d'autres en l'honneur de la Providence, lui attribuer un but et un plan auxquels il n'avait pas songé. »

CHAPITRE XVI

« Permettez-moi, dit Aurélie, de faire aussi une question. J'ai revu le rôle d'Ophélie : j'en suis contente, et je me fais fort de le jouer sous certaines conditions. Mais, dites-moi, le poëte n'aurait-il pas pu faire chanter autre chose à sa folle ? Ne pourrait-on pas choisir quelques fragments de ballades mélancoliques ? Que signifient ces équivoques et grossières sottises dans la bouche de cette noble fille ?

— Chère amie, répliqua Wilhelm, je ne vous céderai pas là-dessus un iota. Sous cette étrangeté, sous cette grossièreté apparente se cache un grand sens. Nous savons dès le commencement de la pièce de quoi est préoccupé le cœur de l'aimable enfant. Elle vivait retirée en elle-même, mais elle dissimulait à peine sa langueur, ses désirs; les accents de la concupiscence résonnaient mystérieusement dans son âme ; et que souvent elle a dû, comme une nourrice imprudente, essayer de bercer ses sens au bruit des chants qui ne faisaient que les tenir plus éveillés encore! A la fin, lorsqu'elle a perdu toute puissance sur elle-même, lorsque son cœur voltige sur ses lèvres, ses lèvres la trahissent, et, dans la naïveté de sa folie, elle se plaît, devant le roi et la reine, à laisser parler les folâtres enfants de son imagination; la jeune fille qui se laisse séduire, la jeune fille qui se glisse près de son amant, et le reste. »

Il n'avait pas fini de parler lorsqu'il vit naître soudain une scène dont il ne put se rendre compte.

Serlo s'était promené de long en large dans la chambre, sans qu'on pût lui supposer une intention quelconque. Tout d'un coup il s'approcha de la toilette d'Aurélie, saisit rapidement un objet qui s'y trouvait placé, et se dirigea vers la porte avec son butin.

A peine Aurélie se fut-elle aperçue de son action, qu'elle lui barra le chemin, l'étreignit avec une vivacité incroyable, et parvint à saisir par un bout l'objet volé. Ils luttaient et se tordaient les mains avec opiniâtreté, se tournaient et se retournaient vivement. Il riait, elle s'exaspérait, et, comme Wilhelm accourait pour les séparer et les calmer, il vit Aurélie, un poignard à la main, se jeter de côté, tandis que Serlo lançait par terre avec dépit le fourreau qu'il avait gardé. Wilhelm surpris recula, et son muet étonnement paraissait demander la cause de cette étrange lutte survenue entre eux à propos de ce singulier meuble.

« Vous allez être notre arbitre, dit Serlo. Qu'a-t-elle à faire de cet acier tranchant? faites-le-vous montrer. Ce poignard pointu comme une aiguille, affilé comme un rasoir, ne convient point à une comédienne. A quoi bon cette plaisanterie? Violente comme elle est, elle se blessera un de ces jours par accident ; je déteste particulièrement ces sortes de singularités; y attacher une idée sérieuse, s'en faire un jouet dangereux, c'est absurde.

— Je l'ai repris, s'écria Aurélie en tenant en l'air la lame brillante; je garderai mieux maintenant mon fidèle ami. Pardonne-moi, dit-elle en baisant l'acier, ma négligence envers toi ! »

Serlo parut se fâcher sérieusement. « Prends-le comme tu voudras, frère, continua-t-elle; peux-tu savoir si ce n'est pas un précieux talisman qui m'a été donné sous cette forme, si je ne trouve pas auprès de lui secours et bon conseil dans les mauvais jours ? Tout ce qui paraît dangereux doit-il être nuisible?

— De pareils discours, si dénués de sens, me rendraient fou ! » dit Serlo; et il quitta la chambre avec un mouvement de fausse colère. Aurélie rentra soigneusement le poignard dans le fourreau et le garda sur elle.

« Continuons la conversation qu'a troublée mon malheureux frère, » disait-elle comme Wilhelm risquait quelques questions sur cette lutte bizarre.

« J'admets parfaitement votre façon de dépeindre Ophélie, continua-t-elle ; je ne veux pas méconnaître l'intention du poëte ; mais je la plains plutôt que je ne sens avec elle. Et permettez-moi une observation que vous m'avez donné l'occasion de faire tout récemment. Je remarque avec étonnement chez vous le coup d'œil juste et profond avec lequel vous jugez la poésie, surtout la poésie dramatique. Les plus secrets recoins de l'invention ne vous sont point cachés, vous saisissez les traits les plus délicats de l'exécution. Sans avoir vu un objet dans la nature, vous reconnaissez d'après la peinture s'il est exact; vous paraissez posséder une prescience des choses qu'anime et développe le sentiment harmonique de la poésie. Car il est évident, continua-t-elle, qu'il ne vous vient rien du dehors ; j'ai rarement vu quelqu'un connaître aussi peu, méconnaître aussi complétement les hommes avec lesquels il vit, que vous. Permettez-moi de vous dire ceci : En vous entendant expliquer votre Shakespeare, on dirait que vous sortez du conseil des dieux, et que vous y avez écouté comment on y convient de former les hommes ; mais, lorsque vous vous trouvez en contact avec le monde, vous me rappelez le premier-né, l'enfant de la création qui contemple avec un singulier étonnement et une édifiante bienveillance les lions et les singes, les moutons et les éléphants, et leur adresse naïvement la parole comme à ses égaux, parce qu'ils se trouvent à côté de lui et qu'ils se meuvent comme lui.

— La conscience de ma nature écolière, chère amie, répondit-il, me pèse souvent, et je vous serai reconnaissant de m'aider à m'éclairer davantage à l'endroit du monde. Dès ma jeunesse j'ai dirigé les yeux de mon esprit bien plutôt au dedans qu'au dehors, aussi est-il tout naturel que j'aie jusqu'à un certain point appris à connaître l'homme, sans le moins du monde comprendre et apprécier les hommes.

— Le fait est, dit Aurélie, que je m'étais formé, dans

le commencement, une mauvaise opinion de vous : je croyais que vous vouliez vous moquer de nous, quand vous nous disiez tant de bien des gens que vous adressiez à mon frère, et que je comparais vos lettres avec le mérite de ces individus. »

L'observation d'Aurélie, si juste qu'elle pût être, et si volontiers que notre ami s'avouât à lui-même ce défaut, portait en soi quelque chose de si dur et de si blessant, qu'il se tut et se recueillit, partie pour ne pas laisser percer son impression, partie pour apprécier en lui-même la vérité de ce reproche.

« N'en soyez pas surpris, continua Aurélie, nous pouvons toujours attendre la lumière de la raison ; mais les trésors du cœur, personne ne peut nous les donner. Êtes-vous destiné à devenir artiste, vous ne pourrez pas conserver longtemps ce vague et cette innocence; c'est la belle enveloppe d'un jeune bouton. Malheur à nous, si nous nous épanouissons trop tôt ! Certes, c'est un bien de ne pas toujours connaître ceux pour qui nous travaillons !

« Moi aussi, je me suis trouvée dans cet heureux état, lorsque j'entrai au théâtre, avec la plus haute idée de moi-même et de mon pays. Que n'étaient pas les Allemands dans mon imagination, que ne pouvaient-ils pas être ! Je parlais à cette nation, au-dessus de laquelle m'élevait un échafaudage, que séparait de moi une rangée de lampes dont l'éclat et la fumée m'empêchaient de discerner les objets placés devant moi. Quelle satisfaction que le bruit des applaudissements partis de la foule ! Comme j'étais reconnaissante de cet hommage que m'envoyaient ces mains unanimes! Longtemps je me laissai bercer de la sorte; de même que j'influais sur la foule, la foule influait sur moi ; j'étais dans les meilleurs rapports avec mon public; je croyais sentir une parfaite harmonie, et voir perpétuellement devant moi les plus nobles et les meilleurs membres de la nation.

« Malheureusement ce n'était seulement pas la comédienne dont le naturel et le talent intéressaient les amateurs du théâtre; ils faisaient des projets sur la femme jeune et passionnée. Ils me firent entendre assez clairement que mon devoir était de partager personnellement avec eux les sentiments que je leur avais inspirés. Ce n'était pas là ma pensée : je voulais élever leurs âmes, mais je n'avais aucun projet sur ce qu'ils appelaient leurs cœurs ; et alors gens de tous états, de tous âges, de tous caractères, me devinrent à charge, et rien ne me rendait plus malheureuse que de ne pouvoir, comme toute honnête jeune fille, m'enfermer dans ma chambre et m'épargner ainsi bien des ennuis.

« Les hommes se montrèrent la plupart tels que j'étais accoutumée à les voir chez ma tante ; et ils n'auraient fait que m'inspirer du dégoût, comme autrefois, si leurs ridicules et leurs sottises ne m'avaient amusée. Comme je ne pouvais éviter de les voir, soit au théâtre, soit dans les endroits publics, soit chez moi, je résolus de les observer tous, et mon frère m'y aida à merveille. Et si vous pensez que, depuis le tendre garçon de boutique et le présomptueux fils de marchand jusqu'à l'homme du monde adroit et mesuré, au hardi soldat et au prince vainqueur, tous me sont passés successivement devant les yeux, chacun essayant de nouer son roman à sa manière, vous m'excuserez d'avoir la prétention de connaître à fond mon pays.

« L'étudiant à l'accoutrement fantastique, le savant maladroit et humblement orgueilleux, le modeste chanoine à la démarche hésitante, l'homme d'affaires attentif et empesé, le baron campagnard plein de rudesse, le cour-

25.

tisan aimablement plat, le jeune ecclésiastique égaré de la bonne route, le marchand paisible comme le négociant actif, affairé et spéculateur, je les ai tous vus en mouvement et, par le ciel! il s'en trouvait peu là dedans qui fussent en état de m'inspirer même un intérêt vulgaire; c'était bien plutôt un supplice pour moi d'encaisser isolément les fatigantes et ennuyeuses félicitations de ces fous, qui m'avaient si fort charmée en masse, et que je m'appropriais en gros si volontiers.

« Lorsque j'attendais un compliment raisonnable sur mon jeu, lorsque j'espérais entendre louer un auteur que j'appréciais, ils faisaient une sotte réflexion sur un tout autre écrivain, et citaient une mauvaise pièce où ils désiraient me voir jouer. Si je cherchais à saisir dans la société un trait noble, spirituel, piquant ou tombant juste à propos, j'en trouvais rarement trace. Une faute échappée à un acteur qui avait dit un mot pour un autre, ou laissé passer un provincialisme, c'étaient là les points capitaux auxquels ils s'arrêtaient, et d'où ils ne démordaient pas. Je ne savais plus à la fin de quel côté me tourner; ils se croyaient trop habiles pour se laisser amuser, et s'imaginaient m'amuser énormément avec les cajoleries dont ils m'accablaient. J'arrivai à les mépriser de tout mon cœur, et il me sembla que toute la nation se fût entendue pour venir se prostituer auprès de moi par l'entremise de ces représentants. Je la trouvai en tout si gauche, si mal élevée, si peu instruite, si dénuée de charme, si privée de goût! Souvent je m'écriais: « Un Allemand ne peut donc lacer « un soulier, sans l'avoir appris d'une nation étrangère! »

« Vous voyez comme j'étais aveuglée, injuste jusqu'à l'hypocondrie, et plus cela durait, plus ma maladie empirait; j'aurais pu finir par le suicide, mais je tombai dans l'extrême opposé: je me mariai, ou plutôt je me laissai marier. Mon frère, qui avait pris l'entreprise du théâtre, désirait beaucoup avoir un associé. Son choix tomba sur un jeune homme qui ne me déplaisait pas ; il lui manquait tout ce que possédait mon frère : le génie, l'esprit, la vie, l'activité ; mais je trouvais en lui ce qui n'existait pas chez l'autre : l'amour de l'ordre, l'application, le don précieux de tenir une administration et de manier les fonds.

« Il est devenu mon mari sans que je sache comment ; nous avons vécu ensemble sans que je sache pourquoi. Quoi qu'il en soit, nos affaires allèrent bien. Nous gagnions beaucoup, grâce à l'activité de mon frère ; nous jouissions d'une certaine aisance, c'était l'œuvre de mon mari. Je ne pensais plus ni au monde ni à la nation. Je n'avais plus rien à retirer du monde, et j'avais perdu le sentiment national. Si je jouais, c'était pour vivre ; j'ouvrais la bouche parce que je ne pouvais rester sans rien dire, et que j'étais entrée en scène pour parler.

« Cependant, pour ne pas trop charger ce tableau, j'étais entièrement entrée dans les vues de mon frère ; il nous fallait faire de l'argent et des succès : car, entre nous, il aime à s'entendre applaudir, et il dépense beaucoup. Je ne jouai plus selon mon sentiment, d'après ma conviction, mais d'après ses indications ; et quand j'avais pu lui montrer ma reconnaissance en lui obéissant, j'étais satisfaite. Il exploitait toutes les faiblesses du public ; l'argent venait, il pouvait vivre à sa fantaisie, et nous vîmes d'heureux jours avec lui.

« J'en étais arrivée cependant à une apathie machinale ; je passais mes jours sans joie et sans entrain ; mon union fut stérile et de courte durée. Mon mari tomba malade, ses forces s'affaiblirent visiblement ; les soins que je lui donnai me firent sortir de mon indifférence habituelle.

« C'est alors que je fis une connaissance avec laquelle commença pour moi une vie nouvelle, nouvelle et plus courte encore, car elle va bientôt finir. »

Elle resta un instant silencieuse et immobile, puis reprit : « Voilà mon humeur bavarde arrêtée tout d'un coup, et je n'ai plus le courage de rouvrir la bouche. Laissez-moi me reposer un instant ; vous ne vous en irez pas avant de connaître mes malheurs en détail. Faites venir Mignon ici, et voyez ce qu'elle veut. »

L'enfant était entrée plusieurs fois dans la chambre pendant le récit d'Aurélie. Mais, comme on avait baissé la voix devant elle, elle était ressortie, s'était assise dans l'antichambre et attendait. Lorsqu'on la rappela, elle arriva avec un livre qu'à sa forme et à sa couverture il était facile de reconnaître pour un atlas de géographie. Elle avait vu pour la première fois chez le ministre, avec une grande admiration, des cartes géographiques, lui avait fait mainte question, et avait appris tout ce qu'elle avait pu. Son désir de s'instruire paraissait avoir été rendu plus vif encore par ces nouvelles connaissances. Elle pria instamment Wilhelm de lui acheter ce livre. Elle avait déposé en gage chez le marchand d'images ses grosses boucles d'argent, et voulait aller les dégager le lendemain matin de bonne heure, parce qu'il était déjà trop tard ce soir. On lui accorda ce qu'elle demandait ; elle commença à réciter ce qu'elle savait, en y entremêlant, selon sa manière, les questions les plus étranges. Il était à remarquer que, malgré une extrême application, elle ne comprenait que lentement et péniblement. Il en était de même de l'écriture, qui lui donnait beaucoup de peine. Elle parlait toujours un très-mauvais allemand, et ce n'était que lorsqu'elle ouvrait la bouche pour chanter, lorsqu'elle faisait vibrer sa guitare, qu'elle paraissait employer le seul organe qui lui permit d'exprimer et de faire partager ses sentiments intimes.

Puisque nous en sommes à nous occuper d'elle, nous devons parler de l'embarras où elle avait mis plusieurs fois notre ami dans ces derniers temps. Lorsqu'elle venait ou qu'elle s'en allait, lorsqu'elle lui souhaitait le bonjour ou le bonsoir, elle le serrait si violemment dans ses bras, elle l'embrassait avec une telle ardeur, que l'impétuosité de cette nature en train de s'épanouir l'inquiétait et le tourmentait. La vivacité convulsive de ses manières semblait s'accroître de jour en jour, et dans tout son être circulait une incessante agitation. Elle ne pouvait rester sans tourner un fil entre ses doigts, sans tordre un mouchoir, sans mâcher un morceau de papier ou de bois. Chacun de ses amusements n'avait pour but que de détourner une violente commotion intérieure. La seule chose qui pût la rasséréner un peu, c'était la compagnie du petit Félix, avec lequel elle s'entendait fort bien.

Aurélie, qui après un instant de repos était disposée à s'ouvrir enfin à son ami d'un sujet qui lui tenait tant au cœur, s'impatienta de la ténacité de l'enfant et lui donna à entendre qu'elle devait s'en aller ; mais, comme elle n'en faisait rien, il fallut lui ordonner de partir, et elle le fit de mauvaise grâce.

« C'est maintenant ou jamais, dit Aurélie, que je vous conterai le reste de mon histoire. Si mon ami, si tendrement aimé et si injuste, n'était éloigné que de quelques lieues d'ici, je vous dirais : Montez à cheval, cherchez un moyen quelconque de faire connaissance avec lui, et, lorsque vous reviendrez, vous m'aurez certainement pardonné et vous me plaindrez de tout votre cœur. Maintenant je ne peux que vous dire combien il était digne d'être aimé et combien je l'aimais.

« Ce fut à l'époque pénible où je craignais pour les jours de mon mari que j'appris à le connaître. Il revenait d'Amérique, où il avait servi avec distinction en compagnie de quelques Français sous les drapeaux des États-Unis.

« Il m'aborda avec un maintien plein de calme, une cordiale bienveillance, me parla de moi, de ma position, de mon jeu, comme une vieille connaissance, avec tant de sympathie, tant de clarté, que pour la première fois je ressentis le plaisir de reconnaître nettement mon existence dans un autre être. Ses jugements étaient justes sans être sévères, exacts sans être exclusifs ; il ne montrait aucune dureté, sa malice même était aimable ; il paraissait accoutumé à être heureux en femmes : cela me fit tenir sur mes gardes ; il n'était ni flatteur ni pressant : cela m'ôta toute inquiétude.

« Il voyait peu de monde dans la ville, était presque toujours à cheval, allait voir aux environs ses nombreuses connaissances et s'occupait des affaires de sa famille. Lorsqu'il était de retour, il descendait chez moi, m'aidait à soigner mon mari, dont l'état empirait, amena au malade un habile médecin qui lui procura quelque soulagement, et, comme il s'intéressait à tout ce qui me concernait, je m'intéressai aussi à son sort. Il me racontait ses campagnes, son penchant irrésistible pour l'état militaire, ses relations de famille ; il me confiait ses affaires présentes ; enfin, il n'avait rien de caché pour moi ; il se dévoilait à moi ; il m'ouvrit les plus secrets recoins de son âme ; je connus ses talents, ses passions ; c'était la première fois de ma vie que je jouissais d'un commerce de cœur et d'esprit. J'étais attirée par lui, entraînée par lui, avant d'avoir eu le temps de m'en rendre compte à moi-même.

« Pendant ce temps je perdis mon mari à peu près comme je l'avais pris. Le poids des affaires du théâtre retomba tout entier sur moi. Mon frère, sans égal sur le théâtre, n'était d'aucun service pour l'administration ; je devais m'occuper de tout et j'étudiais mes rôles avec plus d'assiduité que jamais. Je rejouais comme autrefois, mais avec une tout autre puissance et une nouvelle vie, par lui et pour lui ; cependant je ne réussissais pas toujours, surtout lorsque je savais mon noble ami dans la salle ; mais quelquefois il m'écoutait sans que je m'en doutasse, et vous pouvez penser quelle joie c'était pour moi que son suffrage inattendu.

« Je suis assurément une étrange créature, et à chaque rôle que je jouais il me venait toujours à l'idée que j'y faisais son éloge et que ce que je disais était en son honneur ; car, telle était la disposition de mon cœur, le sens des mots m'importait peu. Lorsque je le savais au nombre des spectateurs, je n'osais pas donner toute mon énergie, comme si je ne voulusse pas lui jeter brutalement au visage mon amour, mon admiration ; mais, lorsqu'il était absent, j'avais le champ libre, je faisais merveilles en toute assurance, avec une indescriptible satisfaction. Les applaudissements me faisaient plaisir de nouveau, et, lorsque j'avais contenté le public, j'aurais pu lui crier : C'est à lui que vous devez cela !

« Oui, comme par un miracle, mes rapports avec le public, avec la nation, étaient complétement changés ; elle s'offrait tout d'un coup à mes yeux sous le jour le plus favorable, et je m'étonnais de m'être si fort aveuglée jusqu'à ce moment.

« Comme c'était déraisonnable, me disais-je souvent à moi-même, de blâmer une nation précisément de ce qu'elle est une nation ! Les individus isolés doivent-ils, peuvent-ils être si intéressants ? Nullement ! la question est de savoir s'il ne se trouve pas répartie dans la grande masse une foule de dispositions, de forces et de qualités qui puissent être développées par des circonstances favorables et dirigées par des êtres éminents vers un but commun.

« Je me félicitais maintenant de trouver chez mes compatriotes si peu d'originalité saillante ; je me félicitais de les voir accepter volontiers une direction venant du dehors ; je me félicitais d'avoir trouvé un guide.

« Lothaire, laissez-moi appeler mon ami de ce prénom adoré, m'avait toujours entretenu de la bravoure des Allemands, il m'avait montré qu'il n'existait pas au monde une nation plus courageuse lorsqu'elle était bien commandée, et je rougissais de n'avoir jamais songé à ce qui est la première qualité d'un peuple. Il connaissait l'histoire et était en relations avec la plupart des hommes de mérite de son époque. Jeune comme il l'était, il avait toujours l'œil fixé sur la jeunesse de son pays, si pleine de promesses ; sur les travaux de ces hommes travaillant toutes les branches de la science. Il me fit jeter un coup d'œil sur l'Allemagne, sur ce qu'elle est et ce qu'elle peut être, et j'eus honte d'avoir jugé une nation d'après cette foule obscure qui se presse dans les coulisses. Il m'imposait la vérité, l'esprit et la vie dans mon art. Dès que j'entrais en scène, je me semblais inspirée ; des passages médiocres devenaient de l'or dans ma bouche, et, si à ce moment un poëte avait été là pour m'assister, je serais parvenue aux plus remarquables effets.

« Ainsi vécut la jeune veuve pendant plusieurs mois. Il ne pouvait se passer de moi, et j'étais bien malheureuse lorsqu'il n'était pas là. Il me montrait les lettres de ses parents, celles de ses excellentes sœurs. Il s'intéressait aux plus petites circonstances de ma vie ; on ne peut imaginer une union plus intime, plus complète. On n'avait pas prononcé le mot d'amour. Il partit et revint, revint et partit... Et maintenant, mon ami, il est temps que vous partiez aussi. »

CHAPITRE XVII

Wilhelm ne pouvait retarder plus longtemps sa visite à ses correspondants. Ce ne fut pas sans une certaine inquiétude qu'il se rendit chez eux ; car il savait y trouver des lettres de sa famille. Il redoutait les reproches qu'elles devaient contenir ; il était probable qu'on avait donné connaissance à cette maison de l'inquiétude où l'on se trouvait à son égard.

Après tant d'aventures chevaleresques, il craignait d'avoir l'air d'un écolier en faute ; il prit le parti de payer d'audace, et de dissimuler ainsi son embarras.

A son grand étonnement et à sa grande satisfaction, tout se passa au mieux.

Dans le comptoir affairé et animé, on eut à peine le temps de chercher sa correspondance ; on ne lui parla qu'incidemment du retard qu'il avait mis à se montrer. Lorsqu'il ouvrit les lettres de son père et de son ami Werner, il les trouva fort modérées ; le vieillard, dans l'espérance de recevoir le journal détaillé dont il avait recommandé soigneusement la rédaction à son fils et dont il lui avait tracé le plan, ne paraissait pas trop inquiet du silence des premiers temps du voyage, quoiqu'il se plaignît de l'allure énigmatique de sa première et seule lettre, datée du château du comte. Werner se contentait de plaisanter à sa façon, racontait les historiettes de la ville, et demandait des nouvelles des amis et connaissances avec lesquels Wilhelm allait se trouver en relations dans cette grande cité commerciale. Notre ami, fort heureux d'en être quitte pour si peu, répondit aussi par quelques lettres fort gaies, et promit à son père le journal détaillé avec toutes les observations géographiques, statistiques et industrielles qu'il lui demandait. Il avait beaucoup vu dans son voyage, et espérait avoir de quoi remplir un fort cahier. Il ne remarquait pas qu'il se trouvait en ce moment précisément dans la même position que le jour où il avait allumé les lampes et rassemblé les spectateurs pour jouer une pièce qui n'était pas écrite, et encore moins apprise. Et, lorsqu'il se mit à l'ouvrage, il vit qu'il aurait beaucoup à dire et à raconter sur ses impressions et sur ses pensées, sur mainte expérience de cœur et d'esprit, mais rien sur les objets extérieurs, auxquels il s'apercevait maintenant qu'il n'avait pas prêté la moindre attention.

Dans cette circonstance embarrassante, les connaissances de son ami Laertes vinrent heureusement à son secours. L'habitude avait uni ces deux jeunes gens, quelque différents qu'ils fussent, et ce dernier, malgré tous ses défauts, avec toutes ses singularités, n'en était pas moins un homme fort intéressant. Doué d'une heureuse santé, il aurait pu atteindre un âge avancé, sans avoir à se préoccuper de sa situation; mais son malheur et sa modestie lui avaient ôté le sentiment de la sérénité juvénile, et lui avaient fait entrevoir l'instabilité et la fragilité de notre existence. Cela lui avait donné une façon humoristique et rapsodique de juger toutes choses, ou plutôt d'exprimer ses impressions immédiates. Il n'aimait pas la solitude, fréquentait les cafés et les tables d'hôte, et, lorsqu'il restait chez lui, les livres de voyages étaient sa lecture favorite, ou plutôt sa seule lecture. Ayant trouvé un cabinet de lecture bien fourni, il pouvait satisfaire son goût, et bientôt la moitié du monde vint hanter son excellente mémoire.

Il lui fut de la sorte facile de faire reprendre courage à notre ami, lorsque celui-ci lui avoua dans quelle absence complète de matériaux il se trouvait pour rédiger cette relation si pompeusement annoncée. « Nous allons faire un tour de force qui n'aura pas son pareil, dit Laertes.

« L'Allemagne n'a-t-elle pas été parcourue, sillonnée, traversée, explorée et exploitée d'un bout à l'autre ? Et chaque voyageur allemand ne jouit-il pas de l'admirable avantage de se faire rembourser par le public ses grandes et ses petites dépenses ? Donne-moi l'itinéraire que tu as suivi avant de nous rencontrer; je connais le reste. Je vais te procurer les documents et les matériaux nécessaires à ton travail; les milles carrés qu'on ne mesura jamais, les populations qu'on ne recensa jamais, nous ne manquerons pas de les citer. Les revenus des États, nous les prendrons dans les almanachs et les tables statistiques qui sont reconnues pour être les documents les plus fidèles. Là-dessus nous baserons nos raisonnements politiques; nous n'oublierons pas un aperçu sur les gouvernements. Nous présenterons une couple de princes comme les pères de leurs peuples, afin qu'on nous croie d'autant mieux si nous en attaquons quelques autres; et, si notre itinéraire ne nous permet pas de nous trouver dans les villes habitées par les personnages célèbres, nous les rencontrons à l'auberge, et nous nous faisons faire par eux les confidences les plus extravagantes. Surtout n'oublions pas de broder poétiquement sur le tout une amourette avec quelque naïve enfant, et nous aurons un ouvrage qui non-seulement enthousiasmera père et mère, mais qu'un libraire sera fort heureux de te payer. »

On se mit à l'œuvre, et nos amis s'amusèrent beaucoup à ce travail. Cependant Wilhelm goûtait une extrême satisfaction le soir au théâtre et dans le commerce de Serlo et d'Aurélie, et étendait chaque jour davantage ses idées, trop longtemps circonscrites dans un cercle étroit.

CHAPITRE XVIII

Ce ne fut pas sans un grand intérêt qu'il apprit par morceaux les aventures de Serlo ; car il n'était pas dans les habitudes de cet homme singulier de faire des confidences et de parler d'une façon suivie sur un sujet quelconque. On pouvait dire qu'il était né et avait tété sur le théâtre. Tout petit enfant, ne parlant pas encore, il avait ému les spectateurs par sa seule présence, car les auteurs connaissaient déjà, à cette époque, ce procédé naturel et innocent ; ses premiers mots : *père*, *mère*, lui avaient valu les plus grands succès dans des pièces populaires, avant qu'il sût ce que c'était que des applaudissements. Plus d'une fois, tout tremblant, il était descendu des frises en amour ; il était sorti de l'œuf en arlequin, et avait fait les plus jolis tours en petit ramoneur.

Malheureusement il payait cher pendant le jour les brillants succès qu'il obtenait le soir. Son père, persuadé qu'on ne peut obtenir et fixer l'attention des enfants qu'en les frappant, le battait régulièrement à chaque rôle qu'il étudiait : non pas que l'enfant agît mal, mais pour le forcer à jouer d'une façon plus sûre et plus soutenue. C'est ainsi qu'autrefois, lorsqu'on plantait une borne, on appliquait aux enfants qui se trouvaient présents de vigoureux soufflets, de sorte que les plus vieilles gens se souvenaient exactement de l'endroit, bien des années après. Il grandissait cependant, et montrait d'extraordinaires dispositions d'esprit et de remarquables facultés corporelles, auxquelles s'ajoutait une grande souplesse de compréhension, de manières et de gestes.

Sa faculté d'imitation dépassait tout ce qu'on peut imaginer. Enfant, il imitait les personnes au point qu'on croyait les voir elles-mêmes, quoiqu'elles fussent entièrement différentes de lui par la taille, l'âge et les allures. Il possédait le don de se bien guider dans le monde; aussi, dès qu'il se sentit sûr de ses forces, il ne trouva rien de plus naturel que de fuir son père, qui, voyant grandi l'intelligence de son fils et s'accroître son talent, trouva itinécessaire de les soutenir par des traitements de plus en plus rigoureux.

Comme il se sentit heureux lorsqu'il se vit libre dans le monde, où ses espiègleries lui valurent partout un excellent accueil ! Sa bonne étoile le conduisit, à l'époque du carnaval, dans un couvent; le père qui était chargé de s'occuper des processions et d'égayer les ouailles par de pieuses mascarades venait de mourir. Serlo arriva là comme un ange secourable. Il se chargea aussitôt du rôle de Gabriel dans l'*Annonciation*, et ne déplut pas à la jolie fille qui, en sa qualité de Vierge Marie, reçut sa gracieuse salutation fort gentiment, avec une humilité extérieure et un sentiment d'orgueil intime. Il joua successivement dans les mystères les rôles les plus importants, et fut fort satisfait de lui-même lorsqu'à la fin il se trouva représentant le Sauveur du monde, conspué, battu et mis en croix.

Quelques soldats avaient, dans cette dernière scène, joué leur rôle trop au naturel; pour s'en venger de la manière la plus spirituelle, lorsqu'on représenta le *Jugement dernier*, il les revêtit des plus brillants costumes de rois et d'empereurs, et, au moment où, tout fiers de leurs rôles, ils s'avancèrent dans le ciel pour prendre le pas sur tous les autres, il se jeta au-devant d'eux à l'improviste, dans un costume de diable, et, à la grande édification des mendiants et autres spectateurs, les bouscula vivement avec sa fourche et les précipita impitoyablement dans la fosse, où ils se virent fort mal accueillis par le feu qui en jaillissait.

Il était assez raisonnable pour comprendre que les têtes couronnées ne verraient pas d'un bon œil cette audacieuse plaisanterie, et ne lui tiendraient pas bon compte de son rôle de censeur et d'exécuteur; en attendant que le règne de l'éternité commençât, il s'enfuit prudemment et fut reçu à bras ouverts dans une ville voisine, par une société que l'on appelait alors les Enfants de la joie. C'étaient des gens spirituels, intelligents et vivaces, qui comprenaient bien que la somme de notre existence, divisée par la raison, ne pouvait jamais se réduire exactement, et qu'il restait toujours une fraction bizarre. Cette fraction gênante, et quelquefois dangereuse lorsqu'on la répartit sur la masse, ils tâchaient de s'en débarrasser de propos délibéré à époques fixes. Ils étaient complétement fous un jour dans la semaine, et se punissaient mutuellement alors, par des représentations allégoriques, des folies qu'ils avaient remarquées chez les uns et chez les autres pendant les autres jours. Si ce procédé était plus dur que l'éducation incessante que se donnent les gens polis en s'observant, s'avertissant et se réprimandant chaque jour, il était aussi plus gai et plus certain; car, tout en favorisant une folie ou une manie, on ne la prenait que pour ce qu'elle était, tandis que par l'autre voie, grâce à l'illusion personnelle, elle finit par être maîtresse à la maison, et soumet à un secret esclavage la raison qui s'imagine l'avoir chassée depuis longtemps. La marotte circulait dans la société, et il était permis à chacun de la décorer d'une façon caractéristique d'attributs personnels ou étrangers. A l'époque du carnaval, on se donnait la plus grande liberté, et on rivalisait avec le clergé pour amuser et attirer le peuple. Les processions allégoriques des Vertus et des Vices, des Arts et des Sciences, des Parties du monde et des Saisons, personnifiaient pour le peuple une foule de conceptions, lui donnaient une idée d'objets éloignés ; de cette façon ces réjouissances n'étaient pas sans utilité, tandis que de l'autre côté les momeries religieuses ne faisaient que fortifier une superstition absurde.

Le jeune Serlo se retrouvait là dans son élément ; il manquait d'imagination propre, mais il possédait la plus grande habileté pour utiliser ce qu'il rencontrait, le mettre en sa place et en son jour ; ses saillies, son talent d'imitation, jusqu'à son ironie mordante, à laquelle il donnait toute liberté au moins un jour dans la semaine, même contre ses bienfaiteurs, le rendaient précieux, indispensable à la société.

Son inquiétude le poussa bientôt de cette position avantageuse dans d'autres contrées de sa patrie, où il eut à faire une nouvelle école. Il arriva dans cette partie de l'Allemagne, civilisée, mais sans cachet, où dans le culte du bon et du beau la vérité ne manque pas, mais souvent le génie ; il dut essayer d'agir sur le cœur et le sentiment ; ici ses mascarades n'avaient pas de chances de succès. Il ne fit que passer dans les grandes et les petites troupes, et profita de l'occasion pour observer les particularités des pièces et des acteurs. La monotonie qui régnait alors sur le théâtre allemand, la sonorité et la chute absurdes de l'alexandrin, le dialogue platement contourné, la grossièreté et la vulgarité des sermons à brûle-pourpoint, il eut bientôt tout saisi et remarqué ce qui émeut et ce qui plaît.

Ce n'était pas seulement un rôle isolé des pièces en vogue, c'était la pièce tout entière, qui se fixait aisément

dans sa mémoire, et avec cela le ton particulier d'u
comédien qui les avait jouées avec succès. A la suite de
toutes ses excursions, l'idée lui vint, son argent s'étant
entièrement dissipé, de représenter à lui seul des pièces entières dans les châteaux et dans les villages, et
de s'assurer en tout cas et en tout lieu son entretien
et son gîte. Dans un cabaret, une chambre, un jardin,
son théâtre était bien vite dressé ; avec une feinte gravité, un enthousiasme superficiel, il savait captiver l'i-
magination de ses spectateurs, abuser leurs sens, et, malgré leurs yeux tout grands ouverts, leur faire prendre une
vieille armoire pour un château fort, un éventail pour
un poignard. La chaleur de la jeunesse remplaçait l'absence de sentiments profonds. Sa violence semblait de la
force, sa mignardise de la tendresse. A ceux qui connaissaient déjà le théâtre il rappelait tout ce qu'ils avaient
vu et entendu ; chez les autres il éveillait le pressentiment de quelque chose d'étonnant, et le désir de le connaître de plus près. Lorsqu'une pièce avait produit de
l'effet dans un endroit, il ne manquait pas de la répéter
devant d'autres auditeurs, et s'égayait malicieusement
de s'être moqué de tous ces gens, de la même façon.

Grâce à son esprit vif, libre et ne se laissant entraver
par rien, il se perfectionna rapidement à force de redire
les mêmes rôles et les mêmes pièces. Souvent il récitait
et jouait davantage dans le sens que les modèles qu'il
avait imités dans le commencement. De cette façon il arriva progressivement à jouer naturellement, tout en faisant
abstraction de sa personnalité. Il paraissait entraîné, et
ne visait qu'à l'effet. Son plus grand orgueil était d'émouvoir les hommes par degrés. La folle industrie qu'il
exerçait le força bientôt à agir avec une certaine modération, et ainsi il apprit, moitié par force, moitié d'instinct,

ce dont si peu de comédiens semblent avoir une idée : être sobre des gestes et de la voix.

Il savait dompter et même intéresser des hommes grossiers et hostiles. Comme il ne demandait que la nourriture et le logement, recevant avec reconnaissance tout ce qu'on lui offrait, et refusant même parfois l'argent, lorsqu'il se trouvait en avoir assez, on se l'adressait de l'un à l'autre avec des lettres de recommandation, et il voyagea ainsi pendant toute une saison de château en château, faisant grand plaisir, en prenant lui-même beaucoup, sans manquer nombre d'agréables et charmantes aventures.

Par suite de sa froideur naturelle, il n'aimait proprement personne; son coup d'œil clairvoyant l'empêchait d'estimer personne, car il ne saisissait que les particularités extérieures des individus, pour les ajouter à sa collection mimique. Par contre, son amour-propre était extrêmement blessé s'il ne plaisait pas à chacun, et s'il n'obtenait pas partout un succès complet. Il avait fait peu à peu une étude si attentive des moyens d'y parvenir, et avait tellement aiguisé son esprit dans ce sens, que non-seulement au théâtre, mais encore dans la vie, il ne savait que flatter. Son intelligence, son talent, son existence, agirent de telle façon l'un sur l'autre, qu'il finit par devenir presque insciemment un artiste accompli. Par une action et une réaction en apparence singulière, mais fort naturelle, grâce à la réflexion et à la pratique, son récit, sa déclamation, son jeu, atteignirent un haut degré de vérité, de liberté et de franchise, tandis que dans la vie et les relations journalières il parut devenir toujours plus mystérieux, plus artificiel, et même dissimulé et inquiet.

Nous parlerons peut-être plus tard de son sort et de ses aventures, nous ne ferons ici qu'une observation : c'est

que plus tard, devenu homme fait, possesseur d'un nom
considéré, et jouissant d'une position excellente quoique
peu solide, il s'était habitué à jouer dans la conversation
le sophiste d'une façon moitié ironique, moitié railleuse,
et avait brisé par là la plupart de ses relations sérieuses.
Il en usait surtout ainsi avec Wilhelm toutes les fois que
celui-ci, et cela lui arrivait souvent, tentait d'amener la
conversation sur les théories générales. Malgré cela ils
étaient très-bien ensemble, la divergence de leurs opinions rendait leurs entretiens fort animés. Wilhelm voulait tout déduire des idées qu'il avait conçues et établir
l'esthétique de l'art; il voulait poser des règles expres-
ses, définir ce qui est juste, bon et beau, et mérite le
succès; enfin il traitait tout très-sérieusement. Serlo, au
contraire, prenait les choses fort légèrement, et, sans jamais répondre directement à une question, il savait, au
moyen d'une histoire ou d'une plaisanterie, donner la
plus agréable et la plus amusante explication, et instruire la société tout en l'égayant.

CHAPITRE XIX

Tandis que Wilhelm passait de la sorte fort agréablement son temps, Mélina et le reste de la troupe se trouvaient dans une situation de plus en plus pénible. Ils
apparaissaient de temps en temps à notre ami comme de
mauvais génies, et lui procuraient de fort désagréables
moments, non pas uniquement par leur seule présence,
mais encore par leurs figures irritées et leurs reproches
amers. Serlo ne leur avait pas permis de jouer au titre d'artistes voyageurs, bien loin de leur faire entrevoir l'espoir
d'un engagement; malgré cela il avait peu à peu appris à

connaître leurs moyens à tous. Toutes les fois que les comédiens se trouvaient réunis chez lui, il avait l'habitude de les faire lire, et souvent de lire lui-même. Il choisissait de préférence les pièces qui ne devaient être jouées que plus tard, qui n'avaient pas été jouées depuis longtemps, et n'en donnait que des fragments. Après une première exécution, il faisait répéter les passages sur lesquels il avait quelque chose à dire, il éveillait par là la perspicacité des comédiens, et leur donnait le moyen sûr de toucher le véritable point. Et comme une intelligence médiocre, mais juste, satisfait davantage les spectateurs qu'un génie brut et désordonné, il élevait, par les vues pleines de netteté qu'il leur ménageait insensiblement, des talents moyens à un remarquable degré de supériorité. Ce qui ne contribuait pas peu à ce résultat, c'étaient les poésies qu'il leur faisait lire, entretenant ainsi chez eux ce sentiment de charme qu'éveille en nous un rhythme bien compris, tandis que dans toutes les troupes on commençait déjà alors à parler cette sorte de prose pour laquelle le premier venu était suffisant.

De cette façon il était parvenu à connaître tous les comédiens nouvellement venus, à juger ce qu'ils étaient et ce qu'ils pourraient être ; il avait secrètement résolu de se servir d'eux avantageusement lorsqu'éclaterait la révolution qui couvait dans sa propre troupe. Il laissa quelque temps l'affaire en suspens, haussa les épaules aux démarches que Wilhem faisait en leur faveur ; puis, voyant le moment arrivé, il proposa tout d'un coup à son jeune ami de monter lui-même sur la scène, à laquelle condition il engagerait les comédiens.

« Ces gens ne sont donc pas aussi incapables que vous me les aviez dépeints jusqu'à présent, dit Wilhelm, puisque vous pouvez aujourd'hui les accepter en masse ;

et je pense que, même sans moi, leurs talents seront toujours les mêmes. »

Serlo lui avoua sa position, sous le sceau du secret. Son premier amoureux faisait mine de demander de l'augmentation au renouvellement de son contrat, et il n'était pas disposé à lui céder, surtout parce que le goût du public s'était beaucoup refroidi à son égard. Si celui-là partait, toute sa bande le suivrait, ce qui ferait perdre à la troupe quelques bons mais aussi quelques médiocres acteurs. Il apprit alors à Wilhelm ce qu'il comptait faire de lui et de Laertes, du vieux bourru et même de madame Mélina. Il promit même de ménager des succès au pauvre pédant, en l'employant dans les rôles de juifs, de ministres et de scélérats.

Wilhelm fut assez interdit : il n'entendit pas cette proposition sans s'émouvoir ; et, pour dire quelque chose, il répondit, en poussant un profond soupir : « Vous parlez fort obligeamment de ce que vous trouvez chez nous de bon et de ce que vous espérez de nous ; mais que pensez-vous des côtés faibles, qui n'ont certainement pas échappé à votre sagacité ?

— Par l'application, la pratique et la méditation, nous en ferons bientôt des côtés forts. Il n'y en a pas un seul, parmi vous, qui n'êtes encore que des élèves de la nature et des apprentis, dont il n'y ait plus ou moins à espérer ; car, autant que je puis en juger, il n'en est aucun qui soit une bûche, et les bûches seules sont incorrigibles, qu'elles soient indociles et inflexibles par amour-propre, par sottise ou par hypocondrie. »

Serlo exposa ensuite en peu de mots les conditions qu'il voulait et qu'il pouvait leur faire, demanda à Wilhelm une prompte solution, et le quitta fort agité.

En travaillant à cette singulière relation de voyage,

commencée par plaisanterie et qu'il composait avec
Laertes, il était devenu plus attentif qu'il ne l'avait jamais
été aux événements et à l'existence journalière du monde
réel. Il comprenait maintenant quelle était l'intention de
son père en lui recommandant si vivement la rédaction de
ce journal. Il sentait pour la première fois combien il
doit être agréable et utile de se faire le centre de tant
d'industries et de besoins, et d'aider à répandre la vie et
l'activité jusque dans les forêts et les montagnes les plus
impénétrables du continent. La ville pleine de commerce
et d'animation où il se trouvait, et que l'inquiétude de
Laertes lui faisait parcourir en tous sens, lui donnait
l'idée la plus expressive d'un grand centre d'où tout
part et où tout revient, et c'était la première fois que
son esprit jouissait véritablement au spectacle d'une semblable activité. Il se trouvait dans cette situation lorsque
Serlo lui avait fait sa proposition et réveillé ses vœux, son
inclination, sa confiance dans son talent inné, et le sentiment de ses obligations envers la troupe sans ressources.

« Me voilà encore une fois, se disait-il, à la bifurcation,
entre les deux femmes qui m'apparurent dans ma jeunesse. L'une ne me paraît plus aussi misérable qu'autrefois,
et l'autre plus aussi magnifique. Tu sens une sorte d'appel intérieur qui te pousse à suivre l'une aussi bien que
l'autre, et des deux côtés les considérations extérieures
sont assez puissantes ; il te semble impossible de prendre
un parti ; tu voudrais qu'un contre-poids étranger vienne
déterminer ton choix, et cependant, si tu t'examines bien,
ce sont les circonstances extérieures qui ont fait naître
chez toi une inclination pour l'industrie, le gain et la
propriété. Mais tes appétences intimes engendrent et nourrissent le désir de développer et de cultiver les dispotions corporelles ou spirituelles que tu peux posséder

pour le bon et le beau. Et ne dois-je pas respecter le sort qui, sans mon concours, m'a conduit au but de tous mes désirs? Est-ce que tout ce que j'ai rêvé et projeté autrefois ne m'arrive pas aujourd'hui sans ma participation? Chose étrange! L'homme semble ne rien connaître que ses espérances et ses désirs, qu'il a longtemps nourris et gardés dans son cœur; et cependant, lorsqu'il les rencontre, lorsqu'ils s'imposent à lui, pour ainsi dire, il ne les reconnaît pas et recule devant eux. Tout ce qui, depuis cette malheureuse nuit qui m'a éloigné de Marianne, était resté chez moi à l'état de rêve, se dresse et se présente de soi-même devant mes yeux. Je voulais fuir ici, et m'y voici doucement amené; je voulais m'engager chez Serlo, et c'est lui qui me cherche et m'offre des conditions qu'un commençant comme moi n'aurait jamais osé espérer. Était-ce seulement mon amour pour Marianne qui me retenait au théâtre, ou était-ce l'amour de l'art qui me rattachait à cette fille? Cette perspective, cette issue cherchée sur le théâtre, n'était-ce que la satisfaction d'un homme désordonné et inquiet, désireux de continuer une existence que ne lui permettaient pas les relations de la vie bourgeoise, ou bien était-ce une tout autre chose, plus pure, plus noble? Et qui pourrait t'amener à modifier tes opinions d'autrefois? N'as-tu pas jusqu'à présent suivi ton plan presque insciemment? Ne faut-il pas plutôt approuver ce dernier pas que tu viens de faire, puisque aucune considération secondaire n'est en jeu, et que tu peux en même temps tenir ta parole solennellement donnée, et te libérer noblement d'une lourde dette? »

Tous les mouvements de son cœur et de son imagination se heurtaient violemment dans son esprit. Pouvoir conserver Mignon, ne pas être obligé de renvoyer le harpiste, ces considérations pesaient suffisamment dans la balance, et cependant elle remontait et descendait, incertaine, lorsqu'il se rendit, selon son habitude, chez son tamie Aurélie.

CHAPITRE XX

Il la trouva étendue sur son lit de repos ; elle paraissait calme. « Croyez-vous pouvoir jouer ce soir? lui demanda-t-il. — Oh oui, répondit-elle avec vivacité, vous savez que rien ne peut m'en empêcher. Si je savais seulement le moyen d'éviter les applaudissements de notre parterre : ils m'aiment bien, et me feront mourir. Avant-hier j'ai cru que mon cœur allait se fendre ! Autrefois je supporais cela, alors que je me plaisais à moi-même ; lorsque j'avais longuement étudié et m'étais préparée de longue main, j'étais fière d'entendre le bienheureux signal de mon succès partir de tous les coins de la salle. Maintenant je ne dis pas ce que je veux ni comme je veux ; je suis entraînée, je m'égare, et mon jeu produit bien plus d'effet. Les applaudissements sont plus bruyants et je me dis : « Si vous saviez ce qui vous ravit ! Ces accents « sombres, violents, indéterminés, vous émeuvent, vous « forcent à l'admiration, et vous ne sentez pas que ce « sont les cris de douleur de la malheureuse à qui vous « avez accordé votre bienveillance ! »

« Ce matin, j'ai appris un rôle ; dans ce moment je le répète et je l'étudie ; je suis fatiguée, brisée, et demain ce sera la même chose. Demain soir il faut jouer. C'est ainsi que je me traîne de là à là, cela m'ennuie de me lever, et cela me chagrine de me coucher. C'est chez moi un cercle éternel. Puis me viennent les fâcheuses condoléances ; je les repousse, les rejette et les maudis. Je ne veux pas me soumettre, me soumettre à la nécessité,...

pourquoi ce qui me mène à la mort serait-il nécessaire ? Ne pourrait-ce pas être autrement ? Il faut que je l'expie : je suis Allemande, et c'est le caractère des Allemands qu'ils pèsent sur tout et que tout pèse sur eux.

— O mon amie, interrompit Wilhelm, quand cesserez-vous d'aiguiser vous-même le poignard dont vous vous martyrisez sans relâche ? Ne vous reste-t-il donc rien ? N'est-ce donc rien que votre jeunesse, votre beauté, votre santé, vos talents ? Si vous avez perdu un de ces biens, sans qu'il y ait eu de votre faute, devez-vous donc ne plus faire aucun cas du reste ? Est-ce donc là encore une nécessité ? »

Elle resta quelques instants silencieuse, puis elle s'écria : « Je le sais bien, c'est du temps perdu ; l'amour n'est que du temps perdu ! Que n'aurais-je pas pu faire ! Que n'aurais-je pas dû faire ! Maintenant, tout cela n'a abouti à rien. Je suis une pauvre créature qui aime, et c'est tout ! Ayez pitié de moi, mon Dieu, je suis une pauvre créature ! »

Elle laissa retomber sa tête, et après un moment de silence elle reprit avec vivacité : « Vous êtes habitués à voir tout le monde vous sauter au cou. Non, vous ne pouvez pas sentir cela, un homme n'est pas capable de sentir le prix d'une femme qui sait se faire respecter ! Par tous les saints anges, par tous les tableaux de la félicité que peut se faire un cœur pur et honnête, il n'y a rien de plus céleste qu'une créature féminine qui s'abandonne à l'homme aimé. Nous sommes froides, fières, hautaines, clairvoyantes, prudentes, nous sommes alors de vraies femmes, et tous ces avantages, nous les mettons à vos pieds dès que nous aimons, dès que nous espérons qu'on nous rendra amour pour amour. Oh ! pourquoi ai-je perdu mon existence entière, le sachant et le voulant ! Mais maintenant je veux me jeter dans le désespoir, m'y jeter sciemment. Il n'y aura pas en moi une goutte de sang qui ne soit punie, pas une fibre que je ne tourmente. Souriez, riez de cet appareil théâtral de passions ! »

Notre ami n'était nullement porté à rire. L'affreux état, moitié naturel, moitié artificiel d'Aurélie l'affligeait trop. Il ressentait avec elle les tortures d'une malheureuse surexcitation ; ses idées se brouillaient, son sang s'agitait fiévreusement.

Elle s'était levée, et marchait dans la chambre. « Je me répète, s'écria-t-elle, toutes les raisons qui me disaient de ne pas l'aimer. Je sais aussi qu'il n'en était pas digne. Je détourne mon cœur vers tel ou tel objet, je m'occupe à mille choses indifférentes. Tantôt j'apprends un rôle que je n'ai pas à jouer ; j'en reprends d'anciens que je connais à fond, je les réétudie isolément, je travaille, je travaille... Mon ami, mon confident, quelle horrible besogne de se séparer violemment de soi-même ! Ma raison en souffre ; mes idées s'exaltent ; pour me sauver de la démence, je m'abandonne de nouveau à ma pensée favorite : je l'aime... Oui, je l'aime, je l'aime ! s'écria-t-elle en laissant éclater ses sanglots ; je l'aime, et je veux mourir en l'aimant ! »

Il lui saisit la main et la supplia de ne pas se torturer ainsi. « Oh ! dit-il, chose étrange, que la réalisation non-seulement de l'impossible, mais souvent du possible, soit refusée à l'homme ! Vous n'étiez pas destinée à trouver un cœur fidèle, qui vous aurait rendue parfaitement heureuse. Moi, j'étais destiné à attacher tout le bonheur de ma vie à une infortunée que le poids de ma fidélité a jetée à terre comme un roseau, et a brisée peut-être. »

Il avait confié à Aurélie le récit de ses relations avec Marianne, et pouvait y faire allusion dans ce moment.

27.

Elle le regarda fixement et lui demanda : « Pourriez-vous dire que vous n'avez encore trompé aucune femme, que vous n'avez jamais cherché à gagner ses faveurs par une frivole galanterie, par des serments séducteurs, par des déclarations téméraires?

— Je le peux, répondit Wilhelm, et cela sans en tirer vanité ; car ma vie a été très-simple, et je me suis trouvé rarement pris par la tentation de tenter. Et quel avertissement pour moi, ma belle, ma noble amie, que le triste état dans lequel je vous vois plongée ! Recevez de moi un vœu, bien conforme à l'état de mon cœur, qui se formule en moi sous l'influence de l'émotion que vous me communiquez, et qui se sanctifie par la circonstance. Je repousserai toute inclination passagère, et je renfermerai au fond de mon cœur les passions les plus sérieuses ; nul être féminin ne verra sortir de mes lèvres l'aveu de mon amour, que celui à qui je pourrai consacrer ma vie entière ! »

Elle lui jeta un regard de farouche indifférence, et recula de quelques pas lorsqu'il lui tendit la main. « Cela importe peu ! s'écria-t-elle. Quelques larmes de femme de plus ou de moins, cela ne grossira pas la mer. Cependant, poursuivit-elle, sur des milliers une de sauvée, c'est toujours quelque chose ; sur des milliers, un sincère de trouvé, cela vaut la peine ! Mais savez-vous bien ce que vous promettez?

— Je le sais, répondit Wilhelm en souriant et lui tendant la main.

— J'accepte, » répliqua-t-elle ; et elle fit un mouvement de la main droite, de sorte que Wilhelm crut qu'elle allait serrer la sienne ; mais elle la porta rapidement à sa poche, en tira le poignard avec la rapidité de l'éclair, et en passa la pointe et le tranchant sur la main de Wilhelm. Elle le retira presque à l'instant, mais déjà le sang coulait.

« Il faut vous marquer rudement, vous autres hommes, pour que vous vous en aperceviez! » s'écria-t-elle avec une joie sauvage qui se transforma bientôt en un tendre empressement. Elle prit son mouchoir et enveloppa la main de Wilhelm pour étancher le premier sang. « Pardonnez à une femme à moitié folle, lui dit-elle, et ne regrettez pas ces gouttes de sang. Je suis calmée, je suis revenue à moi. Je veux demander mon pardon à genoux; laissez-moi la consolation de vous guérir. »

Elle courut à son armoire, y prit de la toile et quelques objets, arrêta le sang et examina soigneusement la blessure. L'incision traversait la paume en partant de la base du pouce, coupant la ligne de vie et se prolongeant jusqu'au petit doigt. Elle le pansait sans rien dire, plongée dans une profonde rêverie. Plusieurs fois Wilhelm lui demanda : « Ma chère, comment avez-vous pu faire du mal à votre ami?

— Silence, répondit-elle, en se posant le doigt sur la bouche, silence! »

LIVRE V

CHAPITRE PREMIER

A ses deux blessures à peine guéries Wilhelm en avait donc une troisième à ajouter, qui ne lui était pas moins incommode : Aurélie ne voulut point permettre qu'il fît venir un chirurgien ; elle le pansait elle-même, entremêlant cette opération de discours étranges, de cérémonies et de sentences, le mettant de la sorte dans une fort pénible situation. Ce n'était pas du reste lui seul, mais toutes les autres personnes de son entourage qui avaient à souffrir de son inquiétude et de ses singularités ; mais nul n'y était plus exposé que le petit Félix. Cet enfant pétulant supportait impatiemment cette pression, et se montrait d'autant plus impertinent qu'elle le réprimandait et le redressait davantage.

Ce garçon se plaisait à certaines singularités que l'on appelle habituellement mauvaises manières, et qu'elle n'entendait en aucune façon lui passer. Par exemple, il buvait plus volontiers à la bouteille que dans un verre et les mets lui plaisaient visiblement davantage lorsqu'il les puisait au plat que lorsqu'on les posait sur son assiette. De pareils procédés n'étaient pas tolérés, et, lorsqu'il laissait les portes ouvertes ou les battait, lorsque, sur un ordre donné, il restait en place ou s'enfuyait brusquement, il lui fallait écouter une longue réprimande sans qu'il en restât aucune trace et amélioration : tout au contraire, son affection pour Aurélie paraissait s'effacer de jour en jour ; il n'y avait rien de tendre dans sa voix lorsqu'il lui disait « Mère. » Au contraire il était passionné pour sa vieille nourrice, qui lui permettait toutes ses volontés.

Mais celle-ci était devenue si malade depuis quelque temps, qu'on avait dû la transporter dans une chambre tranquille hors de la maison, et Félix se serait trouvé absolument seul si Mignon ne lui était apparue comme un un ange tutélaire. Ces deux enfants s'amusaient très-gentiment tous deux ; elle lui apprenait de petits *Lieder*, et lui, qui possédait une excellente mémoire, les récitait au grand étonnement des auditeurs. Elle voulut aussi lui expliquer les cartes géographiques qu'elle étudiait toujours, mais pas précisément selon la meilleure méthode. Ce qui l'intéressait le plus particulièrement dans les pays, c'était de savoir s'ils étaient froids ou chauds. Elle savait fort bien rendre compte des pôles, des effroyables glaces qu'on y rencontre et de la chaleur qui s'accroît à mesure que l'on s'en éloigne. Lorsque quelqu'un voyageait, elle ne lui demandait qu'une seule chose, s'il allait vers le nord ou le sud, et elle s'efforçait à trouver son itinéraire sur ses petites cartes. C'était surtout lorsque Wilhelm parlait de voyages qu'elle se montrait attentive, et elle semblait toujours chagrine dès que la conversation passait à un autre sujet. On ne pouvait lui persuader d'apprendre un rôle ou même d'aller au théâtre lorsqu'on y jouait; mais, par contre, elle apprenait volontiers par cœur des odes et des *Lieder* et excitait la surprise générale lorsque, sans préparation et à l'improviste, elle déclamait quelque morceau de ce genre de la façon la plus sérieuse et la plus solennelle.

Serlo, qui était habitué à observer chaque trace d'un talent en germe, chercha à l'encourager; mais ce qui surtout la lui faisait aimer était son chant gracieux, varié, quelquefois même gai; c'est de cette façon que le harpiste avait également gagné sa faveur.

Serlo, sans avoir lui-même le génie de la musique, sans jouer d'aucun instrument, savait en apprécier la haute valeur; il cherchait à se procurer le plus souvent possible cette jouissance, à laquelle aucune autre n'est comparable. Il y avait une fois par semaine concert chez lui, et, grâce à Mignon, au harpiste et à Laertes, qui était assez fort sur le violon, il s'était formé un petit orchestre de chambre assez original.

Il disait habituellement : « L'homme est si disposé à s'adonner aux choses vulgaires, l'esprit et les sens s'émoussent si facilement à l'endroit des impressions du beau et du parfait, qu'on doit entretenir en soi, par tous les moyens, la faculté de les sentir. Personne ne peut s'abstenir entièrement de ces jouissances, et ce n'est que par le manque d'habitude de goûter de belles choses que beaucoup de gens prennent du plaisir à des niaiseries ou à des absurdités, pourvu qu'elles soient nouvelles. On devrait, ajoutait-il, entendre tous les jours un petit *Lied*, lire une bonne pièce de vers, voir un excellent tableau, et, si cela était possible, dire quelques phrases raisonnables. »

Avec ces dispositions, qui étaient en quelque sorte naturelles à Serlo, les personnes qui l'entouraient ne pouvaient manquer de se divertir agréablement. Au milieu de cette aimable existence, on apporta un jour à Wilhelm une lettre cachetée de noir. Le cachet de Werner présageait une triste nouvelle, et son effroi fut grand lorsqu'il y lut, annoncée en peu de mots, la nouvelle de la mort de son père. Il avait quitté ce monde à la suite d'une courte et soudaine maladie, et laissé les affaires de sa famille parfaitement en ordre.

Cette nouvelle inattendue blessa profondément Wilhelm. Il sentit alors combien on néglige souvent ses amis et ses proches tant qu'ils jouissent avec nous de la demeure terrestre, et comme on regrette son indifférence alors que ces liens sont rompus, au moins pour cette fois; ce qui put adoucir la douleur qu'il éprouva de la mort subite de ce brave homme fut l'idée qu'il avait peu aimé dans ce monde et la persuasion qu'il y avait peu joui.

Les pensées de Wilhelm se tournèrent bientôt sur ses

propres affaires, et il ne le fit pas sans une certaine inquiétude. L'homme ne peut se trouver dans une position plus dangereuse que lorsque des circonstances extérieures viennent apporter une grande perturbation dans sa situation, sans que sa manière de penser et de sentir y soit préparée. C'est alors un changement sans changement, et la contradiction se marque d'autant plus que l'homme s'aperçoit moins qu'il n'est point encore assimilé à son nouvel état.

Wilhelm se voyait libre dans un moment où il n'était pas encore d'accord avec lui-même. Ses principes étaient nobles, ses vues pures, et ses projets paraissent fort admissibles. Il pouvait s'avouer cela à lui-même en toute confiance; mais il avait eu assez l'occasion de remarquer que l'expérience lui manquait, et par suite il accordait une valeur exagérée à l'expérience des autres et aux résultats qu'ils en déduisaient avec conviction, ce qui l'enfonçait de plus en plus dans l'erreur. Ce qui lui manquait, il crut pouvoir l'acquérir tout d'un coup en se mettant à retenir et à recueillir tout ce qu'il rencontrerait de remarquable dans les livres ou la conversation. Il transcrivit de la sorte les réflexions et les idées d'autrui et les siennes propres, même des conversations entières qui l'avaient intéressé; malheureusement, par ce procédé il fixait le faux comme le vrai, s'attachait trop longtemps à une idée isolée, on pourrait dire à une sentence, et perdait sa manière propre d'agir et de penser à force de tourner en satellite autour des clartés étrangères. L'amertume d'Aurélie et la froide désillusion de Laertes égarèrent trop souvent son jugement; mais personne ne lui avait été plus nuisible que Jarno, homme dont la lumineuse raison appliquait toujours un jugement impartial et sévère aux événements présents, mais qui avait le défaut de formuler ses jugements particuliers d'une manière générale, tandis que les arrêts de la raison n'ont de valeur que pour une seule fois et pour une espèce déterminée, et deviennent faux si on les applique au cas le plus voisin.

Ainsi Wilhelm, en cherchant à se mettre d'accord avec lui-même, s'éloignait de plus en plus de ce salutaire accord ; et, grâce à ce désordre, il fut d'autant plus facile à ses passions d'utiliser à leur profit tous ces préparatifs et l'abuser de plus en plus sur ce qu'il avait à faire.

Serlo tourna à son avantage la nouvelle funèbre; en effet, il avait chaque jour plus de raison de chercher à réorganiser son théâtre. Il lui fallait ou renouveler ses anciens engagements, ce dont il n'avait guère envie, la plupart des comédiens qui se considéraient comme indispensables devenant de plus en plus insupportables, ou bien, ce qui lui souriait davantage, donner à la troupe une figure toute nouvelle.

Sans opérer directement de pression sur Wilhelm, il suscita Aurélie et Philine : les autres comédiens, qui aspiraient après un engagement, ne laissaient pour ainsi dire pas de repos à notre ami, de sorte qu'il se trouva fort embarrassé et forcé de se décider. Qui aurait pensé qu'une lettre de Werner, écrite dans un sens entièrement opposé, dût l'amener à prendre enfin une résolution ? En supprimant les préliminaires, nous allons donner cette lettre presque textuellement.

CHAPITRE II

« Cela est, et cela doit être sans doute, que chacun s'occupe de ses affaires à chaque moment et mette en œuvre son activité. Le pauvre vieillard était à peine éteint, que, dès le premier quart d'heure, rien dans la maison ne marchait plus selon ses idées. Amis, connaissances, parents, se pressaient en foule, et principalement cette sorte de gens qui ont toujours à gagner dans de pareilles circonstances. On apportait, on emportait, on comptait, on inscrivait, on calculait ; les uns allaient chercher du vin et des gâteaux, les autres buvaient et mangeaient ; personne ne paraissait plus occupé que les femmes, qui choisissaient leurs robes de deuil.

« Tu me pardonneras donc, mon ami, si dans cet état de choses j'ai aussi songé à mes intérêts, si je me suis montré aussi officieux et aussi empressé que possible auprès de ta sœur, et si je lui ai laissé entendre, au moment convenable toutefois, que notre affaire était d'accélérer une union que nos pères avaient retardée jusque-là par des raisons de détail.

« Mais tu ne penses certes pas que nous ayons eu l'idée de prendre possession de la grande maison vide ; nous sommes trop modestes et trop raisonnables pour cela. Écoute notre plan : aussitôt après le mariage, ta sœur s'installe dans notre maison, et ta mère avec elle.

« Comment cela est-il possible? diras-tu ; vous avez à peine place pour vous dans le nid. Là est l'art, mon ami ; un arrangement habile rend tout possible, et tu ne croirais pas comme on trouve de la place quand on n'a besoin que de peu d'espace. Nous vendrons la grande maison, pour laquelle il se présente déjà un excellent acquéreur. L'argent qu'on en tirera rapportera un intérêt centuple.

« J'espère que tu consens à tout cela, et je désire que tu n'aies pas hérité des stériles manies de ton père et de ton grand-père. Celui-ci mettait son suprême bonheur dans une foule d'objets d'art sans apparence, dont personne, je dis personne, ne pouvait jouir avec lui. Celui-là vivait au milieu d'une riche installation, dont il ne laissait jouir personne avec lui. Nous voulons faire tout autrement, et je compte sur ton approbation.

« Il est vrai que je n'ai moi-même dans toute notre maison d'autre place que celle de mon pupitre, et je ne vois pas encore où l'on mettra plus tard un berceau ; mais, par contre, la place ne manque pas au dehors de la maison. Les cafés et les clubs pour l'homme, les promenades à pied et en voiture pour la femme, et les jolis lieux d'agrément à la campagne pour tous les deux. Un des plus grands avantages de tout cela, c'est que notre table ronde est toute garnie, et qu'il ne sera plus possible à mon père d'y amener des amis qui parlent de lui d'autant plus légèrement qu'il s'est donné plus de mal pour les traiter.

« Rien de superflu à la maison ; pas trop de meubles et d'ustensiles, pas de voitures et pas de chevaux ! Rien que de l'argent, et nous faisons chaque jour raisonnablement ce qui nous convient. Pas de garde-robe ; avoir toujours sur soi son dernier et son plus beau vêtement. L'homme peut user son habit et la femme vendre sa robe au fripier lorsque la mode change. Rien ne m'est plus insupportable que ces vieux fouillis ; si l'on m'offrait de me donner la plus rare pierre précieuse à la condition de la porter toujours au doigt, je ne l'accepterais pas ; comment peut-on penser avec plaisir qu'on a entre les mains un capital mort ? Voici donc ma joyeuse profession de foi : faire ses affaires, gagner de l'argent, s'amuser avec les siens, ne s'occuper du reste du monde qu'autant qu'on peut en tirer profit.

« Mais tu me diras peut-être : Qu'avez-vous imaginé pour moi dans votre beau plan ? Où vais-je me loger, si vous vendez la maison paternelle, et si vous ne laissez pas la moindre place libre dans la vôtre ?

« C'est assurément là le point principal, mon cher petit frère, sur lequel je t'éclairerai tout à l'heure, lorsque je t'aurai préalablement décerné les éloges que mérite l'excellent emploi de ton temps.

« Dis-moi un peu, comment t'y es-tu pris pour devenir en quelques semaines si savant en tant de choses utiles et intéressantes? Quoique je te connusse bien des aptitudes, je ne t'aurais pas cru capable d'une telle application et d'une telle attention. Ton journal nous a prouvé que tu as voyagé avec fruit ; la description des forges et des fonderies de fer et de cuivre est excellente et indique une grande connaissance de la chose. Je les ai visitées autrefois ; mais ma relation, si je la mets à côté de la tienne, paraît bien inférieure et bien faible. La lettre sur la fabrication de la toile est instructive, et les observations sur la concurrence sont fort justes. Il y a quelques endroits où tu as fait quelques erreurs d'addition, fort pardonnables, du reste.

« Mais ce qui nous a fait le plus de plaisir, à mon père et à moi, ce sont tes aperçus profonds sur l'agriculture, et principalement sur l'amendement des biens de la terre. Nous avons l'idée d'acheter, dans une contrée fertile, un bien qui se trouve actuellement sous séquestre. Nous y emploierons la somme rendue disponible par la vente de la maison paternelle ; nous en libérerons une partie et nous laisserons l'autre telle quelle ; nous comptons sur toi pour que tu t'y établisses, que tu présides aux améliorations, et, sans exagérer, l'on peut espérer que le bien aura triplé de valeur au bout de quelques années. On le revend, on en rachète un plus grand, on améliore celui-ci et on le revend encore ; tu es notre homme pour cela. Pendant ce temps nos plumes ne resteront pas oisives au logis, et nous nous trouverons bientôt dans une situation fort enviable.

« Et maintenant, adieu ! Jouis de la vie en voyage, et

va où tu crois qu'il soit agréable et utile d'aller. Nous n'avons pas besoin de toi avant six mois; tu peux donc courir le monde à ta fantaisie : c'est en voyage qu'un homme habile se forme le mieux. Adieu, je me félicite, étant si étroitement lié avec toi, d'être rattaché à toi par l'esprit d'activité. »

Si bien écrite que fût cette lettre, si pleine qu'elle fût de vérités économiques, elle déplut cependant à Wilhelm de bien des façons. Cet éloge qu'il recevait pour ses feintes connaissances statistiques, technologiques et agricoles était pour lui un secret reproche ; l'idéal que son beau-frère lui traçait du bonheur de la vie bourgeoise ne l'enchantait nullement ; un sentiment intérieur de contradiction le jetait au contraire du côté opposé. Il se persuada ne pouvoir atteindre que sur le théâtre le développement auquel il aspirait, et parut d'autant plus affermi dans sa résolution que Werner, sans s'en douter, était devenu son plus violent opposant. Là-dessus, il rassembla tous ses arguments et se confirma dans ses opinions d'autant plus fortement qu'il crut avoir plus de raisons de les présenter au sage Werner sous un jour favorable ; c'est dans ce sens que fut conçue la réponse que nous transcrivons également.

CHAPITRE III

« Ta lettre est si bien écrite, si judicieusement et si finement pensée, qu'il ne reste rien à y ajouter. Mais tu me pardonneras si je te dis qu'on peut penser, soutenir, faire tout le contraire, et cependant avoir également raison. Ta manière d'être et de penser aboutit à une richesse sans bornes et à une existence facile et joyeuse, et j'ai à peine besoin de te dire que je n'y trouve rien qui me charme.

« Je dois d'abord t'avouer humblement que mon journal a été extrait, pour me soumettre au désir de mon père, de différents ouvrages et avec le secours d'un ami ; que je sais, il est vrai, les choses que contiennent ces livres et bien d'autres du même genre, mais que je n'y comprends rien et je n'essayerai pas d'y rien comprendre. Que m'importe de fabriquer de bon fer, si mon propre cœur est plein de scories ? Que m'importe de bien administrer une terre, si je ne peux m'entendre avec moi-même ?

« Pour te dire tout en un mot, me développer moi-même, tel que je suis né, a été vaguement, dès ma jeunesse, le but de mes désirs et de mes projets. Je nourris encore aujourd'hui les mêmes sentiments ; mais je vois plus clairement les moyens qui m'en rendront l'exécution possible. J'ai vu plus de monde que tu crois, et en ai tiré plus de profit que tu ne penses. Prête donc quelque attention à ce que je dis, quoique cela ne soit précisément pas dans tes idées.

« Si j'étais noble, notre discussion serait bientôt terminée ; mais, comme je ne suis qu'un bourgeois, je dois suivre une voie propre, et je désire que tu me comprennes bien. Je ne sais pas comment se passent les choses en pays étranger ; mais, en Allemagne, un noble seul peut atteindre un développement général, et, si j'ose dire, personnel. Un bourgeois peut acquérir du mérite et au besoin cultiver son esprit ; mais, qu'il fasse comme il voudra, sa personnalité disparaît entièrement. Tandis qu'un noble, qui vit avec les hommes les plus distingués, a pour devoir de s'élever lui-même à la forme la plus distinguée, cette forme devenant chez lui — à qui toutes les portes sont ouvertes, — une forme personnelle, puisqu'il doit payer de sa personne, de sa figure, soit à la cour, soit à l'armée, il a des motifs d'en faire grand cas et de montrer qu'il en fait cas. Une certaine grâce solennelle dans les choses vulgaires, une sorte d'amabilité légère dans les choses graves et importantes, lui siéent bien, parce qu'elles font voir que chez lui tout s'équilibre. C'est une personne publique, et plus ses mouvements sont élégants, plus sa voix est sonore, plus toute sa personne est contenue et mesurée, plus il approche de la perfection. S'il sait rester le même avec les petits et les grands, avec les parents et les amis, alors n'y a plus rien à lui ajouter, rien à désirer de plus en lui. Qu'il soit froid, mais sensé; dissimulé, mais prudent. S'il sait commander à sa physionomie à chaque moment de son existence, personne ne peut lui demander d'aller plus loin, et tout ce qu'il peut posséder de plus en lui et hors de lui, capacités, talent, richesse, ne compte plus que comme accessoire.

« Représente-toi maintenant un bourgeois qui penserait à élever quelque prétention à ces avantages; il échouerait fatalement de la façon la plus complète et il serait d'autant plus malheureux que sa nature lui donnerait une aptitude et un penchant pour cette manière d'être.

« Si le noble ne connaît pas de bornes dans la vie ordinaire, si on peut faire de lui un roi ou l'égal d'un roi, il peut se présenter partout devant ses pairs avec calme et assurance; il peut aller en avant, tandis que rien ne convient mieux au bourgeois que le sentiment secret et franc de la ligne de démarcation qui est tracée devant lui. Il ne doit pas dire: « Qui es-tu? » mais « Qu'as-tu? quelle intelligence, quelle connaissance, quelle aptitude, quel bien? » Si le noble donne tout en présentant sa personne, le bourgeois ne donne rien et ne doit rien donner par sa personnalité. Celui-là peut et doit paraître; celui-ci ne doit qu'être, et, lorsqu'il veut paraître, il est ridicule et absurde. Celui-là doit faire et agir, celui-ci fournir et travailler; il doit développer des aptitudes uniques afin d'être utile, et c'est une chose prévue d'avance qu'il n'y aura pas d'harmonie dans son être, parce que, pour se rendre utile dans une branche, il doit abandonner tout le reste.

« Cette différence, la faute n'en est pas aux usurpations des nobles ni à la condescendance des bourgeois, mais à la constitution même de la société. Si quelque chose changera là dedans, et quelle chose changera, cela m'inquiète peu ; le fait est qu'en admettant les choses telles qu'elles sont, j'ai à songer à moi, et aux moyens de me sauver et d'obtenir ce qui est pour moi d'une absolue nécessité.

« Enfin, j'éprouve un entraînement irrésistible vers ce perfectionnement harmonique de ma nature, que me refuse ma naissance. Depuis que je t'ai quitté, j'ai beaucoup gagné par les exercices du corps; je me suis débarrassé en grande partie de ma contrainte habituelle, et je me présente assez bien. J'ai corrigé mon langage et ma voix, et je puis dire sans vanité que je ne déplais pas dans le monde. Maintenant je ne te cacherai pas que mon désir d'être un personnage public, de plaire et d'agir dans un cercle plus vaste, devient chaque jour plus invincible : ajoute à cela mon penchant pour la poésie et tout ce qui s'y rapporte, le besoin de cultiver mon esprit et mon goût, afin que peu à peu, dans cette jouissance dont je ne puis me passer, je ne considère réellement que le beau pour beau et le bien pour bien. Tu le vois donc, ce n'est que sur le théâtre que je peux trouver tout cela, ce n'est que dans cet élément que je peux atteindre mon but et me perfectionner. Sur les planches, l'homme cultivé apparaît dans son éclat aussi personnellement que dans les hautes classes ; l'esprit et le corps doivent dans chaque mouvement marcher le même pas, et j'y serai, j'y paraîtrai aussi bon que n'importe qui. Si je cherche à côté de cela des occupations, il y a là dedans assez de tracas matériels pour exercer journellement ma patience.

« Ne discute pas avec moi là-dessus ; car, avant que tu m'aies écrit, le pas sera fait. Pour obéir aux préjugés régnants, je changerai mon nom, et même, sans cela, je rougirais de me présenter sous le nom de *Meister*. Adieu. Notre fortune est dans de si bonnes mains que je ne m'en inquiète nullement : ce dont je pourrai avoir besoin, je te le demanderai ; ce sera peu de chose, car j'espère que l'art me nourrira. »

La lettre était à peine expédiée que Wilhelm tint sa parole, et, à la grande surprise de Serlo et des autres, déclara qu'il se vouait à l'état de comédien et qu'il désirait contracter un engagement à des conditions raisonnables. On fut bientôt d'accord, car Serlo avait déjà assuré que Wilhlem et ses compagnons n'auraient pas à se plaindre. Toute la malheureuse troupe dont nous avons eu à nous occuper si longtemps fut reçue en masse, sans cependant que personne, à l'exception de Laertes, en montrât aucune gratitude à Wilhelm. Comme ils avaient demandé sans confiance, ils reçurent sans reconnaissance. La plupart crurent plutôt devoir leur admission à l'influence de Philine, et lui adressèrent leurs remerciments. Pendant ce temps les contrats furent rédigés et signés, et par une inexplicable association d'idées, au moment où Wilhelm inscrivit son pseudonyme, son imagination le reporta à cette clairière, où il gisait blessé sur les genoux de Philine. Montée sur son cheval blanc, l'aimable amazone sortit du taillis, s'approcha de lui et mit pied à terre. Dans son ardeur complaisante, elle allait et venait ; enfin elle s'arrêta devant lui. Le manteau tomba de ses épaules, son visage, sa personne rayonnèrent ; puis elle disparut. Il traça son nom machinalement sans savoir ce qu'il faisait, et ce ne fut qu'après avoir signé, qu'il s'aperçut que Mignon se trouvait à son côté, le tenait par le bras et avait doucement essayé de lui retenir la main.

CHAPITRE IV

Une des conditions sous lesquelles Wilhelm se consacrait au théâtre avait été l'objet de quelques restrictions de la part de Serlo. L'un voulait qu'*Hamlet* fût joué en entier et sans coupures, et l'autre n'accéda à cette singulière demande qu'autant qu'elle serait possible. Ils avaient eu jusque-là mainte discussion à ce sujet ; car, sur ce qui est possible et ce qui ne l'est pas, sur ce qu'on peut ôter de la pièce sans la mutiler, leurs opinions étaient fort différentes.

Wilhelm se trouvait encore à cet âge heureux où l'on ne peut pas admettre qu'une femme aimée, qu'un auteur vénéré puissent être défectueux d'une manière quelconque. Notre sensibilité est telle, si d'accord avec elle-même, que nous supposons en eux une harmonie semblable. Serlo au contraire décomposait volontiers, trop volontiers ; sa raison pénétrante ne voyait habituellement dans une œuvre d'art qu'un tout plus ou moins imparfait. Il trouvait qu'il y a peu de raisons de respecter si scrupuleusement les pièces ; Shakespeare, et surtout son *Hamlet*, eurent beaucoup à souffrir de cette manière de voir.

Wilhelm ne voulait rien entendre lorsque Serlo lui parlait de séparer le grain de la balle. « Ce n'est pas un mélange de balle et de grain, s'écriait le premier, c'est un tronc, des branches, des rameaux, des feuilles, des boutons, des fleurs et des fruits. L'unité ne provient-elle pas de la multiplicité ? » L'autre disait qu'on ne sert pas un arbre tout entier sur une table; que l'artiste doit offrir à ses hôtes des pommes d'or sur des plats d'argent. Ils s'épuisaient en comparaisons, et leurs opinions semblaient diverger de plus en plus.

Notre ami allait désespérer, lorsqu'un jour Serlo, après une longue discussion, lui proposa le moyen le plus simple, c'est-à-dire de se décider promptement à prendre la plume, et à rayer dans le drame les morceaux qui ne pouvaient pas aller, de condenser plusieurs personnages en un seul, et, s'il ne se croyait pas assez habile pour cette opération, ou n'avait pas le courage de l'entreprendre, lui offrit de se charger de ce travail, qui serait bientôt terminé.

« Cela n'est pas conforme à nos conventions, dit Wilhelm, comment pouvez-vous, avec tant de goût, être si léger?

— Mon ami, s'écria Serlo, vous le deviendrez aussi. Je ne reconnais que trop l'odieux de ce procédé, qui n'a peut-être été encore employé dans aucun théâtre du monde. Mais aussi en est-il un moins surveillé que le nôtre? Les auteurs nous forcent à ces rebutantes mutilations, et le public les autorise. Combien de pièces n'avons-nous pas qui dépassent la mesure du personnel, des décorations, des machines, du temps, du dialogue et de la force physique des acteurs ! Et cependant il nous faut jouer, toujours jouer et toujours du nouveau. Ne devons-nous pas profiter de nos avantages, si nous réussissons mieux avec une pièce mutilée qu'avec la pièce complète. Le public lui-même nous en donne le droit. Peu d'Allemands, et sans doute peu d'hommes dans les nations modernes, ont le sentiment d'un tout esthétique ; ils louent et critiquent par place ; ils s'enthousiasment par place, et pour qui ces louanges sont-elles plus flatteuses que pour le comédien, car le théâtre n'est au fond qu'un objet fait de pièces et de morceaux?

— Il l'est, répliqua Wilhelm, mais doit-il l'être toujours? Doit-il toujours rester ce qu'il est? N'essayez pas de me persuader que vous avez raison ; car aucune force au monde ne pourra me contraindre à remplir un engagement que je n'aurais signé qu'avec la plus grossière erreur. »

Serlo donna à la chose une tournure plaisante et conseilla à Wilhelm de méditer encore une fois leurs fréquentes conversations au sujet d'*Hamlet*, et de chercher lui-même les meilleurs moyens de le remanier.

Après quelques jours de retraite, Wilhelm revint l'air joyeux. « Je me trompe fort, s'écria-t-il, si je n'ai pas trouvé la manière de condenser le tout; je suis persuadé que Shakespeare en aurait fait autant, si son génie n'était pas si préoccupé de l'objet principal, et s'il n'avait pas souvent été entraîné par les nouvelles d'après lesquelles il composait.

— Écoutons, dit Serlo en s'asseyant gravement sur le canapé; je prêterai une oreille attentive, mais pour juger d'autant plus sévèrement. »

Wilhelm répondit: « Je ne crains rien, écoutez. Après l'examen le plus approfondi, après les méditations les plus mûries, je fais deux parts de la composition de cette pièce : dans la première je mets les grands et intimes rapports des personnes et des événements, les puissants effets qui naissent du caractère et des actions des figures principales. Ces effets sont excellents, et la suite dans laquelle ils sont présentés ne gagnerait rien à être touchée. Nul remaniement ne pourrait les détruire; c'est à peine s'il les défigurerait. C'est là ce que chacun désire voir, ce que personne n'ose toucher, ce qui s'imprime profondément dans l'âme, et ce que l'on a, je pense, introduit partout dans le théâtre allemand. Mais où l'on s'est trompé, je crois, c'est en considérant comme trop peu importante la seconde part, — et c'est celle qui est la plus remarquable dans cette pièce; — je veux dire les rapports extérieurs de personnages, qui les font passer d'un lieu dans un autre, les unissent de telle ou telle façon par des événements imprévus ; on n'en a parlé qu'accidentellement, ou même on les laisse entièrement de côté. Sans doute ces fils sont ténus ou lâches ; mais ils traversent toute la pièce, maintiennent ce qui tomberait en morceaux et qui tombe effectivement quand on tranche ces fils, et qu'on croit avoir tout fait quand on laisse subsister les extrémités.

« Au nombre de ces événements extérieurs je place les troubles de Norwége, la guerre avec le jeune Fortinbras, l'ambassade au vieil oncle, la querelle apaisée, l'expédition du jeune Fortinbras en Pologne et son retour à la fin; pareillement le retour d'Horatio, venant de Wittenberg; le désir d'Hamlet d'y aller également, le voyage de Laertes en France, son retour, l'envoi d'Hamlet en Angleterre, sa captivité chez les pirates, la mort des deux courtisans lors de la lettre d'Urie : ce sont là des circonstances et des événements qui allongent et élargissent le cadre d'un roman, mais qui nuisent extrêmement à l'unité de la pièce, surtout de celle-ci où le héros n'a pas de plan suivi, et la rendent fort défectueuse.

— J'ai plaisir à vous entendre parler ainsi ! s'écria Serlo.

— Ne m'interrompez pas, répliqua Wilhelm, vous pourriez bien ne pas m'approuver sur tous les points. Ces fautes sont les échafaudages volants d'un édifice, qu'on ne peut retirer avant d'avoir construit dessous un mur d'appui. Mon projet est donc de ne pas toucher aux grandes situations que j'ai indiquées en premier lieu, de les respecter, au contraire, autant que possible dans l'ensemble et le détail, mais, quant aux seconds motifs extérieurs, isolés, désordonnés et gênants, de les rejeter en masse et de leur en substituer un unique.

— Et ce serait ? demanda Serlo en quittant son attitude de repos.

— Ce motif se trouve déjà dans la pièce, répondit Wilhelm, seulement j'en fais l'usage qui convient. Ce sont les troubles de Norwége. Vous allez juger mon plan.

« A la mort du vieil Hamlet, les Norwégiens, récemment conquis, se soulèvent. Le souverain actuel leur envoie en Danemark son fils Haratio, ancien camarade d'école d'Hamlet, mais qui a surpassé tous les autres en bravoure et en sagesse ; il va activer l'armement de la flotte qui ne s'opère que lentement sous le nouveau roi, adonné aux plaisirs. Horatio connaissait le vieux roi, car il a assisté à sa dernière bataille ; il était en faveur auprès de lui, et la première apparition du spectre n'y perdra rien. Le nouveau roi donne aussitôt audience à Horatio, et envoie Laertes en Norwége annoncer que la flotte partira bientôt, tandis qu'Horatio est chargé d'en presser l'armement. Mais la mère d'Hamlet ne veut pas permettre que son fils s'embarque avec Horatio, comme il le désirait.

— Dieu merci ! s'écria Serlo, nous voilà délivrés de Wittenberg et de l'université, qui étaient toujours un fâcheux écueil. Je trouve votre idée fort bonne : car, en dehors de deux objets isolés et invisibles, la Norwége et la flotte, le spectateur n'a rien à imaginer ; tout le reste il le voit, cela lui passe devant les yeux, au lieu qu'auparavant son imagination était promenée d'un bout du monde à l'autre.

— Vous voyez facilement, reprit Wilhelm, comment je puis maintenant rattacher le reste. Lorsque Hamlet découvre à Horatio le forfait de son beau-père, son ami lui conseille de le suivre en Norwége, de gagner les troupes et de revenir chez lui les armes à la main. Comme Hamlet est un être dangereux pour le roi et pour la reine, ils n'ont pas de moyen plus simple de l'en délivrer que de l'envoyer à la flotte, et de lui donner pour surveillants Rosenkranz et Guldenstern ; et comme Laertes revient pendant ce temps, ce jeune homme exalté jusqu'au meurtre est envoyé contre lui. Les vents contraires ont retenu la flotte ; Hamlet revient encore, son excursion au cimetière peut se motiver heureusement : sa rencontre avec Laertes sur la tombe d'Ophélie est une circonstance indispensable.

« Là-dessus le roi pensera que le mieux est de se débarrasser sur-le-champ d'Hamlet ; la fête du départ, la feinte réconciliation avec Laertes ont lieu avec une grande solennité, puis vient le tournoi, où combattent Hamlet et Laertes. Je ne peux terminer la pièce sans les quatre cadavres, il ne doit plus rester personne. Le peuple ayant reconquis son droit d'élection, Hamlet mourant donne sa voix à Horatio.

— Allons, vite, dit Serlo, mettez-vous à la pièce et travaillez ; votre idée a toute mon approbation ; mais que votre ardeur ne se passe pas en fumée. »

CHAPITRE V

Wilhelm s'était depuis longtemps occupé d'une traduction de Hamlet ; il s'était servi pour cela de l'intelligent travail de Wieland, qui lui avait fait connaître d'abord Shakespeare. Il avait ajouté ce que celui-ci avait omis, et se trouvait de la sorte en possession d'un exemplaire complet au moment où il venait de se mettre si bien d'accord avec Serlo sur l'arrangement de la pièce. Il commença alors à couper et à rajouter, à séparer et à réunir, à transposer, puis à restituer ; car, si content qu'il fût de son idée, il lui semblait toujours, en la mettant à exécution, qu'il ne ferait que gâter l'original.

Dès qu'il eut fini, il lut l'ouvrage devant Serlo et le reste de la troupe. Ils se montrèrent fort satisfaits ; Serlo, particulièrement, fit plusieurs réflexions favorables.

« Vous avez fort bien senti, dit-il entre autres choses, que des circonstances étrangères accompagnent cette pièce; mais elles doivent être présentées plus simplement que ne l'a fait le grand poëte. Ce qui se passe hors du théâtre, ce que le spectateur ne voit pas, ce qu'il doit se représenter, est comme un fond sur lequel se meuvent les figures. La grande et simple perspective de la flotte et de la Norwége fera beaucoup de bien à la pièce ; si on l'enlève, il ne reste plus qu'un drame intime, et cette grande idée qu'une maison royale périt par le parricide et le désordre ne serait pas représentée dans toute sa dignité. Mais si ce fond restait bizarre, tumultueux, confus, il ferait tort à l'impression que doivent produire les figures. »

Wilhelm prit de nouveau parti pour Shakespeare, et démontra qu'il écrivait pour des insulaires, des Anglais, qui sont accoutumés à ne voir comme toile de fond que vaisseaux et voyages en mer, les côtes de France et les corsaires, et que ce qui est une chose ordinaire pour eux nous trouble et nous déroute.

Serlo dut en convenir, et tous deux s'accordèrent sur ce point, que, la pièce étant destinée au théâtre allemand, ce fond, plus grave et plus simple, était préférable au génie de notre nation.

Les rôles étaient déjà distribués : Serlo prit celui de Polonius ; Aurélie, celui d'Ophélie ; Laertes avait le sien indiqué d'avance par son nom ; un jeune homme nouvellement arrivé, trapu et alerte, fut chargé de jouer Horatio ; les personnages du roi et du spectre causèrent quelque embarras. On n'avait que le Bourru pour les remplir tous les deux. Serlo proposa le pédant pour faire le roi ; Wilhelm protesta formellement. On ne pouvait en finir.

Wilhelm avait laissé subsister dans sa pièce les deux rôles de Rosenkranz et de Guldenstern. « Pourquoi ne les avez-vous réunis en un seul ? lui demanda Serlo ; cette abréviation serait bien simple à faire.

— Dieu me garde de pareilles abréviations, qui supprimeraient à la fois et le sens et l'effet ! s'écria Wilhelm. Ce que sont et ce que font ces deux hommes ne peut être représenté par un seul. C'est dans ces petits détails qu'éclate la grandeur de Shakespeare. Ces abords doucereux, ces courbettes et ces révérences, cette approbativité, ces flatteries et ces cajoleries, cet empressement, ces flagorneries, cette franche fourberie, cette incapacité, comment un seul individu pourrait-il exprimer cela ? Il en faudrait au moins une douzaine si on pouvait les avoir ; car ils ne sont quelque chose qu'en société, ils sont la société, et Shakespeare a été fort réservé et fort raisonnable de n'en avoir exposé que deux représentants. D'ailleurs j'en ai besoin dans mon arrangement ; c'est un couple qui fait contraste avec le bon, l'excellent Horatio, qui se trouve isolé.

— Je vous comprends, dit Serlo ; nous nous arrangerons. Nous donnerons l'un de ces rôles à Elmire, — c'est ainsi que s'appelait la fille aînée du Bourru, — cela ne peut nuire qu'ils aient bonne mine, et je veux parer mes poupées que ce sera plaisir à voir. »

Philine était ravie de faire la duchesse dans la petite comédie. «Je jouerai cela au naturel, s'écria-t-elle, comme quoi on se remarie bien vite après avoir extraordinairement aimé son premier époux. Je compte sur un grand succès, et chaque homme désirera être mon troisième. »

Aurélie fit mauvaise mine à cette plaisanterie ; son aversion pour Philine croissait de jour en jour.

« C'est bien dommage, dit Serlo, que nous n'ayons pas de ballet ; vous m'auriez dansé un *pas de deux* avec votre premier et votre second mari, le vieux s'endormant en mesure ; vos petits pieds et vos jolis mollets auraient été charmants sur le petit théâtre.

— Pour mes mollets, vous n'en savez pas grand'chose, répondit-elle d'un air moitié moqueur, moitié dédaigneux : pour ce qui est de mes petits pieds, dit-elle en se baissant sous la table pour ôter ses pantoufles, et les plaçant l'une à côté de l'autre devant Serlo, voici leurs socles et je vous défie d'en trouver de plus mignons.

— C'est vrai, ma foi, dit-il en considérant les mules élégantes. On chercherait longtemps quelque chose de plus fin. »

Ces mules venaient de Paris ; Philine les avait reçues de la comtesse dont le pied était célèbre.

« Charmant objet ! s'écria Serlo, le cœur me bat à les regarder.

— Quelle émotion ! dit Philine.

— Il n'y a rien au-dessus d'une paire de pantoufles d'un aussi fin travail, s'écria Serlo ; mais c'est encore plus ravissant à entendre qu'à voir. » Il les souleva et les laissa retomber alternativement sur la table.

« Que veut dire cela ? allons, rendez-les-moi ! s'écria Philine.

— Oserai-je le dire, répliqua-t-il avec une fausse réserve et un sérieux malin, nous autres garçons, qui sommes le plus souvent seuls la nuit, qui avons peur comme tout le monde, qui dans les ténèbres soupirons après une société, surtout dans les auberges et autres endroits étrangers, où l'on n'est pas toujours en sûreté, c'est une grande consolation pour nous quand une compatissante enfant vient nous donner assistance et nous tenir compagnie. Il fait nuit, on est dans son lit ; on entend un léger bruit, on tressaille, la porte s'ouvre, on reconnaît une chère petite voix qui chuchote ; quelque chose se glisse vers vous, les rideaux frémissent, clipp ! clapp ! les pantoufles tombent, et crac ! on n'est plus seul. Ah ! le bruit unique, adorable, les talons qui battent sur le parquet ! Plus ils sont fins, plus ils battent finement. Qu'on vienne me parler de Philomèle, des ruisseaux murmurants, des soupirs du vent et de tout ce que l'on a seriné et sifflé ; je m'en tiens à mon clipp ! clapp ! — Clipp ! clapp ! C'est le plus beau sujet d'un rondeau que l'on voudrait entendre toujours recommencer. »

Philine lui prit les pantoufles des mains, et lui dit : « Comme je les ai déformées ! Elles sont beaucoup trop larges pour moi. » Puis elle se mit à jouer avec, en frottant les semelles l'une contre l'autre. « Comme cela s'échauffe ! s'écria-t-elle en plaçant une semelle contre sa joue ; puis elle les frotta de nouveau et les tendit à Serlo. Il eut la naïveté de vouloir aussi sentir la chaleur ; et « clipp ! clapp ! » s'écria-t-elle en lui appliquant un bon coup avec le talon, et si fort, qu'il retira sa main en criant. « Je vous apprendrai à avoir d'autres idées en voyant mes pantoufles, dit Philine en riant.

— Et je t'apprendrai à traiter les vieux comme des jeunes gens ! » repartit Serlo. Il sauta de sa place, la saisit avec force et lui prit maint baiser qu'elle se laissa fort habilement ravir, tout en faisant une résistance sérieuse. Dans la lutte, ses longs cheveux se défirent et s'enroulèrent autour des combattants, la chaise tomba, et Aurélie, profondément blessée de ces inconvenances, sortit d'un air de dépit.

CHAPITRE VI

Bien que le remaniement d'*Hamlet* eût fait disparaître plusieurs personnages, le nombre en était encore assez grand, et la troupe semblait pouvoir à peine y suffire.

« Si cela va ainsi, dit Serlo, notre souffleur sera obligé de sortir de son trou, de se mêler à nous et de devenir un personnage.

— Je l'ai souvent admiré dans l'exercice de ses fonctions, répondit Wilhelm.

— Je ne crois pas qu'il y ait un souffleur plus accompli. Jamais un spectateur ne l'a entendu, et nous, sur le théâtre, nous saisissons chaque syllabe. Il s'est fait à cet usage pour ainsi dire un organe spécial, c'est un génie qui, dans la détresse, nous chuchote un murmure intelligible. Il sent quelle partie de son rôle l'acteur possède complétement, et devine de loin la place où la mémoire l'abandonnera. Dans certains cas, où j'avais à peine parcouru mon rôle, et où il me soufflait mot par mot, je me suis tiré d'affaire fort heureusement. Mais il a des singularités qui feraient rejeter tout autre que lui : il prend tant d'intérêt aux pièces que, sans déclamer exactement les passages pathétiques, il les récite avec une certaine émotion. Ce défaut m'a plusieurs fois fait tromper.

« De même qu'un jour, par une autre singularité, il me laissa dans l'embarras à un passage très-important.

— Comment cela est-il possible à un homme aussi attentif? demanda Wilhelm.

— Il est si ému à certains passages, dit Aurélie, que les larmes lui en coulent, et qu'il perd complétement contenance pendant quelques instants ; et ce n'est pas précisément les passages qu'on nomme émouvants qui le mettent dans cet état ; ce sont, je ne sais si je m'exprime clairement, les beaux endroits où le pur génie du poëte jette ses feux à travers son œil grand ouvert, les endroits où nous sommes le plus vivement ravis, et sur lesquels passe la foule sans y prendre garde.

— Pourquoi, avec une âme si tendre, ne paraît-il pas sur le théâtre ?

— Un organe enroué, une contenance empesée, l'éloignent de la scène, et sa nature morose l'exclut de la société, répondit Serlo. Comme je me suis donné du mal pour l'accoutumer à moi ! peine perdue. Il lit parfaitement, comme je n'ai jamais entendu lire ; personne ne sait observer comme lui la délicate ligne de démarcation qui existe entre la déclamation et la récitation passionnée.

— J'ai trouvé ! s'écria Wilhelm, j'ai trouvé ; quelle heureuse découverte ! Voilà l'acteur qui nous récitera le passage du rude Pyrrhus.

— Il faut avoir toute votre passion, répliqua Serlo, pour faire ainsi tout concourir à son but.

— Je craignais fort, je l'avoue, s'écria Wilhelm, d'être forcé de couper ce passage, ce qui eût paralysé l'effet de la pièce.

— Je ne m'en rends pas bien compte, dit Aurélie.

— J'espère que vous allez être bientôt de mon avis. Shakespeare introduit les comédiens dans un double but Premièrement, l'homme qui déclame avec tant de passion la mort de Priam, produit une profonde impression sur le prince ; il excite la conscience du jeune Hamlet encore hésitant : de sorte que cette scène est le prélude de celle où la petite pièce émeut si vivement le roi. Hamlet se sent humilié par ce comédien qui prend une si grande part à une douleur étrangère et imaginaire ; et la pensée de faire une semblable tentative sur la conscience de son beau-père est aussitôt éveillée par ce récit. Quel admirable monologue que celui qui clôt le second acte ! comme j'aime à le redire !

« Oh ! quel misérable ! quel vil esclave je suis ! N'est-ce
« pas monstrueux que ce comédien, par une fiction, par
« un rêve de passion contraigne ainsi son âme selon sa
« volonté au point que son visage en perd sa couleur?
« Des larmes dans les yeux, l'égarement dans les gestes,
« une voix entrecoupée, tout son être pénétré d'un seul
« sentiment, et tout cela pour rien ! — pour Hécube, —
« qu'est-ce que Hécube est pour lui ? et qu'est-il à Hé-
« cube, pour qu'il pleure sur elle ? »

— Pourvu que nous puissions amener notre homme sur la scène, dit Aurélie.

— Il faudra l'y décider par degrés, répliqua Serlo. Aux répétitions, il lira le passage et nous lui dirons que nous attendons un acteur qui doit le jouer, et nous verrons alors comment nous nous y prendrons. »

Lorsqu'ils se furent accordés sur ce point, on en vint à parler du spectre. Wilhelm ne pouvait se décider à abandonner le rôle du roi vivant au pédant, afin que le Bourru pût jouer le spectre, et pensait qu'il vaudrait peut-être mieux attendre quelque temps, jusqu'à l'arrivée de quelques comédiens qui s'étaient annoncés, et parmi lesquels on trouverait l'homme convenable.

On peut donc juger de la surprise de Wilhelm lorsque, le lendemain, sur sa table, à l'adresse de son nom de théâtre, il trouva le billet suivant, cacheté, et écrit en caractères bizarres :

« Tu te trouves, ô étrange jeune homme ! dans un grand
« embarras, nous le savons. Tu trouves à peine des hom-
« mes pour ton *Hamlet*, encore moins des esprits. Ton
« zèle mérite un miracle ; nous ne pouvons pas faire un
« miracle, mais il arrivera quelque chose de miraculeux.
« Si tu as confiance, le spectre apparaîtra à l'heure dite !
« Du courage, et sois calme. Nous n'avons pas besoin de
« réponse : nous connaîtrons ta résolution. »

Muni de cette étrange lettre, il courut chez Serlo, qui la lut et la relut, et d'un air significatif lui assura que la chose était grave, qu'il fallait réfléchir si l'on pouvait et l'on devait se risquer. Ils discoururent longtemps sur ce sujet. Aurélie ne disait rien et souriait de temps en temps, et lorsque, quelques jours après, il fut de nouveau question de cet incident, elle donna clairement à entendre qu'elle le tenait pour une plaisanterie de Serlo. Elle conseilla à Wilhelm de n'avoir aucune inquiétude et d'attendre patiemment le spectre.

Serlo était, du reste, de la meilleure humeur : les acteurs qui devaient quitter se donnaient toute la peine possible pour bien jouer, afin qu'on les regrettât, et on pouvait attendre une excellente recette de la curiosité excitée par la nouvelle troupe.

Le commerce de Wilhelm avait exercé sur lui une certaine influence. Il parlait plus souvent d'art, car, après tout, il était Allemand, et ce peuple aime à se rendre compte de ce qu'il fait. Wilhelm transcrivait la plupart de ces entretiens ; et, comme nous ne pouvons interrompre à tout instant notre récit, nous soumettrons dans une autre circonstance, à ceux de nos lecteurs qui peuvent s'y intéresser, ces essais dramaturgiques.

Un soir, surtout, Serlo se montra fort gai en parlant du rôle de Polonius et de la façon dont il le comprenait. « Je promets, dit-il, de vous servir vraiment un digne homme ; je saurai figurer, là où il conviendra, le calme et l'assurance, l'insignifiance et l'importance, l'aménité et la fadeur, la liberté et l'espionnage, la franche friponnerie et la menteuse sincérité. Je veux représenter et dépeindre avec une extrême convenance ce demi-coquin, grisonnant, naïf, patient, esclave des événements ; et là-dedans des coups de pinceau un peu rudes et grossiers de notre auteur m'aideront singulièrement. Je veux parler comme un livre lorsque je me serai préparé, et comme un fou quand je serai de bonne humeur. Je serai plat afin de parler à chacun sa langue, et toujours assez fin pour ne rien voir quand les gens se moqueront de moi. J'ai rarement pris un rôle avec tant de plaisir et de malice.

— Si je pouvais en espérer autant du mien ! dit Aurélie ; je n'ai ni assez de jeunesse ni assez de souplesse pour me retrouver dans ce caractère. Tout ce que je sais, c'est que le sentiment qui fait perdre la raison à Ophélie ne m'abandonnera pas !

— Ne le prenons pas tant au pied de la lettre, dit Wilhelm ; car mon désir de jouer Hamlet m'a singulièrement égaré dans toute l'étude que j'ai faite de la pièce. Plus j'étudie mon rôle, plus je m'aperçois qu'il n'existe pas dans ma personne un seul trait de la physionomie que Shakespeare donne à son Hamlet. Quand j'examine à fond combien tout ce rôle se tient, j'ose à peine espérer de m'en tirer d'une façon supportable.

— Vous entrez dans votre nouvelle carrière avec de grands scrupules, répliqua Serlo. L'acteur se tire de son rôle comme il peut, et le rôle se modèle comme il doit d'après lui. Mais comment Shakespeare a-t-il dessiné son Hamlet? différez-vous donc tellement de lui ?

— D'abord, Hamlet est blond, répondit Wilhelm.

— C'est ce qu'on appelle chercher bien loin, dit Aurélie. D'où concluez-vous cela ?

— Comme Danois, comme homme du Nord, il est blond de race et ses yeux sont bleus.

— Croyez-vous que Shakespeare ait pensé à cela?

— Je ne le trouve pas indiqué expressément, mais cela ne me semble pas discutable si l'on compare différents passages. Le duel le fatigue, la sueur coule sur son visage et la reine dit : « Il est gras, laissez-le reprendre haleine. » Peut-on le représenter autrement que blond et corpulent? car les bruns sont rarement tels dans leur jeunesse. Son incertaine mélancolie, sa molle rêverie, son indécision remuante, ne conviennent-elles pas mieux à un personnage de ce genre, que si l'on se représente un jeune homme svelte, à cheveux noirs, duquel on attendrait plus de solution et de promptitude ?

— Vous me détruisez mes illusions, s'écria Aurélie ; fi de votre Hamlet gras ! Ne nous représentez pas votre prince si bien portant ! Donnez-nous plutôt le change, mais que cela nous charme, nous émeuve. Nous ne tenons pas tant à l'intention de l'auteur qu'à notre plaisir, et nous demandons une satisfaction qui soit homogène avec nos sentiments. »

CHAPITRE VII

Un soir la société discutait sur cette question, à savoir, lequel du roman ou du drame méritait la préférence. Serlo prétendait que c'était là une discussion inutile et fausse, que les deux pouvaient exceller dans leur genre, pourvu qu'ils se maintinssent dans les limites de leur essence.

« Je ne suis même pas encore bien éclairé là-dessus, répondit Wilhelm.

— Et qui donc l'est ? dit Serlo ; la chose vaudrait cependant la peine qu'on l'approfondît. »

Ils parlèrent longtemps ; voici quel fut à peu près le résultat de leur entretien :

Dans le roman, comme dans le drame, nous voyons la nature et l'action humaine. Les différences entre ces deux genres ne consistent pas seulement dans cette forme extérieure, que chez l'un les personnages parlent et chez l'autre on raconte habituellement ce qu'ils font. Beaucoup de drames ne sont malheureusement que des romans dialogués, et il ne serait pas impossible de réduire un drame en lettres.

Dans le roman, ce sont surtout des sentiments et des événements qui doivent être représentés ; dans le drame, ce sont des caractères et de l'action. Le roman doit marcher lentement ; les sentiments du principal personnage doivent, par un moyen quelconque, suspendre l'acheminement du tout vers la conclusion. Le drame doit courir, et le caractère du principal personnage tendre vers le dénoûment et rencontrer les obstacles. Le héros de roman doit être passif, ou au moins ne pas être actif à un haut degré ; au héros dramatique on demande de l'effet et de l'action. Grandison, Clarisse, Paméla, le vicaire de Wackefield, Tom Jones lui-même, sont des personnages sinon passifs, du moins *ralentissants*, et tous les événements se modèlent en quelque sorte sur leurs sentiments. Dans le drame rien ne se modèle sur le héros, tout lui résiste ; il écarte et déblaye les obstacles qui se trouvent sur sa route, ou s'y soumet.

On convint aussi qu'on peut accorder au hasard sa part

dans le roman, mais qu'il doit toujours se plier et se laisser guider par les sentiments des personnages, tandis que la fatalité qui pousse les hommes, sans leur coopération, vers une catastrophe imprévue au moyen de circonstances extérieures et incohérentes, ne se place que dans le drame ; que le hasard peut bien amener des situations pathétiques, mais jamais tragiques ; la fatalité doit au contraire être toujours terrible, et atteint le comble du tragique lorsqu'elle confond dans un funeste pêle-mêle des actes coupables et innocents, indépendants les uns des autres.

Ces considérations les ramenèrent à l'admirable *Hamlet* et aux singularités de cette pièce. Le héros, disait-on, n'a proprement que des sentiments ; les événements le portent, et c'est pour cela que la pièce présente quelque chose du développement du roman ; mais comme c'est la fatalité qui dessine le plan, que la pièce naît d'un acte terrible, et que le héros est toujours poussé en avant vers un acte terrible, elle est éminemment tragique, et ne souffre d'autre dénoûment qu'un dénoûment tragique.

La lecture des rôles allait avoir lieu, et Wilhelm la considérait comme une solennité. Il avait collationné d'avance tous les manuscrits, afin qu'il ne pût y avoir de ce côté aucune hésitation. Tous les acteurs étaient familiarisés avec la pièce, et, avant de commencer, il se borna à essayer de leur faire sentir l'importance d'une pareille lecture. De même qu'on demande à un musicien de pouvoir, jusqu'à un certain point, jouer à première vue, de même tout acteur, tout homme instruit même, doit s'exercer à lire à première vue, à s'approprier le caractère d'un drame, d'un poëme, d'une histoire, pour l'exposer avec facilité. Apprendre par cœur ne sert de rien, si l'acteur n'est pas préalablement bien entré dans l'esprit et le sens d'un bon écrivain ; la lettre ne produira rien.

Serlo assura qu'il passerait beaucoup dans les autres répétitions et même dans la répétion générale, si la lecture des rôles était satisfaisante ; « car habituellement, dit-il, rien n'est plus bouffon que d'entendre des comédiens parler d'étudier ; cela me rappelle les francs-maçons qui parlent toujours de leurs travaux. »

La lecture marcha à souhait, et l'on peut dire que la réputation et le succès de la troupe provinrent de ces quelques heures bien employées.

« Vous avez bien fait, mon ami, dit Serlo à Wilhelm lorsqu'ils se trouvèrent seuls, d'avoir parlé si sérieusement à nos camarades, quoique je craignisse en même temps que vous eussiez de la peine à satisfaire vos désirs.

— Comment cela ? répondit Wilhelm.

— J'ai remarqué, dit Serlo, qu'autant il est aisé d'émouvoir l'imagination des hommes, de leur raconter des histoires qu'ils écoutent avec plaisir, autant il est rare de trouver chez eux une imagination productive. Cela saute aux yeux, chez les comédiens. Chacun d'eux est ravi de prendre un rôle brillant et honorable ; mais ils font rarement plus que de se mettre complaisamment à la place du héros, sans se soucier le moins du monde de savoir si personne le prendra pour tel. Saisir avec vivacité ce à quoi l'auteur a pensé en écrivant sa pièce, ce qu'on doit abandonner de son individualité pour remplir exactement un rôle ; comment, en se persuadant soi-même qu'on est un autre homme, on amène également le spectateur à se le persuader ; comment, par l'intime vérité et la puissance du jeu, on transforme ces planches en temple, ces cartons en forêts ; cela est donné à bien peu. Cette force intime de l'esprit, qui seule donne le change au spectateur ; cette vérité fictive, qui seule produit de l'effet par laquelle on arrive à l'illusion, qui en a la moindre idée ?

« Ne nous préoccupons pas trop de l'esprit et du sentiment. Le moyen le plus sûr est d'expliquer simplement à nos amis le sens de la lettre et de leur ouvrir l'intelligence. Celui qui a des dispositions va lui-même au-devant de l'expression intelligente et qui produira l'effet ; celui qui n'en a pas, celui-là du moins ne jouera et ne débitera pas complétement faux. Mais je n'ai jamais trouvé chez les acteurs, comme ailleurs, de plus détestable présomption que la prétention à l'esprit, avant de savoir lire couramment ! »

CHAPITRE VIII

Wilhelm vint de bonne heure à la première répétition à la scène, et se trouva seul sur les planches. Le local le surprit et lui rappela les plus singuliers souvenirs. Le décor, qui représentait une forêt et un village, était exactement semblable à celui du théâtre de sa ville natale ; c'était aussi un matin, à une répétition, que Marianne lui avait avoué si passionnément son amour et lui avait accordé sa première nuit de bonheur. Les cabanes de paysans ressemblaient sur le théâtre à celles qu'on voit à la campagne ; le vrai soleil se levant, glissant ses rayons à travers une fenêtre entr'ouverte, éclaira une partie du banc mal fixé près de la porte ; malheureusement il ne tombait pas, comme alors, sur le sein et sur les genoux de Marianne. Wilhelm s'assit, pensa à cette singulière coïncidence, croyant pressentir qu'il la reverrait peut-être bientôt à cette même place. Hélas ! le plus clair de tout cela était que ce décor servait à un baisser de rideau qu'on jouait alors très-souvent sur les théâtres allemands.

L'arrivée des comédiens le tira de ces réflexions ; avec eux entrèrent deux habitués du théâtre et du foyer qu.

saluèrent Wilhelm avec enthousiasme. L'un était en quelque sorte au service de madame Mélina ; l'autre était un pur amateur de théâtre, et tous deux, de ceux qu'une bonne troupe peut se souhaiter pour amis. On n'aurait pas pu dire d'eux s'ils aimaient plus le théâtre qu'ils ne le connaissaient. Ils l'aimaient trop pour le bien connaître ; ils le connaissaient assez pour apprécier le bien et rejeter le mauvais. Mais, par suite de leur passion, ils supportaient le médiocre, et l'exquise jouissance avec laquelle ils goûtaient le bon était au-dessus de toute expression. La partie matérielle les amusait, la partie intellectuelle les enchantait, et leur passion était si grande que même dans une répétition partielle ils trouvaient une sorte d'illusion. Les défauts semblaient ne leur apparaître que dans l'éloignement, ce qui était bon les touchait comme un objet rapproché. En un mot, c'étaient des amateurs comme chaque artiste désirerait en rencontrer dans sa spécialité.

Leur promenade favorite était d'aller des coulisses au parterre, et du parterre aux coulisses ; leur séjour de prédilection était le foyer, leur occupation la plus assidue était de retoucher quelque chose à la tenue, au costume, à la diction, à la déclamation des acteurs ; leur plus vif entretien roulait sur l'effet qu'on avait produit, et leur constant souci, était de maintenir le comédien attentif, et plein d'action et d'exactitude, de faire quelque chose de bien ou d'aimable pour lui, et, sans y mettre de prodigalité, de procurer maint agrément à la troupe. Ils avaient obtenu le droit exclusif d'assister sur le théâtre aux répétitions et aux représentations. En ce qui concerne *Hamlet*, ils n'étaient pas sur tous les points d'accord avec Wilhelm ; çà et là il céda, mais le plus souvent il soutenait son opinion, et au bout du compte cette conversation forma singulièrement son goût. Il fit voir aux deux amis combien il les appréciait, et ceux-ci allaient jusqu'à prédire que de ces efforts réunis naîtrait une nouvelle période pour le théâtre allemand.

La présence de ces deux hommes aux répétitions était fort utile. Ils démontrèrent à nos acteurs que dans les répétitions on doit toujours unir la tenue et l'action avec le discours de la façon qu'on désire le faire à la représentation, et combiner le tout par habitude et machinalement. C'est principalement les mains qui, dans les répétitions d'une tragédie, ne devraient pas s'abandonner à des mouvements vulgaires ; un acteur tragique qui prise pendant la répétition les mettait toujours dans l'inquiétude, car il est très-vraisemblable qu'à la représentation, arrivé au même passage, il pensera à sa prise. Ils soutenaient même qu'on ne doit pas répéter en bottes, quand les rôles doivent être joués en souliers. Mais, assuraient-ils, rien ne les chagrinait plus que de voir, aux répétitions, les femmes cacher leurs mains dans les plis de leurs robes.

En dehors de cela, les conseils de ces hommes eurent encore cet excellent effet que presque tous les acteurs se mirent à étudier le maniement des armes. « Aujourd'hui, disaient-ils, que l'on a si souvent des rôles militaires à jouer, rien ne paraît plus affligeant que de voir se balancer sur le théâtre, en uniforme de capitaine ou de major, des hommes qui n'ont point la moindre tenue. »

Wilhelm et Laertes furent les premiers à se faire les élèves d'un sous-officier, et se remirent à l'escrime avec plus d'application que jamais.

Tels étaient les efforts que faisaient ces deux hommes pour perfectionner une troupe qui s'était si heureusement composée. Ils préparaient une prochaine satisfaction au public, qui s'entretenait souvent de leur enragé dilettantisme. On ne savait pas combien on avait de raison d'être reconnaissant envers eux, surtout pour la persistance qu'ils mettaient à rappeler fréquemment aux acteurs ce point essentiel que leur premier devoir est de parler haut et distinctement. Ils trouvèrent sur ce point plus de résistance et de mauvaise volonté qu'ils ne l'avaient cru d'abord. La plupart voulaient qu'on les entendît comme ils parlaient, et bien peu s'inquiétaient de parler de façon à être entendus. Quelques-uns rejetaient la faute sur la construction du vaisseau, d'autres disaient qu'on ne pouvait cependant pas crier lorsqu'on doit dire quelque chose avec naturel, mystère ou tendresse.

Nos amateurs, qui possédaient une incroyable patience, essayèrent tous les moyens de détruire cette aberration et de vaincre cette obstination. Ils n'épargnaient ni les raisonnements ni les flatteries et atteignirent enfin leur but, aidés du bon exemple donné par Wilhelm. Il les pria d'aller s'asseoir pendant les répétitions dans les coins les plus reculés de la salle, et, lorsqu'ils ne l'entendraient pas parfaitement, de frapper avec une clef sur le banc. Il articulait bien, avec modération, haussait le ton par degrés, et ne se forçait point dans les endroits les plus passionnés. A chaque répétition le bruit de clef se faisait moins fréquent ; peu à peu les autres acteurs se soumirent à cette expérience, et l'on put espérer qu'enfin la pièce s'entendrait parfaitement de tous les points de la salle.

On voit par cet exemple combien les hommes n'aiment à ne poursuivre leur but que selon leur propre fantaisie, combien on a de mal à leur faire sentir ce qui s'entend de soi-même, et comme il est difficile d'amener celui qui veut exécuter quelque chose à reconnaître les premières conditions qui seules peuvent rendre ses projets réalisables.

CHAPITRE IX

On continuait à faire les préparatifs nécessaires pour les décorations, les costumes et le reste. Dans quelques scènes et quelques passages, Wilhelm avait des caprices particuliers, auxquels Serlo se prêtait, moitié par respect pour le contrat, moitié par conciliation et dans l'espérance de rattacher Wilhelm par cette complaisance et le faire servir plus aisément à ses projets ultérieurs.

Ainsi, par exemple, à la première audience, le roi et la reine devaient être assis sur le trône, les courtisans sur les côtés, Hamlet confondu parmi eux. « Hamlet, disait-il, doit se tenir tranquille; son costume noir le désigne assez à la vue. Il doit plutôt se cacher que se mettre en évidence; lorsque l'audience est finie, lorsque le roi lui parle, comme à son fils, alors seulement il doit s'avancer et la scène suivre son cours. »

Quelques difficultés naquirent aussi des deux peintures auxquelles Hamlet fait si violemment allusion dans la scène avec sa mère. « Il me les faut toutes deux de grandeur naturelle, bien en vue; au fond de la salle, près de la porte principale, le vieux roi, armé de pied en cap comme le spectre, doit être absolument placé du côté par où doit entrer celui-ci. Je désire que sa main droite soit étendue dans l'attitude du commandement, qu'il soit légèrement tourné et regarde presque par-dessus l'épaule, afin qu'il ressemble exactement au spectre dans le moment où ce dernier se retire. On obtiendra un effet saisissant lorsque, dans cet instant, Hamlet regardera l'apparition et la reine le tableau. Le beau-père devra être représenté en costume d'apparat, mais moins accentué que le premier. »

Il y eut encore différents points dont nous aurons peut-être occasion de parler.

« Vous êtes toujours inexorable et vous voulez toujours qu'Hamlet meure à la fin? lui demanda Serlo.

— Comment puis-je le laisser en vie, répondit Wilhelm, puisque toute la pièce tend à le faire mourir? Nous avons déjà longuement discuté à ce sujet.

— Mais le public désire qu'il vive.

— Je lui donnerai toute autre satisfaction, mais pour celle-là, c'est impossible. Nous désirons aussi voir se prolonger la vie d'un brave jeune homme qui meurt d'une maladie chronique. La famille pleure et implore le médecin qui ne peut le sauver; et il lui est aussi impossible de lutter contre cette fatalité de la nature qu'à nous de commander à une évidente fatalité de l'art. C'est montrer une fausse condescendance pour la foule que d'exciter en elle les sentiments qu'elle *veut* éprouver et non pas ceux qu'elle *doit* éprouver.

— Celui qui paye a le droit de demander de la marchandise à son goût.

— Jusqu'à un certain point; mais un grand public mérite qu'on le respecte, qu'on ne le considère pas comme un enfant à qui l'on veut tirer son argent. Qu'on lui procure peu à peu, au moyen du beau, le sentiment et le goût du bon, et il apportera son argent avec un double plaisir, parce que ni l'intelligence ni la raison n'auront à lui reprocher cette dépense. On peut le flatter comme on flatte un enfant préféré, pour le corriger, pour l'éclairer à l'avenir; non pas comme on flatte un puissant et un riche pour éterniser l'erreur dont on tire profit. »

Ils traitèrent encore une foule d'autres points, dont le principal était de savoir ce qu'on pourrait encore changer à la pièce et ce qu'on pourrait laisser intact. Nous ne nous laisserons pas entraîner plus loin; mais nous soumettrons peut-être plus tard ce nouveau remaniement d'*Hamlet* à la portion de nos lecteurs qui pourrait s'y intéresser.

CHAPITRE X

La répétition générale était terminée; elle avait duré beaucoup trop longtemps. Serlo et Wilhelm trouvaient encore mainte chose à organiser, car, malgré le temps employé aux préparatifs, on avait renvoyé au dernier moment un grand nombre d'arrangements indispensables.

Par exemple les tableaux des deux rois n'étaient pas finis et la scène entre Hamlet et sa mère, dont on espérait un si grand effet, n'en produisait encore qu'un fort mince, vu l'absence du spectre et de son portrait. Serlo en plaisantait et disait : « Nous serions dans une fâcheuse position si le spectre allait nous manquer, que les gardes donnent à la lettre des coups d'épée en l'air, et que notre souffleur soit obligé de suppléer de la coulisse à l'absence de l'apparition.

— Prenons garde d'écarter par notre incrédulité notre merveilleux ami; il viendra certainement quand il conviendra et nous surprendra autant que les spectateurs.

— J'avoue, s'écria Serlo, que je serai bien content demain quand la pièce sera jouée; elle nous donne plus d'embarras que je n'aurais cru.

— Mais personne au monde ne sera plus contente que moi, tant mon rôle m'inquiète peu; car entendre parler toujours et éternellement d'une seule et unique chose, d'où il ne résultera rien qu'une représentation qui sera oubliée comme cent autres, ma patience n'y peut tenir. Ne faites donc pas tant d'embarras, au nom de Dieu!

Les convives qui se lèvent de table ont toujours quelque chose à redire sur chaque plat; si on les entend parler chez eux, ils peuvent à peine s'expliquer comment ils ont pu supporter jusqu'au bout un pareil supplice.

— Permettez-moi de retourner contre vous votre comparaison, belle enfant, répliqua Wilhelm. Réfléchissez à ce que la nature et l'art, l'industrie et le commerce ont dû accumuler, pour qu'on puisse arriver à servir un festin. Combien d'années le chevreuil a-t-il passées dans la forêt, le poisson dans la mer ou dans le fleuve, jusqu'à ce qu'ils soient dignes d'honorer notre table, et que n'ont pas à faire à la cuisine la maîtresse de maison et la cuisinière? Avec quelle négligence on avale au dessert les peines du vigneron lointain, du navigateur, du sommelier, comme si cela était tout simple. Et faut-il que tous ces gens ne travaillent pas, ne produisent pas et ne préparent pas ; que le maître de la maison ne rassemble pas et ne conserve pas soigneusement tout cela, parce que, au bout du compte, la jouissance n'en sera que passagère ! Mais aucune jouissance n'est passagère; l'impression qu'elle laisse est durable, et ce qu'on fait avec application et conscience transmet au spectateur une force cachée dont on ne peut calculer l'étendue d'action.

— Tout cela m'est égal, répliqua Philine, mais cela m'apprend une fois de plus que les hommes sont toujours en contradiction avec eux-mêmes. Avec tous vos scrupules de ne pas estropier votre grand écrivain, vous enlevez de la pièce la plus belle pensée.

— La plus belle? s'écria Wilhelm.

— La plus belle assurément, celle dont Hamlet lui-même est le plus satisfait.

— Et c'est? dit Serlo.

— Si vous aviez une perruque, répondit Philine, je

vous l'ôterais tout gentiment; car vous me paraissez avoir besoin qu'on vous ouvre l'intelligence. »

Chacun se mit à chercher, et la conversation tomba. On se leva, il était tard, on semblait vouloir se séparer. Pendant ce moment d'indécision, Philine se mit à chanter un petit lied tendre et aimable.

   Ne chantez pas sur un air lugubre
  La solitude de la nuit :
  Non, elle est, ô favorables beautés,
  Faite pour la société.

De même que la femme a été donnée à l'homme
 Comme sa plus belle moitié,
 La nuit est la moitié de la vie,
 Et certainement la plus belle moitié.

 Pouvez-vous aimer le jour
 Qui ne fait qu'interrompre les plaisirs ?
 Il est bon pour se distraire,
 Il ne vaut rien pour autre chose.

Mais lorsqu'aux heures nocturnes
 Comme la lueur faible de la lampe,
 Et que de la bouche à la bouche rapprochée
 S'épanchent l'amour et le badinage ;

Lorsque l'enfant vif et libre,
Qui courait tout à l'heure bondissant plein de fou,
 Souvent pour un petit cadeau
 S'arrête au milieu de ses jeux légers ;

 Lorsqu'aux amoureux le rossignol
 Chante amoureusement un petit lied,
 Qui, pour les prisonniers et les affligés,
Ne résonne que comme un Hélas ! et un Malheur !

Avec quel léger battement de cœur
N'écoutez-vous pas attentivement la cloche,
 Qui, de ses douze coups discrets,
 Promet le repos et la sécurité.

 C'est pourquoi dans la longue journée
 Pensez-y, mon cher cœur :
 Le jour a son tourment ;
 La nuit a son plaisir.

Elle fit une légère révérence lorsqu'elle eut terminé, et Serlo lui cria bravo. Elle sauta vers la porte et s'enfuit en riant. On l'entendait chanter en descendant l'escalier, et faire sonner ses talons.

Serlo passa dans la pièce voisine; Aurélie, restée debout devant Wilhelm qui lui souhaitait une bonne nuit, lui dit :

« Comme elle me déplaît ! comme elle me déplaît profondément, jusque dans les plus petits détails. Ces cils bruns avec ces cheveux blonds que mon frère trouve si charmants, je ne puis les voir; cette cicatrice me fait l'effet de quelque chose de si ignoble et de si bas que j'ai toujours envie de me reculer de dix pas quand elle est près de moi. Elle nous racontait dernièrement, en manière de plaisanterie, que dans son enfance son père lui avait jeté une assiette à la tête, et qu'elle en portait encore la marque. Elle est bien marquée aux yeux et au front, on n'a qu'à se méfier d'elle. »

Wilhelm ne répondit rien, et Aurélie continua avec une amertume croissante :

« Il m'est presque impossible de lui dire un mot amical ou poli, tant je la hais, et cependant elle est bien câline. Je voudrais que nous fussions débarrassés d'elle. Vous aussi, mon ami, vous avez une certaine complaisance vis-à-vis de cette créature, une allure qui me blesse au fond de l'âme, une attention qui confine à l'estime, et que, par Dieu ! elle ne mérite pas.

— Quelle qu'elle soit, je lui dois de la reconnaissance, répondit Wilhelm; sa conduite est blâmable, mais je dois rendre justice à son caractère.

— Son caractère ! s'écria Aurélie; croyez-vous qu'une pareille créature ait un caractère ? Oh ! les hommes, je les reconnais bien là ! Voilà les femmes qu'ils méritent !

— Auriez-vous quelque soupçon à mon égard? répondit Wilhelm ; je puis vous rendre compte de chaque minute que j'ai passée avec elle.

— Allons, dit Aurélie, il est tard, nous n'allons pas nous disputer. Tous comme un seul, un seul comme tous ! Bonne nuit, mon ami, bonne nuit, mon bel oiseau de paradis ! »

Wilhelm demanda qu'est-ce qui lui valait ce titre d'honneur.

« Une autre fois, répondit Aurélie, une autre fois. On dit qu'ils n'ont pas de pattes, qu'ils vivent en l'air et se nourrissent de l'éther. Mais c'est un conte, une fiction poétique. Bonne nuit, faites de beaux rêves, si vous pouvez. »

Elle entra dans sa chambre, et le laissa seul. Il courut chez lui.

Il se promenait de long en large, à demi fâché. Le ton plaisant mais décidé d'Aurélie l'avait blessé ; il sentait combien elle était injuste envers lui. Il ne pouvait être hostile et malhonnête vis-à-vis de Philine ; elle ne lui avait jamais fait de mal, et cependant il se sentait si loin de toute inclination pour elle, qu'il pouvait en toute assurance et en toute fierté s'en rendre témoignage à lui-même.

Il était sur le point de se déshabiller, de se diriger vers son lit et d'ouvrir les rideaux lorsqu'à son grand étonnement il aperçut une paire de pantoufles de femme ; l'une était debout, l'autre renversée à terre ; c'étaient les pantoufles de Philine, il ne les connaissait que trop bien ; il crut aussi remarquer que les rideaux étaient dérangés, il lui sembla même qu'ils s'agitaient. Il s'arrêta, et regarda fixement.

Une nouvelle émotion, qu'il prit pour du dépit, lui coupait la respiration ; et au bout de quelques instants, lorsqu'il se fut remis, il s'écria résolûment :

« Levez-vous, Philine ! Qu'est-ce que cela veut dire ? Qu'est devenue votre prudence, votre bonne tenue ? Voulez-vous être demain la fable de la maison ? »

Rien ne bougea.

« Je ne plaisante pas, poursuivit-il ; ces agaceries s'adressent fort mal. »

Pas un souffle, pas un mouvement.

Résolu et irrité, il se dirigea enfin vers le lit et écarta les rideaux. « Levez-vous, dit-il, à moins que vous ne vouliez que je vous abandonne ma chambre pour cette nuit. »

A sa grande stupéfaction, il trouva le lit vide, les oreillers et les couvertures parfaitement en ordre. Il regarda autour de lui, chercha partout, sans trouver de trace de l'espiègle. Derrière le lit, le poêle, les armoires, il n'y avait rien; il cherchait toujours : un spectateur malicieux aurait presque pu croire qu'il cherchait pour trouver.

Le sommeil ne vint pas. Il plaça les pantoufles sur sa table, se promena en tous sens, s'arrêta plusieurs fois devant la table, et un malin génie qui l'épiait a prétendu qu'il avait passé une grande partie de la nuit à s'occuper de ces adorables pantoufles ; qu'il les avait considérées, maniées, qu'il avait joué avec, et que vers le matin seulement il se jeta tout habillé sur son lit, où il s'assoupit au milieu des plus étranges visions.

En effet, il dormait encore lorsque Serlo entra et s'écria : « Où êtes-vous ? Encore au lit ! pas possible ! Je vous cherchai au théâtre, où il y a encore beaucoup à faire. »

CHAPITRE XI

La matinée et l'après-midi passèrent rapidement. La salle était déjà pleine, et Wilhelm courut s'habiller. Son costume ne lui allait plus aussi bien que le jour où on l'avait essayé ; il l'endossa cependant pour ne pas faire attendre. Lorsqu'il entra au foyer, les dames s'écrièrent toutes unanimement que rien n'était à sa place : le panache était dérangé, la boucle se fermait mal ; on se mit à découdre, à coudre, à ajuster. L'orchestre jouait l'ouverture ; Philine redressait quelque chose à la collerette et Aurélie achevait de disposer les plis du manteau. « Laissez-moi, enfants, s'écria-t-il, cet aspect négligé fera de moi un véritable Hamlet. » Les femmes ne l'abandonnèrent pas pour cela et continuèrent à le parer. L'ouverture était terminée et la pièce avait commencé. Il s'examina devant la glace, enfonça son chapeau sur ses yeux et raviva son fard.

Dans ce moment quelqu'un entra précipitamment dans le foyer en criant : « Le spectre ! le spectre ! »

De toute la journée, Wilhelm n'avait pas eu le temps de penser à sa grande préoccupation, de savoir si le spectre viendrait. Maintenant il n'avait plus à s'inquiéter, et l'on pouvait s'attendre au plus étrange auxiliaire. Le régisseur vint et demanda différentes choses ; Wilhelm n'eut pas le loisir de chercher à voir le spectre, et il courut auprès du trône où le roi et la reine, entourés de leur cour, brillaient dans toute leur splendeur ; il n'entendit que les derniers mots d'Horatio, qui, fort troublé, parlait de l'arrivée du spectre, et semblait avoir presque oublié son rôle.

La toile se leva et il vit devant lui la salle comble. Après que Horatio eut récité son discours et eut été expédié par le roi, il s'approcha de Hamlet, comme pour se présenter au prince, et lui dit : « Le diable se cache sous l'armure ! Il nous a tous fait fuir de peur. »

En attendant, on ne voyait dans les coulisses que deux hommes de haute taille, enveloppés de manteaux et de capuchons blancs ; et Wilhelm, qui, avec son trouble, son inquiétude et son embarras, avait, à sou idée, manqué le premier monologue, bien qu'il eût été accueilli à sa sortie par de vifs applaudissements, reparut vraiment mal à son aise dans la scène terrible et dramatique de la nuit d'hiver. Il se remit cependant, et récita le passage sur la passion des gens du Nord pour les festins et la boisson avec l'indifférence convenable ; il avait, comme les spectateurs, oublié le spectre et fut réellement épouvanté lorsque Horatio s'écria : « Voyez-le ! il vient ! » Il se retourna vivement, et la haute stature du spectre, son pas léger qu'on entendait à peine, ses mouvements aisés sous l'armure qui paraissait pesante, produisirent sur Wilhelm une telle impression, qu'il restait là comme pétrifié, et ne put s'écrier qu'à demi voix : « Anges, esprits célestes, protégez-nous ! » Il le fixa, reprit plusieurs fois haleine, et prononça son allocution au spectre d'une façon si troublée, si entrecoupée, si douloureuse, que le plus grand art n'aurait pu les exprimer avec une telle perfection.

La manière dont il avait traduit ce passage le seconda beaucoup. Il s'était rapproché le plus possible de l'original, dont la composition lui semblait exprimer admirablement l'état d'une âme surprise, épouvantée, saisie par l'effroi.

« Que tu sois un bon génie, que tu sois un kobold maudit, que tu apportes les parfums du ciel ou les émanations

« de l'enfer, que le bien ou que le mal soit ton but, tu
« viens sous une si vénérable figure, que je te parle, je
« te nomme Hamlet, roi, père ; oh ! réponds-moi ! »

L'effet produit sur le public fut immense. Le spectre
fit un signe, et le prince le suivit au milieu des plus
éclatants applaudissements.

La scène changea, et, lorsqu'ils furent arrivés sur la
place écartée, le spectre s'arrêta soudain et se retourna,
de sorte que Wilhelm se trouva être un peu trop près de
lui. Poussé par la curiosité, il regarda à travers la visière
baissée, mais il ne put distinguer que deux yeux enfoncés
et un nez bien dessiné. Il se tenait devant lui, l'épiant
avec crainte ; mais lorsqu'on entendit sortir du casque les
premiers sons, et qu'une voix sonore, mais un peu rauque,
prononça ces mots : « Je suis le spectre de ton père ! »
Wilhelm, épouvanté, recula de quelques pas, et le public
frissonna. Chacun croyait reconnaître cette voix, et Wilhelm s'imagina y trouver une analogie avec celle de son
père. Ces impressions et ces réminiscences étranges, le
désir de découvrir qui était cet étranger singulier et la
crainte de l'offenser, l'inconvenance qu'il y aurait eu à
s'avancer trop près de lui dans cette situation dramatique,
faisaient que Wilhelm reculait toujours. Il changea si souvent de pose pendant le long récit du spectre, il parut si
irrésolu et si embarrassé, si attentif et si distrait, que son
jeu excita une admiration générale, autant que celui du
spectre excita d'effroi. Celui-ci parlait comme animé d'un
sentiment profond d'amertume plutôt que de douleur,
mais une amertume idéale, lente, immense ; c'était le découragement d'une grande âme, détachée de toutes les
choses terrestres, et cependant succombant à des souffrances infinies. Enfin le spectre disparut, mais d'une
étrange manière : un voile léger, gris, transparent, qui

parut sortir du gouffre comme une vapeur, l'enveloppa, et l'entraîna avec lui.

Alors arrivèrent les amis d'Hamlet, qui firent le serment sur l'épée. La vieille taupe travaillait si bien sous terre, qu'en quelque lieu qu'ils fussent, elle criait toujours sous leurs pieds : « Jurez ; » et eux, comme si le sol les eût brûlés, changeaient à tout moment de place. Où ils se trouvaient, une petite flamme sortait aussitôt de la terre, ce qui augmenta encore l'effet et laissa une profonde impression chez tous les spectateurs.

La pièce continua son cours sans autre incident ; rien ne manqua, tout réussit ; le public manifesta sa satisfaction, l'entrain et l'ardeur des comédiens paraissait s'accroître à chaque scène.

CHAPITRE XII

La toile tomba et les plus vifs applaudissements éclatèrent de tous les coins de la salle. Les quatre cadavres se relevèrent et s'embrassèrent de joie. Polonius et Ophélie sortirent de leur tombeau, et ils eurent encore le plaisir d'entendre les battements de mains qui accueillirent Horatio lorsqu'il s'avança pour faire l'annonce. On ne voulut pas lui laisser annoncer une autre pièce, mais on exigea tumultueusement une seconde représentation de celle-ci.

« Nous avons gagné la bataille, s'écria Serlo, je ne veux plus entendre un seul mot raisonnable de la soirée ! Tout dépend de la première impression. On ne peut pas en vouloir à un comédien d'être circonspect et obstiné pour ses débuts ! »

Le caissier vint, lui apportant une forte recette. « Nous avons bien débuté, s'écria-t-il, et le préjugé nous servira. Où donc est le souper qu'on nous a promis? Nous pouvons nous régaler aujourd'hui. »

On était convenu de se réunir en conservant ses costumes et de se donner une fête entre soi. Wilhelm avait préparé le local, et madame Mélina s'était occupée du repas.

On avait approprié le mieux possible une salle qui servait d'atelier pour les peintres, on y avait disposé différents décors, représentant les uns un jardin, les autres une colonnade. En entrant, la société fut éblouie par l'éclat des nombreuses lumières, qui répandaient, à travers la fumée des plus doux parfums qu'on n'avait pas épargnés, un air de fête sur une table bien parée et bien servie. On s'exclama sur la beauté de ces apprêts, et on s'assit cérémonieusement; on aurait dit une famille royale de l'empire des génies. Wilhelm se plaça entre Aurélie et madame Mélina, Serlo entre Philine et Elmire; chacun se montrait content de soi et de ses voisins.

Les deux amateurs, qui se trouvaient nécessairement là, complétaient la fête. Ils étaient montés plusieurs fois sur la scène pendant la représentation, et ne pouvaient assez s'entretenir de leur propre satisfaction et de celle du public; puis ils passèrent au détail, et chacun reçut sa large part d'éloges.

On relevait avec une incroyable vivacité chaque mérite, chaque passage. Le souffleur, qui se tenait modestement au bas bout de la table, fut grandement félicité sur la façon dont il avait joué le farouche Pyrrhus; on ne pouvait assez vanter l'assaut d'Hamlet et de Laertes; la tristesse d'Ophélie avait été sublime au delà de toute expression. Quant au jeu de Polonius, on manquait de termes pour l'admirer; chaque assistant s'entendait louer par et chez son camarade.

Le spectre absent ne manqua pas d'avoir sa part d'éloges

et d'admiration. Il avait déployé dans son rôle un excellent organe, et parlé avec un sens profond ; on se demandait comment il était si bien instruit de tout ce qui se passait dans la troupe. Il ressemblait exactement au portrait, comme s'il avait posé devant le peintre, et les deux amateurs ne pouvaient assez vanter la terreur qu'il avait produite lorsqu'il était apparu à côté du tableau, et qu'il avait passé auprès de son image. La réalité et l'illusion s'étaient merveilleusement confondues, et l'on avait cru que la reine ne voyait effectivement qu'une seule figure. A ce propos on félicita fort madame Mélina d'avoir levé les yeux en les fixant sur le portrait, tandis que Hamlet lui montrait du doigt le spectre.

On chercha à savoir comment le spectre avait disparu, et on apprit du régisseur qu'on avait vu entrer deux grandes figures en manteaux et en capuchons blancs par une porte de dégagement, habituellement cachée par des décorations, mais qui se trouvait libre ce soir-là, parce qu'on s'était servi de la salle gothique, et que, le troisième acte fini, ils étaient vraisemblablement partis par le même chemin.

Serlo loua surtout le spectre de n'avoir pas geint comme un butor, et d'avoir ajouté à la fin, pour exciter son fils, un passage mieux en harmonie avec la grandeur du héros. Wilhelm l'avait retenu et promit de l'ajouter à son manuscrit.

Dans la joie du festin, on n'avait pas remarqué que les enfants et le harpiste manquaient, mais ils firent bientôt une fort jolie entrée. Ils arrivèrent tous ensemble, bizarrement costumés ; Félix battait du triangle, Mignon du tambourin, et le vieillard avait suspendu sa lourde harpe à son col et jouait en la portant devant lui. Ils firent le tour de la table, et chantèrent plusieurs lieder.

On leur donna à manger, et les convives crurent bien faire en versant aux enfants autant de vins sucrés qu'ils en voulurent boire, car on n'avait pas ménagé les précieuses bouteilles apportées ce soir-là dans des corbeilles par les soins des deux amateurs. Les enfants sautaient et chantaient ; Mignon surtout était folâtre, comme on ne l'avait jamais vue. Elle frappait son tambourin avec une grâce et une vivacité extrêmes, tantôt promenant rapidement le doigt sur la peau, tantôt la battant avec le revers de la main ou les phalanges, heurtant, selon des rhythmes variés, le parchemin sur ses genoux ou sur sa tête ; puis faisait sonner seulement les grelots, tirant de la sorte les effets les plus différents d'un instrument si simple. Après avoir longtemps fait leur tapage, ils s'assirent dans un fauteuil resté vide contre la table, vis-à-vis de Wilhelm.

« Otez-vous de ce fauteuil ! leur cria Serlo ; il est destiné au spectre ; s'il venait, il pourrait vous arriver malheur.

— Je ne le crains pas, dit Mignon : s'il vient, nous nous lèverons ; c'est mon oncle, il ne me fera pas de mal. » Personne ne comprit ce que cela signifiait, excepté ceux qui savaient qu'elle avait désigné sous le nom du grand diable son père supposé.

Les convives se regardèrent, et se confirmèrent dans le soupçon que Serlo avait le secret de l'apparition. On jasait et buvait, et les femmes regardaient de temps en temps avec terreur du côté de la porte.

Les enfants, qui, assis dans le grand fauteuil, paraissaient au-dessus du niveau de la table comme Polichinelle dans sa baraque, se mirent à jouer une petite pièce dans son genre. Mignon imitait fort bien sa voix nasillarde, et ils se frappaient la tête l'un contre l'autre ou sur le bord de la table, aussi fort que l'eussent fait de vraies marionnettes. Mignon était gaie jusqu'à la fureur, et la société, qui au commencement avait ri de cette plaisanterie, se vit obligée d'y mettre un terme. Mais la persuasion n'eut pas grand effet, car elle sauta de sa place et se mit à bondir autour de la table, le tambour de basque à la main. Ses cheveux flottaient, et, comme elle rejetait sa tête en arrière et lançait pour ainsi dire ses membres en l'air, elle semblait une de ces Ménades dont les postures sauvages et presque impossibles nous surprennent encore si souvent dans les anciens monuments.

Animé par l'imagination et le bruit des enfants, chacun essaya de procurer un divertissement à la société. Les femmes chantèrent des canons, Laertes fit le rossignol, et le pédant donna un concert *pianissimo* sur la guimbarde. Cependant voisins et voisines se livraient à toutes sortes de jeux, où les mains se rencontrent et se mêlent, et plus d'un couple trouva l'occasion de s'exprimer une tendresse pleine de promesses. Madame Mélina surtout ne dissimulait pas un vif caprice pour Wilhelm. La nuit était fort avancée, et Aurélie, la seule qui eût conservé quelque empire sur elle-même, se leva et avertit l'assemblée qu'il fallait se séparer.

Pour l'adieu, Serlo leur offrit un feu d'artifice, car il savait imiter avec la bouche, avec une habileté étonnante, le bruit des fusées, des serpenteaux et des soleils. On n'avait qu'à fermer les yeux et l'illusion était complète. Cependant tout le monde s'était levé; et l'on offrit le bras aux dames pour les reconduire chez elles. Wilhelm sortit le dernier avec Aurélie. Sur l'escalier le régisseur les croisa et leur dit : « Voici le voile dans lequel a disparu le spectre. Il était resté accroché à la trappe; c'est là que nous l'avons trouvé. — Singulière relique, » s'écria Wilhelm, et il le prit avec lui.

En ce moment il se sentit saisir au bras gauche te

éprouva en même temps une assez vive douleur. C'était Mignon qui s'était cachée derrière lui, l'avait empoigné et lui avait mordu le bras. Elle passa auprès de lui en descendant l'escalier et disparut.

Lorsque les convives furent arrivés au grand air, chacun s'aperçut qu'on était allé trop loin ce soir-là.

Dès qu'il eut regagné sa chambre, Wilhelm jeta bas ses habits, et, ayant éteint sa lampe, se hâta de se coucher. Le sommeil allait s'emparer de lui; mais un bruit qui lui sembla partir de derrière le poêle attira son attention. L'image du roi cuirassé flottait devant son imagination échauffée; il se dressa sur son séant pour interpeller le spectre, lorsqu'il sentit deux tendres bras l'enlacer, d'ardents baisers lui fermer la bouche, une poitrine se serrer contre la sienne; il n'eut pas le courage de la repousser.

CHAPITRE XIII

Le lendemain matin Wilhelm se réveilla dans un état de malaise et trouva le lit vide. Les vapeurs de la veille, non encore dissipées, lui alourdissaient la tête, et le souvenir de cette mystérieuse visite nocturne l'inquiétait fort. Son premier soupçon tomba sur Philine, et cependant ce corps charmant qu'il avait pressé dans ses bras ne lui semblait pas être le sien. Au milieu d'ardentes caresses, notre ami s'était endormi à côté de l'étrange et muette visiteuse, et il n'avait plus le moyen d'en découvrir la trace. Il sauta de son lit, et, tout en s'habillant, il remarqua que sa porte, qu'il avait l'habitude de verrouiller, n'était qu'appuyée, et il ne put se rappeler s'il l'avait fermée la veille.

Mais ce qui lui parut le plus surprenant, ce fut le voile du spectre qu'il trouva sur son lit : il l'avait apporté et l'avait vraisemblablement jeté là. C'était un crêpe grisâtre, sur la bordure duquel était brodée cette inscription en lettres noires : *Pour la première et la dernière fois, fuis ! fuis, jeune homme !* Il resta interdit, ne sachant ce que cela voulait dire.

Dans ce moment Mignon entra et lui apporta son déjeuner. Wilhelm fut surpris, on pourrait dire effrayé de l'aspect de cette enfant. Elle paraissait avoir grandi depuis la nuit ; elle s'avança droite et fière vers lui, le fixa d'un œil si sévère qu'il ne put supporter ce regard. Elle ne le caressa point comme les autres jours ; elle qui avait l'habitude de lui serrer la main, de lui baiser les joues, la bouche, le bras ou l'épaule, après avoir placé en ordre ce qu'elle avait apporté, elle se retira en silence.

Une lecture était indiquée pour ce jour-là. L'heure venue, on se réunit, et tout le monde était mal disposé par suite de la fête de la veille. Wilhelm fit tout son possible pour se tenir et ne pas manquer dès l'abord aux principes qu'il avait si énergiquement prêchés. Sa grande pratique l'y aida fort ; car la pratique et l'habitude doivent, dans l'art, remplir les vides qu'y laissent si souvent le génie et le caprice.

On peut reconnaître en cette occasion la vérité de cette observation, qu'il ne faut pas inaugurer par une solennité une situation qui doit se prolonger longtemps, qui doit pour ainsi dire devenir un état, une manière de vivre. Ne célébrons que ce qui est heureusement terminé ; toute cérémonie au début épuise le désir et les forces qui produisent l'élan et nous soutiennent dans notre labeur assidu. De toutes les cérémonies, celles du mariage sont les plus déplacées ; rien ne devrait être plus enveloppé de silence, d'humilité et d'espérance.

La journée se traîna de la sorte, et Wilhelm n'en avait

pas encore passé de plus monotone. Au lieu des conversations habituelles de la soirée, on bâilla ; l'intérêt qu'on avait pris à *Hamlet* était épuisé, et on trouva ennuyeux d'être obligé de le jouer une seconde fois. Le lendemain Wilhelm montra le voile du spectre; on conclut qu'il ne reviendrait pas ; c'était surtout l'opinion de Serlo ; il paraissait être dans la confidence des intentions de l'étrange personnage. D'un autre côté, on ne savait comment expliquer ces mots : *Fuis ! fuis, jeune homme !* Serlo pouvait-il être d'accord avec un individu dont le projet semblait être d'éloigner le meilleur acteur de sa troupe ?

Il fallut nécessairement confier le rôle du spectre au bourru et celui du roi au pédant. Tous deux déclarèrent l'avoir déjà étudié, et ce n'était pas extraordinaire ; car avec des répétitions si nombreuses, des dissertations si étendues, tous les acteurs connaissaient si bien la pièce, qu'ils auraient pu facilement échanger leurs rôles entre eux. On répéta cependant à la hâte, et, comme on se séparait assez tard, Philine, en disant adieu à Wilhelm, lui dit tout bas : « Il faut que j'aille chercher mes pantoufles ; tu ne pousseras pas le verrou, cette fois! » Ces mots mirent Wilhelm dans une assez grande perplexité lorsqu'il fut rentré chez lui ; ils le confirmèrent dans la persuasion que Philine était le visiteur de la nuit précédente ; et nous sommes forcés de nous ranger à cette opinion, d'autant plus que nous ne pouvons découvrir les raisons qui le faisaient hésiter et lui inspiraient un soupçon bien plus étrange. Il se promena quelque temps avec agitation, et véritablement il ne se décidait pas à fermer le verrou.

Tout à coup Mignon se précipita dans sa chambre, le saisit à bras le corps et s'écria :

« Meister, sauve la maison, elle brûle ! »

Wilhelm se jeta vers la porte et se sentit enveloppé par

une épaisse fumée venant de l'étage supérieur. On entendait déjà crier au feu dans la rue, et le harpiste, suffoqué par la fumée, descendait l'escalier son instrument à la main. Aurélie s'élança de sa chambre et lança le petit Félix dans les bras de Wilhelm.

« Sauvez l'enfant ! s'écria-t-elle, nous allons nous occuper du reste. »

Wilhelm, qui ne croyait pas le danger si grand, pensa d'abord à pénétrer jusqu'au foyer de l'incendie, dans l'espoir de l'étouffer à sa naissance. Il remit l'enfant au vieillard, et lui ordonna de descendre rapidement l'escalier de pierre qui menait au jardin par une petite voûte, et de rester dehors avec les enfants. Mignon prit une lumière pour l'éclairer. Wilhelm pria Aurélie de faire suivre la même voie à ses effets. Quant à lui, il s'élança à travers la fumée ; mais c'était s'exposer inutilement. La flamme paraissait venir de la maison voisine et avait déjà envahi la charpente du comble et un petit escalier ; les autres individus accourus au secours souffraient comme lui de la fumée et du feu. Il les encourageait et demandait de l'eau à grands cris ; il les suppliait de ne céder à la flamme que pas à pas, leur promettant de rester avec eux. Dans ce moment Mignon accourut et s'écria : « Meister, sauve ton fils ! le vieillard est furieux ! le vieillard le tue. » Wilhelm se jeta sans réfléchir dans l'escalier, suivi de Mignon.

Arrivé aux dernières marches qui conduisaient à la voûte, il s'arrêta saisi d'effroi. De grosses bottes de paille et de fagots, entassées en cet endroit, brûlaient avec une flamme claire ; Félix gisait à terre et criait ; le vieillard, la tête baissée, était appuyé de côté contre la muraille. « Que fais-tu, malheureux? » s'écria Wilhelm. Le vieillard se tut; Mignon, qui avait relevé Félix, traîna avec peine l'enfant dans le jardin, tandis que Wilhelm s'efforçait de disperser et d'étouffer le feu, dont cette opération ne fit que raviver la violence. Il fut bientôt forcé de s'enfuir également dans le jardin, avec les cils et les cheveux brûlés, entraînant au milieu des flammes le vieillard qui, la barbe roussie, se refusait à le suivre.

Wilhelm courut aussitôt dans le jardin, pour chercher les enfants. Il les trouva sur le seuil d'un petit pavillon écarté; Mignon faisait son possible pour calmer l'enfant. Wilhelm le prit sur ses genoux, l'interrogea, le palpa, et ne put rien tirer de suivi de ces deux enfants.

Cependant, l'incendie s'était rapidement propagé à plusieurs maisons, et éclairait toute la contrée. Wilhelm examina le petit Félix à la lueur rougeâtre de la flamme; il ne découvrit ni blessure, ni trace de sang, ni même de contusion. Il le tâta de tous les côtés sans qu'il donnât aucun signe de douleur. Il se calmait par degrés, et commençait à admirer la flamme et à s'amuser des chevrons et des poutres qui s'allumaient successivement comme une illumination.

Wilhelm ne pensait point aux habits et à ce qu'il pouvait avoir perdu; mais il sentait combien lui étaient chères ces deux créatures, qu'il voyait arrachées à un si grand danger. Il serrait, avec une sensation toute nouvelle, le petit sur son cœur; il voulut également embrasser Mignon, mais elle le repoussa doucement, lui prit la main et la serra.

« Meister, dit-elle, — jamais, avant cette soirée, elle ne lui avait donné ce nom; elle l'avait d'abord appelé maître, puis plus récemment père, — Meister, nous avons échappé à un grand danger; car Félix était à la mort. »

A force de questions, Wilhelm finit par apprendre, qu'arrivé sous la voûte, le harpiste lui avait arraché des mains la lumière, et avait aussitôt mis le feu à la paille;

qu'il avait ensuite étendu Félix à terre, placé, en faisant des gestes étranges, les mains sur la tête de l'enfant et tiré un couteau, comme s'il voulait l'immoler. Elle s'était élancée et lui avait arraché le couteau des mains. Elle avait crié et quelqu'un de la maison, occupé à mettre en sûreté quelques objets dans le jardin, était accouru à son secours; mais il fallait que dans la confusion du moment il se fût retiré et eût laissé le vieillard seul avec l'enfant.

Deux ou trois maisons étaient complétement embrasées. Personne n'avait pu gagner le jardin à cause du feu qui régnait sous la voûte. Wilhelm était fort inquiet à l'endroit de ses amis, bien plus qu'au sujet de ses effets. Il n'osait pas quitter les enfants et voyait le désastre s'accroître de plus en plus.

Il passa quelques heures dans une angoisse terrible. Félix s'était endormi sur ses genoux, Mignon s'était assise à côté de lui et lui serrait la main. Enfin on était parvenu à se rendre maître du feu. Les bâtiments embrasés s'écroulèrent, le jour vint, les enfants commencèrent à prendre froid, et lui-même, légèrement vêtu, se trouvait fort incommodé de la rosée. Il les conduisit à travers les décombres auprès d'un monceau de cendres et de charbon où ils trouvèrent une bienfaisante chaleur.

Le jour qui se levait réunit peu à peu les amis et les connaissances. Tout le monde était sauvé, personne n'avait eu à souffrir de dommage important.

La malle de Wilhelm fut retrouvée. Vers dix heures, Serlo fit faire une répétition partielle d'*Hamlet*, pour les quelques scènes où jouaient de nouveaux acteurs. Il eut à ce sujet à débattre avec la police. Les prêtres demandaient qu'après un tel châtiment du ciel le théâtre fût fermé, et Serlo répondait que partie pour le dédommager de ce qu'il avait perdu dans cette nuit, partie pour rassurer les esprits, il était plus que jamais opportun de représenter un drame intéressant. Cette dernière opinion prévalut ; et la salle fut comble. Les comédiens jouèrent avec une chaleur extrême, avec plus de passion et plus franchement que la première fois. Les spectateurs, dont la sensibilité était exaltée par la terrible scène de la nuit précédente, et rendus plus désireux d'une récréation intéressante par les tristes émotions de la journée, étaient plus disposés à se laisser impressionner par l'extraordinaire. C'était en grande partie de nouveaux spectateurs attirés par le succès de la pièce, qui ne pouvaient faire de rapprochements avec la représentation précédente. Le bourru joua le spectre tout à fait dans le même sens que l'inconnu, et le pédant avait également bien étudié son prédécesseur ; son aspect misérable lui vint en aide, et Hamlet ne mentait pas en le traitant de roi en guenilles, malgré son manteau de pourpre et son collet d'hermine.

Jamais probablement rien de plus étrange ne s'était assis sur un trône ; et, malgré les railleries que ses camarades, et surtout Philine, lui adressèrent sur sa nouvelle dignité, il fit observer que le comte, un grand connaisseur, lui avait, à première vue, prédit cela, et mieux encore. Mais Philine l'exhorta à l'humilité et lui déclara qu'au besoin elle lui poudrerait ses manches afin qu'il se souvînt de la malheureuse nuit du château et portât sa couronne avec plus de modestie.

CHAPITRE XIV

On s'était procuré des logements à la hâte, ce qui avait fort disséminé la troupe. Wilhelm avait pris en affection le pavillon du jardin, au seuil duquel il avait passé la nuit; il n'eut pas de peine à en obtenir la clef, et s'y installa ; mais, comme Aurélie était fort à l'étroit dans sa nouvelle demeure, il prit Félix avec lui ; Mignon ne voulait pas quitter le jeune garçon.

On donna aux enfants une jolie chambre au premier étage. Wilhelm s'établit dans la salle du bas. Les enfants s'endormirent, mais lui ne put prendre aucun repos.

A côté du charmant jardin, qu'éclairait magnifiquement la pleine lune à son lever, se dressaient les tristes ruines d'où s'échappait par instants une bouffée de fumée ; l'air était doux, et la nuit exceptionnellement belle. En sortant du théâtre, Philine l'avait légèrement pressé du coude, et lui avait glissé quelques mots qu'il n'avait pas saisis. Il était inquiet et mécontent, ne sachant que faire ni qu'espérer. Philine l'avait évité pendant quelques jours, et ce n'était que ce soir qu'elle lui donnait signe de vie. Par malheur la porte qu'il ne devait pas fermer était brûlée, et les petites pantoufles s'étaient dissipées en fumée. Il ne savait comment la belle viendrait au jardin, si tel était son projet. Il n'avait nul désir de la voir et cependant il aurait bien voulu s'expliquer avec elle.

Mais ce qui lui tenait encore plus au cœur, c'était le sort du harpiste qu'on n'avait plus revu. Wilhelm craignait qu'en déblayant la place on ne le trouvât mort sous les décombres. Il avait caché à tout le monde le soupçon qui lui faisait attribuer l'incendie au vieillard. Car c'était d'abord lui qu'il avait rencontré descendant du grenier enflammé, et son désespoir, sous la voûte, paraissait être la conséquence d'un si malheureux événement. Cependant l'instruction que fit sur-le-champ la police démontra que le feu s'était déclaré non pas dans le bâtiment qu'ils habitaient, mais deux maisons plus loin, et s'était communiqué par les toits.

Wilhelm réfléchissait à tout cela, assis sous un berceau, lorsqu'il entendit quelqu'un se glisser dans une allée voisine. Aux accents mélancoliques qui résonnèrent, il reconnut aussitôt le harpiste. Le chant, dont il pouvait saisir tous les mots, exprimait la consolation d'un malheureux qui se sent près d'atteindre la folie. Malheureusement Wilhelm n'en retint que la dernière strophe :

> Le long des portes je me glisserai,
> Je m'y tiendrai silencieux et modeste,
> Une main pieuse me tendra ma nourriture,
> Et je passerai plus loin.
> Chacun se trouvera heureux,
> Lorsque mon image lui apparaîtra,
> Il pleurera une larme,
> Et je ne sais ce qu'il pleurera.

Sur ces mots, le vieillard étant arrivé à une porte du jardin qui donnait sur une rue déserte, la trouvant fermée, il voulut escalader les espaliers, mais Wilhelm le retint et lui parla avec bonté. Le vieillard le pria de lui ouvrir la porte, il voulait et devait fuir. Wilhelm lui représenta qu'il pourrait bien sortir du jardin, mais non pas de la ville, et lui démontra combien une pareille démarche le rendrait suspect ; mais c'était inutile, le vieillard persistait dans son idée. Wilhelm ne céda point, finit par l'entraîner presque de force dans le pavillon et s'y enferma avec lui. Ils eurent alors un entretien étrange que nous aimons mieux passer sous silence que de le reproduire en entier, et de fatiguer nos lecteurs d'idées incohérentes et d'impressions pénibles.

CHAPITRE XV

Wilhelm se trouvait dans un grand embarras, ne sachant que faire du malheureux vieillard qui donnait des signes évidents de démence ; le jour même, Laertes vint à son secours. Celui-ci qui, suivant sa vieille habitude, se trouvait toujours partout, avait vu dans un café un homme sujet depuis quelque temps à de violents accès de mélancolie. On l'avait confié à un pasteur de campagne, qui s'était fait une spécialité de traiter ces sortes de maladies. Il avait réussi avec celui-là comme avec les autres ; il était encore en ville, où la famille de son ancien malade lui avait fait un brillant accueil.

Wilhelm courut aussitôt à la recherche de cet homme, lui expliqua le cas et s'entretint avec lui. On parvint sous un prétexte quelconque à lui remettre le vieillard. Cette séparation affligea profondément Wilhelm, et l'espoir de le voir guérir put seul la lui rendre supportable, tant il était habitué à le voir autour de lui, à entendre ses chants pleins de tendresse et d'inspiration. La harpe avait été brûlée ; on s'en procura une autre qu'on lui donna pour le voyage.

Le feu avait aussi anéanti la petite garde-robe de Mignon, et, lorsqu'on voulut lui faire de nouveaux vêtements, Aurélie proposa de la faire enfin habiller en fille.

« Je ne veux pas ! » s'écria Mignon, et elle s'obstina avec énergie à conserver son ancien costume, ce qu'on fut obligé de lui accorder.

La compagnie n'eut guère le temps de reprendre haleine. Les représentations suivaient leur cours.

Wilhelm écoutait souvent les propos du public, et rarement il entendait une voix qui dît ce qu'il aurait voulu entendre dire, souvent même il saisissait des choses qui l'affligeaient ou le blessaient. Par exemple, après la première représentation d'*Hamlet*, un jeune homme racontait avec une grande animation combien il était content de s'être trouvé ce soir-là au théâtre. Wilhelm prêta l'oreille et resta confondu en entendant ce jeune homme raconter qu'en dépit des individus placés derrière lui, il avait gardé son chapeau sur la tête et l'y avait obstinément laissé pendant toute la pièce, exploit dont il conservait le plus glorieux souvenir.

Un autre trouvait que Wilhelm avait très-bien joué Laertes ; mais qu'il était loin d'être aussi satisfait de l'acteur chargé du rôle d'Hamlet. Cette confusion n'avait rien d'extraordinaire, car Wilhelm et Laertes se ressemblaient un peu, quoique avec de notables différences.

Un troisième admirait très-vivement son jeu, surtout dans la scène avec sa mère. Il regrettait seulement que dans ce terrible moment un ruban blanc fût sorti de son pourpoint, ce qui avait considérablement nui à l'illusion.

Différentes modifications étaient survenues entre les membres de la société. Depuis la soirée qui avait suivi l'incendie, Philine n'avait manifesté à Wilhelm aucun désir de se rapprocher de lui. Elle avait, à dessein sans doute, loué un logement dans un quartier éloigné, s'était liée avec Elmire et venait rarement chez Serlo, à la grande satisfaction d'Aurélie. Serlo, qui lui était toujours attaché, allait souvent la voir, surtout parce qu'il espérait trouver Elmire chez elle ; un soir il emmena Wilhelm avec lui. Ils furent fort surpris en entrant d'apercevoir, dans la seconde chambre, Philine dans les bras d'un jeune officier en uniforme rouge et en culotte blanche, dont il ne leur fut pas possible, à cause de sa position, de voir le visage. Philine accourut dans l'antichambre recevoir les visiteurs, et ferma la porte de l'autre pièce.

« Vous me surprenez, s'écria-t-elle, au milieu d'une singulière aventure !

— Pas si merveilleuse ! dit Serlo ; laissez-nous voir cet

ami si beau, si jeune, si enviable, vous nous avez si bien dressés que nous ne saurions être jaloux.

— Je veux vous laisser encore un peu de temps vos soupçons, dit Philine en souriant ; mais ce que je peux vous assurer, c'est que c'est une bonne amie à moi, qui reste quelques jours incognito chez moi. Vous connaîtrez plus tard son histoire, peut-être même ferez-vous la connaissance de cette intéressante personne, et j'aurai peut-être alors lieu de faire usage de ma modestie et de mon indulgence ; car je crains que ces messieurs n'oublient leur ancienne amie auprès de leur nouvelle connaissance. »

Wilhelm restait comme pétrifié, car au premier coup d'œil l'uniforme rouge lui avait rappelé le costume favori de Marianne ; c'était sa taille, c'étaient ses cheveux blonds ; l'officier lui semblait seulement un peu plus grand qu'elle.

« Par le ciel ! s'écria-t-il, apprenez-nous quelque chose de plus sur votre amie, laissez-nous voir cette jeune femme déguisée. Nous sommes maintenant dans le secret ; nous promettrons, nous jurerons ce que vous voudrez, mais laissez-nous la voir !

— Oh ! quelle ardeur ! du calme, de la patience ! vous ne saurez rien de plus aujourd'hui.

— Dites-nous au moins son nom ! s'écria Wilhelm.

— Ce serait alors un joli secret, répliqua Philine.

— Au moins son prénom.

— Soit, si vous le devinez. Je vous le donne en trois, mais pas davantage ; autrement vous me feriez parcourir tout le calendrier.

— Bon, dit Wilhelm ; ce doit être Cécile ?

— Point de Cécile !

— Henriette ?

— Nullement ! Faites attention ; il faudra passer votre curiosité ! »

Wilhelm hésitait et tremblait; il voulait ouvrir la bouche, mais la voix refusait de parler. « Marianne, balbutia-t-il enfin, Marianne !

— Bravo, vous avez trouvé ! » s'écria Philine en faisant selon son habitude une pirouette sur son talon.

Wilhelm ne pouvait plus prononcer une parole, et Serlo, qui ne remarquait pas son émotion, continuait à presser Philine d'ouvrir la porte.

Quel fut leur étonnement lorsque Wilhelm, interrompant tout à coup leur badinage, se jeta aux pieds de Philine, la priant et la conjurant avec les plus vives expressions de la passion. « Laissez-moi voir cette femme, s'écriait-il, elle est à moi, c'est ma Marianne ! Elle pour laquelle j'ai soupiré tous les jours de ma vie, elle qui est toujours pour moi au-dessus de toutes les femmes de la terre ! Allez au moins lui dire que je suis là ; qu'il est là l'homme qui rattachait à elle son premier amour et tout le bonheur de sa jeunesse. Il veut se justifier de l'avoir abandonnée durement, il veut lui demander pardon, il veut lui pardonner ce qu'il peut avoir à lui reprocher, il n'élèvera, s'il le faut, aucune prétention, mais qu'il puisse la voir encore une fois, qu'il puisse voir qu'elle est vivante et qu'elle est heureuse. »

Philine secoua la tête et lui dit : « Mon ami, parlez plus bas ! Ne vous abusez pas, et si cette femme est véritablement votre amie, ménageons-la, car elle ne s'attend nullement à vous retrouver. Elle est amenée ici par des affaires d'un tout autre genre, et vous savez bien qu'on aimerait mieux rencontrer un spectre qu'un ancien amant tombant mal à propos. Je la questionnerai, je la préparerai, et nous réfléchirons à ce qu'il faudra faire. Demain, je vous écris un billet pour vous dire à quelle heure vous devez venir, et, si vous pouvez venir, obéissez-moi ponctuellement, car je vous jure que personne ne verra cette aimable créature contre sa volonté et la mienne. Je tiendrai mes portes mieux fermées, et vous ne viendrez pas me faire visite la hache et le marteau à la main. »

Wilhelm la conjura, Serlo l'exhorta, mais en vain. Les deux amis durent enfin se décider à quitter la chambre et la maison.

On se représente quelle nuit agitée dut passer Wilhelm. On comprend avec quelle lenteur s'écoulaient les heures de la journée, dans l'attente d'un billet de Philine. Pour comble de malheur, il devait jouer ce soir même; il n'avait jamais souffert un pareil supplice. La pièce finie, il courut chez Philine, sans avoir fait demander s'il était invité. Il trouva sa porte fermée et les gens qui lui dirent que mademoiselle était partie ce matin avec un jeune officier, qu'elle avait bien annoncé qu'elle reviendrait dans quelques jours, mais qu'on n'en croyait rien, car elle avait réglé ses comptes et emporté ses effets.

Cette nouvelle bouleversa Wilhelm. Il courut chez Laertes lui proposer de la poursuivre et de savoir à tout prix la vérité sur son compagnon. Laertes reprocha à son ami son emportement et sa crédulité. « Je jurerais, dit-il, que ce n'est personne autre que Frédéric; ce jeune homme est de bonne maison, je le sais; il est amoureux d'elle à la folie, il a probablement tiré assez d'argent à ses parents pour pouvoir vivre quelque temps avec elle. »

Ces réflexions ne persuadèrent pas Wilhelm, mais elles le firent hésiter. Laertes lui représenta combien était invraisemblable le conte que lui avait fait Philine, que cette tournure et ces cheveux se rapportaient parfaitement à Frédéric; comment, ayant une avance de douze heures, ils n'étaient pas faciles à rattraper, et enfin que Serlo ne pouvait se passer d'eux pour son théâtre.

Ces raisonnements amenèrent finalement Wilhelm à renoncer à poursuivre lui-même les voyageurs. Laertes se procura immédiatement un homme sûr, capable de remplir une pareille mission. C'était un individu posé, qui avait accompagné en voyage beaucoup de seigneurs, comme courrier ou comme guide, et qui se trouvait alors dans cette ville, sans occupation. On lui donna de l'argent, on l'instruisit de l'affaire et on le chargea de rechercher et de joindre les fugitifs, de ne pas les perdre de vue et d'écrire immédiatement à nos amis où et comment il les avait trouvés. Sur l'heure, l'homme monta à cheval et se mit à la poursuite du couple équivoque. Cet arrangement calma un peu Wilhelm.

CHAPITRE XVI

L'absence de Philine ne fit grande sensation ni au théâtre ni dans le public. Elle montrait en tout peu de sérieux ; les femmes la détestaient généralement et les hommes auraient mieux aimé la voir en tête à tête qu'au théâtre ; de sorte que son beau et heureux talent se trouvait ainsi perdu. Les autres membres de la troupe redoublèrent de zèle ; madame Mélina surtout se distingua par son application et son attention. Elle continua à se conformer aux maximes de Wilhelm, se dirigea suivant sa théorie et son exemple et arriva à donner à ses manières un je ne sais quoi qui la rendait plus intéressante. Elle posséda bientôt un jeu plus juste; elle prit complétement le ton naturel de la conversation, et jusqu'à un certain point celui du sentiment. Elle sut se faire à l'humeur de Serlo, étudia le chant pour lui complaire et fit des progrès assez rapides pour pouvoir se rendre fort agréable en société.

L'arrivée de quelques nouveaux comédiens mit la troupe

au grand complet, et comme Wilhelm et Serlo agissaient chacun à sa manière, l'un appuyant dans chaque pièce sur le sens et le ton de l'ensemble, l'autre travaillant consciencieusement les parties isolées, un zèle louable animait les acteurs, et le public s'intéressait vivement à eux.

« Nous sommes dans une bonne voie, dit un jour Serlo, et, si nous continuons, le public y sera aussi bientôt. On peut facilement abuser les hommes par des spectacles insensés et grossiers ; mais exposez-leur d'une façon intéressante ce qui est raisonnable et convenable, ils seront certainement captivés.

« Ce qui fait le principal défaut de notre scène, et ce à quoi ne réfléchissent ni acteurs ni spectateurs, c'est que l'ensemble y est toujours bigarré, et qu'on n'y trouve nulle part une limite où l'on puisse baser son jugement. Je ne vois pas que ce soit un avantage d'avoir développé notre théâtre au point d'en faire une représentation indéfinie de la nature ; mais maintenant ni directeurs ni acteurs ne peuvent se réduire, à moins que le goût de la nature ne trace lui-même dans la suite le cercle qu'on ne devra pas franchir. Une bonne société n'existe que sous certaines conditions, il en est de même d'un bon théâtre. Certaines manières, certaines expressions, des objets, des façons d'agir, doivent être exclus. Pour mettre sa maison en ordre, on n'en est pas plus pauvre. »

Ils étaient là-dessus plus ou moins d'accord, Wilhelm et la majorité tenaient pour le théâtre anglais, Serlo et quelques autres pour le théâtre français.

On était convenu de parcourir les pièces les plus célèbres des deux théâtres, pendant les heures de loisir qui ne manquent malheureusement pas aux comédiens, et d'observer ce qu'il s'y trouverait de meilleur et de plus digne d'être imité. On lut d'abord quelques pièces françaises. Dès que commençait la lecture, Aurélie s'éloignait. Les premières fois on la crut malade; mais un jour Wilhelm, que cela avait frappé, lui demanda l'explication de sa conduite.

« Je n'assisterai jamais à une lecture de ce genre, dit-elle, comment pourrais-je écouter, tandis que mon cœur est déchiré? je hais la langue française de toute mon âme.

— Comment peut-on être l'ennemi d'une langue à laquelle on doit en grande partie son éducation, et à laquelle nous avons encore beaucoup à demander avant d'avoir donné une forme convenable à notre individu?

— Ce n'est pas une prévention, répondit Aurélie; une malheureuse impression, un souvenir odieux de mon perfide ami m'a fait perdre le goût de cette langue si belle et si parfaite. Comme je la hais maintenant de tout mon cœur! Tant que notre liaison fut sincère, il m'écrivit en allemand, et quel cordial, quel énergique allemand! Puis, lorsqu'il voulut se détacher de moi, il se mit à m'écrire en français, ce qu'il n'avait fait jusqu'alors qu'en façon de plaisanterie. Je sentis ce que cela signifiait. Ce qu'il rougissait de me dire dans sa langue maternelle, il pouvait alors me l'écrire en toute sécurité. Pour les réserves, les demi-mots, les mensonges, c'est une langue parfaite. C'est une langue *perfide* ; grâce à Dieu, je ne trouve pas de mot allemand pour rendre *perfide* dans toute son étendue; notre pauvre *treulos* n'est à côté de cela qu'un innocent enfant. Perfide, c'est *treulos* avec jouissance, avec insolence, avec malice. Elle est enviable la civilisation d'une nation qui sait en un seul mot exprimer des nuances aussi délicates! Le français est la langue du monde, digne de devenir la langue universelle, pour que chacun puisse se tromper et se mentir à l'envi! Ses lettres en français étaient toujours agréables à lire. Si l'on eût voulu se faire illusion, elles donnaient des accents chaleureux, passionnés même ; mais, à y regarder de près, ce n'étaient que des phrases, des phrases maudites ! Il m'a privée de toutes les joies que pouvaient me procurer la langue et la littérature françaises, les belles et précieuses pensées que de nobles âmes ont exprimées dans cet idiome ; je frissonne lorsque j'entends un mot de français ! »

Avec de pareilles dispositions, il lui arrivait de témoigner pendant des heures entières sa mauvaise humeur et d'interrompre ou de troubler tout autre entretien. Serlo tôt ou tard mettait avec quelque amertume un terme à ces fantasques sorties ; mais généralement la conversation en était arrêtée pour le reste de la soirée.

C'est malheureusement presque toujours le cas, que tout ce qui exige le concours de plusieurs individus et de plusieurs circonstances ne peut se maintenir longtemps dans son entier. Dans une troupe de théâtre comme dans un empire, dans un cercle d'amis aussi bien que dans une armée, on peut la plupart du temps indiquer le moment où l'on a atteint le plus haut degré de perfection, d'entente, de satisfaction et d'activité ; mais bientôt le personnel se modifie ; de nouveaux membres arrivent ; les individus ne cadrent plus avec les circonstances, les circonstances plus avec les individus ; tout change, et ce qui était tout à l'heure si bien uni se disjoint bientôt. On peut dire que la troupe de Serlo fut pendant quelque temps aussi parfaite qu'aucune autre troupe d'Allemagne.

La plupart des acteurs tenaient leurs véritables emplois ; tous avaient assez à faire, et tous faisaient avec goût ce qu'ils avaient à faire. Leurs rapports personnels étaient bons, et chacun paraissait promettre beaucoup, parce qu'il entrait dans la carrière plein de feu et d'allégresse. Mais bientôt on observa que plusieurs d'entre eux n'étaient que de simples automates qui ne pouvaient atteindre que ce qui ne demande pas de sentiment; puis les passions vinrent se mêler à tout cela, les passions qui entravent d'ordinaire toute bonne institution et désorganisent si vite ce que des hommes raisonnables et sensés désireraient voir se maintenir.

Le départ de Philine n'était pas aussi insignifiant qu'on l'avait cru d'abord. Elle avait su très-habilement amuser Serlo et charmer plus ou moins les autres acteurs; elle supportait fort patiemment les boutades d'Aurélie et sa spécialité était de flatter Wilhelm. C'était une sorte de lien qui rattachait le tout, et on sentit bientôt l'importance de cette perte.

Serlo ne pouvait vivre sans une petit intrigue. Elmire, qui s'était rapidement développée et qu'on pouvait presque appeler une belle fille, avait depuis longtemps éveillé son attention, et Philine avait été assez habile pour favoriser cette passion qu'elle avait découverte. « Il faut, disait-elle souvent, s'accoutumer à temps aux négociations d'amour; c'est notre seule ressource lorsque nous nous faisons vieilles. » Aussi Serlo et Elmire s'étaient si bien rapprochés, qu'ils s'entendirent très-bien après le départ de Philine; et ce petit roman les intéressait d'autant plus, qu'ils avaient toutes raisons de le tenir caché au père, lequel n'eût pas entendu raillerie sur un pareil désordre. La sœur d'Elmire était complice, et par suite Serlo devait passer bien des choses aux deux jeunes filles. Un de leurs plus grands défauts était une excessive friandise, ou même, si l'on veut, une extrême gloutonnerie, en quoi elles différaient fort de Philine, dont ce n'était pas le moindre attrait, car elle semblait vivre de l'air du temps pour ainsi dire, mangeait très-peu, se contentant de savourer avec une grâce extrême l'écume d'un verre de champagne.

Maintenant, lorsque Serlo voulait faire fête à sa belle, il lui fallait relier le déjeuner au dîner, et rattacher ce dernier repas au souper par un goûter. Serlo avait en outre un plan dont l'exécution le préoccupait. Il avait cru découvrir une certaine inclination entre Wilhelm et Aurélie, et désirait fort qu'elle devînt sérieuse. Il comptait rejeter sur Wilhelm toute la partie matérielle de l'administration, et faire de lui, comme de son premier beau-frère, un agent fidèle et laborieux. Il lui avait déjà repassé insensiblement la plus grande partie des détails ; Aurélie tenait la caisse, et Serlo recommençait à vivre à sa façon comme par le passé. Il y avait cependant quelque chose qui le chagrinait, ainsi que sa sœur.

Le public a une façon particulière d'agir envers les personnages publics d'un mérite reconnu : il commence par se montrer graduellement indifférent à leur égard et favorise des talents bien inférieurs, mais nouveaux ; il est d'une exigence exagérée pour ceux-ci et passe tout à ceux-là.

Serlo et Aurélie avaient eu assez d'occasions d'en faire la remarque. Les nouveaux venus, surtout ceux qui étaient jeunes et bien faits, avaient attiré à eux toute l'attention, tout le succès, et la plupart du temps le frère et la sœur, après avoir déployé tout leur zèle, se retiraient sans avoir joui de l'accompagnement flatteur des bravos. On pouvait attribuer cela, il est vrai, à des causes particulières. L'orgueil d'Aurélie était frappant, et beaucoup de personnes connaissaient son mépris pour le public. Serlo flattait bien chacun en particulier ; mais ses mots piquants sur la masse étaient souvent recueillis et colportés. Les nouveaux acteurs, au contraire, étaient soit inconnus et étrangers, soit jeunes, aimables et débutants, et tous avaient trouvé des partisans.

Bientôt s'élevèrent des troubles intérieurs et des mécontentements; dès qu'on se fut aperçu que Wilhelm avait pris les fonctions de régisseur, les autres comédiens se conduisirent d'autant plus mal, en le voyant chercher à mettre quelque ordre et quelque exactitude dans le théâtre, et exiger surtout qu'avant tout la partie matérielle marchât ponctuellement et régulièrement.

En peu de temps tous les rapports de cette société, qui pendant quelque temps avaient presque atteint l'idéal, devinrent aussi vulgaires que dans n'importe quelle troupe ambulante. Et, malheureusement, au moment où Wilhelm par son travail, son application, sa persévérance, était parvenu à s'initier aux connaissances nécessaires au métier, et y avait assimilé sa personne et ses facultés, il découvrit enfin, à ses heures de tristesse, que ce métier méritait moins que tout autre la perte de temps et de force qu'il exige. La besogne était lourde et la récompense mince. Il en aurait volontiers entrepris un autre quelconque, dans lequel, une fois le travail fini, on peut goûter le calme, la tranquillité d'esprit, plutôt que celui-là dans lequel, après avoir surmonté les fatigues matérielles, on a besoin de la plus haute contention d'esprit et de sentiment pour atteindre enfin son but. Il lui fallait entendre les lamentations d'Aurélie sur la prodigalité de son frère ; il lui fallait faire la sourde oreille aux insinuations de Serlo, lorsque celui-ci cherchait à l'amener peu à peu à épouser sa sœur. Il avait encore à dissimuler un chagrin qui le touchait plus profondément que tout cela. Le messager envoyé à la poursuite de l'équivoque officier ne revenait pas et ne donnait point de ses nouvelles; notre ami craignait d'avoir perdu encore une fois sa Marianne.

A cette époque survint un deuil public qui obligea de fermer le théâtre pour quelques semaines. Il profita de ce loisir pour aller visiter le pasteur chez qui le harpiste était en pension. Il le trouva dans une agréable contrée, et la première personne qu'il aperçut dans le presbytère ce fut le vieillard donnant une leçon de harpe à un enfant. Il témoigna beaucoup de joie de revoir Wilhelm, se leva, lui tendit la main et lui dit : « Vous voyez que je suis bon à quelque chose sur la terre ; vous me permettez de continuer, car les heures sont réglées. »

Le pasteur fit à Wilhelm l'accueil le plus amical et lui dit que le vieillard allait très-bien, et qu'il espérait le guérir complétement.

Leur conversation tomba naturellement sur la meilleure méthode de traiter des aliénés.

« En dehors des considérations physiques, dit le pasteur, qui nous apportent souvent des obstacles insurmontables, et pour lesquels je consulte un sage médecin, je trouve très-simples les moyens de guérir la folie. Ce sont les mêmes que ceux employés pour empêcher les gens sains de devenir fous. Que l'on surexcite leur activité personnelle, qu'on les habitue à l'ordre, qu'on leur fasse comprendre que leur individu et leur sort leur est commun avec bien d'autres, qu'un talent extraordinaire, qu'un grand bonheur, qu'un malheur extrême, ne sont que de légères inflexions du cours ordinaire des choses : la folie n'aura point par où se glisser, et, si elle existe chez eux, elle se retirera peu à peu. J'ai réglé les heures du vieillard, il apprend la harpe à quelques enfants, aide aux travaux du jardin et est déjà beaucoup plus calme. Il désire manger du chou qu'il plante, et désire faire de mon fils, à qui il a légué sa harpe en cas de mort, un bon musicien, pour que l'enfant puisse se servir à son tour de cet instrument. Comme pasteur, je l'entretiens peu de ses étranges scrupules, mais une existence active donne naissance à tant d'événements, qu'il sentira bientôt que son initiative seule doit lever toute espèce de doute. Je vais doucement à l'œuvre. Si je parviens à lui faire quitter sa barbe et sa robe j'aurai beaucoup gagné, car rien ne nous pousse plus vers la folie que de nous distinguer des autres, et rien ne maintient plus le sens commun que vivre avec la foule suivant le sentiment commun. Combien, malheureusement, y a-t-il de choses dans notre éducation et dans nos institutions civiles qui nous prédisposent à la folie, nous et nos enfants ! »

Wilhelm resta quelques jours auprès de cet homme plein de sens et apprit de lui les histoires les plus intéressantes, non-seulement d'individus fous, mais aussi de ceux qu'on a l'habitude de considérer comme raisonnables, comme sages même, et dont les singularités touchent de bien près à la folie.

L'intérêt de ces conversations fut triplé par l'arrivée du médecin, qui venait souvent voir le pasteur son ami et l'assistait dans ses efforts philanthropiques. C'était un homme âgé qui, avec une santé faible, avait passé de longues années dans l'exercice des plus nobles devoirs. Il était grand amateur de la vie champêtre et ne pouvait vivre qu'au grand air ; aussi était-il extrêmement actif et sociable, et avait depuis longtemps un penchant particulier à se mettre en relation avec les pasteurs de campagne. Ceux auxquels il connaissait une occupation utile, il cherchait à les seconder par tous les moyens ; ceux qu'il voyait encore indécis, il s'efforçait de leur inspirer un goût favori ; et comme il était en rapport avec les seigneurs, les baillis et les juges, il avait, sans faire de bruit, beaucoup contribué, dans un espace de vingt années, au développement de mainte branche de l'agriculture ; il avait avancé tout ce qui est profitable à la terre, au bétail, aux hommes, et répandu ainsi l'instruction pratique. « Pour l'homme, disoit-il, il n'y a qu'un malheur à craindre, c'est qu'il se fixe chez lui une idée quelconque qui n'ait aucune influence sur la vie active, ou qui le détourne complétement de la vie active. J'ai précisément un cas de ce genre chez un noble et riche couple contre lequel toutes les ressources de l'art ont échoué jusqu'à présent ; cela rentre presque dans votre domaine, cher pasteur, et ce jeune homme ne commettra pas d'indiscrétion.

« Pendant l'absence d'un homme de qualité, on fait endosser— plaisanterie d'assez mauvais goût —à un jeune homme la robe de chambre de ce seigneur. Ce déguisement était destiné à tromper sa femme, et, quoiqu'on ne m'ait rapporté la chose que comme une pure farce, je crains bien qu'on n'ait eu le projet de détourner du droit chemin la noble et aimable dame. Le mari revient à l'improviste, entre dans sa chambre, croit se voir lui-même et tombe depuis ce jour dans une mélancolie où il s'entretient dans la conviction qu'il va bientôt mourir.

« Il se livre à des personnes qui le circonviennent d'idées religieuses, et je ne vois pas comment on pourra l'empêcher d'entrer avec sa femme chez les frères moraves et de priver ses parents de la plus grande partie de son bien, car il n'a pas d'enfants.

— Avec sa femme ! s'écria brusquement Wilhelm, saisi de frayeur à ce récit.

—Et malheureusement, répondit le médecin, qui ne voyait dans l'exclamation de Wilhelm qu'un mouvement de compassion, cette dame est sous le poids d'une douleur encore plus profonde, qui lui fait accepter volontiers de se séparer du monde. Au moment où ce même jeune homme prend congé d'elle, elle n'a pas la prudence de dissimuler une inclination secrète ; il s'enhardit, la serre dans ses bras, et lui appuie violemment sur la poitrine le portrait de son mari orné de brillants. Elle éprouve une assez forte douleur qui se dissipe peu à peu, laisse d'abord une petite rougeur, puis disparaît entièrement. Comme homme, je suis persuadé qu'elle n'a rien de plus à se reprocher ; comme médecin, je suis certain que cette pression ne peut avoir de suites fâcheuses ; mais on ne peut la dissuader qu'il n'y ait une callosité, et lorsqu'on veut dissiper son illusion par le toucher, elle prétend que ce n'est que dans ce moment qu'on ne sent rien ; elle s'est fermement imaginé que ce mal se terminerait par un cancer, et ainsi seront perdues pour elle et pour les autres sa jeunesse et sa grâce.

— Malheureux que je suis ! » s'écria Wilhelm en se frappant le front et en se sauvant dans la campagne. Il ne s'était jamais trouvé dans un pareil état.

Le médecin et le pasteur, extrêmement surpris de cette étrange découverte, eurent assez de peine à le calmer le soir, lorsqu'il revint et s'accusa de la façon la plus violente en leur faisant un aveu plus détaillé de ces événements. Les deux hommes s'intéressèrent vivement à lui, surtout lorsqu'il leur eut dépeint sa situation sous les couleurs sombres que lui fournissait la disposition présente de son esprit.

Le lendemain le médecin ne se fit pas prier longtemps pour aller avec lui à la ville, et voir s'il pouvait apporter quelque secours à Aurélie, que son ami avait laissé dans un état assez inquiétant.

Ils la trouvèrent plus mal qu'ils ne pensaient. Elle avait une sorte de fièvre intermittente, qu'il était d'autant plus difficile de dompter, que la malade en entretenait et en aggravait à dessein les accès. L'étranger ne fut pas présenté comme médecin, il agit fort convenablement et fort prudemment. On parla de l'état physique et moral d'Aurélie, et le nouvel ami raconta mainte histoire de personnes qui, malgré de pareilles maladies, avaient atteint un âge fort avancé. Il ne lui cacha pas qu'il avait trouvé bien heureuses les personnes qui, dans un état maladif impossible à guérir complétement, avaient été amenées à se pénétrer sincèrement des sentiments religieux. Il disait ces choses d'une façon très-réservée, et pour ainsi dire épisodique; il promit de procurer à ses nouveaux amis la lecture très-intéressante d'un manuscrit qu'il avait reçu des mains d'une excellente amie qui avait quitté ce monde. « Cet ouvrage m'est extrêmement précieux, dit-il, et c'est l'original même que je vous confie. Le titre seul est de ma main : *Confessions d'une belle âme.* »

Le médecin donna à Wilhelm ses meilleurs conseils sur le traitement diététique et médical de la malheureuse Aurélie, promit d'écrire, de revenir même si cela lui était possible. En l'absence de Wilhelm il s'était préparé un changement auquel il ne pouvait s'attendre. Pendant le temps de sa régie il avait fait les choses assez largement et avec assez de libéralité, ayant toujours en vue son objet principal, mettant de l'élégance et de la richesse dans les costumes, les décorations et les accessoires ; pour maintenir les bonnes dispositions de son monde, il avait flatté leur amour-propre, puisqu'ils étaient insensibles à de plus nobles mobiles ; il s'y trouvait d'autant plus autorisé, que Serlo n'avait aucune prétention à être un bon administrateur, qu'il aimait à entendre faire l'éloge de son théâtre, et se considérait comme satisfait lorsque Aurélie, qui tenait toute la comptabilité, lui assurait que, déduction faite des frais, elle n'avait pas de dettes, et lui remettait les sommes nécessaires au payement de celles qu'il avait pu contracter par sa libéralité extraordinaire envers ses maîtresses, ou de quelque autre façon.

Mélina, qui avait été chargé de surveiller la garde-robe, froid et dissimulé comme il était, avait envisagé la chose en silence, et, grâce à l'éloignement de Wilhelm et à la maladie toujours plus grave d'Aurélie, fit sentir à Serlo qu'on pouvait certainement gagner davantage, dépenser moins et mettre quelque chose de côté, à moins que l'on ne préférât vivre plus joyeusement encore et à sa fantaisie. Serlo l'écouta volontiers, et Mélina se risqua à produire son plan.

« Je ne prétends pas affirmer, dit-il, qu'aucun des acteurs touche actuellement des appointements trop élevés; ce sont des gens de mérite, ils seraient partout bienvenus; cependant, par rapport à la recette qu'ils nous procurent, ils sont trop payés. Mon projet serait d'établir un opéra, et pour ce qui est du drame, je puis vous dire que vous êtes homme à en monter un à vous seul. N'avez-vous pas été forcé de voir que l'on méconnaît vos talents? Ce n'est pas parce que vos acteurs sont excellents, mais parce qu'ils sont bons qu'on ne rend plus aucune justice à votre talent hors ligne.

« Présentez-vous, comme vous l'avez si bien fait autrefois, seul au premier rang; cherchez à vous entourer d'individus médiocres, mauvais même, auxquels vous donnerez de faibles gages, façonnez cette masse, comme vous en avez le talent, à la partie matérielle, appliquez le reste à l'opéra, et vous verrez qu'à peines et à dépenses égales vous aurez beaucoup plus de satisfaction, et gagnerez beaucoup plus d'argent que maintenant. »

Serlo était trop flatté pour mettre quelque force dans ses objections. Il confia à Mélina que son penchant pour la musique l'avait depuis longtemps conduit à désirer quelque chose de semblable; il prévoyait cependant que le goût du public en serait encore plus égaré, et que ce spectacle mélangé, qui ne serait proprement ni un opéra ni un drame, détruirait entièrement ce qui aurait pu lui rester de goût pour une œuvre entière et régulière.

Mélina plaisanta assez grossièrement sur l'idéal pédantesque de Wilhelm à cet égard, sur sa prétention de former le public, au lieu de se laisser former par lui, et tous deux, fort convaincus, s'accordèrent sur ce point, qu'il fallait gagner de l'argent, devenir riche ou mener joyeuse vie, et ne se cachèrent point qu'ils seraient bien aises d'être débarrassés des personnes qui entraveraient l'exécution de leur plan. Mélina déplorait l'état de faiblesse d'Aurélie, qui ne lui promettait plus une longue existence; c'est plutôt le contraire qu'il eût déploré. Serlo regrettait que Wilhelm ne fût pas chanteur, et donnait par là à entendre qu'il n'était pas loin de le considérer comme superflu. Mélina apporta un état des économies réalisables, et Serlo vit en lui un homme qui valait trois fois son premier beau-frère. Ils sentirent bien qu'ils devaient se promettre le secret sur cet entretien, qui les rapprocha encore davantage, et en prirent occasion pour se consulter en secret sur tout ce qui se passait, pour blâmer ce qu'entreprenaient Aurélie et Wilhelm, et méditer l'exécution de leur nouveau projet.

Si discrets qu'ils fussent tous deux au sujet de leur plan, et si prudents qu'ils fussent dans leur discours, ils n'étaient pas assez politiques pour dissimuler leurs sentiments dans leur conduite. Mélina résista à Wilhelm dans plusieurs cas qui étaient de son ressort, et Serlo, qui n'avait jamais été très-doux avec sa sœur, devenait de plus en plus amer à mesure que sa disposition maladive s'aggravait, et que son état de souffrance et d'exaltation méritait plus de ménagements.

Vers cette époque on reprit *Émilia Galotti*. Cette pièce

avait été fort bien montée, et chacun put déployer la variété de son jeu dans le cercle restreint de cette tragédie. Serlo était à sa place dans le rôle de Marinelli, Odoardo fut fort bien rendu, madame Mélina joua la mère avec beaucoup d'intelligence, Elmire se tira avec avantage du rôle d'Émilia, Laertes remplit fort convenablement celui d'Appiani, Wilhelm avait étudié pendant plusieurs mois le personnage du prince. A cette occasion il avait souvent traité soit avec lui-même, soit avec Aurélie et Serlo, la question de savoir qu'elle est la différence entre les manières nobles et les manières distinguées, et jusqu'à quel point les premières doivent être comprises dans les secondes, et non pas les secondes dans les premières.

Serlo, qui dans Marinelli représentait sans le charger le pur courtisan, exprima sur ce point mainte bonne réflexion. « Les manières distinguées, disait-il, sont difficiles à imiter, parce qu'elles sont pour ainsi dire négatives et supposent une pratique longue et soutenue. Il ne faut rien avoir dans sa tenue qui rappelle la dignité, car on tombe dans l'orgueil formel; on doit plutôt se contenter d'éviter ce qui n'est pas noble, ce qui est commun; il ne faut jamais s'oublier, veiller toujours sur soi et sur les autres, ne pas s'abandonner, ne faire, pour les autres, ni trop ni trop peu, ne paraître troublé par rien, ému de rien, ne jamais se presser, savoir se contenir en toutes circonstances, et maintenir de la sorte l'équilibre à l'extérieur, quels que soient les orages qui s'agitent à l'intérieur. L'être noble peut se laisser aller par moments, l'être distingué ne le doit jamais. Celui-ci est comme un homme très-bien vêtu; il ne s'appuiera nulle part et tout le monde se gardera de le frôler; il se distingue des autres, et cependant il ne doit point rester isolé; car dans tous les arts, et par conséquent dans celui-là, la chose la plus difficile doit être exécutée avec facilité ; aussi l'homme distingué, malgré toutes les séparations, doit paraître toujours uni avec les autres, n'être nulle part guindé, partout à son aise, avoir toujours l'air d'être le premier, et ne jamais s'imposer comme tel.

« On voit donc que, pour paraître distingué, il faut l'être dans le fait; on voit pourquoi, en moyenne, les femmes peuvent se donner plus facilement cet air que les hommes, et pourquoi les courtisans et les soldats l'acquièrent si rapidement.

A la suite de cet entretien, Wilhelm désespérait presque de son rôle; mais Serlo lui vint encore en aide en lui présentant sur les détails les plus fines observations, et lui donna de si bonnes instructions qu'à la représentation il figurait, du moins aux yeux de la foule, un prince accompli.

Serlo lui avait promis de lui communiquer après la représentation les observations qu'il aurait eu occasion de faire à son endroit, mais un fâcheux débat entre le frère et la sœur priva Wilhelm de cet entretien critique. Aurélie avait joué le rôle d'Orsina comme on ne le reverra peut-être jamais. Elle le connaissait depuis longtemps, et l'avait récité négligemment aux répétitions; mais à la représentation elle ouvrit, pour ainsi dire, toutes les écluses de sa douleur intime, et son jeu dépassa tout ce qu'un poëte eût pu rêver dans le premier feu de sa composition. Un succès immense fut la récompense de ses douloureux efforts, mais lorsque, la pièce finie, on alla la chercher, on la trouva à demi évanouie dans un fauteuil.

Serlo avait déjà exprimé son mécontentement de ce jeu exagéré, comme il l'appelait, et de cette façon de dévoiler les secrets de son cœur devant le public, qui connaissait plus ou moins ses dramatiques aventures; et, comme cela lui arrivait quand il était en colère, il en avait grincé des dents et frappé du pied. « Laissez-la, dit-il, lorsqu'il la trouva dans son fauteuil, entourée des autres acteurs, un de ces jours elle se montrera nue sur le théâtre, et alors son succès sera complet!

— Ingrat! s'écria-t-elle, impitoyable! on me portera bientôt nue dans un endroit où les applaudissements ne parviennent plus à nos oreilles! » Sur ces mots, elle se leva, et courut vers la porte. Sa servante avait négligé de lui apporter son manteau, sa chaise à porteurs n'était pas là; il avait plu, et une bise aigre balayait les rues. Elle marcha lentement et vantait cette fraîcheur qu'elle paraissait aspirer avidement. A peine fut-elle rentrée, qu'elle fut prise d'un enrouement qui ne lui permettait pas de prononcer un mot; elle n'avoua pas qu'elle éprouvait une grande roideur dans la nuque et dans le dos. Au bout de quelque temps, une sorte de paralysie lui saisit la langue, au point qu'elle disait un mot pour un autre; on la porta dans son lit; les remèdes qu'on lui prodiguait calmaient un mal tandis qu'un autre se déclarait; la fièvre devint violente et son état alarmant.

Le lendemain elle eut une heure tranquille; elle fit appeler Wilhelm et lui donna une lettre : « Ce papier, dit-elle, attend depuis longtemps ce moment. Je sens approcher la fin de ma vie; promettez-moi de remettre vous-même cette lettre et de me venger de mes souffrances en parlant de moi à l'infidèle. Il n'est pas insensible, et ma mort l'affligera du moins un instant. »

Wilhelm prit la lettre, tout en calmant Aurélie et en s'efforçant d'écarter l'idée de la mort.

« Non, répondit-elle, ne m'enlevez pas ma dernière espérance. Je l'ai longtemps attendue, et je la presserai avec joie dans mes bras. »

Sur ces entrefaites arriva le manuscrit promis par le docteur. Aurélie pria Wilhelm de lui en faire des lectures, et l'on pourra juger de l'impression qu'il produisit lorsqu'on aura pris connaissance du livre suivant. La surexcitation et l'orgueil de notre pauvre amie s'épuisèrent tout d'un coup. Elle reprit sa lettre et en écrivit une seconde dans une disposition d'esprit fort douce, à ce qu'il sembla; elle pria Wilhelm de consoler son amant dans le cas où la nouvelle de sa mort l'affligerait, de lui dire qu'elle lui avait pardonné et souhaitait qu'il fût heureux.

A partir de ce moment, elle fut très-calme et ne parut occupée que de quelques idées du manuscrit qu'elle cherchait à s'approprier et que Wilhelm lui relisait de temps en temps. Le déclin de ses forces n'était pas visible, et un matin, comme il la venait voir, Wilhelm la trouva morte.

L'estime qu'il avait pour elle, l'habitude de vivre avec elle lui rendirent cette perte très-douloureuse. C'était la seule personne qui eût une véritable affection pour lui, car il n'avait que trop eu à souffrir dans ces derniers temps de la froideur de Serlo. Il s'empressa donc de s'acquitter du message dont il était chargé, bien heureux de pouvoir s'éloigner pour quelque temps. D'un autre côté, Mélina désirait vivement de le voir partir, car, grâce à la correspondance qu'il entretenait de tous côtés, il avait engagé une chanteuse et un chanteur qui devaient par des intermèdes préparer le public au futur opéra. De cette façon la perte d'Aurélie et l'absence de Wilhelm passeraient inaperçus dans les premiers temps et notre ami acquiesçait avec joie à tout ce qui lui facilitait l'obtention d'un congé de quelques semaines.

Il s'était singulièrement exagéré l'importance de son

message. La mort de son amie l'avait profondément ébranlé ; et, la voyant disparaître si prématurément de la scène du monde, il était nécessairement très-animé contre celui qui avait abrégé sa vie et avait rempli de tant de tourments cette courte existence.

Malgré les dernières paroles de paix prononcées par la mourante, il se proposa, en présentant la lettre, d'émettre un jugement sévère sur l'amant infidèle, et, comme il ne voulait pas se fier au hasard du moment, il médita un discours auquel il donna une forme plus pathétique qu'il n'était convenable. Après s'être bien persuadé de l'excellente composition de son œuvre, il l'apprit par cœur et fit ses préparatifs de voyage. Mignon assistait à l'emballage et lui demanda s'il allait vers le sud ou vers le nord ; ayant appris que c'était vers le nord, elle lui dit : « J'attendrai ton retour ici. » Elle lui demanda le collier de perles de Marianne, qu'il ne put refuser à cette chère créature : elle avait déjà le mouchoir. En échange, elle glissa le voile du spectre dans le porte-manteau, quoiqu'il lui assurât que ce crêpe ne lui serait d'aucune utilité.

Mélina se chargea de la régie, et sa femme promit de veiller comme une mère sur les enfants, dont Wilhelm se sépara à regret. Félix était fou au départ, et, comme on lui demanda ce qu'il voulait qu'on lui rapportât, il dit : « Écoute ! rapporte-moi un père. » Mignon prit le voyageur par la main, et, se dressant sur ses pointes, imprima sur ses lèvres un baiser vif et franc, mais sans tendresse, en lui disant :

« Meister, ne nous oublie pas, reviens vite. »

Laissons maintenant notre ami se mettre en route au milieu de mille pensées et de mille sentiments, mais transcrivons encore, pour terminer, des vers que Mignon avait plusieurs fois récités avec beaucoup d'expression et que l'abondance de tant d'étranges événements nous a empêché de citer plus tôt.

> Ne me dis pas de parler, ne me dis pas de me taire,
> Car le secret est pour moi un devoir :
> Je pourrais te montrer mon cœur à nu,
> Mais le sort ne le veut pas.
>
> A l'heure marquée, le cours du soleil chasse
> La sombre nuit, et il faut qu'elle s'éclaircisse ;
> La rude roche, ouvrant son sein,
> Ne refuse pas à la terre les sources qu'elle contenait.
>
> Chacun cherche le repos dans les bras d'un ami,
> Là, la poitrine peut s'épancher en plaintes ;
> Mais un serment ferme mes lèvres,
> Et mon Dieu seul est capable de les ouvrir.

LIVRE VI

CONFESSIONS D'UNE BELLE AME.

« Jusqu'à ma huitième année je fus une enfant fort bien portante ; mais je me souviens aussi peu de ce temps-là que du jour de ma naissance. Au commencement de ma huitième année je fus prise d'une hémorrhagie, et, dès ce moment, mon âme fut toute sensibilité et toute mémoire. Les plus petites circonstances de cet accident me sont encore présentes comme s'il avait eu lieu hier.

« Pendant une maladie qui me retint neuf mois au lit, et que j'endurai patiemment, il me semble que les fondements de mon raisonnement s'établirent, en même temps que mon esprit recevait les premiers moyens de se développer selon sa nature propre.

« Je souffrais et j'aimais ; c'était là le véritable aspect de mon cœur. Au milieu d'une toux violente et d'accès de fièvre accablants, j'étais comme un colimaçon qui se retire dans sa maison ; dès que j'avais un instant de répit, je voulais éprouver une sensation agréable, et, comme toute autre jouissance m'était refusée, je cherchais à me dédommager par les yeux et les oreilles. On m'apportait des poupées et des livres d'images, et celui qui voulait s'asseoir auprès de mon lit devait me raconter quelque chose.

« J'écoutais volontiers des histoires de la Bible que me rapportait ma mère ; mon père m'entretenait des sciences naturelles. Il possédait un assez joli cabinet ; il m'apportait un tiroir, puis un autre, me montrait les objets et me les expliquait exactement. Plantes desséchées, insectes, préparations anatomiques de toutes sortes, peau humaine, ossements, momies et le reste passèrent sur le lit de la petite malade ; les oiseaux et les bêtes qu'il tuait à la chasse m'étaient montrés avant de passer à la cuisine : et, pour que le dieu du monde eût aussi sa voix dans ce ramassis, ma tante me racontait des histoires d'amour et des contes de fées. Tout était bien reçu et prenait racine. J'avais des moments où je m'entretenais avec des êtres invisibles, et je sais encore quelques vers que ma mère écrivit alors sous ma dictée.

« Je racontais souvent à mon père ce qu'il m'avait appris ; je ne prenais pas une médecine sans demander où poussaient les ingrédients qui la composaient : quel aspect ont-ils ? comment s'appellent-ils ? Mais les histoires de ma tante n'étaient pas non plus tombées sur une roche. Je me voyais dans de beaux habits et je rencontrais des princes charmants qui n'avaient ni trêve ni repos qu'ils ne sussent qui était la belle inconnue. Je poursuivis si longtemps une semblable aventure avec un ravissant petit ange, en vêtement blanc et à ailes d'or, qui s'empressait fort autour de moi, que mon imagination amena presque son image devant mes yeux à l'état de vision.

« Au bout d'un an j'étais à peu près rétablie ; mais il ne m'était rien resté de la pétulance de la jeunesse. Je ne pouvais plus jouer avec mes poupées ; je demandais des êtres qui me rendissent mon amour. Les chiens, les chats, les oiseaux, dont mon père nourrissait toutes sortes d'espèces me satisfaisaient assez ; mais que n'aurais-je pas donné pour posséder une créature qui jouait un rôle très-important dans un des contes de ma tante ! C'était un agneau recueilli dans la forêt et élevé par une paysanne ; mais sous cette jolie bête se cachait un prince enchanté, qui finissait par paraître sous les traits d'un beau jeune homme, et récompensait sa bienfaitrice en lui donnant sa main. Voilà l'agneau que j'aurais voulu posséder.

« Par malheur il ne s'en trouvait pas de pareils, et, voyant tout se passer autour de moi de la façon la plus naturelle, je vis peu à peu s'évanouir l'espérance d'un si précieux trésor. Cependant je me consolai en lisant des livres où étaient rapportées de merveilleuses histoires. L'*Hercule chrétien allemand* m'était cher entre tous ; cette pieuse histoire d'amour était tout à fait selon mon cœur. Arrivait-il quelque chose à sa Valiska, et il lui arrivait de tristes choses, il se mettait en prières avant de courir à son secours, et ces prières se trouvaient tout au long dans le livre. Combien cela me charmait ! Mon inclination pour l'Invisible, dont j'avais toujours un sentiment vague, en était accrue; car Dieu devait être aussi mon confident.

« A mesure que je grandissais, je dévorais tout, et Dieu sait quels livres ! Mais l'*Octavie romaine* eut la préférence sur tous; la persécution des premiers chrétiens, revêtue de la forme du roman, éveillait en moi un extrême intérêt.

« Ma mère commença à me gronder de cette lecture continuelle; par égard pour elle, mon père me retirait un jour mes livres et me les rendait le lendemain. Assez intelligente pour reconnaître qu'il n'y avait rien à changer à cela, elle m'imposa de lire attentivement la Bible. Je ne me fis pas prier, et je lus les saintes Écritures avec un grand intérêt. Au reste, ma mère veillait toujours soigneusement à ce qu'aucun livre dangereux ne me tombât dans les mains, et moi-même j'aurais rejeté tout ouvrage immoral, car mes princes et mes princesses étaient extrêmement vertueux. D'ailleurs je savais de l'histoire naturelle du genre humain plus que je n'en laissais voir, et c'était en grande partie dans la Bible que je l'avais appris. Je rapprochais les passages scabreux avec les mots et les choses qui me passaient sous les yeux, et, avec mon désir de savoir et ma faculté à combiner les faits, j'arrivai heureusement à la découverte de la vérité. Si j'avais entendu parler de sorciers, j'aurais certainement voulu apprendre la sorcellerie.

« Ce fut à ma mère et à ce désir de savoir que je dus, à côté de ma passion pour la lecture, de prendre goût à la cuisine. Dépecer une volaille, un cochon de lait, était pour moi une fête. Je portais les entrailles à mon père; il en dissertait avec moi comme avec un jeune étudiant, et m'appelait souvent, avec une satisfaction intime, son fils manqué.

« J'avais accompli ma douzième année. J'appris le français, la danse et le dessin, je reçus l'instruction religieuse ordinaire. Cette dernière étude éveilla en moi des sentiments et des pensées nombreuses, mais qui avaient rapport à ma situation. J'aimais à entendre parler de Dieu, j'étais fière de pouvoir en parler mieux que mes camarades ; je lus avec ardeur plusieurs livres qui me mirent à même de bavarder religion, mais il ne me vint jamais à l'esprit de penser quel était mon état, si mon âme était ainsi faite qu'elle ressemblât à un miroir, dans lequel doit se réfléchir le soleil éternel ; j'avais établi cela d'avance une fois pour toutes.

« J'apprenais le français avec beaucoup d'ardeur. Mon maître de langue était un excellent homme. Ce n'était ni un frivole charlatan ni un ennuyeux pédant ; il savait beaucoup, il avait vu le monde. Tout en m'enseignant la langue, il satisfaisait de mille manières mon désir de savoir. Je l'aimais au point d'attendre son arrivée avec des battements de cœur. Le dessin ne marchait pas mal, et je serais allée loin, si mon maître avait eu de la tête et des connaissances ; mais il n'avait que des mains et de la routine.

« La danse fut ce qui me plut le moins, au commencement ; mon corps était trop sensible, et je n'apprenais qu'avec mes sœurs pour compagnie. Mais notre maître de danse ayant eu l'idée de donner un bal à ses élèves des deux sexes, mon goût pour cet exercice se développa bientôt.

« Entre tous les garçons et les petites filles on distingua les fils du maréchal de la cour : le cadet à peu près de mon âge, l'autre plus âgé de deux ans, tous deux si beaux que de l'aveu général ils dépassaient tout ce qu'on avait vu de plus remarquable en enfants. A peine les eus-je aperçus que je ne vis plus qu'eux dans la foule. En ce moment même je dansais avec attention et je désirais bien danser. Comment se fit-il que ces enfants me distinguèrent aussi parmi toutes les autres ? Le fait est qu'au bout d'une heure nous étions les meilleurs amis du monde; et la petite fête n'était pas finie que nous étions déjà convenus de nous revoir bientôt. Mais je fus tout à fait ravie quand, le lendemain matin, chacun d'eux m'envoya un billet galant où il s'informait de ma santé ; un bouquet accompagnait le billet. Je n'éprouverai plus jamais ce que j'éprouvai alors. Les galanteries répondirent aux galanteries, les billets aux billets. Églises et promenades nous servaient de rendez-vous ; nos jeunes connaissances nous invitaient toujours ensemble, mais nous étions assez fins pour tenir la chose si secrète, que nos parents n'en voyaient que ce que nous voulions bien ne pas leur cacher.

« J'avais donc trouvé deux amoureux à la fois. Je n'étais décidée ni pour l'un ni pour l'autre; ils me plaisaient tous les deux et nous étions au mieux ensemble. Tout à coup l'aîné tomba gravement malade; j'avais été moi-même fort souvent dans cette position, je sus distraire le patient en lui envoyant mainte bagatelle et de ces friandises qui conviennent à un malade ; ses parents me remercièrent de mes attentions, et, accédant à la prière de leur cher fils, m'invitèrent à venir le voir avec ma sœur dès qu'il aurait quitté le lit. La tendresse avec laquelle il me reçut n'était pas un enfantillage, et dès ce jour je me décidai pour lui. Il me recommanda en même temps d'être prudente devant son frère ; mais la flamme ne pouvait plus se cacher, et la jalousie du cadet compléta le roman. Il nous jouait mille tours ; il se complaisait à troubler notre joie, et augmentait ainsi la passion qu'il cherchait à détruire.

« J'avais donc trouvé réellement l'agneau tant désiré, et cette passion, comme autrefois la maladie, eut pour effet de me rendre calme et de me détourner des amusements bruyants. J'étais isolée et émue ; je repensai à Dieu ; il resta mon confident, et je sais bien avec quelles larmes je le priai pour l'enfant dont la guérison traînait.

« S'il y avait de l'enfantillage dans cette affaire, elle contribua cependant beaucoup à me former le cœur. Nous devions écrire chaque jour à notre maître de français, au lieu de la version que nous faisions auparavant, une lettre de notre invention. Je mis en scène ma propre amourette sous les noms de Damon et de Phyllis. Le vieux professeur vit bientôt de quoi il s'agissait, et, pour me rendre sincère, il me fit un grand éloge de mon travail. Je m'enhardis, j'écrivis à cœur ouvert, et je restai jusque dans les détails fidèle à la vérité. Je ne sais plus à propos de quel passage il prit occasion de me dire : « Que c'est « joli ! que c'est naturel ! mais que la bonne Phyllis prenne « garde à elle, cela pourrait devenir sérieux. »

« Cela me fâcha de voir qu'il ne tînt pas encore la chose pour sérieuse, et, piquée, je lui demandai ce qu'il entendait par sérieux. Il ne se le fit pas demander deux fois, et s'expliqua si clairement, que j'eus peine à cacher ma frayeur. Mais comme aussitôt le dépit s'empara de moi et que je trouvais fort mauvais qu'il pût avoir de pareilles pensées, je me remis, je voulus justifier ma belle, et je dis, les joues en feu : « Mais, monsieur, Phyllis est une « honnête fille ! »

« Il eut la méchanceté de me railler sur l'honnêteté de mon héroïne, et, comme nous parlions français, il joua sur le mot *honnête*, faisant passer l'honnêteté de Phyllis par toutes les acceptions dont ce mot est susceptible. Je sentais le ridicule, et j'étais extrêmement troublée. Comme il ne voulait que m'effrayer, il brisa là et ramena la conversation sur d'autres sujets. Les pièces de théâtre et les petites histoires qu'il me faisait lire et traduire lui donnèrent plus d'une fois occasion de me montrer quelle faible sauvegarde est la chose qu'on nomme vertu, contre les entraînements d'une affection. Je ne le contredisais plus, mais je m'indignais toujours en secret et ses observations me pesaient.

« Je me détachai peu à peu de mon bon Damon. Les querelles du cadet avaient rompu nos relations ; peu de temps après les deux jeunes gens moururent. Cela me fit de la peine, mais je les oubliai bientôt.

« Phyllis grandissait rapidement, jouissait d'une santé parfaite et commençait à voir le monde. Le prince héritier se maria et, son père étant mort, prit les rênes du gouvernement. La cour et la ville devinrent très-animées ; ce n'était que bals, spectacles et ce qui s'ensuit, et, quoique nos parents nous retinssent autant que possible, il leur fallut cependant nous conduire à la cour. Les étrangers affluaient, les réceptions se succédaient, et même chez nous on reçut quelques cavaliers qui nous avaient été recommandés ou qui furent présentés, de sorte que toutes les nations se trouvaient représentées chez mon oncle.

« Mon vénérable mentor continuait à me guider de la façon la plus convenable, mais aussi la plus efficace, et je lui en voulais toujours davantage. Je n'étais nullement persuadée de la vérité de ses assertions, et peut-être avais-je raison ; peut-être avait-il tort de croire les femmes si faibles en toutes circonstances ; mais il s'exprimait d'une manière si déterminée, qu'à la fin j'eus peur qu'il ne dît vrai et que je m'écriai un jour : « Puisque
« le danger est si grand et que le cœur humain est si
« faible, je prierai Dieu de me protéger ! »

« Cette réponse naïve parut le satisfaire ; il approuva ma résolution. Mais cette pensée n'était rien moins que sérieuse de ma part ; ce n'était qu'un mot vide de sens ;

car les sentiments envers l'Invisible étaient presque
éteints chez moi. La foule qui m'entourait me distrayait
et m'entraînait comme un puissant torrent. Ce furent les
années les plus vides de ma vie. Passer les journées à
discourir sur des riens, ne pas avoir une idée saine, courir çà et là : telles étaient mes occupations. Je ne pensais
plus à mes livres chéris ; les hommes que je voyais n'a-
vaient aucune idée des sciences : c'étaient des courtisans
allemands, et cette classe n'avait pas alors la moindre
culture intellectuelle.

« De pareilles relations, dira-t-on, auraient dû me conduire au bord de l'abîme. Je vivais dans une suite de
plaisirs matériels, je ne me recueillais pas, je ne priais
point, je ne pensais ni à Dieu ni à moi ; mais je regarde
comme une providence qu'aucun de ces hommes si beaux,
si riches, si bien vêtus ne m'ait plu. Ils étaient libertins
et ne s'en cachaient point ; ils émaillaient leur conversation d'équivoques ; cela me blessait et me faisait me montrer froide vis-à-vis d'eux ; leur grossièreté dépassait
parfois tout ce qu'on peut imaginer, et je me permettais
d'agir rudement avec eux.

« Ajoutez à cela que mon maître m'avait confié un jour
qu'avec la plupart de ces libertins ce n'est pas seulement
la vertu, mais aussi la santé d'une femme qui court des
risques. Alors ils me firent horreur, et j'étais fort inquiète
lorsqu'ils se trouvaient trop près de moi. Je me méfiais
des tasses et des verres, comme de la chaise qu'ils venaient
de quitter. De cette façon j'étais très-isolée moralement et
physiquement ; et toutes les amabilités qu'ils me disaient,
je les prenais fièrement, comme un encens qui m'était dû.

« Au nombre des étrangers qui se trouvaient alors chez
nous se distinguait surtout un jeune homme que, par
plaisanterie, nous appelions Narcisse. Il s'était fait une

bonne réputation dans la carrière diplomatique, et espérait, grâce aux nombreux changements qui avaient lieu à notre nouvelle cour, trouver un poste avantageux. Il eut bientôt fait connaissance avec mon père; son intelligence et sa bonne tournure lui ouvrirent les portes d'une société particulière d'hommes de haut mérite. Mon père dit beaucoup de bien de lui, et son bel extérieur eût produit encore plus d'effet, si toutes ses allures n'eussent trahi une sorte de fatuité. Je l'avais vu, j'avais bonne opinion de lui, mais nous ne nous étions jamais parlé.

« Je dansai avec lui un menuet à un grand bal où il se trouvait aussi ; mais notre connaissance n'alla pas plus loin. Lorsque vinrent les danses animées, que j'évitais par considération pour mon père et pour ma santé, je passai dans une salle voisine, et je m'entretins avec mes amies plus âgées, qui s'étaient mises au jeu. Narcisse, qui avait dansé encore un peu, entra dans la chambre où je me trouvais, et, après s'être remis d'un saignement de nez qui l'avait pris en dansant, se mit à causer avec moi de différentes choses. Pendant une demi-heure, la conversation fut si intéressante, quoi qu'il ne s'y fût pas glissé un seul mot de tendresse, que nous ne pûmes plus ni l'un ni l'autre nous réconcilier avec la danse. Les autres personnes nous plaisantèrent à ce sujet, mais nous ne nous laissâmes pas influencer. Le soir suivant, nous eûmes occasion de reprendre notre conversation, et ce ne fut pas la danse qui nous rendit malades.

« La connaissance était faite, Narcisse vint nous visiter moi et mes sœurs, et je commençai alors à voir clair dans tout ce que je savais, dans ce que j'avais médité, ce que j'avais senti, et ce que j'étais capable d'exprimer dans la conversation. Mon nouvel ami, qui avait toujours fréquenté la meilleure société, possédait en dehors de l'histoire et de la politique, qu'il savait à fond, des connaissances très-étendues en littérature, et aucun ouvrage, surtout de ceux qui paraissaient en France, ne lui échappait. Il m'envoyait et m'apportait toutes sortes de livres agréables, mais il fallait tenir la chose plus secrète qu'une intrigue amoureuse. On avait ridiculisé les femmes savantes, et on ne pouvait même souffrir celles qui étaient instruites, probablement parce qu'on trouvait malhonnête de forcer à rougir tant d'hommes ignorants. Mon père lui-même, fort satisfait de cette nouvelle occasion qui me permettait de me former l'esprit, exigea expressément que ce commerce littéraire restât un secret.

« Notre liaison dura ainsi plus d'une année, sans que je pusse dire que Narcisse eût témoigné d'une façon quelconque de l'amour ou de la tendresse pour moi. Il était toujours aimable et liant, mais ne manifestait aucune passion ; bien plus, le charme de ma jeune sœur, qui était alors extrêmement belle, paraissait ne pas le laisser indifférent. Il lui donnait en plaisantant toutes sortes de noms d'amitié dans des langues étrangères, qu'il parlait facilement, et dont il mêlait les formes originales à sa conversation allemande. Elle ne répondait que faiblement à ses galanteries, elle était prise d'un autre côté ; et, comme elle était très-vive et lui très-impressionnable, ils disputaient souvent pour des bagatelles. Il avait su se mettre bien avec ma mère et mes tantes, et était devenu ainsi peu à peu de la famille.

« Qui sait combien de temps encore nous aurions continué à vivre de cette façon, si un accident singulier ne fût venu tout d'un coup modifier nos relations. J'avais été invitée avec ma sœur dans une maison où je n'aimais pas aller. La société y était fort mêlée, et l'on y rencontrait des hommes de la plus stupide, sinon de la plus grossière espèce. Cette fois, Narcisse y était également invité, et à cause de lui j'étais disposée à m'y rendre ; j'étais au moins assurée de trouver quelqu'un avec qui je pusse m'entretenir selon mon goût. A table, nous eûmes déjà fort à souffrir, car plusieurs hommes avaient beaucoup bu ; après le repas on joua aux gages. Le jeu fut très-animé et très-vif. Narcisse avait un gage à racheter : on lui ordonna de dire à l'oreille de tout le monde quelque chose qui fût agréable à chaque personne de la société. Il s'arrêta un peu trop longtemps auprès de ma voisine, femme d'un capitaine. Soudain celui-ci lui appliqua un tel soufflet, que la poudre de sa perruque m'en vola dans les yeux. Lorsque je fus essuyée et que je fus un peu remise de ma frayeur, je vis les deux hommes l'épée tirée. Narcisse saignait, et l'autre, égaré par le vin, la colère et la jalousie, se débattait au milieu de la société, qui avait peine à le retenir. Je pris Narcisse par le bras, je le fis sortir du salon, monter l'escalier et entrer dans une chambre, et, ne trouvant pas mon ami assez à l'abri de son furieux adversaire, je poussai le verrou.

« Nous ne jugions pas que la blessure fût sérieuse, car nous ne voyions qu'une légère égratignure à la main ; mais au bout de quelques instants un flot de sang se répandit sur son dos ; il avait reçu une forte blessure à la tête. La peur me prit. Je courus à l'antichambre demander des secours, mais je ne trouvai personne : tout le monde étant en bas, occupé à maintenir le capitaine. Une des filles de la maison arriva enfin, et sa gaieté me fit mal; elle riait à en mourir de ce tapage extravagant et de cette maudite comédie. Je la priai instamment de me procurer un chirurgien, et avec sa pétulance habituelle elle s'élança dans l'escalier pour l'aller chercher elle-même.

« Je revins auprès de mon blessé, je lui bandai la main avec mon mouchoir, et la tête avec une serviette que je trouvai accrochée à la porte. Il saignait toujours abondamment ; il pâlissait et semblait près de tomber en faiblesse. Il n'y avait dans le voisinage personne pour m'assister; je le pris fort naturellement dans mes bras, essayant de le ranimer par des caresses et des mots d'amitié. Cela lui fit l'effet d'un secours spirituel ; il ne perdit pas connaissance, mais il était d'une pâleur mortelle.

« La maîtresse de la maison arriva enfin, et quelle fut sa frayeur, en voyant mon ami dans cet état entre mes bras, et tous deux inondés de sang ; car personne ne s'était imaginé que Narcisse fût blessé ; tous pensaient qu'il s'était retiré sain et sauf.

« Le vin, les eaux de senteur, tout ce qui peut rafraîchir et ranimer lui fut prodigué; le chirurgien arriva. J'aurais pu me retirer, mais Narcisse me retenait par la main, et je serais restée même sans qu'on me retînt. Pendant qu'on le pansait, je continuai à le frictionner avec du vin, sans me préoccuper de la société qui m'entourait. Le chirurgien ayant terminé, le blessé prit congé de moi du regard, et on le transporta chez lui.

« La maîtresse de la maison me mena alors dans sa chambre ; je dus me déshabiller complétement, et je ne cacherai pas que, tandis qu'on essuyait de sur mon corps le sang de Narcisse, je m'aperçus par hasard et pour la première fois, en me regardant dans la glace, que je pouvais passer pour belle, même sans parure.

« Je ne pouvais remettre aucun de mes vêtements, et comme toutes les personnes de la maison étaient ou plus petites ou plus fortes que moi, je rentrai à la maison dans un étrange accoutrement, à la grande stupéfaction de mes parents.

« Ils furent vivement indignés des blessures de mon ami, de la démence du capitaine, enfin de toute l'affaire. Peu s'en fallut que mon père n'allât sur-le-champ venger Narcisse en provoquant le capitaine. Il blâma les hommes présents à cette scène de ne pas avoir puni sur place cette espèce d'assassinat; car il n'était que trop évident que le capitaine, aussitôt après avoir donné le soufflet, avait dégainé et frappé Narcisse par derrière ; l'égratignure à la main n'était venue qu'après que ce dernier eut tiré son épée.

« Je ne peux décrire combien j'étais altérée, affectée, ou que dirais-je encore? la passion qui reposait dans le plus profond de mon cœur avait éclaté tout d'un coup, comme la flamme qui arrive à l'air libre. Et si le plaisir et la joie sont fort propres à faire germer l'amour et à le nourrir en secret, cette passion, courageuse de sa nature, est aisément poussée par le péril à se déterminer et à se déclarer.

« On soigna la chère petite fille et on la mit au lit. Le lendemain de grand matin, mon père courut chez le blessé, qui était en proie à une fièvre violente.

« Mon père ne me donna pas de détails sur cette entrevue, et essaya de me tranquilliser au sujet des suites que pouvait avoir cet accident.

« La question était de savoir si l'on pouvait se contenter de recevoir des excuses, ou si l'on ferait de cela une affaire criminelle. Je connaissais trop bien mon père pour savoir qu'il ne verrait pas se terminer la chose sans duel; mais je me tus, car il m'avait appris depuis longtemps que les femmes n'ont pas à se mêler de ces affaires. Au reste, il ne me parut pas qu'il se fût rien passé entre les deux amis qui me concernât; mais mon père ne tarda pas à confesser à ma mère le reste de leur en-

tretien. « Narcisse, lui dit-il, a été vivement, extrême-
« ment touché de l'assistance que je lui avais prêtée, il
« m'a embrassé, s'est déclaré mon débiteur pour la vie,
« m'a juré qu'il ne souhaitait aucun bonheur s'il ne pou-
« vait le partager avec moi ; et m'a demandé la permis-
« sion de me considérer comme son père. » Maman me
rapporta fidèlement tout cela, en ajoutant cette réflexion
bien intentionnée qu'on ne doit point trop prendre garde
à des paroles prononcées dans le premier mouvement.
« Oui, sans doute, » répondis-je avec une froideur affectée,
et Dieu sait tout ce que je ressentais en disant cela.

« Narcisse resta deux mois malade ; sa blessure à la
main droite l'empêchait d'écrire, mais ses attentions délicates me donnaient la preuve qu'il pensait à moi. Je
rapprochai toutes ses politesses, plus qu'ordinaires, avec
ce que j'avais appris de ma mère, et me créai mille chi-
mères. Toute la ville s'entretint de l'événement. On m'en
parla d'un ton tout singulier, et l'on en tira des conséquences qui me touchaient de fort près, quoi que je fisse
pour les écarter. Ce qui n'avait été jusqu'alors qu'un passe-
temps, une habitude, devint une inclination, une chose
sérieuse. Le trouble dans lequel je vivais était d'autant
plus violent que je prenais plus de soin de le cacher à tous
les yeux. La pensée que je pouvais le perdre m'épouvan-
tait, et la possibilité d'une prochaine union me faisait
trembler. L'idée du mariage a certainement quelque
chose d'effrayant pour une jeune fille à demi raisonnable.

« Ces violentes secousses me ramenèrent à moi-même.
Les images variées d'une vie mondaine, qui auparavant
flottaient jour et nuit devant mes yeux, s'étaient dissipées;
mon âme commençait à se réveiller, mais ma connaissance, si fort interrompue, avec mon ami invisible, n'é-
tait pas si facile à renouer. Nous étions encore à une

assez grande distance l'un de l'autre ; c'était déjà quelque chose, mais il y avait une grande différence en comparaison d'autrefois.

« Un duel, dans lequel le capitaine avait été gravement blessé, avait eu lieu sans que j'en eusse rien su ; l'opinion publique était de tout point pour mon bien-aimé, qui reparut enfin dans le monde. Avant toute chose, il se fit conduire chez nous, la tête bandée et la main encore enveloppée. Comme le cœur me battit à cette visite! Toute la famille était présente ; on s'en tint de part et d'autre à des félicitations et à des remercîments ; il trouva cependant moyen de me donner quelques marques secrètes de sa tendresse, ce qui ne fit qu'accroître mon trouble. Lorsqu'il fut complétement rétabli, il continua ses visites pendant tout l'hiver sur le même pied qu'auparavant, et, malgré les preuves délicates d'amour et de bons sentiments qu'il me donna, la situation resta toujours mal définie.

« De cette façon, je vivais dans une inquiétude perpétuelle. Je ne pouvais pas me confier aux hommes, et j'étais trop éloignée de Dieu. Je l'avais oublié pendant quatre années fort agitées, maintenant je pensais à lui de temps à autre ; mais nos relations s'étaient refroidies, je ne lui faisais plus que des visites de cérémonie ; et comme, en outre, lorsque je me présentais devant lui je me revêtais toujours de mes plus beaux habits, étalant avec satisfaction ma vertu, mon honnêteté et les avantages que je croyais avoir sur les autres, il semblait ne pas me remarquer sous mes parures.

« Un courtisan serait fort inquiet si son prince, de qui il attend sa fortune, le traitait ainsi ; mais, quant à moi, cela me chagrinait fort peu. J'avais ce que je voulais : la santé et l'aisance ; Dieu voulait-il accepter mon offrande, soit ; s'il ne voulait pas, je me trouvais du moins avoir accompli mon devoir.

« Je ne pensais alors certainement pas ainsi à mon égard ; c'était cependant le véritable aspect de mon âme. Mais il se préparait des événements destinés à modifier et à épurer mes idées.

« Le printemps était arrivé. Narcisse vint me voir, sans se faire annoncer, un jour que j'étais seule à la maison. Il parla enfin comme un amoureux et me demanda si je voulais lui donner mon cœur, et, dans le cas où il obtiendrait un emploi honorable et lucratif, y ajouter ma main.

« Il était effectivement entré au service ; mais, dans le début, comme on redoutait son ambition, on cherchait à le laisser en arrière plutôt que de le faire avancer rapidement, et, comme il avait du bien, on ne lui accordait qu'un faible traitement.

« Malgré toute mon inclination pour lui, je savais que ce n'était pas un homme avec qui l'on pût agir franchement. Je me contins et je l'adressai à mon père, dont le consentement ne lui paraissait pas douteux ; mais il voulait avoir sur-le-champ ma réponse. Je finis par dire *oui*, en posant comme condition expresse l'assentiment de mes parents. Il leur en parla alors officiellement ; ils témoignèrent leur satisfaction et on se donna parole, sur l'assurance d'un avancement prochain. Les sœurs et les tantes en furent informées et on leur recommanda sévèrement le secret.

« L'amoureux était donc devenu fiancé : la différence fut grande. Si quelqu'un pouvait changer en fiancés les amoureux des jeunes filles sensées, ce serait rendre un grand bienfait à notre sexe, quand même le mariage ne s'ensuivrait pas. L'amour des deux personnages n'en est pas diminué, mais il devient plus raisonnable. Une foule de petites folies, de coquetteries, de caprices disparaissent à la fois. Si le fiancé nous déclare que nous lui plaisons plus avec un bonnet du matin qu'avec la plus belle coiffure, la frisure deviendra indifférente à une jeune fille sensée; et, du reste, il est fort naturel qu'il n'ait que des pensées solides et qu'il aime mieux se former pour lui une bonne ménagère plutôt qu'une poupée pour le monde; cette observation s'applique à tout le reste.

« Si cette jeune fille a le bonheur que son fiancé soit raisonnable et instruit, elle apprendra plus que dans toutes les écoles supérieures et tous les voyages possibles. Non-seulement elle accepte volontiers toutes les leçons qu'il lui donne, mais elle s'efforce, en suivant la voie qu'il lui trace, de se perfectionner. L'amour rend possible l'impossible; enfin on se dresse à la soumission qui est si nécessaire et qui convient si bien au sexe féminin. Le fiancé ne commande pas comme le mari; il prie, et sa bien-aimée cherche à deviner ce qu'il désire, pour satisfaire encore mieux à son désir lorsqu'il priera.

« C'est ainsi que l'expérience m'a donné des enseignements du plus haut prix. J'étais heureuse, vraiment heureuse, comme on peut l'être dans ce monde, pour peu de temps.

« Un été se passa au milieu de ces joies paisibles. Narcisse ne me donnait pas le moindre sujet de reproche; je l'aimais toujours davantage, mon âme tout entière était à lui : il le savait et l'appréciait. Cependant des choses qui ne semblaient que des bagatelles déterminèrent une altération progressive dans notre liaison.

« Narcisse, en sa qualité de fiancé, me faisait la cour, et il ne se hasarda jamais à me demander ce qui nous était encore défendu. Mais nous étions d'opinions différentes sur les bornes de la vertu et de la décence. Je ne voulais permettre d'autres libertés que celle que le monde entier eût pu connaître. Lui, habitué aux friandises, trouvait cette diète sévère ; cela amenait des contestations permanentes : il louait ma retenue, et cherchait à me faire faillir à ma résolution.

« Je me souvins du *sérieux* de mon vieux maître de langues, et en même temps du préservatif que j'avais alors indiqué.

« J'avais un peu renoué connaissance avec Dieu. Il m'avait donné un si cher fiancé que je lui en savais gré. L'amour terrestre condensait mon esprit et le mettait en mouvement, et mes rapports avec Dieu n'étaient point en contradiction avec cet amour. Je me plaignais à lui, tout naturellement, de ce qui me causait de l'inquiétude, et je ne voyais pas ce que je souhaitais et convoitais ; cela même me rendait inquiète. Je me croyais très-forte, et je ne disais point : « Préserve-moi de la tentation ! » J'étais, dans mes pensées, bien au-dessus de la tentation. Drapée dans l'oripeau de ma vertu, je me présentai hardiment devant Dieu ; il ne me repoussa pas. Au moindre pas que je faisais vers lui, il mettait une douce impression dans mon âme, et cette impression me poussait à aller le visiter de nouveau.

« En dehors de Narcisse, le monde n'existait plus pour moi, rien n'avait de charme en dehors de lui. Mon goût pour la parure n'avait qu'un but, c'était de lui plaire ; si je savais qu'il ne devait pas me voir, je ne donnais aucun soin à ma toilette ; j'aimais la danse, mais, lorsqu'il n'était pas là, il me semblait que ce n'était qu'un mouvement fatigant. Pour une fête brillante, à laquelle il ne devait pas assister, j'étais incapable de me faire une toilette nouvelle ou d'en remettre une ancienne à la mode.

« Un homme me plaisait autant qu'un autre, je devrais dire m'ennuyait autant qu'un autre. J'étais contente de ma soirée, lorsque je pouvais la passer en jouant avec des personnes âgées, ce qui ne m'eût pas procuré autrefois le moindre plaisir; et si quelque vieil ami me raillait à ce sujet, je souriais pour la première fois peut-être de la soirée. Il en était de même des promenades et de tous les plaisirs accoutumés de la société.

> Je l'avais choisi seul pour moi;
> Je me semblais née pour lui seulement,
> Je ne désirais rien que son amour.

« J'étais donc souvent solitaire dans la société, et la solitude complète m'était encore plus agréable. Mais mon esprit actif ne pouvait ni dormir ni rêver; je sentais et je pensais, et je finis par acquérir peu à peu la faculté de parler avec Dieu de mes sentiments et de mes pensées. Des sentiments d'un autre genre se développèrent dans mon âme, qui ne contredisaient pas ceux-là. Car mon amour pour Narcisse était selon le plan de la création, et n'avait rien que de conforme à mes devoirs. J'ai dit qu'ils ne se contredisaient pas, et cependant ils étaient extrêmement variés, distincts. Narcisse était la seule image qui flottait devant mes yeux, sur laquelle se reportait tout mon amour; mais l'autre sentiment ne se reportait sur aucune image, et il était d'une ineffable douceur. Je ne l'éprouve plus, et je ne puis plus me le faire éprouver.

« Mon amant, qui savait cependant tous mes secrets, ne sut rien de tout cela. Je remarquai bientôt qu'il avait d'autres idées. Il me donnait souvent des ouvrages qui combattaient avec des armes tantôt lourdes, tantôt légères, ce qu'on peut appeler les communications avec l'Invisible. Je lisais ces livres, parce qu'ils venaient de lui, et, arrivée au bout, je ne savais pas un mot de ce qu'ils contenaient.

« Nous n'étions pas non plus toujours d'accord sur les sciences et les arts ; comme tous les hommes, il se moquait des femmes savantes, et ne cessait de m'instruire. Il avait coutume de parler avec moi sur toute espèce de sujet, à l'exception de la jurisprudence, et, tout en m'apportant des livres de tous genres, il me rappelait souvent cette maxime si sage : qu'une femme doit tenir sa science cachée, comme un protestant sa foi dans un pays catholique ; et comme, en effet, je savais tout naturellement ne pas me montrer plus savante et plus instruite qu'autrefois, il était le premier à céder à la vanité et à parler de mes mérites.

« Un homme du monde célèbre et fort apprécié pour son influence, ses talents et son esprit, était alors en grande faveur à notre cour. Il avait distingué Narcisse, et l'avait toujours avec lui. Ils discutèrent un jour sur la vertu des femmes. Narcisse me rapporta en détail leur entretien ; je ne restai pas en arrière, je lui fis mes observations, et mon ami me pria de les mettre par écrit.

« J'écrivais le français assez couramment ; mon vieux maître m'en avait bien appris les principes. C'était dans cette langue qu'était rédigée ma correspondance avec mon ami, et à cette époque on ne pouvait se former le goût que dans les ouvrages français. Mon travail avait plu au comte ; il fallut lui communiquer quelques vers que j'avais récemment composés. En un mot, Narcisse paraissait tirer sans retenue vanité de son amante, et l'histoire se termina, à sa grande satisfaction, par une spirituelle épître en vers français que le comte lui adressa en partant ; il y rappelait leurs intéressantes discussions, et concluait en félicitant mon ami de pouvoir, après tant de doutes et d'erreurs, apprendre dans les bras d'une aimable et honnête épouse ce que c'est que la vertu.

« Ces vers me furent d'abord montrés, puis à beaucoup de monde, et chacun fit là-dessus ses réflexions. Il en était ainsi dans beaucoup d'autres circonstances, de sorte que presque tous les étrangers dont il faisait cas furent reçus dans notre maison.

« Une famille comtale séjourna assez longtemps dans notre ville, pour consulter un médecin habile qui y demeurait. Narcisse était également traité comme un fils dans cette maison ; il m'y conduisit. On trouvait chez ces nobles personnes un agréable aliment pour le cœur et l'esprit, et les passe-temps ordinaires de la société n'y semblaient pas aussi frivoles qu'ailleurs. Tout le monde savait dans quels termes nous étions, mais on nous traitait comme si de rien n'était, et il n'était jamais question de cette circonstance capitale. Je mentionne cette connaissance, parce qu'elle a eu une grande influence sur le reste de ma vie.

« La première année de notre union était passée, et avec elle notre printemps. L'été vint, tout fut plus sérieux et plus chaud.

« Des morts inattendues avaient rendu vacants des emplois auxquels Narcisse avait droit de prétendre. Le moment s'approchait qui allait décider de mon sort, et, tandis que Narcisse et ses amis se donnaient à la cour toutes les peines possibles pour effacer certaines impressions défavorables et lui procurer la place qu'il désirait, je me retournai vers mon invisible ami. Je fus si bien reçue que je renouvelai ma demande. J'exprimai franchement mon vœu que Narcisse obtînt cet emploi ; mais ma prière ne fut pas trop impérieuse, je ne demandai pas que la chose arrivât à cause de ma supplication.

« La place fut enlevée par un concurrent fort inférieur. Je fus violemment bouleversée en apprenant cette nouvelle, et je courus dans ma chambre, où je m'enfermai. Ma première douleur se répandit en larmes ; puis je me dis : « Cela n'est pas arrivé par hasard, » et je pris aussitôt la résolution de me résigner aveuglément, parce que ce malheur tournerait à mon avantage. Alors abondèrent dans mon cœur les plus douces sensations, qui dissipèrent tous les nuages de la douleur ; je sentais qu'avec un pareil secours on pouvait tout supporter. J'arrivai à table fort gaie, ce qui surprit fort les convives.

« Narcisse avait moins de force que moi, et je dus le consoler. Il eut à essuyer de la part de sa famille des contre-temps qui l'affligèrent beaucoup ; et, grâce à l'abandon qui régnait entre nous deux, il me confia tout.

« Ses négociations pour obtenir du service à l'étranger ne furent pas plus heureuses ; je sentais tout cela profondément et pour lui et pour moi, et je le rapportais aux pieds de celui qui avait si bien accueilli mes prières.

« Plus ces expériences étaient douces, plus je cherchais à les renouveler et à retrouver les consolations que j'y avais si souvent puisées ; mais je ne les y rencontrais pas toujours : j'étais comme un homme qui veut se chauffer au soleil, et à qui un obstacle fait de l'ombre. « Qu'est cela ? » me demandais-je à moi-même. J'approfondis attentivement la chose, et je découvris clairement que tout provenait de l'état de mon âme. Si elle n'était absolument et directement tendue vers Dieu, je restais froide ; je ne ressentais pas sa réaction et ne pouvais comprendre sa réponse. Le second point était de savoir qu'est-ce qui m'empêchait de donner cette direction à mon âme. Le champ était libre, et je m'engageai dans une enquête qui se prolongea pendant toute la seconde année de ma liaison. J'aurais pu la clore plus tôt, car je fus bientôt sur la trace, mais je ne voulais pas me l'avouer, et je cherchais mille subterfuges.

« Je trouvai tout d'abord que la direction régulière de mon âme était distraite par de folles dissipations et par la préoccupation de choses infimes ; j'élucidai bientôt la question du comment et du pourquoi. Mais comment sortir d'un monde où tout est indifférent ou fou? J'aurais volontiers abandonné la chose au point où elle était, et je me serais laissée vivre au hasard comme les autres, que je voyais s'en trouver fort bien ; mais je n'osais pas : mon cœur me contredisait toujours. Me retirer de la société et changer de relations, cela ne m'était pas possible. J'étais enfermée dans un cercle ; je ne pouvais briser certaines liaisons, et, dans une affaire qui me touchait de si près, je voyais se presser et s'accumuler une série de fatalités. Je me couchais souvent tout en larmes, et je me relevais dans le même état après une nuit sans sommeil : il me fallait une puissante assistance, et Dieu ne me la prêtait pas, tant que j'allais et venais avec ma marotte.

« J'en vins alors à peser toutes mes actions : la danse et le jeu furent les premiers soumis à l'examen. Il ne s'est rien dit, pensé ni écrit pour ou contre ces sujets que je n'aie examiné, discuté, lu, jugé, développé, rejeté, au milieu de tourments inouïs. Si j'abandonnais ces deux choses, j'étais sûre de blesser Narcisse, car il redoutait au-dessus de tout le ridicule que nous donne devant le monde l'apparence de scrupules timides. Et comme tout ce que je tenais pour folie et nuisible folie je le faisais, non par goût, mais par amitié pour lui, tout cela m'était extrêmement pénible.

« Je ne pourrais, sans entrer dans des longueurs et des répétitions désagréables, décrire les efforts que je faisais pour me tenir moralement en dehors de ces actes, qui me dissipaient et troublaient ma paix intérieure, pour que mon cœur restât ouvert aux influences de l'Être invisible, et avec quelle douleur je dus sentir que la lutte ne se terminerait pas de cette façon ; car, dès que je revêtais le manteau de la folie, je ne m'en tenais pas au masque, et la folie me pénétrait soudain en tous sens.

« Oserai-je ici enfreindre les lois de la narration, et me livrer à quelques considérations sur ce qui se passait alors en moi ? Qu'est-ce qui pouvait avoir modifié mon goût et mes sentiments de telle sorte qu'à vingt-cinq ans, et même plus tôt, je ne trouvais aucun plaisir aux choses qui peuvent amuser innocemment les personnes de cet âge ? Pourquoi n'étaient-elles pas innocentes à mes yeux ? Je répondrai précisément parce que je ne les trouvais pas innocentes, parce que je n'étais pas, comme les autres jeunes filles, ignorante de mon âme. Je savais, grâce à une expérience acquise par hasard, qu'il existe des sentiments plus élevés qui nous procurent un plaisir qu'on cherche en vain dans les divertissements mondains, et que ces joies élevées contiennent en même temps une force secrète pour nous soutenir dans le malheur.

« Mais les plaisirs de la société et les distractions de mon âge devaient fatalement avoir pour moi un charme puissant, car il ne m'était pas possible de m'y livrer comme si je ne m'y étais pas livrée. Combien de choses pourrais-je faire froidement aujourd'hui, si je le voulais, qui m'égaraient alors et menaçaient même de me maîtriser ! Il n'y avait point de milieu : il fallait renoncer ou aux plaisirs entraînants, ou aux saines sensations intimes.

« Mais le différend était déjà jugé dans mon âme sans que j'en eusse conscience. Quoiqu'il y eût quelque chose en moi qui me portât vers les plaisirs matériels, je ne pouvais plus les goûter. Si fort qu'un homme aime le vin, son goût pour la boisson lui passera s'il se trouve dans une cave pleine de tonneaux, où l'air vicié menace de l'étouffer. L'air pur vaut mieux que le vin, je ne le sentais que trop, et dès le commencement je n'aurais pas balancé longtemps à préférer le bon à l'agréable, si la crainte de perdre l'amour de Narcisse ne m'avait retenue. Mais enfin, après mille combats divers, après des réflexions sans cesse renouvelées, après un examen attentif du lien qui m'attachait à lui, je découvris que ce lien était faible et qu'il était possible de le rompre. Je reconnus tout d'un coup que ce n'était qu'une cloche de verre m'isolant dans un espace privé d'air : aie la force de la briser, et tu es sauvée !

« Aussitôt pensé, aussitôt fait. Je jetai le masque, et j'agis comme me le conseillait mon cœur. J'aimai toujours tendrement Narcisse, mais le thermomètre, qui se trouvait auparavant dans l'eau chaude, était maintenant exposé à l'air libre ; il ne pouvait marquer plus de degrés que n'en donnait la chaleur de l'atmosphère.

« Malheureusement l'atmosphère se refroidit sensiblement. Narcisse commençait à se retirer et à agir en étranger avec moi ; il était libre, du reste, mais mon thermomètre baissait à mesure qu'il s'éloignait. Ma famille s'en aperçut : on m'interrogea, on fut surpris. Je déclarai avec une mâle hardiesse que je m'étais assez sacrifiée jusqu'à ce jour, que j'étais prête à partager avec lui toutes les adversités jusqu'à la fin de ma vie, mais que je demandais une entière liberté pour mes actions, que ma conduite ne dépendrait que de mes convictions, que je ne persisterais jamais par entêtement dans mes opinions, qu'au contraire j'écouterais volontiers toutes les observations; mais que, comme il s'agissait de mon bonheur, i' n'appartenait qu'à moi de décider, et je ne souffrirais aucune espèce de contrainte. Aussi bien les raisonnements du meilleur médecin ne m'amèneraient jamais à prendre un aliment, assurément fort sain et fort recherché par beaucoup de gens, si mon expérience m'a démontré qu'il m'est contraire, comme par exemple le café ; aussi peu, et bien moins encore, souffrirais-je qu'on me fasse passer pour moralement salutaire une action qui m'égarait.

« Comme je m'étais préparée depuis longtemps en silence, les débats qu'amenèrent cette protestation me furent plutôt agréables que pénibles. Je donnai de l'air à mon cœur, et je sentis tout le prix de ma résolution. Je ne cédai pas de l'épaisseur d'un cheveu, et je dépêchai vertement ceux à qui je ne devais pas le respect filial. Je triomphai bientôt dans ma famille. Dès sa jeunesse, ma mère avait eu des sentiments analogues ; mais chez elle ils n'étaient pas arrivés à maturité ; nulle nécessité ne l'avait contrainte et ne lui avait donné le courage d'exposer sa conviction. Elle était heureuse de voir ses secrets désirs accomplis par sa fille. Ma plus jeune sœur parut se mettre de mon côté ; la seconde écoutait et se taisait ; la tante fut celle qui fit le plus d'objections ; les raisons qu'elle donnait lui paraissaient irréfutables, et elles l'étaient en effet, parce qu'elles étaient vulgaires. Je fus forcée à la fin de lui faire entendre que sous aucun rapport elle n'avait voix dans la discussion ; elle se modéra, mais en protestant qu'elle persistait dans son opinion. Elle était, du reste, la seule qui vit de près la chose et qui n'en ressentît aucune impression. Je ne chargerai pas trop en disant qu'elle n'avait pas de cœur et que son entendement était des plus bornés.

« Mon père se conduisit conformément à son caractère. Il me parla peu, mais souvent de l'affaire ; ses arguments étaient sensés, et, comme siens, sans réplique ; le sentiment intime de mon droit me donna seul la force de lui tenir tête; mais bientôt la scène changea, je dus faire appel à son cœur; pressée par sa raison, je lui fis les représentations les plus passionnées. Je donnai libre cours à ma parole et à mes larmes; je lui laissai voir combien j'aimais Narcisse, quel joug je m'étais imposé depuis deux ans, combien j'étais sûre que j'agissais bien; je lui dis que j'étais prête à sceller cette conviction par la perte de mon cher fiancé et d'un bonheur apparent, et même, s'il le fallait, par celle de ma fortune; que j'aimerais mieux quitter ma patrie, mes parents, mes amis, et gagner mon pain à l'étranger, que d'agir contre mes principes. Il contint son émotion, garda quelque temps le silence, et finit par se déclarer ouvertement pour moi.

« Depuis cette époque Narcisse évita notre maison, et mon père abandonna la réunion hebdomadaire où il le rencontrait. La chose fit sensation à la cour et à la ville; on en parla, comme il arrive dans de pareils cas, auxquels le public s'intéresse vivement, parce qu'il est habitué à influencer les résolutions des esprits faibles. Je connaissais assez le monde, et je savais que les gens vous blâment souvent d'avoir fait précisément ce qu'ils vous ont conseillé, et même, sans cela, la tournure de mon esprit faisait que ces opinions passagères ne produisaient pas plus d'effet sur moi que si elles n'eussent pas existé.

« Par contre, je ne me défendais pas de conserver mon attachement pour Narcisse. Je ne le voyais plus, et mon cœur n'avait point changé à son égard; je l'aimais tendrement, pour ainsi dire à nouveau, et beaucoup plus posément qu'auparavant. S'il consentait à ne point troubler ma conviction, j'étais à lui, sinon je ne voulais pas de lui pour un empire. Pendant plusieurs mois je m'entretins de ces sentiments et de ces pensées, et, lorsque je me sentis assez forte et assez calme pour me mettre tranquillement et posément à l'œuvre, je lui écrivis un billet poli et froid, lui demandant pourquoi il ne venait plus me voir.

« Comme je connaissais sa manière de ne point s'expliquer volontiers, même dans les choses de peu d'importance, et de faire en silence ce qui lui semblait bon, j'opérais à dessein cette pression sur lui. Je reçus une réponse fort longue, qui me parut insipide, d'un style diffus, pleine de phrases insignifiantes ; il ne pouvait, sans avoir une meilleure place, s'établir et m'offrir sa main ; je savais fort bien quels obstacles il avait rencontrés jusqu'alors ; il croyait qu'un commerce aussi prolongé et sans résultat pouvait nuire à ma *renommée*, et espérait que je lui permettrais de se tenir à l'écart : dès qu'il serait en état de me rendre heureuse, il tiendrait religieusement la parole sacrée qu'il m'avait donnée.

« Je lui répondis, sur-le-champ, que, la chose étant connue de tout le monde, il était sans doute trop tard pour prendre de tels ménagements à l'égard de ma renommée, et que ma conscience et mon innocence suffiraient à la défendre ; que je lui rendais sa parole sans hésitation, et que je souhaitais que cela pût contribuer à son bonheur. Une heure n'était pas écoulée que je reçus une courte réponse, qui, en substance, était entièrement conforme à la première. Il disait toujours qu'après avoir obtenu sa place, il viendrait me demander si je voulais partager sa fortune.

« Tout cela était pour moi comme s'il n'avait rien dit.

« Je déclarai à mes parents et à mes connaissances que l'affaire était terminée ; et elle l'était en effet, car, neuf mois après, ayant été avancé au delà de ses espérances, il me fit encore offrir sa main, mais à la condition que, devenant la femme d'un homme qui devait avoir maison, je changerais de sentiments. Je le remerciai poliment, et je détournai mon cœur et mon esprit de cette liaison, comme on se hâte de sortir du théâtre lorsque la toile est tombée. Peu de temps après, il trouva un riche et brillant parti, ce qui lui était maintenant très-facile; le sachant heureux à sa manière, je fus complétement rassurée de ce côté.

« Je ne puis passer sous silence que plusieurs fois, avant qu'il obtînt du service et même après, on me fit plusieurs propositions de mariage fort avantageuses, que je refusai sans hésiter, quoique mon père et ma mère eussent désiré que je les acceptasse.

« Il me semblait alors qu'après un mois de mars et un mois d'avril orageux, j'arrivais au plus beau mois de mai. Outre une bonne santé, je jouissais d'une ineffable tranquillité d'esprit. De quelque façon que j'envisageasse les choses, j'avais gagné à perdre. Jeune et sensible comme je l'étais, la création me semblait mille fois plus belle qu'autrefois, quand il me fallait des réunions et des jeux pour ne pas trop m'ennuyer dans notre beau jardin. De même que je n'avais jamais rougi de ma dévotion, je n'eus pas le courage de cacher mon penchant pour les sciences et les arts : je dessinais, je peignais, je lisais, et je trouvais assez de personnes pour me soutenir : en place du grand monde que j'avais quitté, ou plutôt qui m'avait quittée, il s'en était formé, autour de moi, un petit beaucoup plus intéressant et plus fertile. J'avais des instincts de sociabilité, et je ne cacherai pas qu'en renonçant à mes anciennes connaissances, je redoutais la solitude. Maintenant, je me trouvais suffisamment, peut-être trop dédommagée. Mes relations s'étendirent non-seulement avec ceux de mes compatriotes dont les principes s'accordaient avec les miens, mais aussi avec les étrangers. Mon histoire avait fait du bruit, et beaucoup de gens étaient curieux de voir cette jeune fille qui préférait Dieu à son fiancé. Une certaine tendance de religiosité se manifestait alors en Allemagne. Dans plusieurs maisons princières et comtales, on s'occupait ardemment du salut de son âme. Il ne manquait pas de seigneurs qui professaient les mêmes idées, et ces sentiments s'étaient répandus également dans les classes inférieures.

« La famille comtale dont j'ai parlé plus haut me rechercha alors; elle s'était accrue, dans l'intervalle, de plusieurs parents qui s'étaient établis dans notre ville. Ces estimables personnes recherchèrent ma société, comme moi la leur. Elles avaient de hautes alliances, et j'appris à connaître, dans cette maison, une grande partie des princes, des comtes et des seigneurs de l'Empire. Mes principes n'étaient un secret pour personne, et, qu'on les honorât ou qu'on se contentât de les respecter, mon but était atteint, je n'avais pas besoin de les défendre.

« Mais je devais être ramenée dans le monde par une tout autre voie. Vers cette époque, un frère consanguin de mon père, qui jusqu'alors ne nous avait visités qu'en passant, s'établit pour quelque temps chez nous. Il avait quitté le service de sa cour, où il était honoré et influent, uniquement parce que tout n'allait pas selon ses idées. Son esprit était juste et son caractère austère, en quoi il ressemblait fort à mon père; mais ce dernier avait à côté de cela une certaine dose de souplesse qui lui permettait de céder dans les affaires, et, sans agir en rien contre ses convictions, de laisser faire et de dévorer son chagrin, soit silencieusement en lui-même, soit confidentiellement au milieu de sa famille. Mon oncle était de beaucoup le plus jeune, et sa position ne faisait que fortifier son amour de l'indépendance. Sa mère avait été fort riche, et il attendait beaucoup de bien de parents proches ou éloignés; il n'avait besoin d'aucun secours étranger, tandis que mon père, par suite de son peu de fortune, était retenu au service par le traitement.

« Les malheurs domestiques avaient rendu mon oncle encore plus inflexible. Il avait perdu de bonne heure une femme adorable et un fils plein d'avenir, et depuis lors il semblait vouloir se détacher de tout ce qui ne dépendait pas absolument de sa volonté.

« On se disait souvent à l'oreille dans ma famille, avec une certaine satisfaction, qu'il ne se remarierait vraisemblablement pas, et que nous autres enfants nous pouvions nous considérer d'avance comme les héritiers de sa grande fortune. Je m'en inquiétais peu; mais la conduite de mes parents paraissait s'accorder avec ces espérances. Avec sa fermeté de caractère, mon oncle s'était habitué à ne jamais contredire personne dans la conversation, mais d'écouter au contraire, avec bienveillance, l'opinion de chacun, et de soutenir par des arguments et des exemples la façon de penser de son interlocuteur. Quand on ne le connaissait pas, on pouvait toujours se croire d'accord avec lui, car il avait un bon sens supérieur, et pouvait se placer à tous les points de vue. Il ne réussit pas aussi bien avec moi, car il s'agissait de sentiments dont il n'avait pas la moindre notion, et quels, que fussent les ménagements, l'intérêt, la raison qu'il mit à discuter mes principes, je vis cependant qu'il n'avait évidemment pas la moindre idée de ce qui était le point de départ de ma conduite.

« Si réservé qu'il fût, on découvrit au bout de quelque temps le but de ce séjour inaccoutumé auprès de nous. Il avait, comme on le remarqua bientôt, jeté les yeux sur notre plus jeune sœur, pour la marier selon son goût à lui, et la rendre heureuse; et le fait est que ses avantages physiques et spirituels, joints surtout à un bien considérable, lui permettaient de prétendre aux premiers partis. Il me donna en même temps l'occasion de connaître ses dispositions à mon égard, en me procurant une place de dame chanoinesse, dont je touchai bientôt le revenu.

« Ma sœur n'était pas aussi satisfaite et ne lui montrait pas autant de reconnaissance de sa sollicitude. Elle m'avoua une affaire de cœur qu'elle avait tenue cachée jusque-là : elle savait bien, ce qui arriva en effet, que je lui déconseillerais de toutes mes forces une union avec un homme qui ne lui eût pas plu. Je fis mon possible, et je réussis. Les projets de mon oncle étaient trop sérieux et trop clairs, et la perspective ouverte à ma sœur, qui était fort mondaine, trop séduisante pour qu'elle n'eût pas la force de renoncer à une inclination que sa raison même réprouvait.

« Comme elle ne résistait plus comme autrefois à la bienveillante direction de mon oncle, il eut bientôt établi les bases de son plan. Elle devint dame d'honneur dans une cour voisine, où elle fut remise à la surveillance et à la direction d'une amie fort considérée par sa position de grande maîtresse de la cour. Je l'accompagnai jusqu'à sa nouvelle résidence. Nous eûmes le droit d'être fort contentes de l'accueil qu'on nous fit, et plus d'une fois je souris intérieurement, en me voyant jouer dans le monde le rôle de dame chanoinesse, de jeune et dévote chanoinesse.

« A une autre époque, une pareille position m'aurait fort troublée, et m'aurait peut-être tourné la tête ; mais maintenant j'étais fort indifférente pour tout ce qui se passait autour de moi. Je me laissais avec un grand calme friser pendant deux heures, je faisais ma toilette, me disant seulement que ma nouvelle position me forçait à revêtir cette livrée de gala. Dans les salons encombrés de foule, je parlais à tous et à chacun, sans qu'aucune figure, aucune personnalité me laissât une impression durable. Quand je rentrais chez moi, une courbature était la plupart du temps la seule sensation que je rapportasse du bal. Ma raison tira son profit de la quantité de monde que je voyais ; je fis la connaissance de quelques femmes, modèles de toutes les vertus humaines, d'une bonne et noble conduite, principalement de la grande maîtresse de la cour, sous la direction de laquelle ma sœur avait le bonheur de se trouver.

« A mon retour je m'aperçus que ce voyage n'avait pas eu de bons résultats pour ma santé. Tout en m'étant astreinte à la plus grande retenue et à la diète la plus stricte, je n'avais pas été, comme auparavant, maîtresse de mon temps et de mes forces. La nourriture, les allées et venues, le lever, le coucher, la toilette, les sorties n'avaient pas dépendu, comme chez moi, de ma volonté et de ma disposition. Dans le courant du monde on ne peut s'arrêter sans être impoli, et tout ce qui était obligatoire je le faisais volontiers, parce que je le considérais comme un devoir, que je savais que cela serait bientôt fini, et que je me sentais mieux portante que jamais. Malgré cela, cette vie agitée, tellement en dehors de mes habitudes, avait agi sur moi plus fortement que je ne le sentis d'abord. A peine fus-je revenue à la maison, et eus-je fait à mes parents un récit satisfaisant de ce que j'avais vu, que je fus prise d'une hémorragie qui, sans être dangereuse ni prolongée, me plongea pour assez longtemps dans une notable faiblesse.

C'était une nouvelle leçon; je l'acceptai avec joie. Rien ne m'attachait plus au monde, et j'étais convaincue que je n'y trouverais jamais le juste et le vrai; je me trouvais dans un état de calme et de sérénité parfaites, et, en renonçant à la vie, je revins à la vie.

« J'eus à soutenir une autre épreuve. Ma mère fut frappée d'une grave infirmité, qu'elle endura cinq ans encore avant de payer sa dette à la nature. Nous fûmes très-occupés pendant tout ce temps. Souvent, quand son angoisse devenait trop forte, elle nous faisait appeler la nuit, auprès de son lit, pour se distraire, sinon se soulager à notre vue. Le fardeau fut encore plus lourd, presque insupportable, lorsque mon père commença aussi à devenir souffrant. Depuis sa jeunesse il était sujet à de violents maux de tête, mais qui ne duraient tout au plus que trente-six heures. Maintenant ils étaient constants, et, lorsqu'ils atteignaient leur plus haut degré d'intensité, sa douleur me brisait le cœur. C'est dans ces orages que je souffrais le plus de ma faiblesse corporelle, parce qu'elle m'empêchait de remplir les plus sacrés et les plus chers de mes devoirs, ou m'en rendait l'accomplissement extrêmement pénible.

« Je pouvais maintenant m'examiner, pour savoir si, sur le chemin que j'avais choisi, je rencontrerais la vérité ou l'illusion, si, par hasard, je n'avais pas pensé d'après les autres, ou si l'objet de ma croyance était une réalité; et c'était toujours ce dernier point qui ressortait de mes méditations; cela me donnait du courage. J'avais cherché et trouvé le moyen de diriger absolument mon cœur vers Dieu, la vraie union avec les *beloved ones*, et c'était celui qui m'allégeait tous mes fardeaux. Comme un voyageur cherche l'ombre, mon âme s'élançait vers ce refuge quand tous les chagrins extérieurs pesaient sur moi, et je n'en revins jamais désappointée.

« Dans ces derniers temps, quelques champions de la religion, qui semblent avoir plus de zèle que de sentiments pieux, ont demandé à leurs coreligionnaires de leur donner des exemples de prières exaucées, probablement parce qu'il leur faut des diplômes dûment scellés pour attaquer leurs adversaires selon les règles de la diplomatie et du droit. Combien la vraie foi doit leur être inconnue et combien peu d'expériences effectives ont-ils dû faire par eux-mêmes !

« Je puis l'affirmer, je ne fus jamais désappointée lorsque je cherchai Dieu, poussée par l'accablement et la souffrance. C'est dire beaucoup, et je ne peux ni ne dois dire davantage. Autant chacune de ces expériences était importante pour moi dans ce moment critique, autant mon récit serait plat, insignifiant, invraisemblable, si j'essayais de citer des cas isolés. Comme j'étais heureuse que mille petits événements me démontrassent, aussi sûrement que la respiration est la preuve de la vie, que je n'étais pas privée de Dieu dans ce monde. Il était près de moi j'étais devant lui ; voilà ce que je puis dire en toute vérité, en évitant à dessein la terminologie théologique.

« Comme je souhaiterais m'être trouvée alors sans aucun système ! Mais qui est assez heureux pour avoir la conscience de son propre *soi-même* sans formes étrangères, dans une pure harmonie ?

« Je travaillais sérieusement à mon salut ; je me fiai modestement aux idées d'autrui ; je m'attachai au système de conversion de Halle, quoique tout mon être se refusât à s'y adopter.

« D'après ce système, la conversion doit commencer par une profonde horreur du péché ; dans cette angoisse, le cœur reconnaît tantôt plus, tantôt moins la peine qu'il a méritée, et sent l'avant-goût de l'enfer, qui empoisonne la jouissance du péché. Enfin on doit éprouver une très-sensible assurance de la grâce, qui dans la marche de cette opération se dérobe souvent, et qu'il faut rechercher alors avec énergie.

« Rien de tout cela n'existait chez moi, ni de près ni de loin. Si je cherchais Dieu sincèrement, je le trouvais, et il ne me reprochait nullement les choses passées. Je voyais bien derrière moi où j'étais coupable et je savais où je l'étais encore ; mais je m'avouai mes fautes sans angoisse. La crainte de l'enfer ne me vint pas un instant, l'idée d'un mauvais génie, d'un lieu de tortures et de supplices après la mort ne pouvait pas entrer dans le cercle de mes idées. Je trouvais les hommes qui vivent sans Dieu, dont le cœur est fermé à la confiance et à l'amour à l'égard de l'Invisible, si malheureux, que l'enfer et les châtiments matériels me semblaient leur promettre plutôt un adoucissement qu'une aggravation de peine. Je ne voyais sur cette terre que des hommes ne donnant place dans leur cœur qu'à des sentiments haineux, insensibles au bien sous quelque forme qu'il se présente et voulant faire peser le mal sur eux et sur les autres ; qui ferment volontairement les yeux pendant le jour pour pouvoir affirmer que le soleil ne répand pas de rayons ; combien ces hommes me semblaient malheureux au delà de toute expression ! Quel enfer aurait-on pu créer qui rendît leur état plus affreux !

« Cette situation d'esprit dura dix ans ; elle se maintint à travers mille épreuves et jusqu'auprès du lit de mort de ma mère chérie. J'eus la franchise de ne pas dissimuler dans cette circonstance l'état de sérénité de mon âme à des personnes pieuses, mais méthodiques, et j'eus à essuyer maint reproche bienveillant. On pensait bien faire en m'indiquant à quels efforts sérieux on doit se livrer pour établir une base solide aux époques favorables.

« Ce n'était pas les efforts sérieux qui m'eussent

effrayée. Je me laissai persuader pour le moment et j'aurais volontiers donné ma vie pour être triste et pleine d'effroi. Mais quel fut mon étonnement lorsque je vis que cela m'était absolument impossible. Quand je pensais à Dieu, j'étais sereine et joyeuse ; même en assistant à la douloureuse fin de ma mère chérie, je n'eus pas horreur de la mort. Cependant, dans ces heures suprêmes, j'appris beaucoup et bien autre chose que ne pensaient mes officieux précepteurs.

« Peu à peu les opinions de tant de gens très-vantés me parurent douteuses, et je gardai mes sentiments pour moi-même. Une certaine amie, à qui j'avais trop concédé d'abord, voulait toujours s'immiscer dans mes affaires ; je fus obligée de rompre aussi avec celle-là, et je lui dis un jour ouvertement qu'elle perdait son temps et que je n'avais que faire de ses conseils ; que je connaissais mon Dieu et ne voulais avoir d'autre guide que lui : elle se trouva fort blessée, et je crois qu'elle ne m'a pas encore entièrement pardonné.

« Cette résolution de me soustraire, en matière de religion, aux conseils et à l'influence de mes amis eut pour résultat de me donner le courage de me guider moi-même dans les rapports matériels. Sans l'assistance de mon fidèle et invisible ami, j'aurais pu faire fausse route, et, maintenant encore, j'admire cette sage et heureuse direction. Personne ne savait proprement ce qu'il me fallait, et je ne le savais pas moi-même.

« La chose, chose fatale et encore inexpliquée qui nous sépare de l'Être auquel nous devons la vie, de l'Être dont se nourrit tout ce qui porte le nom de vie, la chose que l'on appelle péché, je ne la connaissais pas encore.

« Dans mon commerce avec mon ami invisible, je sentais la plus douce jouissance de toutes mes forces vitales.

Le désir de goûter sans cesse ce bonheur était tel, que je négligeais volontiers tout ce qui troublait ce commerce, et en cela l'expérience était mon meilleur guide. Mais il en fut de moi comme des malades qui ne veulent point prendre de médecines et qui se traitent par la diète. Cela produit de l'effet, mais pas assez.

« Je ne pouvais pas toujours rester dans la solitude, quoique j'y trouvasse le meilleur préservatif contre la distraction. Lorsque je rentrais ensuite dans le tourbillon, il produisait sur moi une impression d'autant plus forte. Mon principal avantage consistait en ce que le goût du calme dominait en moi et que je finissais toujours par y revenir. Je reconnaissais, comme dans une sorte de crépuscule, ma misère et ma faiblesse, je cherchais à m'en guérir en me ménageant, en ne m'exposant pas.

« Sept années durant j'avais observé cette diète ; je ne me tenais pas pour mauvaise, et je trouvais mon état digne d'envie. Sans des circonstances et des relations toutes particulières j'en serais restée à ce point, et ce ne fut que par une voie toute particulière que je pus aller au delà. Contre l'avis de mes amis, je nouai une nouvelle connaissance. Au commencement, leurs objections me firent hésiter. Je me tournai aussitôt vers mon guide invisible, et, comme il m'approuva, je marchai sans balancer.

« Un homme d'esprit, de cœur et de talent, avait acheté un bien dans le voisinage. Lui et sa famille furent au nombre des étrangers dont je fis la connaissance. Nos mœurs, nos relations domestiques, nos habitudes, s'accordaient, ce qui fit que nous fûmes bientôt liés.

« Philon, c'est ainsi que je le nommerai, était déjà d'un certain âge ; il fut dans plusieurs affaires du plus grand secours à mon père, dont les forces commençaient à baisser.

« Il devint bientôt l'ami de la maison, et comme il trouvait en moi, à ce qu'il disait, une personne qui n'avait ni l'extravagance et le vide du grand monde, ni la sécheresse et l'inquiétude des gens de province, nous fûmes bientôt intimes. Il m'était très-agréable et très-utile.

« Quoique je n'eusse pas la moindre disposition ni le moindre penchant à me mêler des affaires du monde, et à rechercher l'influence, j'aimais à en entendre parler et à savoir ce qui se passait près ou loin de moi ; je tenais à avoir une notion claire et impartiale des choses mondaines ; la sensibilité, la ferveur, l'attachement, je gardais cela pour mon Dieu, pour les miens, pour mes amis.

« Ces derniers étaient, si j'ose m'exprimer ainsi, jaloux de ma nouvelle liaison avec Philon, et ils avaient raison de plus d'une façon en me prodiguant les avertissements à ce sujet. Je souffrais beaucoup intérieurement, car je ne pouvais dire que leurs objections fussent frivoles ou intéressées. J'étais depuis longtemps accoutumée à subordonner mes opinions, et cependant cette fois ma conviction ne voulait pas céder. Je suppliai mon Dieu de m'avertir encore cette fois, de m'arrêter, de me guider, et, comme mon cœur ne me déconseillait pas, je suivis mon chemin sans crainte.

« Philon avait dans l'ensemble de sa personne une ressemblance éloignée avec Narcisse ; mais une éducation pieuse avait donné à ses sentiments plus de consistance et de vivacité. Il avait moins de vanité, plus de caractère ; si l'un était fin, exact, persévérant, infatigable dans les affaires du monde, celui-ci était clair, actif, prompt, et travaillait avec une incroyable facilité. Par lui j'appris des détails intimes sur presque tous les grands personnages dont j'avais connu les dehors dans la société ; et du fond de ma cachette je m'amusais de voir le tourbillon s'agiter dans le lointain. Philon ne pouvait plus rien me cacher ;

il me confia successivement ses liaisons intimes et mondaines. J'eus des inquiétudes pour lui, car je prévoyais certaines circonstances et certains embarras, et le malheur arriva plus vite que je ne le croyais ; il avait toujours tu certains aveux, et à la fin il ne m'en dévoila que ce qu'il fallait pour me faire supposer la plus mauvaise issue.

« Quelle impression cela produisit sur mon cœur ! C'était là des expériences toutes nouvelles pour moi. Je voyais avec une tristesse indicible un Agathon qui, élevé dans les bosquets de Delphes, est resté débiteur du prix de son apprentissage, et le rembourse maintenant avec les intérêts accumulés ; et cet Agathon était mon intime ami. Ma pitié fut violente et entière ; je souffris avec lui, et nous nous trouvâmes tous deux dans la plus étrange situation.

« Après m'être longtemps occupée de l'état de son âme, je dirigeai mon observation sur moi-même. Cette pensée : tu n'es pas meilleure que lui, s'éleva devant moi comme un petit nuage, se développa peu à peu et finit par obscurcir mon âme tout entière.

« Puis je ne m'en tins pas à dire : Tu n'es pas meilleure que lui ; je le sentis, et je le sentis de telle façon, que je ne voudrais pas le sentir une seconde fois. Et ce n'était pas un accès subit et passager. Pendant plus d'une année je m'imaginai que, si une main invisible ne m'avait pas maîtrisée, j'aurais pu devenir un Girard, un Cartouche, un Damiens, ou n'importe quel autre monstre. J'en sentais distinctement les dispositions dans mon cœur. Dieu ! quelle découverte !

« Si je n'avais pu jusqu'alors découvrir en moi, par l'expérience, la réalité du péché, la possibilité m'en était maintenant démontrée clairement de la façon la plus terrible par le pressentiment; et cependant je ne connaissais pas le mal, je ne faisais que le craindre; je sentais que je pourrais être coupable et je n'avais rien à me reprocher.

« Autant j'étais profondément convaincue qu'une pareille disposition d'esprit, que je reconnaissais être la mienne, ne pouvait convenir à cette union avec l'Être suprême, union que j'espérais après la mort, aussi peu je craignais de m'éloigner de lui à ce point. Malgré tout le mal que je découvrais en moi, je l'aimais, *lui*; je détestais ce que je sentais; je souhaitais de le haïr encore plus vivement, et tout mon désir était de me voir délivrée de cette maladie et de cette disposition à la maladie; et j'étais sûre que le grand médecin ne me refuserait pas ses secours.

« L'unique question était celle-ci : Quel est le remède à ce mal? Les pratiques vertueuses; je ne pouvais y penser; depuis dix ans j'avais pratiqué plus que la simple vertu, et les abominations que je reconnaissais maintenant avaient été repoussées dans le plus profond de mon âme. Ne pourraient-elles pas éclater comme elles le firent chez David lorsqu'il vit Bethsabée? N'était-il pas, lui aussi, un ami de Dieu, et n'avais-je pas la persuasion intime que Dieu était mon ami?

« Était-ce donc une faiblesse incurable de l'humanité? Faut-il nous résigner à subir un jour ou l'autre la domination de nos passions, et, avec la meilleure volonté du monde, n'avons-nous autre chose à faire qu'à détester notre chute et à faillir de nouveau quand les circonstances se représentent?

« Je ne pouvais puiser aucune consolation dans la morale. Ni sa sévérité, qui veut maîtriser nos passions; ni sa complaisance, qui prétend faire de nos passions des vertus, ne pouvaient me satisfaire. Les principes que m'avait inspirés mon commerce avec mon ami invisible jouissaient pour moi d'une valeur bien supérieure.

« En étudiant un jour les chants composés par David après son odieuse défaillance, je fus très-frappée de ce qu'il discernait, dans la substance dont il était composé, le mal qui résidait en lui ; mais qu'il voulait être purifié, et qu'il demandait avec instance un cœur pur.

« Mais comment l'obtenir ? Je savais ce que répondaient à cela les traités symboliques ; c'était également pour moi une vérité biblique que le sang de Jésus-Christ nous lave de tout péché. Mais je m'aperçus alors pour la première fois que je n'avais jamais compris cette maxime si souvent répétée. Ces questions : Qu'est-ce que cela signifie ? Comment cela doit-il s'accomplir ? roulaient nuit et jour dans mon cerveau. Enfin je crus voir, à l'aide d'une faible lueur, que ce que je cherchais, je le trouverais dans l'incarnation du Verbe éternel, par lequel toutes choses et nous-mêmes ont été créés. Que l'Être primordial ait habité un jour dans les profondeurs où nous nous cachons, qu'il les ait pénétrées et embrassées ; qu'il ait parcouru degré par degré toute notre existence, depuis la conception et la naissance jusqu'au tombeau ; que, par ce miraculeux détour, il soit remonté dans les sereines régions où nous devrions aller pour être heureux, tout cela me fut révélé, mais dans un lointain crépuscule.

« Pourquoi, quand nous voulons parler de ces choses, sommes-nous obligés d'employer des images qui n'expriment que des effets extérieurs ? En face de lui, qu'est-ce que élévation et profondeur, qu'est-ce que obscurité et clarté ? Ce n'est que pour nous qu'il y a un haut et un bas, un jour et une nuit. C'est pour cela qu'il s'est fait semblable à nous, car autrement nous n'aurions pas pu le comprendre.

« Mais comment pouvons-nous prendre notre part de

cet inestimable bienfait? Au moyen de la foi, dit l'Écriture. Qu'est-ce donc que la foi? C'est tenir pour vrai le récit d'un événement. A quoi cela me sert-il? Il faut que j'en approprie les causes et les effets. Cette foi, qui s'approprie, doit être un état de l'âme particulier, inaccoutumé à l'homme naturel.

« Eh bien! Tout-puissant, donne-moi la foi, suppliai-je un jour dans l'extrême oppression de mon cœur. Je m'appuyai sur une petite table auprès de laquelle j'étais assise, et je cachai dans mes mains mon visage inondé de larmes. J'étais dans l'état où l'on doit être pour que Dieu exauce nos prières, et l'on y est rarement.

« Qui pourrait dépeindre ce que j'éprouvais alors? Un élan porta mon âme vers la croix où un jour expira Jésus; c'était un élan, je ne puis trouver d'autre mot, absolument semblable à celui qui conduit notre âme auprès d'un amant absent, un rapprochement beaucoup plus vrai et plus réel que nous ne le supposons. C'est ainsi que mon âme se rapprocha de Celui qui s'est fait homme et est mort sur la croix, et dans ce moment je sus ce que c'était que la foi.

« C'est la foi! » m'écriai-je, et je me redressai presque épouvantée. Je cherchai alors à m'assurer de ma sensation, de mon intuition, et au bout de peu de temps j'eus la certitude que mon esprit avait acquis une faculté d'élévation toute nouvelle.

« Les mots manquent pour exprimer ces sensations. Je pouvais les distinguer nettement de tout effet d'imagination; il n'y avait là ni illusion ni image sensible, et cependant je concevais la certitude d'un objet auquel ces sensations se rapportaient, aussi nette que lorsque l'imagination nous rappelle les traits d'un ami absent.

« Le premier transport passé, j'observai que cet état

de l'âme m'était déjà connu, mais je ne l'avais jamais vu aussi fort. Je n'avais jamais pu le retenir ni me l'approprier. Je croyais, du reste, que chaque âme humaine doit éprouver quelque chose de semblable à un moment donné. Sans aucun doute, c'est cet état qui apprend à chacun qu'il y a un Dieu.

« Je m'étais contentée jusqu'alors de cette force pour ainsi dire intermittente ; et si, par suite de vissicitudes singulières, je n'eusse pas été éprouvée par des malheurs imprévus, si ces malheurs n'avaient pas discrédité à mes propres yeux ma force et ma puissance, j'aurais peut-être toujours été satisfaite de cet état.

« Mais, depuis cet instant solennel, j'avais des ailes. Je pouvais planer au-dessus de ce qui me contraignait autrefois, comme un oiseau s'élève en chantant au-dessus des plus impétueux torrents, devant lequel le chien s'arrête en aboyant.

« Ma joie était indicible ; et, quoique je n'en confiasse rien à personne, les miens remarquèrent en moi une sérénité inaccoutumée, sans pouvoir comprendre quelle était la cause de ma satisfaction. Que ne me suis-je toujours tue, et que n'ai-je cherché à conserver dans mon âme ce parfait accord ! Pourquoi me suis-je laissé entraîner par les circonstances à dévoiler mon secret ! Je me serais épargné cette fois encore un long détour.

« Comme pendant ces dix années de ma vie chrétienne cette force indispensable n'existait pas dans mon âme, je m'étais trouvée dans le même cas que d'autres honnêtes gens ; je m'étais soutenue en remplissant mon imagination d'images qui avaient trait à Dieu, et cela est certainement utile, en ce que cela écarte les mauvaises images et les funestes conséquences qui en découlent. En outre, notre âme saisit souvent l'une ou l'autre de ces images spirituelles, et s'élève un peu avec elle, comme un jeune oiseau qui voltige d'une branche à l'autre. Aussi longtemps qu'on n'a rien de mieux, cet exercice n'est pas à dédaigner.

« Les images et les impressions tendant vers Dieu, nous les trouvons dans les cérémonies religieuses, les cloches, les orgues, les cantiques, et surtout les discours de nos prédicateurs. J'en étais curieuse au delà de toute expression : ni la température ni mon état de faiblesse corporelle ne m'empêchaient de visiter les églises ; et la seule chose qui me causât quelque impatience lorsque j'étais malade, c'étaient les sonneries du dimanche. J'aimais beaucoup à entendre le prédicateur de la cour, qui était un excellent homme ; j'appréciais également ses collègues, et je savais retirer la pomme d'or de la parole divine d'entre les fruits vulgaires, même s'ils étaient servis dans un vase de terre. A ces exercices publics j'ajoutais sous toutes ses formes ce qu'on appelle l'édification particulière, et par là je ne faisais que nourrir mon imagination et mon sensualisme raffinés.

« J'étais si bien habituée à cette marche, je la respectais tellement, qu'aujourd'hui même je ne puis rien imaginer de supérieur ; car mon âme n'a que des antennes et pas d'yeux ; elle tâte et ne voit pas. Ah ! si elle avait des yeux, et si elle osait regarder !

« J'allai donc de nouveau aux prédications ; mais, hélas ! que m'arriva-t-il ! Je n'y retrouvai plus ce que j'y avais trouvé autrefois. Ces prédicateurs s'usaient les dents à l'écorce, tandis que je savourais le noyau. Je fus bientôt fatiguée de les entendre ; mais j'étais trop blasée pour m'en tenir uniquement à celui que j'étais cependant sûre de trouver. Il me fallait des images, des impressions extérieures, et je croyais éprouver un pur besoin spirituel.

« Les parents de Philon s'étaient trouvés en rapport

avec la communauté des frères Moraves ; sa bibliothèque contenait encore de nombreux écrits du comte de Zinzendorf. Philon m'en avait parlé plusieurs fois d'une façon très-claire et très-favorable, et m'avait conseillé de parcourir quelques-uns de ces ouvrages, ne fût-ce que pour connaître un phénomène psychologique. Je tenais trop le comte pour hérétique endurci ; je laissai également de côté les cantiques d'Ebersdorf, que mon ami m'avait pour ainsi dire forcée de prendre.

« Dans mon dénûment complet de moyens extérieurs d'excitation, je pris par hasard le livre de cantiques, et, à ma grande surprise, j'y retrouvai des chants qui, sous des formes singulières, il est vrai, me semblaient s'accorder avec mes sentiments ; l'originalité et la naïveté des expressions m'attiraient. Les sentiments propres étaient rendus d'une façon propre; pas de terminologie scolastique qui rappelât rien de guindé ou de vulgaire. Je fus convaincue que ces gens sentaient ce que je sentais, et je me donnai le plaisir de fixer ces vers dans ma mémoire et m'en entretenir pendant plusieurs jours.

« Depuis le moment où la vérité m'avait été révélée, il s'était écoulé environ trois mois. Je pris enfin la résolution de tout avouer à mon ami Philon, et de lui demander ces écrits que j'étais extrêmement curieuse de lire. Je le fis en effet, quoiqu'il y eût quelque chose dans mon cœur qui me le déconseillât.

« Je racontai à Philon toute l'affaire en détail, et comme il en était un des principaux personnages, que mon récit contenait pour lui la plus sévère exhortation à la pénitence, il fut extrêmement touché et ému. Il fondit en larmes. Je m'applaudissais, et je croyais avoir modifié complétement ses sentiments.

« Il me fournit tous les ouvrages que je lui demandai,

et de quoi nourrir surabondamment mon imagination. Je fis de grands progrès dans la doctrine de Zinzendorf. Qu'on ne croie pas que j'aie cessé aujourd'hui d'estimer la doctrine du comte; je lui rends bien volontiers justice; il traite de grandes vérités, la plupart du temps dans un essor hardi d'imagination; et ceux qui ont voulu le rabaisser ne savaient ni apprécier ni démêler ses mérites particuliers.

« Je le pris en affection extrême. Si j'eusse été maitresse de mes actions, j'aurais assurément quitté patrie et amis pour courir auprès de lui; nous n'aurions pas manqué de nous entendre, et nous ne serions pas restés difficilement d'accord.

« Grâces soient rendues à mon bon génie qui me tenait alors si étroitement enchaînée aux occupations de la famille. C'était déjà pour moi un grand voyage de descendre au jardin. Les soins que je devais à mon père, vieux et affaibli, me donnaient assez de travail, et, dans mes heures de répit, ma sublime fantaisie était mon unique passe-temps. Le seul homme que je visse était Philon; mon père l'aimait beaucoup; mais ses rapports avec moi, si francs jusqu'alors, avaient un peu souffert depuis ma dernière révélation. Chez lui, l'émotion n'avait pas pénétré bien profondément; et les quelques essais qu'il fit pour parler ma langue ne lui réussirent pas; il évita de traiter cette matière, d'autant plus aisément, que ses connaissances étendues lui permettaient d'introduire à volonté de nouveaux éléments dans la conversation.

« J'étais donc une sœur morave de ma propre façon, et je dus, avant tout, cacher cette nouvelle tendance de mon esprit, de mes sentiments, au prédicateur de la cour que j'avais grand sujet d'estimer, car il était mon directeur, et dont les grands mérites n'étaient, même en ce moment, nullement diminués par son extrême aversion pour la communauté morave. Malheureusement je devais causer bien des tracas à cet homme respectable, ainsi qu'à beaucoup d'autres personnes.

« Il avait, depuis plusieurs années, fait connaissance à l'étranger d'un chevalier, homme honnête et pieux, et était resté en correspondance suivie avec lui, comme avec un fidèle qui cherche Dieu sérieusement. Quelle douleur ce fut pour le guide spirituel, lorsque le chevalier se laissa entraîner avec la foule dans la communauté morave, et vécut longtemps parmi les frères ! Mais aussi quelle fut sa satisfaction, lorsque son ami se sépara d'eux et résolut de venir s'établir dans son voisinage, pour s'en remettre entièrement à sa direction !

« Le nouveau venu fut présenté presque triomphalement aux ouailles de prédilection du pasteur. Il n'y eut que notre maison où il ne fut pas introduit, mon père ne recevant plus personne. Le chevalier eut un grand succès ; il avait les bonnes façons de la cour et les manières prévenantes de la communauté, jointes à beaucoup de bonnes qualités naturelles ; il passa bientôt pour un grand saint aux yeux de tous ceux qui le virent, et cela à l'extrême satisfaction de son protecteur spirituel.

« Malheureusement le chevalier ne s'était brouillé avec la communauté que pour des raisons matérielles ; il était resté morave de cœur. Il était attaché réellement à l'essence de la chose, et même toutes les futilités que le comte y avait ajoutées lui convenaient parfaitement. Il s'était fait à cette manière de parler et de présenter les idées ; et, s'il devait dissimuler soigneusement devant son vieil ami, il éprouvait d'autant plus vivement le besoin, dès qu'il se trouvait au milieu d'un petit cercle de personnes sûres, de produire ses cantiques, ses litanies, ses petites images ; et, comme on peut penser, il obtenait un grand succès.

« Je ne savais rien de toute cette affaire, et je continuais à divaguer à ma façon. Nous restâmes longtemps étrangers l'un à l'autre.

« Un jour que je me trouvais libre, j'étais allée voir une amie malade ; j'y rencontrai plusieurs personnes de connaissance, et je remarquai bientôt que je les avais interrompues dans leur conversation. Je fis comme si de rien n'était, mais je vis, à mon grand étonnement, quelques images moraves pendues au mur et soigneusement encadrées. Je compris aussitôt ce qui avait dû se passer avant mon arrivée, et je souhaitai la bienvenue à cette nouvelle apparition en citant quelques vers en rapport avec la situation.

« Qu'on s'imagine l'étonnement de mes amies. Nous nous expliquâmes, et nous fûmes d'accord sur-le-champ.

« Je cherchai dès lors plus souvent l'occasion de sortir. Malheureusement je ne la trouvais que toutes les trois ou quatre semaines ; je fis connaissance avec le noble apôtre, et peu à peu avec toute la communauté secrète. Je me rendais, lorsque je le pouvais, à leurs assemblées, et par suite de mon instinct de sociabilité, il m'était infiniment agréable d'entendre dire par les autres, et de leur communiquer ce que jusque-là j'avais élaboré en moi-même et avec moi-même.

« Je n'étais pas assez prévenue pour n'avoir pas remarqué combien peu d'entre eux comprenaient le sens de ces mots et de ces expressions tendres qui ne les édifiaient pas plus que ne le faisait auparavant le langage symbolique de l'Église. Malgré cela je marchai avec eux sans me laisser égarer. Je pensai que je n'avais pas pour mission d'examiner et d'éprouver les cœurs. N'avais-je pas été moi-même préparée à l'amendement par mainte innocente pratique? Je prenais impartialement ma part de ces exercices ; lorsque j'avais à parler, je m'attachais au sens, qui, lorsqu'il s'agit d'objets si délicats, est obscurci plutôt qu'éclairci par les mots, et je laissais du reste, avec la plus parfaite tolérance, chacun s'arranger à sa façon.

« A ces instants paisibles de jouissances secrètes goûtées en commun, succédèrent bientôt les orages de luttes et d'adversités publiques, qui remuèrent la cour et la ville, et causèrent, je puis le dire, maint scandale. Le moment était venu où le prédicateur de la cour, ce grand ennemi de la communauté morave, devait découvrir, à sa grande humiliation, que ses meilleurs et ses plus fidèles auditeurs penchaient tous vers la communauté. Il fut extrêmement blessé; dans le premier moment il oublia toute mesure, au point de ne plus pouvoir reculer dans la suite quand même il l'eût voulu. Il y eut de violentes discussions dans lesquelles je ne fus heureusement pas nommée, n'étant qu'un membre accidentel de ces réunions détestées, et notre zélé directeur ne pouvant se passer de mon père et de mon ami pour les affaires civiles. Fort satisfaite intérieurement, je gardai la neutralité; il me répugnait déjà de m'entretenir de ces sentiments et de ces sujets avec des personnes bien disposées, si elles ne pouvaient en pénétrer toute la profondeur, et ne s'arrêtaient qu'à la surface. Mais discuter avec des adversaires une chose sur laquelle on s'entend à peine avec des amis, cela me semblait inutile, et même nuisible, car j'eus bientôt l'occasion de remarquer que les hommes honnêtes qui, dans cette circonstance, ne surent pas préserver leur cœur de la haine et de l'antipathie, tombèrent bientôt dans l'injustice, et, pour défendre une forme extérieure, en arrivèrent à une subversion presque complète de leurs sentiments intimes.

« Quelques torts que pût avoir le digne homme en cette occasion, quelques efforts que l'on fît pour m'entraîner contre lui, je ne pouvais cependant lui refuser une estime cordiale. Je le connaissais beaucoup ; je pouvais me mettre impartialement à sa place pour juger la chose à son point de vue. Je n'avais point vu d'homme qui n'eût pas de faiblesses ; elles sont seulement plus éclatantes chez les hommes de mérite. Nous désirons et nous voulons que ceux qui sont si privilégiés ne payent ni tribut ni impôt.

« Je l'estimais comme un homme de mérite doit l'être, et j'espérais que ma neutralité amènerait sinon la paix, du moins une trêve. Je ne sais ce que j'aurais produit, Dieu termina la chose plus promptement, et le rappela auprès de lui. Ceux qui, quelques jours auparavant, avaient disputé contre lui pour des mots, pleuraient sur son cercueil. Sa droiture, sa piété, n'avaient jamais été mises en doute par personne.

« Vers cette époque, je dus aussi déposer ma poupée, que ces discussions m'avaient en quelque sorte fait voir sous un autre jour. Mon oncle avait poursuivi patiemment l'exécution de son plan à l'égard de ma sœur. Il lui proposa pour fiancé un jeune homme de famille et de bien, et régla la dot avec la générosité qu'on pouvait attendre de lui. Mon père accorda son consentement avec joie. Ma sœur était libre et déjà préparée ; elle fut très-satisfaite de changer de situation. La noce devait avoir lieu au château de mon oncle ; parents et amis furent invités, nous arrivâmes tous dans de bonnes dispositions.

« Pour la première fois de ma vie j'éprouvai de l'étonnement en entrant dans une maison. J'avais bien entendu parler du bon goût de mon oncle, de son architecte italien, de ses collections et de sa bibliothèque ; mais j'avais rapproché tout cela de ce que j'avais déjà vu, et je m'en étais fait une idée très-confuse.

« Comme je fus surprise de l'impression forte et harmonieuse que j'éprouvai en mettant le pied dans cette maison, impression qui s'augmentait à chaque pièce et à chaque salle que je traversais! Le luxe et l'ornementation n'avaient fait jusqu'alors que me distraire, mais ici je me sentais comme recueillie et rappelée en moi-même. Dans tous les apprêts des fêtes et des solennités, la pompe et la dignité éveillaient chez moi une satisfaction intime, et je ne pouvais me rendre compte qu'un seul homme eût pu imaginer et ordonner tout cela, et que plusieurs autres se fussent entendus pour agir ensemble sous l'influence d'une telle impulsion. Et malgré cela l'hôte et les siens étaient pleins de naturel ; aucune trace de roideur ni de vaine cérémonie.

« Le mariage s'accomplit à l'improviste et d'une façon fort touchante ; nous eûmes la surprise d'une excellente musique vocale, et le prêtre sut donner à cette cérémonie toute la solennité que demande un pareil acte. J'étais à côté de Philon, et, au lieu de me féliciter, il me dit, en poussant un profond soupir : « Quand j'ai vu votre sœur « tendre sa main, il m'a semblé qu'on m'arrosait d'eau « bouillante. — Pourquoi? lui demandai-je. — Cela m'a « toujours fait cet effet, lorsque je vois deux êtres s'ac- « coupler. » Je me moquai de lui, et j'ai eu plus tard assez d'occasions de me souvenir de cette parole.

« La douce gaieté de la société, qui renfermait beaucoup de jeunes gens, ressortait d'autant plus que tout ce qui nous entourait était déjà digne et sérieux. Le mobilier, le linge, le service de table, la vaisselle, s'accordaient avec l'ensemble, et si d'habitude les architectes me semblaient sortis de la même école que les confiseurs, ici le confiseur et le maître d'hôtel me paraissaient avoir été à l'école de l'architecte.

« Comme on devait rester plusieurs jours réuni, notre hôte intelligent avait eu soin de préparer à la société les divertissements les plus variés. Je n'eus pas à renouveler ici la triste expérience que j'avais si souvent faite dans ma vie, du malaise qui pèse sur une réunion nombreuse et mêlée, abandonnée à elle-même, qui est réduite aux passe-temps les plus vulgaires et les plus insipides, de sorte que les gens intelligents s'ennuient plus que les sots.

« Mon oncle avait arrangé les choses tout autrement. Il avait désigné deux ou trois maréchaux, si je puis les nommer ainsi. L'un était chargé des plaisirs des jeunes gens : les danses, les promenades, les petits jeux, étaient remis à son imagination et se trouvaient sous sa direction ; et comme les jeunes gens aiment à vivre en plein air, et ne craignent pas l'influence de la température, on leur avait abandonné le jardin et la grande salle, à laquelle on avait ajouté pour cette occasion quelques galeries et des pavillons bâtis en planches et de toile, il est vrai, mais dans de si nobles proportions, qu'on aurait dit de la pierre et du marbre.

« Qu'elles sont rares les fêtes où celui qui réunit du monde sent qu'il est de son devoir de pourvoir aux besoins et aux commodités de ses hôtes !

« Parties de chasse et de jeux, petites promenades, retraites ménagées pour les conversations intimes, tels étaient les plaisirs réservés aux personnes plus âgées ; et celui qui se couchait de bonne heure était sûr de se trouver logé loin de tout bruit.

« Grâce à ce bon ordre, l'endroit où nous nous trouvions semblait être un petit monde, et cependant, à y regarder de près, le château n'était pas grand, et sans une parfaite connaissance des êtres, sans l'intelligence du maître, il eût été difficile d'y placer tout le monde et de loger chacun selon son goût.

« Autant on se plaît à considérer un homme bien fait, autant on est heureux de voir une installation qui dénote la présence d'une personne ingénieuse et d'un esprit pratique. C'est déjà un plaisir d'entrer dans une maison propre, même quand elle est bâtie et ornée sans goût ; cela indique un individu cultivé, au moins dans un sens. La satisfaction est doublée lorsque dans une habitation humaine nous trouvons l'empreinte d'un goût supérieur, quoique simplement matériel.

« Cette observation était frappante à l'égard du château de mon oncle. J'avais beaucoup lu et beaucoup entendu parler sur ce qui touche les arts. Philon était grand amateur de peinture, et possédait une belle galerie ; moi-même j'avais beaucoup dessiné ; mais, d'un côté, j'étais trop préoccupée de mes sentiments, et je ne visais qu'à mettre en lumière ce qui m'était absolument indispensable ; d'un autre côté, il me semblait que les objets que j'avais vus ne faisaient que me distraire, comme tout le reste des occupations mondaines. Pour la première fois, je fus ramenée en moi-même par des objets extérieurs, et j'appris la différence qui existe entre le chant naturel et délicieux du rossignol et un *Alleluia* à quatre parties chanté, à ma grande admiration, par des gosiers humains.

« Je ne dissimulai pas à mon oncle ma joie d'avoir découvert cette nouvelle manière d'envisager les choses ; lorsque tout le monde était parti, chacun de son côté, il aimait à s'entretenir avec moi. Il me parlait avec beaucoup de modestie de ce qu'il possédait et de ce qu'il avait fait ; avec la plus grande sûreté du sentiment qui avait dirigé ses recherches et ses arrangements; et je remarquais bien qu'il usait de ménagements envers moi, subordonnant, suivant sa vieille habitude, le bien dont il se considérait seigneur et maître, à ce qui était selon ma conviction le beau et le bon.

« Si nous pouvons, me dit-il un jour, admettre que le
« Créateur du monde a pris lui-même la forme de sa créa-
« ture et s'est trouvé pendant quelque temps sur la terre,
« dans les mêmes conditions qu'elle, nous devons consi-
« dérer cette créature comme infiniment parfaite, puis-
« que le Créateur a pu s'y assimiler si intimement. Il ne
« doit donc pas exister de contradiction entre la concep-
« tion de la divinité et la conception de l'être humain,
« quoique nous trouvions souvent une certaine dissem-
« blance et un certain éloignement entre les deux; dans
« ce dernier cas, la faute en est plus que jamais à nous,
« qui, semblables à l'avocat du mauvais esprit, ne voyons
« que les défectuosités et les faiblesses de notre nature,
« au lieu de rechercher les perfections qui peuvent ap-
« puyer nos prétentions à ressembler à la divinité. »

« Je souris et répondis : « Ne me faites pas trop rou-
« gir, mon oncle, par votre complaisance à me parler ma
« langue; ce que vous avez à me dire est d'un tel intérêt
« pour moi, que je désire vous l'entendre développer dans
« votre langue à vous, et ce que je ne comprendrai pas
« bien, je tâcherai de le traduire.

« — Je pourrai, reprit-il, continuer dans la forme qui
« m'est le plus propre, sans changer de ton. Le plus grand
« mérite de l'homme est toujours de déterminer autant
« que possible les circonstances et de se laisser détermi-
« ner aussi peu que possible par elles. L'univers est vis-
« à-vis de nous comme une carrière en face de l'archi-
« tecte qui ne mérite ce nom qu'en exécutant à l'aide de

« ces matériaux bruts le modèle né dans sa pensée, et
« cela avec économie, solidité et convenance. Tout ce qui
« est hors de nous, et je dirai même tout ce qui nous tou-
« che, n'est qu'à l'état élémentaire ; mais au fond de
« nous réside cette force créatrice, qui produit ce qui
« doit être et ne nous laisse ni repos ni trêve que nous ne
« l'ayons exécuté, hors de nous ou dans nous, d'une fa-
« çon quelconque. Vous, chère nièce, vous avez choisi
« la meilleure part ; vous avez travaillé à mettre d'ac-
« cord votre aimable nature, votre être moral avec vous-
« même, avec l'Être suprême, mais il ne faut pas nous
« blâmer nous autres de chercher à connaître dans toute
« son étendue l'homme sensorial, et à apporter l'unité
« dans ses actions. »

« Ces entretiens nous rendirent de plus en plus intimes, et je lui demandai de me parler sans condescendance, comme il se parlait à lui-même. « Ne croyez pas,
« me dit mon oncle, que je vous flatte en approuvant
« votre manière de penser et d'agir. Je respecte l'homme
« qui sait nettement ce qu'il veut, qui marche sans relâ-
« che, qui connaît les moyens nécessaires pour atteindre
« son but, et qui sait les trouver et les mettre en usage ;
« jusqu'à quel point son but est grand ou petit, et mérite
« le blâme ou l'éloge, cela ne vient qu'en second lieu
« dans mes considérations. Croyez-moi, ma chère, la plus
« grande partie du malheur, et de ce qui porte dans le
« monde le nom de mal, consiste seulement en ce que les
« hommes sont trop négligents pour chercher à bien
« connaître leur but, et, s'ils le connaissent, manquent
« d'énergie pour y tendre. Ils me représentent des gens
« qui concevraient le projet de bâtir une tour, et qui
« n'emploieraient aux fondements pas plus de travail et
« de pierre que s'ils n'avaient à y établir qu'une baraque.

« Vous, chère amie, dont le premier besoin était de voir
« clair dans le fond de votre nature morale, si, au lieu
« d'un immense et hardi sacrifice, vous aviez dû vous
« accommoder d'un fiancé, d'un époux peut-être, vous
« vous seriez trouvée dans une contradiction perpé-
« tuelle avec vous-même, vous n'auriez jamais goûté un
« instant de calme.

« — Vous employez, lui dis-je, le mot de sacrifice, et
« j'ai bien des fois pensé que nous sacrifions à un but
« élevé, comme à une divinité, des objets inférieurs à ce
« but, mais qui nous sont chers ; que l'on conduirait vo-
« lontiers à l'autel un agneau chéri pour rendre la santé
« à un père qu'on aime.

« — Quoi qu'il en soit, répliqua-t-il, que ce soit la rai-
« son ou le sentiment qui nous fasse abandonner ou choi-
« sir une chose pour une autre, la résolution et la persé-
« vérance sont à mon avis ce qu'il y a de plus honorable
« chez un homme. On ne peut avoir à la fois l'argent et la
« marchandise, et celui-là est aussi malheureux qui con-
« voite toujours la marchandise sans avoir le courage de
« se dessaisir de son argent, que celui qui se repent de
« son achat lorsqu'il a la marchandise entre les mains.
« Mais je suis bien éloigné de blâmer les hommes pour
« cela; car il n'y a pas proprement de leur faute, c'est plu-
« tôt celle de la situation embarrassée dans laquelle ils se
« trouvent, et au milieu de laquelle ils ne savent pas se
« guider. Ainsi, par exemple, vous trouverez, en moyenne,
« moins de mauvais ménages dans les campagnes que
« dans les villes, et de même moins dans les petites villes
« que dans les grandes. Et pourquoi cela ? L'homme est né
« pour vivre dans une position bornée ; il ne peut viser
« qu'à des buts simples, rapprochés, précis; il est accou-
« tumé à employer des moyens qui se trouvent sous sa

« main ; mais, dès qu'il prend le large, il ne sait plus ni
« ce qu'il veut, ni ce qu'il doit faire, qu'il soit distrait par
« la quantité des objets ou bien dérouté par leur élé-
« vation et leur majesté, peu importe. C'est toujours un
« malheur pour lui d'être poussé à aspirer à quelque
« chose qu'il n'atteindra que grâce à une activité person-
« nelle et régulière.

« En vérité, poursuivit-il, rien n'est possible dans le
« monde sans l'énergie et, chez ce que nous nommons les
« honnêtes gens, on trouve peu d'énergie ; ils ne se li-
« vrent à leurs travaux et à leurs affaires, aux arts, aux plai-
« sirs, qu'avec une sorte de répugnance ; ils vivent la vie
« comme on lit un paquet de gazettes, uniquement pour
« en être débarrassés ; et cela me rappelle ce jeune An-
« glais à Rome, qui racontait avec satisfaction das une
« soirée qu'il avait encore dépêché ce jour-là six églises
« et deux galeries. On veut savoir et connaître mille cho-
« ses, et précisément celles qui nous concernent le moins ;
« on ne remarque pas que humer l'air n'apaise pas la
« faim. Lorsque je fais connaissance d'un homme, je de-
« mande tout d'abord : A quoi s'occupe-t-il, comment et
« dans quel but ? Et la réponse décide pour la vie de l'in-
« térêt que je prendrai à sa personne.

« — Vous êtes peut-être trop sévère, mon cher oncle,
« répondis-je, et vous refusez une main secourable à
« maint honnête homme à qui vous pourriez rendre ser-
« vice.

« — Faut-il reprocher cela à celui qui a si longtemps
« travaillé en vain sur eux et pour eux ? Combien ne souf-
« fre-t-on pas dans la jeunesse de ces gens qui croient
« vous inviter à une agréable partie de plaisir, tandis qu'ils
« vous promettent la société de Sisyphe ou des Danaïdes ?
« Dieu merci ! je me suis débarrassé d'eux, et si par

« malheur il s'en égare quelqu'un dans mon entourage,
« je tâche de l'évincer le plus poliment possible ; car c'est
« justement ces gens-là qu'on entend se plaindre amère-
« ment de la confusion qui règne dans les affaires, de la
« futilité des sciences, de la légèreté des artistes, de la
« nullité des poëtes, et ainsi de suite. Ils ne pensent pas
« un instant que ni eux ni la foule qui leur ressemble ne
« sauront lire le livre qui serait écrit comme ils le de-
« mandent, que la vraie poésie leur est étrangère, et
« qu'un bon ouvrage d'art n'obtiendra leur approbation
« que s'ils ont une opinion déjà faite à cet égard. Mais
« brisons là, ce n'est pas le moment de blâmer ni de gé-
« mir. »

« Il attira mon attention sur différentes peintures suspendues à la muraille ; mes yeux s'arrêtaient à celles
dont l'aspect était gracieux ou le sujet saisissant ; il me
laissa faire quelques instants, puis me dit : « Prêtez aussi
« quelque attention au génie qui a produit ces œuvres.
« Les bonnes âmes voient dans la nature la trace du doigt
« de Dieu, pourquoi n'accorderait-on pas quelque estime
« à la main de son imitateur ? Il me fit en même temps
considérer quelques tableaux sans apparence, et chercha
à me faire concevoir que seule l'histoire de l'art peut
nous donner le sentiment de la valeur et de la beauté
d'un ouvrage ; qu'il faut d'abord connaître les détails du
mécanisme et du métier, sur les degrés desquels l'homme
ingénieux s'est traîné pendant des siècles, pour comprendre comment il est possible que le génie, placé sur un
sommet dont la vue seule nous donne le vertige, puisse
s'y mouvoir avec aisance et sérénité.

« D'après ces principes, il avait rassemblé une belle
collection de tableaux, et, tandis qu'il me la montrait, je
ne pus m'empêcher d'y voir, comme dans une parabole,

la représentation de la culture morale. Je lui communiquai mes pensées à ce sujet, et il me répondit : « Vous
« avez parfaitement raison, et cela nous prouve qu'on a
« tort de s'appliquer à la culture morale isolément ; et,
« sans admettre d'élément étranger, on trouvera bien
« plutôt que l'homme dont l'esprit aspire à une culture
« morale, a toutes les raisons possibles de cultiver éga-
« lement ses sensations, afin de ne pas être exposé à des-
« cendre de son élévation morale, en s'abandonnant aux
« séductions d'une imagination déréglée, et en risquant
« de dégrader sa noble nature s'il prenait plaisir à d'insi-
« pides niaiseries ou à quelque chose de pis. »

« Je ne le soupçonnais pas de faire allusion à moi ;
mais je me sentis atteinte en pensant que parmi les
chants qui m'avaient édifiée il pouvait bien y en avoir de
fort plats, et que les petites images qui se rattachaient à
mes idées religieuses auraient eu de la peine à trouver
grâce aux yeux de mon oncle.

« Philon s'était souvent tenu dans la bibliothèque, et il
finit par m'y conduire. Nous admirâmes d'abord le choix,
puis le nombre des volumes. Ils étaient collectionnés selon les idées énoncées plus haut ; car il eût été difficile d'y
trouver autre chose que des ouvrages qui nous amènent à
des notions claires, nous enseignent une classification
logique, nous fournissent de bons matériaux ou nous démontrent que notre esprit doit être un.

« J'avais énormément lu dans ma vie, et dans certaines branches il n'était presque pas de livres que je ne
connusse ; il me fut, par cela même, d'autant plus agréable de parler du coup d'œil de l'ensemble, et de remarquer les vides là où je n'aurais vu autrefois qu'une confusion bornée ou une extension illimitée.

« Nous fîmes en même temps connaissance d'un homme

très-intéressant et très-modeste. Il était médecin et naturaliste, et semblait faire plutôt partie des pénates que des habitants de la maison. Il nous montra le cabinet d'histoire naturelle qui, de même que la bibliothèque, était disposé dans des vitrines appliquées aux murs, de manière à orner la chambre et embellir l'espace sans le rétrécir. Je me souvins alors avec joie de ma jeunesse, et je montrai à mon père différents objets qu'il avait autrefois apportés sur le lit de douleur de son enfant. En cette occasion, pas plus que dans nos entretiens postérieurs, le médecin ne cacha pas que ses opinions religieuses se rapprochaient des miennes ; il louait fort mon oncle de sa tolérance et du prix qu'il faisait de tout ce qui démontre et favorise la dignité et l'unification de la nature humaine ; il aurait voulu que tous les autres hommes eussent les mêmes principes et il ne blâmait et ne fuyait rien tant que la vanité individuelle et l'exclusivité étroite.

« Depuis le mariage de ma sœur, la joie brillait dans les yeux de mon oncle ; il me parlait en différents termes de ce qu'il voulait faire pour elle et pour ses enfants. Il avait de belles propriétés qu'il faisait valoir lui-même et qu'il comptait transmettre à ses neveux dans le meilleur état. A l'égard du petit domaine où nous nous trouvions, il paraissait avoir des projets particuliers. « Je ne le lé-
« guerai, disait-il, qu'à une personne qui sache connaître,
« apprécier et goûter ce qu'il renferme, et qui sente com-
« bien un riche et un grand a de raisons, en Allemagne
« surtout, de collectionner des modèles en toutes choses. »

« La plus grande partie des hôtes s'était dispersée peu à peu. Nous nous préparions à prendre également congé, et nous pensions avoir assisté à la dernière scène des fêtes, lorsque l'amabilité de mon oncle nous fournit la surprise d'un noble plaisir. Nous ne lui avions pas ca-

ché le ravissement que nous avions éprouvé, lorsque, au mariage de ma sœur, nous avions entendu un chœur chanté sans accompagnement. Nous lui avions donné à entendre assez clairement qu'il nous rendrait fort heureux en nous procurant une seconde fois cette satisfaction ; mais il avait feint ne pas y prendre garde. Quelle fut notre surprise lorsqu'un soir il nous dit : « L'orchestre de bal
« est parti ; nos jeunes amis nous ont quittés ; le couple
« semble lui-même déjà plus sérieux, dans un pareil
« moment, l'idée de se séparer pour ne plus se revoir
« peut être, ou au moins pour nous revoir tout autres,
« éveille en nous une disposition solennelle ; rien ne
« pourra l'entretenir plus noblement que la musique que
« vous m'avez paru désirer entendre une seconde fois. »

« En même temps il nous fit entendre des chants à quatre et à huit parties exécutés par des musiciens qui s'étaient exercés en secret, et nous eûmes, j'ose le dire, un avant-goût de la béatitude. Je n'avais jusqu'alors entendu que des chants d'église, dans lesquels de bonnes âmes à gosiers rauques comme les oiseaux des bois croient louer Dieu parce qu'elles se procurent à elles-mêmes une sensation agréable ; puis la légère musique de ces concerts, qui nous fait quelquefois admirer un talent, mais nous fournit rarement une expression de plaisir, même passagère. Ici j'entendais une musique, produit du plus profond sentiment de natures exquises, parlant dans un harmonieux ensemble aux sentiments profonds de l'homme avec des organes exercés et purs, et lui faisant vivement concevoir dans ce moment sa ressemblance avec la divinité. Ce n'était autre chose que des chants latins, des chants d'église, qui ressortaient comme des pierres précieuses sur l'anneau d'or d'une société mondaine et polie, et qui, sans prétendre à ce qu'on nomme édification, me rendaient heureuse et m'élevaient dans les plus hautes régions spirituelles.

« Lorsque nous partîmes nous reçûmes tous de beaux cadeaux. Mon oncle me donna la croix d'ordre de mon canonicat, véritable objet d'art, travaillé et émaillé avec plus de finesse qu'on ne le voit communément. Elle était suspendue à un gros brillant qui la rattachait au ruban, et qu'il me pria de considérer comme la plus belle pierre qui puisse sortir d'un cabinet d'histoire naturelle.

« Ma sœur partit avec son mari dans ses terres; nous autres nous retournâmes chez nous, et, pour ce qui est de l'existence matérielle, nous nous trouvâmes être ramenés à une vie bien ordinaire. Nous passions d'un château de fées sur un terrain tout plat, et il nous fallut reprendre notre vulgaire train de tous les jours.

« Les remarquables expériences que j'avais faites dans cette nouvelle sphère me laissèrent une excellente impression; mais elle ne conserva pas longtemps toute sa vivacité, bien que mon oncle cherchât à l'entretenir et à la raviver, en m'envoyant de temps en temps quelques-uns de ses objets d'art les plus intéressants, et en les remplaçant par d'autres lorsque je les avais suffisamment goûtés.

« J'étais trop habituée à m'occuper de moi-même, à classifier les accidents de mon âme et de mon cœur, à m'en entretenir avec des personnes animées des mêmes sentiments que moi, pour pouvoir regarder avec attention une œuvre d'art sans revenir bientôt sur moi-même. Je ne considérais un tableau ou une gravure que comme les caractères d'un livre; un volume bien imprimé plaît sans doute, mais qui est-ce qui prendra un livre pour la beauté de l'impression? Il fallait qu'une représentation graphique me dît quelque chose, qu'elle m'instruisît, m'émût, qu'elle me perfectionnât; et mon oncle avait beau dire dans ses lettres, où il commentait ses objets d'art, j'en restais toujours à mes premiers sentiments.

« Les circonstances extérieures, les changements survenus dans ma famille, me détournèrent, plus encore que ma propre nature, de ces méditations, et même pendant quelque temps de moi-même ; j'eus à souffrir, à agir, plus que mes propres forces n'en paraissaient capables.

« Ma sœur qui n'était pas mariée avait été jusqu'alors mon bras droit ; bien portante, forte et extrêmement bonne, elle s'était chargée de tenir la maison, tandis que j'étais occupée à soigner notre vieux père. Elle prit un catarrhe, qui dégénéra en maladie de poitrine, et trois semaines après elle était couchée dans le cercueil. Sa mort fut pour moi une blessure dont la cicatrice me fait encore mal aujourd'hui.

« J'étais malade et au lit quand elle fut enterrée ; mon ancienne affection de poitrine parut se réveiller ; je toussais violemment, et je devins enrouée au point de ne pouvoir prononcer un seul mot à haute voix.

« La frayeur et le chagrin causèrent une fausse couche à ma sœur mariée. Mon père fut menacé de perdre d'un même coup ses enfants et l'espoir de sa postérité. Ses larmes légitimes accrurent ma douleur ; j'eus recours à Dieu pour qu'il me rendît un peu de santé, et je ne lui demandai que de prolonger ma vie jusqu'à la mort de mon père. Je guéris, je me rétablis autant que cela était possible à ma faible nature, et je pus, quoique avec difficulté, reprendre l'exercice de mes devoirs.

« Ma sœur fut de nouveau enceinte. Elle me fit part de maint souci que l'on ne confie en pareil cas qu'à sa mère: elle n'était pas très-heureuse avec son mari, mais il ne fallait pas que notre père en sût rien ; je dus être l'arbitre, et je le pouvais d'autant mieux que mon beau-frère avait confiance en moi; dans le fait, c'étaient deux bonnes personnes, seulement, au lieu de céder mutuellement, ils se querellaient; et par le désir de vivre en parfait contente ils ne pouvaient jamais se mettre d'accord. J'appris alors à m'occuper sérieusement des choses de la terre, et à pratiquer ce que je n'avais fait jusque-là que chanter.

« Ma sœur donna le jour à un fils ; les infirmités de mon père ne purent le retenir de se rendre auprès d'elle. La vue de cet enfant lui causa une joie et une satisfaction incroyables ; et au baptême il me parut comme inspiré, je pourrais dire comme un génie à deux faces; l'une respirant la béatitude, tournée en avant, vers les régions où il allait bientôt pénétrer; l'autre regardant cette vie nouvelle et pleine de promesses qui venait d'éclore dans cet enfant, son rejeton. Il ne cessa pendant le retour de me parler de l'enfant, de sa figure, de sa santé, et du désir qu'il avait que les facultés de ce nouveau citoyen du monde fussent heureusement développées. Ces réflexions continuèrent même après notre arrivée; quelques jours après on observa chez lui une sorte de fièvre qui se déclara après le dîner, sans frisson, accompagnée de chaleur et d'abattement. Il ne se mit cependant point au lit, sortit le matin, fit exactement son travail, jusqu'à ce qu'enfin des symptômes graves et persistants vinssent l'arrêter.

« Je n'oublierai jamais la tranquillité d'esprit, la clarté et la lucidité avec laquelle il régla les affaires de sa maison, les dispositions pour son enterrement, comme s'il se fût agi d'un autre. Il me disait, avec une sérénité qui ne lui était pas habituelle, et qui devint bientôt une joie extrême : « Qu'est devenue cette crainte de la mort que « je ressentais si fort autrefois? J'aurais peur de mourir!
« Dieu est miséricordieux, le tombeau ne m'épouvante
« pas, je gagne la vie éternelle ! »

« Me rappeler les circonstances de sa mort, qui survint bientôt, est, dans ma solitude, une de mes plus agréables distractions, et on aura beau me raisonner, j'y verrai toujours les effets d'une puissance suprême.

« La mort de mon père modifia mon existence. De la plus étroite obéissance je passai à la plus grande liberté, et je la goûtai comme un mets dont on a longtemps été privé. Autrefois je restais rarement plus de deux heures dehors, maintenant je ne passais jamais une journée entière à la maison. Mes amis, auxquels je ne pouvais faire auparavant que des visites écourtées, voulaient constamment jouir de ma société, comme moi de la leur ; j'étais bien souvent invitée à dîner ; puis venaient les parties de promenades, les petites excursions, dont j'étais toujours. Mais, une fois le cercle parcouru, je vis que l'inestimable prix de la liberté ne consiste pas à pouvoir faire tout ce qu'on veut, ce à quoi nous conduisent les circonstances, mais à pouvoir faire ce qu'on tient pour honnête et convenable, en suivant la ligne droite, sans obstacle ni gêne ; j'étais assez raisonnable pour acquérir cette conviction sans avoir besoin d'un apprentissage.

« Ce que je ne pus me refuser, ce fut de reprendre et de resserrer, dès que cela fut possible, mes rapports avec l'association morave, et je courus visiter les établissements les plus voisins ; mais je n'y trouvai rien de ce que je m'étais imaginé. J'eus la franchise de laisser voir mon opinion, et l'on essaya de me persuader que ces institutions n'étaient rien à côté d'une communauté régulièrement organisée. J'admis cette explication, bien que je fusse persuadée que le véritable esprit de secte devait se retrouver dans un petit établissement aussi bien que dans un grand.

« Un de leurs évêques, qui était présent, élève immédiat du comte, s'occupa beaucoup de moi ; il parlait parfaitement l'anglais, et comme je comprenais un peu cette langue, il prétendit que c'était un indice que nous étions faits l'un pour l'autre Ce n'était nullement mon avis ; et son commerce ne me plut pas le moins du monde. Il était coutelier, né en Moravie, et sa manière de penser était assez conforme à son métier. Je m'entendais mieux avec M. de L..., ancien major au service de France ; mais je ne me sentais aucune disposition à l'humilité qu'il montrait vis-à-vis de ses supérieurs ; il me semblait qu'on me donnait un soufflet, lorsque je voyais la femme du major, et d'autres dames de distinction, baiser la main de l'évêque. Cependant on avait projeté un voyage en Hollande, qui n'eut pas lieu, fort heureusement pour moi.

« Ma sœur était accouchée d'une fille, et c'était notre tour, à nous autres femmes, de nous réjouir et de penser à élever cette enfant de manière à ce qu'elle nous ressemblât.

« Mon beau-frère, par contre, fut fort mécontent de voir, l'année suivante, naître encore une fille. Ses grandes propriétés lui faisaient désirer de se voir entouré de garçons qui l'eussent aidé plus tard à les exploiter.

« Ma faible santé me commandait le repos, et, grâce à une existence calme, je me maintenais en équilibre ; je ne craignais pas la mort, je désirais même mourir, mais je sentais intérieurement que Dieu me donnait le temps d'examiner mon âme, et de me rapprocher toujours davantage de lui. Dans mes nuits sans sommeil surtout, j'ai souvent ressenti quelque chose que je ne puis expliquer bien clairement.

« C'était comme si mon âme pensait sans la participation du corps ; elle considérait le corps comme un objet étranger, ainsi qu'on fait d'un vêtement. Elle se représentait avec une vivacité extraordinaire les temps et les événements passés, et pressentait ce qui devait en résulter. Tous ces temps sont écoulés, leurs conséquences s'écouleront également; le corps sera déchiré comme un vêtement, mais moi, ce moi que je connais si bien, je suis !

« Un noble ami, qui s'était toujours de plus en plus rapproché de moi, m'apprit à m'attacher aussi peu que possible à ce sentiment si élevé, si consolant ; c'était le médecin que j'avais trouvé chez mon oncle, et qui était arrivé à connaître parfaitement la constitution de mon corps et de mon esprit; il me fit voir combien ces sensations, lorsque nous les nourrissons en nous-même et sans les rattacher à des objets extérieurs, nous creusent pour ainsi dire, et minent la base de notre individu. Être actif, disait-il, est la première destination de l'homme, et tous les intervalles, pendant lesquels il est forcé de se reposer, devraient être employés par lui à s'éclairer sur les objets extérieurs, ce qui lui faciliterait dans la suite l'exercice de son activité.

« Mon ami n'ignorait pas mon habitude de considérer mon propre corps comme un objet extérieur; il savait que je connaissais assez bien ma constitution, mon mal, et les moyens de traitement, et qu'à force de voir mes souffrances et celles des autres, j'étais devenue à moitié médecin ; il dirigea mon attention, de la connaissance du corps humain et des drogues aux autres objets de la création; il me promena dans un paradis pour ainsi dire, et, pour suivre ma métaphore, il me fit entrevoir de loin le Créateur se glissant dans le jardin à la fraîcheur du soir.

« Que j'aimais à voir Dieu dans la nature, maintenant que j'avais la certitude de l'avoir dans le cœur ! Comme l'œuvre de ses mains était intéressante pour moi, et combien je lui étais reconnaissante de m'avoir animée de son haleine !

« Ma sœur nous fit encore une fois espérer la naissance d'un garçon si ardemment désiré par mon beau-frère ; mais il n'eut pas le bonheur de le voir naître. Cet excellent homme mourut des suites d'une chute de cheval, et ma sœur le suivit après avoir donné le jour à un beau garçon. Je ne pouvais voir sans pitié ces quatre pauvres orphelins. Tant de personnes bien portantes étaient parties avant moi, chétive ! ne verrai-je peut-être pas tomber quelqu'une de ces fleurs pleines d'espérances ? je connaissais assez le monde pour savoir combien de dangers environnent l'éducation d'un enfant, surtout dans les hautes classes, et il me semblait que ces dangers étaient encore plus grands maintenant qu'à l'époque de ma jeunesse. Je sentais que, faible comme je l'étais, je ne pouvais que peu ou rien faire pour ces enfants ; aussi rien n'arriva plus à propos que la résolution de mon oncle, qui s'offrit à consacrer tous ses soins à l'éducation de ces chères créatures. Elles le méritaient assurément sous tous les rapports ; c'étaient de beaux enfants qui promettaient, tout en étant fort différents entre eux, de devenir bons et sages.

« Depuis que mon bon médecin m'avait rendue observatrice, je me plaisais à étudier les ressemblances de famille entre les enfants et les parents. Mon père avait soigneusement rassemblé les portraits de ses ancêtres, avait fait faire le sien et celui de ses enfants par de bons peintres sans oublier ma mère et ses parents. Nous connaissions parfaitement les caractères de toute la famille, et comme nous les avions souvent comparés entre eux, nous recherchâmes chez les enfants de ma sœur des analogies extérieures et intérieures. L'aîné des garçons paraissait devoir ressembler à son grand-père paternel, dont mon oncle possédait un bon portrait fait pendant sa jeunesse. Comme celui-là, qui s'était toujours montré excellent officier, l'enfant n'aimait rien tant que les armes, son grand amusement chaque fois qu'il venait me voir; mon père avait laissé un très-beau râtelier d'armes, et le petit ne me donnait point de trêve que je ne lui eusse prêté une paire de pistolets et un fusil de chasse, et qu'il n'eût deviné comment on arme un fusil allemand. Il n'était du reste rien moins que rude dans ses mouvements et dans ses allures, mais bien plutôt doux et raisonnable.

« La fille aînée avait gagné toute mon affection ; cela venait peut-être de ce qu'elle me ressemblait beaucoup, et qu'elle était plus souvent avec moi que les quatre autres. Je puis dire que plus je l'observais, à mesure qu'elle grandissait, plus elle me faisait rougir, et je ne pouvais regarder cette enfant sans admiration, j'allais dire sans vénération ; il eût été difficile de voir une plus noble figure, un cœur plus paisible, une activité aussi égale, et ne se laissant arrêter par rien. Elle ne restait pas un instant oisive, et chaque occupation devenait entre ses mains une affaire importante. Tout travail lui était bon, pourvu qu'elle pût le faire en temps et lieu ; elle savait rester tranquille sans impatience, lorsqu'elle ne se trouvait rien à faire. Je n'ai rencontré chez personne cette activité gratuite. Dès son enfance, sa conduite envers les pauvres et les nécessiteux fut admirable. J'avoue que je n'avais jamais eu le talent de me faire une occupation de la bienfaisance : je n'étais pas avare avec les malheureux, je leur donnais même souvent au delà de mes moyens, mais ce n'était en quelque sorte que par acquit de conscience, et il fallait être de mes parents pour mériter mes soins. C'est tout le contraire que je loue chez ma nièce. Je ne lui ai jamais vu donner d'argent aux pauvres, et ce que je lui remettais pour cet usage, elle le transformait toujours en objets de première nécessité. Rien ne me touchait plus que de la voir mettre au pillage ma garde-robe et mon armoire à linge ; elle trouvait toujours quelque chose que je ne portais plus et qui ne servait pas ; tailler cette défroque et l'ajuster à quelque enfant déguenillé était son plus grand bonheur.

« Sa sœur avait de tout autres goûts ; elle tenait beaucoup de sa mère, promettait déjà d'être gracieuse et charmante, et paraît vouloir tenir sa promesse ; elle s'occupe beaucoup de son extérieur, et dès son enfance, avait le talent de s'habiller et de se tenir de façon à frapper les yeux. Je me rappelle encore avec quel ravissement, encore toute petite, elle se contempla dans le miroir le jour où je lui mis un collier de perles me venant de ma mère, et qu'elle avait trouvé par hasard chez moi.

« Quand j'observais ces différents penchants, je me plaisais à penser à la manière dont se distribueraient après ma mort les objets que je possédais, et en me disant qu'ils revivraient entre leurs mains. Je voyais les fusils de chasse de mon père courir les champs sur l'épaule de mon neveu, et le gibier gonfler sa gibecière ; je voyais ma garde-robe, ajustée à des petites filles, défiler dans l'église le jour de Pâques devant la sainte table ; et une modeste bourgeoise se marier vêtue de mes plus belles étoffes ; car Nathalie aimait particulièrement à affubler ainsi des enfants et d'honnêtes pauvres filles ; je dois dire cependant que je n'ai jamais eu occasion d'observer en elle ce désir, ce besoin même de s'attacher à un être visible ou invisible, qui s'était si vivement manifesté chez moi dès mon enfance.

« Lorsque, d'un autre côté, je pensais qu'en même temps la plus jeune sœur porterait à la cour mes perles et mes bijoux, j'étais tranquille et sûre que mes biens comme mon cœur seraient rendus aux éléments.

« Ces enfants ont grandi, et, à ma grande satisfaction, ce sont de belles créatures, saines et honnêtes. Mon oncle les tient éloignés de moi, et je m'y résigne ; je les vois rarement, même lorsqu'ils sont dans le voisinage ou dans la ville.

« Un homme singulier, qu'on tient pour un ecclésiastique français, sans bien clairement connaître son origine, a la surveillance de tous ces enfants, qui sont élevés en différents endroits, et sont mis en pension tantôt ici, tantôt là.

« Je ne pouvais d'abord discerner aucun plan dans ce mode d'éducation ; mais mon médecin m'éclaira : mon oncle s'était laissé persuader par l'abbé, que, si l'on veut arriver à un résultat dans l'éducation de l'homme, il faut chercher de quel côté penchent ses passions et ses désirs. On doit donc lui faciliter les moyens de satisfaire les unes, de combler les autres aussitôt que possible, afin que, s'il s'est trompé, il puisse être à temps convaincu de son erreur ; et, s'il a trouvé ce qu'il lui convient, qu'il puisse s'y appliquer avec d'autant plus d'ardeur, et se développer avec d'autant plus d'assiduité. Je souhaite que cette singulière tentation réussisse, cela n'est peut-être pas impossible avec d'aussi bonnes natures.

« Mais ce que je ne puis approuver dans cette méthode, c'est qu'elle écarte soigneusement des enfants tout ce qui peut les mettre en rapport avec eux-mêmes et avec leur invisible, fidèle et unique ami. C'est un sujet de chagrin pour moi de voir que mon oncle me juge, à cause de cela, dangereuse pour les enfants.

« Personne n'est donc tolérant dans la pratique ! Celui qui prétend laisser vivre chacun à sa guise n'en cherche pas moins à écarter ceux qui ne pensent pas comme lui.

« Cette exclusion me chagrine d'autant plus, que je me confirme chaque jour dans la vérité de ma croyance. Pourquoi n'aurait-elle pas une origine divine et un objet réel, puisqu'elle se montre si efficace dans la pratique ? Puisque c'est la pratique qui nous donne la connaissance parfaite de notre être, pourquoi ne suivrions-nous pas la même voie pour acquérir la notion de cet être qui nous tend toujours la main pour faire le bien ?

« Je vais toujours en avant, sans reculer jamais ; mes actions s'accordent de plus en plus avec l'idée que je me suis faite de la perfection, je sens chaque jour s'accroître mon aptitude à faire ce que je tiens pour juste, malgré la faiblesse de mon corps, qui refuse si souvent de me servir : cela peut-il s'expliquer par la nature humaine, dont j'ai si clairement reconnu la corruption ? Pour moi, je ne le croirai jamais.

« Je me souviens à peine des commandements de Dieu ; rien ne revêt à mes yeux la forme d'une loi ; c'est un instinct qui me guide et me conduit toujours droit ; je me laisse aller librement à mes sentiments, et je connais aussi peu la contrainte que le repentir. Dieu soit loué, que je reconnaisse à qui je suis redevable de ce bonheur, et que je ne pense à tous ces avantages qu'avec humilité ! Car jamais je n'aurai à craindre de devenir fière de ma force et de mes facultés ; j'ai reconnu trop clairement quel monstre peut naître et se nourrir dans une poitrine humaine que ne garde pas une puissance supérieure. »

LIVRE VII

CHAPITRE PREMIER

Le printemps régnait dans toute sa splendeur : un orage prématuré qui avait menacé tout le jour fondit tempétueusement sur la montagne, la pluie descendit dans la plaine, le soleil reparut éclatant, et sur le fond du ciel encore gris l'arc-en-ciel se détacha. Wilhelm à cheval, qui se dirigeait de ce côté, le contempla avec mélancolie. « Hélas ! se disait-il, les plus belles couleurs de la vie doivent-elles donc toujours nous apparaître sur un fond sombre ? Et nous faut-il des larmes pour être enchantés ? Un jour serein ressemble à un jour nébuleux, lorsque nous le considérons sans être émus; et qu'est-ce qui peut nous émouvoir si ce n'est l'espoir que le penchant inné de notre cœur ne restera pas sans objet ? Le récit d'une bonne action, la vue d'un objet harmonieux, nous émeuvent; nous sentons alors que nous ne sommes pas tout à fait sur une terre étrangère, nous croyons nous rapprocher d'une patrie vers laquelle aspire impatiemment ce que nous avons de plus intime, de plus délicat. »

Pendant ce temps un piéton avait atteint Wilhelm, il se joignit à lui, allongea le pas pour rester à côté du cheval, et, après quelques paroles insignifiantes, dit au cavalier : « Si je ne me trompe, j'ai déjà dû vous voir quelque part ?

— Je me souviens également de vous, répondit Wilhelm; n'avons-nous pas fait ensemble une partie sur l'eau ?

— C'est cela même ! » répliqua l'autre.

Wilhelm le considéra plus attentivement, et après un instant de silence lui dit : « Je ne sais quel changement s'est opéré en vous ; je vous avais pris alors pour un pasteur protestant, et maintenant vous me faites l'effet d'un prêtre catholique.

— Aujourd'hui du moins vous ne vous trompez pas, répondit le piéton en retirant son chapeau et laissant voir sa tonsure. Qu'est devenue votre société ? Êtes-vous encore resté longtemps avec elle ?

— Plus longtemps que je n'aurais dû ; car lorsque je pense au temps que j'ai passé là, il me semble voir un vide immense ; il ne m'en est rien resté.

— Vous vous trompez ; tout ce qui nous arrive laisse des traces, tout sert, sans qu'on s'en aperçoive, à nous perfectionner ; mais il est dangereux de chercher à s'en rendre compte ; cela nous rend ou bien orgueilleux et négligents, ou découragés et pusillanimes, et ces deux alternatives sont aussi fâcheuses l'une que l'autre pour la suite. Le plus sûr est d'aller d'abord au plus pressé, et c'est maintenant pour nous, continua-t-il en souriant, de gagner notre gîte. »

Wilhelm lui demanda à quelle distance se trouvait le domaine de Lothaire. « Derrière les montagnes, répondit le piéton, je vous y reverrai probablement, je n'ai que quelques petites affaires à terminer dans le voisinage : en attendant, adieu ! » A ces mots, il s'engagea dans un sentier escarpé qui paraissait abréger le trajet.

« Il a raison, se dit Wilhelm en poursuivant sa route, il faut penser au plus pressé, et pour moi rien n'est plus pressé que de remplir ma triste commission. Voyons si j'ai bien encore en mémoire le discours qui doit faire rougir de honte ce cruel amant. »

Il se mit à réciter ce morceau d'éloquence ; il n'y manquait pas une syllabe ; plus sa mémoire le servait bien, plus il sentait croître sa passion et son ardeur. Les souffrances et la mort d'Aurélie se retraçaient devant son esprit.

« Ame de mon amie, s'écria-t-il, plane au-dessus de moi, et, si tu peux, indique-moi par un signe que tu es apaisée, que tu es vengée ! »

Tout en parlant et en pensant, il était arrivé au sommet de la montagne ; sur le versant opposé à celui qu'il venait de gravir, il aperçut une bizarre habitation, qu'il jugea aussitôt être celle de Lothaire. Un vieux château irrégulier avec ses tours et ses pignons paraissait avoir été le noyau de ce bâtiment ; mais ce qui était encore plus irrégulier, c'étaient les nouvelles constructions élevées partie à côté, partie à quelque distance du bâtiment principal, et qui s'y rattachaient par des galeries et passages ouverts. Toute symétrie extérieure, tout aspect architectural, paraissaient avoir été sacrifiés aux exigences des ménagements intérieurs. Il n'y avait plus trace de fossés ni de boulevards, pas plus que de jardin ni de grandes allées. Un potager et un verger partaient du pied de l'habitation, et dans tous les intervalles on avait ménagé de petits jardins de rapport. Un joli hameau s'apercevait à quelque distance ; jardins et champs paraissaient dans un excellent état de culture.

Plongé dans ses propres réflexions, Wilhelm continuait sa route, sans trop s'occuper du spectacle qu'il avait sous les yeux ; il laissa son cheval dans une auberge, et courut au château, non sans une certaine émotion.

Un vieux domestique le reçut à la porte et lui annonça qu'il lui serait difficile de voir son maître aujourd'hui ; il avait beaucoup à écrire et avait déjà refusé de recevoir plusieurs de ses hommes d'affaires. Wilhelm insista, et le vieillard se décida à aller l'annoncer. Il revint et conduisit

Wilhelm dans une grande et antique salle. Il le pria de prendre patience, parce que son maître le ferait peut-être attendre assez longtemps. Wilhelm, assez agité, se promenait de long en large, en regardant d'un œil distrait les chevaliers et les dames dont les portraits garnissaient la muraille; il répéta le commencement de son discours, qui lui parut fort bien en situation en présence de ces cuirasses et de ces fraises empesées. Au moindre bruit il se mettait en position pour recevoir son adversaire avec la dignité convenable, lui tendre d'abord sa lettre, puis l'attaquer avec l'arme de ses reproches. Il fut plusieurs fois trompé, et commençait à perdre tout à fait patience, lorsque enfin une petite porte donna passage à un homme de bonne tournure, en bottes et redingote unie. « Que m'apportez-vous de bon, dit-il d'une voix amicale à Wilhelm, pardonnez-moi de vous avoir fait attendre. »

En disant cela, il feuilletait des papiers qu'il tenait à la main. Wilhelm, assez embarrassé, lui tendit la lettre d'Aurélie, et dit : « Je vous apporte les derniers mots d'une amie, vous ne les lirez pas sans émotion. »

Lothaire prit la lettre et rentra aussitôt dans sa chambre; la porte était restée entre-bâillée, Wilhelm le vit cacheter encore quelques paquets et y mettre l'adresse, puis ouvrir et lire la lettre d'Aurélie. Il parut parcourir plusieurs fois le papier, et Wilhelm, tout en sentant que son discours pathétique serait déplacé après un aussi bienveillant accueil, prit son courage, s'avança vers le seuil, et allait commencer son plaidoyer, lorsqu'une portière se souleva, et le prêtre entra dans le cabinet.

« Je reçois la plus singulière dépêche du monde, lui dit Lothaire ; vous m'excuserez, continua-t-il en se tournant vers Wilhelm, de ne pouvoir en ce moment m'entretenir plus longtemps avec vous. Vous passez la nuit chez nous ! Ayez soin de notre hôte, l'abbé, voyez à ce qu'il ne manque de rien. »

En disant cela, il salua Wilhelm ; le prêtre prit notre ami par la main, et l'entraîna presque de force.

Ils traversèrent, sans rien dire, de bizarres corridors, et arrivèrent enfin à une fort jolie chambre. Le prêtre l'y introduisit et le quitta sans plus de cérémonie. Quelques instants après parut un jeune domestique, annonçant qu'il était mis au service de Wilhelm et lui apportant à souper ; en le servant il lui donna des détails sur les usages de la maison, sur les heures du déjeuner et du souper, sur les amusements, et lui dit beaucoup de choses à la louange de Lothaire.

Si agréable que fût ce jeune garçon, Wilhelm ne tarda pas à le renvoyer ; il désirait être seul, car il se sentait extrêmement oppressé, et dans une situation fort pénible. Il se fit des reproches d'avoir si mal exécuté son projet, et de n'avoir rempli qu'à moitié sa mission ; tantôt il se promettait de réparer sa faute le lendemain ; tantôt il s'apercevait que la présence de Lothaire lui inspirait des sentiments tout différents. La maison où il se trouvait ne lui paraissait pas moins singulière ; il ne s'y reconnaissait plus. Il voulut se déshabiller et ouvrit son porte-manteau : en tirant ses vêtements de nuit, il amena le voile du spectre que Mignon y avait glissé : cette vue ne fit qu'augmenter ses dispositions à la tristesse. « Fuis ! fuis, jeune homme ! s'écria-t-il, que signifie cette parole mystique ? Fuir, quoi ? fuir, où ? Le spectre eût bien mieux fait de me dire : Rentre en toi-même ! » Il examina les gravures anglaises qui ornaient la muraille ; il les regarda d'abord d'un œil indifférent, mais il y en eut une qui le frappa : on y avait représenté un navire en détresse ; un père avec ses filles attendait la mort dont le menaçaient les vagues.

L'une de ces jeunes femmes lui parut avoir quelque ressemblance avec l'amazone ; notre ami fut pris d'un sentiment d'indicible pitié. Il éprouva un besoin irrésistible de soulager son cœur, les larmes en jaillirent de ses yeux, et il n'aurait pu se remettre de son émotion, si le sommeil n'était venu y mettre un terme.

Vers le matin, il eut d'étranges rêves. Il se trouvait dans un jardin qu'enfant il avait souvent parcouru, il reconnaissait les allées, les bancs, les parterres ; Marianne, venue au-devant de lui, lui parlait tendrement, et sans paraître avoir jamais été brouillée avec lui. En ce moment survint son père, en costume de maison ; d'un air familier qui ne lui était pas habituel, il dit à son fils d'aller chercher deux chaises dans le pavillon, prit Marianne par la main, et la conduisit à un berceau.

Wilhelm courut au pavillon, mais il le trouva complétement vide, il ne vit qu'Aurélie, debout dans le fond près d'une fenêtre ; il se dirigea vers elle pour lui parler, mais elle ne se retourna pas, et, bien qu'il se fût rapproché, il ne put distinguer son visage. Il regarda par la fenêtre, et vit dans un autre jardin beaucoup d'hommes assemblés, parmi lesquels il en reconnut tout d'abord plusieurs. Madame Mélina était assise sous un arbre et jouait avec une rose qu'elle tenait à la main ; Laertes, debout près d'elle, comptait de l'or ; Mignon et Félix étaient étendus sur le gazon, celle-ci couchée sur le dos, celui-là sur le ventre ; Philine parut, et battit des mains en s'approchant des enfants ; Mignon ne bougea pas, Félix se leva et s'enfuit devant Philine. Il riait d'abord, tandis que Philine le poursuivait ; puis il poussa un cri d'angoisse en voyant le harpiste le suivre à pas lents. L'enfant courut droit à un bassin ; Wilhelm s'élança, mais il était trop tard, le pauvre garçon était dans l'eau. Wilhelm restait comme enraciné au sol. Il aperçut alors, de l'autre côté du bassin, la belle amazone étendant sa main droite vers l'enfant ; elle marchait le long du bord et le petit garçon fendait l'eau en suivant la direction de son doigt, il la suivait à mesure qu'elle marchait, et lui tendit enfin la main, et le retira du bassin. Pendant ce temps Wilhelm s'était approché ; l'enfant était en flammes et des larmes de feu lui découlaient du corps. L'angoisse de Wilhelm augmentait, mais l'amazone prit le voile blanc qui lui couvrait la tête et le posa sur Félix : le feu s'éteignit à l'instant. Lorsqu'elle releva le voile, il en sortit deux enfants qui se mirent à jouer ensemble. Wilhelm prit la belle amazone par la main et parcourut le jardin avec elle ; dans le lointain, il voyait son père et Marianne se promener dans une allée bordée de grands arbres et qui semblait faire le tour du jardin. Il se dirigea vers eux avec sa belle compagne, coupant le jardin dans sa largeur, lorsque le blond Frédéric leur barra le passage, riant aux éclats et faisant mille plaisanteries. Ils voulurent malgré cela continuer leur chemin ; alors il s'élança vers l'autre couple ; Marianne et le père semblaient fuir devant lui, il n'en courait que plus vite, et Wilhelm les vit voltiger dans l'allée comme s'ils eussent eu des ailes. La nature et l'amour lui commandaient d'aller les secourir, mais la main de l'amazone le retenait, et combien volontiers il se laissait retenir ! Il se réveilla au milieu de ces sensations multiples ; un soleil déjà haut éclairait sa chambre.

CHAPITRE II

Le jeune garçon vint annoncer le déjeuner à Wilhelm ; il trouva l'abbé dans la salle ; Lothaire, à ce qu'il lui dit, était sorti à cheval ; l'abbé n'était pas expansif, il semblait plutôt rêveur; il fit quelques questions sur la mort d'Aurélie et écouta avec intérêt le récit de Wilhelm. « Ah! s'écria-t-il, celui qui se représente nettement à quelle suite d'opérations doivent se livrer la nature et l'art pour produire un individu accompli, celui qui s'intéresse aussi vivement que possible à l'éducation de ses frères, celui-là pourrait désespérer, en voyant avec quelle témérité l'homme se détruit lui-même et s'expose si souvent à être détruit par ou sans sa faute. Quand je songe à cela, la vie me semble un bien si périlleux, que j'approuve volontiers celui qui ne l'apprécie pas au-dessus de sa valeur. »

A peine avait-il dit, que la porte s'ouvrit avec violence; une jeune dame s'élança dans la chambre, bousculant le vieux domestique qui lui barrait le passage. Elle courut droit à l'abbé, elle lui saisit le bras et lui dit, entremêlant ces mots de larmes et de sanglots : « Où est-il? qu'en avez-vous fait? C'est une affreuse trahison! Avouez-moi tout! Je sais ce qui se passe! Je veux le voir! Je veux savoir où il est!

— Calmez-vous, mon enfant, dit l'abbé avec une tranquillité affectée; retournez dans votre chambre, vous saurez tout, mais il faut que vous soyez en état de m'écouter. » Il lui tendit la main, dans l'idée de l'emmener. « Je ne rentrerai pas dans ma chambre! s'écria-t-elle ; je hais ces murailles entre lesquelles vous me retenez depuis si longtemps prisonnière! J'ai tout appris; le colonel l'a provoqué, il est sorti pour rejoindre son adversaire, et, dans ce moment peut-être... Il m'a semblé plusieurs fois entendre des coups de feu! Faites atteler et venez avec moi, ou sinon je remplis la maison, le village de mes cris. »

Elle courut en sanglotant vers la fenêtre ; l'abbé la retint et essaya vainement de la calmer.

On entendit le roulement d'une voiture, elle ouvrit la

fenêtre : « Il est mort, s'écria-t-elle, voilà qu'ils le rapportent... — Il descend, dit l'abbé, vous le voyez, il vit. — Il est blessé, répondit-elle, autrement il serait revenu à cheval ! Ils le soutiennent, il est gravement blessé ! » Elle descendit précipitamment l'escalier, l'abbé courut sur ses pas et Wilhelm les suivit; il put voir comment la jeune femme reçut son amant.

Lothaire s'appuyait sur son compagnon, que Wilhelm reconnut aussitôt pour son ancien protecteur Jarno; il parla fort tendrement à la dame éplorée, et, soutenu par elle, il monta lentement l'escalier. Il salua Wilhelm, puis on le conduisit dans son cabinet.

Quelques instants après Jarno revint trouver Wilhelm. « Il paraît que vous êtes prédestiné, lui dit-il, à trouver partout le théâtre et les comédiens; nous sommes en ce moment en train de jouer un drame qui est loin d'être gai.

— Je me réjouis, dit Wilhelm, de vous retrouver dans cette étrange circonstance. J'étais surpris, effrayé, et votre présence me rend le calme et l'assurance. Dites-moi, y a-t-il du danger? le baron est-il gravement blessé?

— Je ne crois pas, » répondit Jarno.

Le jeune chirurgien sortit de la chambre. « Eh bien, que dites-vous? lui cria Jarno. — Que c'est fort dangereux, » répondit-il en replaçant quelques instruments dans sa trousse de cuir.

Wilhelm considéra le ruban qui pendait de la trousse; il crut le reconnaître. Des couleurs vives et criardes, un dessin bizarre, des broderies singulières d'or et d'argent, distinguaient ce ruban de tous les rubans du monde. Wilhelm fut persuadé qu'il voyait là la trousse du vieux chirurgien qui l'avait pansé dans la forêt, et l'espoir de retrouver, après tant de temps écoulé, la trace de son amazone, traversa tout son être comme une flamme.

« D'où vous vient cette trousse? s'écria-t-il. A qui appartenait-elle avant d'être à vous? Je vous en prie, dites-le-moi. — Je l'ai achetée aux enchères, répliqua le chirurgien; que m'importe à qui elle a appartenu! » Il s'éloigna sur ces mots, et Jarno dit : « Il ne sortira donc jamais un mot de vrai de la bouche de ce jeune homme? — Il n'a pas acheté cette trousse aux enchères? répondit Wilhelm. — Pas plus que Lothaire n'a de mal. »

Wilhelm était plongé dans des réflexions diverses, lorsque Jarno lui demanda ce qu'il avait fait depuis qu'ils s'étaient quittés. Wilhelm lui raconta en gros son histoire, et quand à la fin il eut parlé de la mort d'Aurélie et du message dont il avait été chargé, Jarno s'écria : « C'est étrange ! c'est bien étrange ! »

L'abbé entra dans la chambre, fit signe à Jarno d'aller le remplacer auprès du malade, et dit à Wilhelm : « Le baron vous fait prier de rester ici, de vous joindre pendant quelques jours à la société qui se trouve au château et de contribuer à le distraire durant sa maladie. Si vous avez quelque chose à communiquer aux vôtres, faites votre lettre sur-le-champ ; et, pour que vous puissiez comprendre l'événement singulier dont vous êtes témoin, je vais vous expliquer ce qui, du reste, n'est un secret pour personne. Le baron avait une petite intrigue avec une dame; la chose faisait plus de bruit qu'il n'eût fallu, la dame ayant voulu jouir trop ouvertement du triomphe de l'avoir enlevé à une rivale. Malheureusement, au bout de quelque temps il ne trouva plus auprès d'elle l'attrait qu'il avait espéré. Il l'évita ; mais le caractère passionné de la dame ne lui permettait pas de subir son sort avec sang-froid. A un bal où ils se rencontrèrent, ils en vinrent à une rupture déclarée. Elle se crut gravement offensée, et voulut être vengée. Elle ne trouvait personne qui voulût prendre son parti ; enfin son mari, dont elle s'était séparée depuis longtemps, apprit la chose, provoqua le baron, et le blessa, comme vous le savez ; mais, à ce qu'on vient de me dire, le colonel s'en est encore plus mal tiré. »

Depuis ce moment notre ami fut traité comme s'il eût été de la famille.

CHAPITRE III

On avait fait plusieurs fois des lectures au malade. C'était un plaisir pour Wilhelm de lui rendre ce petit service. Lydie ne quittait pas le chevet de Lothaire. Les soins qu'elle lui donnait absorbaient toute son attention ; mais ce jour-là Lothaire lui-même semblait préoccupé, e til pria qu'on ne continuât pas la lecture.

« Je sens vivement aujourd'hui, dit-il, avec quelle folie l'homme laisse s'écouler son temps ! Que de projets, que de réflexions n'ai-je pas faits, et que d'hésitations on apporte à mettre ses meilleures résolutions à exécution ! J'ai relu les plans des changements que je veux faire dans mes domaines, et je puis dire que c'est surtout en y pensant que je suis satisfait que la balle n'ait pas pris un chemin plus dangereux. »

Lydie le regarda tendrement, les larmes aux yeux, comme pour lui demander si elle, si ses amis, n'avaient droit de réclamer leur part de cette satisfaction.

« Les changements que vous projetez, répliqua Jarno, ont besoin d'être examinés sous toutes les faces avant qu'on se décide à les exécuter.

— Les longues réflexions, répondit Lothaire, indiquent généralement qu'on ne possède pas bien le sujet dont il s'agit ; l'exécution précipitée, qu'on l'ignore entièrement. Je sais fort bien que pour beaucoup de choses je ne puis me passer, dans l'exploitation de mes biens, des services de mes paysans, et que je dois tenir rigoureusement à certains droits ; mais je sais aussi que d'autres prérogatives, tout en m'étant avantageuses, ne me sont pas indispensables, et que je puis en faire remise à mes paysans. Abandonner n'est pas toujours perdre. Est-ce que je ne tire pas de mes biens plus que n'en tirait mon père ? N'augmenterai-je pas encore mes revenus ? Et dois-je profiter tout seul de cet accroissement ? Celui qui travaille avec moi et pour moi, ne dois-je point lui donner sa part des avantages que nous procurent le développement des connaissances, le progrès du siècle ?

— L'homme est ainsi fait ! s'écria Jarno, et je ne me blâmerais pas si je me surprenais en pareille fantaisie ; l'homme veut tout tirer à lui, pour pouvoir disposer et gouverner tout à son gré ; l'argent qu'il ne dépense pas lui-même, rarement lui paraît bien employé.

— Oui, répliqua Lothaire, nous pourrions laisser le capital presque entièrement intact, si nous usions des intérêts avec plus de modération.

— La seule chose que j'aie à vous rappeler, et pour laquelle je ne puis vous conseiller de faire aujourd'hui tous ces changements qui vous coûteront, au moins pour le moment, c'est que vous avez encore des échéances prochaines. Je vous conseillerais donc plutôt de retarder l'exécution de votre plan, jusqu'à ce que vous soyez complétement à jour.

— Et pendant ce temps une balle, une tuile, viendra anéantir les résultats de ma vie et de mon activité ! O mon ami, continua Lothaire, c'est la principale faute des gens cultivés, de diriger tout vers une idée, rien ou peu de chose vers un objet. Pourquoi ai-je fait des dettes ? pourquoi me suis-je séparé de mon oncle, ai-je abandonné si

longtemps mes frères et sœurs, si ce n'est pour une idée?
Je croyais faire quelque chose en Amérique, être utile et
nécessaire au delà des mers ; si une affaire n'était pas environnée de mille dangers, je ne la trouvais pas assez importante ni assez digne de moi. Comme j'envisage aujourd'hui tout autrement les choses, et comme ce qui me
touche de plus près m'est devenu cher et précieux pour moi!

— Je me souviens encore, répondit Jarno, de la lettre
que vous m'envoyâtes d'au delà des mers ; vous m'écriviez : Je viendrai, et dans ma maison, dans mon jardin,
dans ma famille, je dirai : *Ici ou nulle part l'Amérique.*

— Oui, mon ami, et je te répéterai toujours cette
phrase, en me reprochant de ne pas être aussi actif ici
que je l'étais là-bas. Pour nous procurer une existence
sûre, égale, durable, nous n'avons besoin que de la raison, et nous parvenons si bien à la raison, que nous ne
voyons plus les efforts extraordinaires que chaque jour
exige de nous, et si nous les voyons, nous trouvons mille
excuses pour ne pas les faire. Un homme raisonnable est
beaucoup pour lui, mais peu de chose pour la société.

— N'attaquons pas trop la raison, dit Jarno, et reconnaissons que les choses extraordinaires sont le plus souvent insensées.

— En effet, et précisément parce que les hommes font
la chose extraordinaire d'une façon extraordinaire. Ainsi
mon beau-frère donne son bien, en tant qu'il peut l'aliéner, à l'association morave, et croit faire par là le salut de
son âme. S'il avait sacrifié une petite partie de ses revenus,
il aurait pu rendre beaucoup d'hommes heureux, et leur
faire, ainsi qu'à lui, un ciel sur cette terre. Nos sacrifices
sont rarement féconds, nous renonçons complétement à
ce dont nous nous défaisons. Ce n'est pas par résolution,
mais par désespoir, que nous abandonnons ce que nous

possédons. Aujourd'hui, je l'avoue, j'ai sans cesse le comte devant les yeux, et je suis presque résolu à faire par conviction ce qu'il a fait par suite d'une folie inquiète. Je n'attendrai pas ma guérison. Voici les papiers, il n'y a plus qu'à les mettre au net ; prenez avec vous le bailli, notre hôte vous aidera, vous savez aussi bien que moi ce qu'il y a à faire, et, guéri ou mourant, je dirai : Ici ou nulle part la communauté morave. »

Lorsque Lydie entendit son ami parler de mourir, elle tomba à genoux auprès de son lit, lui prit les mains et se mit à pleurer amèrement. Le chirurgien entra, Jarno donna les papiers à Wilhelm et fit éloigner Lydie.

« Au nom du ciel, s'écria Wilhelm lorsqu'il se trouva seul avec Jarno, et quelle est cette histoire, quel est ce comte qui se retire dans la communauté morave ?

— Vous le connaissez fort bien, répondit Jarno, vous êtes le fantôme qui le pousse dans les bras de la dévotion ; vous êtes le scélérat qui met sa femme dans un état qui lui fait trouver supportable de suivre son mari.

— Et c'est la sœur de Lothaire ! s'écria Wilhelm

— C'est sa sœur.

— Et Lothaire sait?...

— Tout.

— Oh ! laissez-moi fuir, comment paraître devant lui ? que me dira-t-il ?

— Qu'on ne doit jeter la pierre à personne, et qu'on ne doit pas composer de longs discours pour confondre les gens, à moins de les débiter d'abord devant sa glace.

— Vous savez cela aussi ?

— Cela et bien d'autres choses, répliqua Jarno en souriant ; mais cette fois-ci je ne vous laisserai pas partir aussi facilement, et vous n'avez plus à redouter en moi le racoleur. Je ne suis plus soldat, et même comme soldat je

n'aurais jamais dû vous inspirer ce soupçon. Depuis que
je ne vous ai vu, il s'est passé bien des choses. Après la
mort du prince, mon seul ami, mon bienfaiteur, je me
suis retiré du monde et j'ai abandonné toutes mes relations ; j'encourageais ce qui était raisonnable, je donnais
librement mon avis sur ce qui me semblait absurde, et
l'on n'entendait parler que de mon humeur inquiète et de
ma mauvaise langue. La masse des hommes ne craint rien
tant que la raison ; c'est la bêtise qu'ils devraient craindre, s'ils comprenaient ce qui est dangereux ; mais la
première les gêne, il faut la mettre de côté ; l'autre
n'est que nuisible, et on peut la voir venir. Soit ! J'ai de
quoi vivre, et plus tard je vous développerai mon plan.
Vous y prendrez part si vous le pouvez ; mais, dites-moi,
qu'êtes-vous devenu? Je vois, je sens qu'il s'est opéré
des changements dans votre existence. Comment va votre
ancienne fantaisie de tirer quelque chose de bon et de
beau d'une troupe de siganes?

— Je suis assez puni, s'écria Wilhelm, ne me rappelez
pas d'où je viens et où je vais. On parle beaucoup du
théâtre, mais celui qui n'y a pas vécu ne peut s'en faire
une idée juste ; combien ces hommes s'ignorent absolument eux-mêmes, combien ils font leur besogne sans réfléchir, combien leurs prétentions sont énormes, on ne
peut se l'imaginer. Chacun veut être non-seulement le
premier, mais le seul ; il exclurait volontiers tous les
autres, et ne voit pas qu'il n'est quelque chose que par
leur concours ; chacun croit être merveilleusement original, et il est incapable de rien trouver en dehors de la
routine ; avec cela une continuelle inquiétude et une recherche incessante du nouveau. Avec quelle violence ils
agissent les uns contre les autres ! Ce n'est que par suite
du plus mesquin amour-propre, de l'intérêt personnel le

plus étroit, qu'ils restent unis. De l'enseignement mutuel, il ne peut en être question ; une éternelle défiance est entretenue par des rancunes secrètes et des discours scandaleux : celui qui n'est pas un débauché est un sot. Chacun prétend à l'attention la plus absolue et est sensible au moindre reproche. Il savait cela mieux que personne ! et pourquoi a-t-il toujours fait le contraire ? Toujours nécessiteux et toujours défiants, ils ne paraissent craindre rien plus que la raison et le goût, et n'avoir rien plus à cœur que de maintenir le droit souverain de leur bon plaisir. »

Wilhelm reprenait haleine pour continuer sa litanie, mais un bruyant éclat de rire de Jarno l'interrompit : « Les pauvres comédiens ! s'écria-t-il en se jetant dans un fauteuil, puis riant toujours ; les pauvres comédiens ! Savez-vous bien, mon ami, reprit-il après s'être un peu calmé, que ce que vous venez de décrire là, ce n'est pas le théâtre ! c'est le monde, et que je trouverais dans toutes les classes de la société bien des modèles et des sujets pour vos rudes pinceaux ? Pardonnez-moi, vous me faites rire de croire ces belles qualités reléguées sur les planches. »

Wilhelm se remit un peu, car le rire immodéré et déplacé de Jarno l'avait blessé. « Vous laissez trop voir, dit-il, votre misanthropie en prétendant que ces vices sont universels.

— Et vous, vous prouvez votre ignorance du monde, en mettant ces phénomènes uniquement sur le compte du théâtre. Au fond, je pardonne à l'acteur ces vices qui proviennent de l'illusion personnelle et du désir de plaire ; car s'il ne paraît pas quelque chose à lui-même et aux autres, il n'est rien. Sa vocation est de paraître, il doit faire grand cas du succès du moment, car c'est sa seule récompense ; il doit chercher à briller, il est là pour cela.

— Vous me permettrez, répliqua Wilhelm, de sourire à mon tour. Je ne vous aurais jamais cru si accommodant, si impartial.

— Non, par Dieu ! c'est là mon opinion bien raisonnée et sincère. Je pardonne aux comédiens les vices de l'homme, je ne pardonne pas à l'homme les vices des comédiens. Ne me faites pas entonner mes lamentations à ce sujet, elles sonneraient plus haut que les vôtres. »

Le chirurgien sortit du cabinet, on lui demanda comment allait le malade : « Fort bien, et j'espère le voir bientôt complétement rétabli, dit-il d'un air satisfait. » Il sortit aussitôt du salon, sans attendre les questions de Wilhelm, qui ouvrait déjà la bouche pour l'interroger plus au long au sujet de sa trousse. Le désir d'avoir quelque nouvelle de son amazone le décida à confier son secret à Jarno, et à lui demander ses services. « Vous qui savez tant de choses, lui dit-il, ne pouvez-vous pas aussi découvrir celle-là ? »

Jarno réfléchit un instant, puis répondit à son jeune ami : « Soyez tranquille, et ne laissez rien paraître, nous retrouverons bien les traces de la dame. Ce qui m'inquiète maintenant, c'est l'état de Lothaire ; la chose est grave, je le vois à la gaieté et à l'assurance du chirurgien. Je voudrais bien éloigner Lydie, car elle ne nous sert à rien ici ; mais je ne sais comment m'y prendre. J'attends ce soir notre vieux médecin, et alors nous causerons plus au long. »

CHAPITRE IV

Le docteur arriva ; c'était ce bon petit vieux docteur que nous connaissons déjà et à qui nous devons la communication de l'intéressant manuscrit. Avant toutes choses il alla voir le blessé, et ne parut pas satisfait de son état. Il s'entretint longtemps avec Jarno, mais ils ne laissèrent rien transpirer de cette conversation le soir à table.

Wilhelm le salua très-affectueusement et lui demanda de nouvelles de son harpiste. « Nous espérons encore sauver ce malheureux, répondit le médecin. Cet homme était un triste supplément à votre bizarre existence, dit Jarno. Qu'est-il devenu, dites-moi. »

Après que Wilhelm eut satisfait la curiosité de Jarno, le médecin reprit : « Je n'ai jamais vu de cœur dans un pareil état. Depuis de longues années il n'a pas pris la moindre part à ce qui s'est passé en dehors de lui, il ne l'a même pas vu ; retiré en lui-même, il n'observait que son *moi*, vide et creux, qui lui semblait un abîme incommensurable. Rien de plus émouvant que de l'entendre parler de cette déplorable disposition. Je ne vois rien devant moi, rien derrière moi, s'écriait-il, rien qu'une nuit infinie, au milieu de laquelle je me trouve dans le plus terrible isolement; il ne me reste d'autre sentiment que le sentiment de mon crime, qui m'apparaît dans le lointain comme un spectre vague. Mais, comme il n'y a pour moi ni hauteur ni profondeur, ni avant ni arrière, aucun mot ne peut exprimer cet état toujours le même. Souvent je m'écrie dans l'angoisse de cette uniformité : Eternellement ! éternellement ! et ce mot étrange et incompréhensible est clair et lumineux auprès des ténèbres de mon état. Aucun rayon divin ne m'éclaire dans cette nuit, et je pleure mes larmes pour moi-même et en moi-même. Rien n'est plus douloureux pour moi que l'amour et l'amitié ; car ils m'empêchent de croire que les apparitions qui m'environnent puissent devenir réelles. Mais ces deux spectres ne sont sortis de l'abîme que pour me torturer, et pour m'arracher jusqu'au précieux sentiment de cette monstrueuse existence.

« Je voudrais que vous l'entendissiez, continua le docteur, lorsque dans ses heures d'épanchement il soulage ainsi son cœur. Il m'a souvent profondément ému. Si quelque circonstance le force un instant à reconnaître qu'il existe un passé, il semble comme surpris, puis il rejette ce changement survenu dans le monde comme une vision. Un soir il chanta des vers sur ses cheveux gris; nous étions assis autour de lui et nous pleurâmes.

— Oh! redites-les-moi! s'écria Wilhelm.

— N'avez-vous rien pu découvrir, demanda Jarno, sur ce qu'il appelle son crime, sur la cause de son étrange accoutrement, sur sa conduite lors de l'incendie, et sa rage contre l'enfant?

— Nous ne pouvons connaître son sort que par conjectures ; lui faire des questions directes serait contre nos principes. Ayant bientôt remarqué qu'il avait été élevé dans la religion catholique, nous avions cru que la confession lui donnerait quelque soulagement; mais il manifeste toujours un singulier éloignement lorsque nous essayons de le mettre en rapport avec le prêtre. Cependant pour, satisfaire autant que possible votre désir de savoir quelque chose sur son compte, je vais au moins vous donner le résultat de nos suppositions. Il a passé sa jeunesse dans l'état ecclésiastique, c'est de là qu'il a gardé sa barbe et sa longue robe. Les joies de l'amour lui furent longtemps inconnues. Plus tard, une liaison coupable avec une très-proche parente, la mort de cette femme qui avait donné le jour à une pauvre petite créature, ont sans doute complétement troublé sa raison.

Sa plus grande folie consiste à croire qu'il amène partout le malheur et qu'un jeune garçon sera la cause innocente de sa mort. Il eut d'abord peur de Mignon, avant de savoir que c'était une fille ; maintenant c'est Félix qui l'épouvante, et comme, malgré sa misérable situation, il tient extrêmement à la vie, c'est probablement de là qu'est venue sa haine pour cet enfant.

— Quel espoir avez-vous de le guérir ? demanda Wilhelm.

— Nous gagnons du terrain, dit le médecin, lentement, mais sans reculer. Il poursuit ses occupations réglées ; nous l'avons habitué à lire les gazettes, qu'il attend toujours avec impatience.

— Je serais curieux de connaître ses lieder.

— Je peux vous en donner plusieurs, dit le docteur. Le fils aîné du pasteur, qui est habitué à écrire les sermons prononcés par son père, a recueilli çà et là des strophes sans que le vieillard s'en aperçût, et a complété plusieurs de ses lieder. »

Le lendemain matin Jarno vint trouver Wilhelm et lui dit : « Il faut que vous nous fassiez un plaisir : il est nécessaire que Lydie soit pour quelque temps éloignée d'ici ; son amour et sa passion violents, je dirai même importuns, retardent la guérison du baron. Sa blessure demande du repos et de la tranquillité, quoiqu'elle ne soit pas dangereuse avec une aussi bonne nature que la sienne. Vous avez vu comme Lydie le tourmente avec sa turbulente sollicitude, ses angoisses insurmontables et ses larmes intarissables, et... bref, ajouta-t-il en souriant après un instant de silence, le médecin exige expressément qu'elle quitte la maison pour quelque temps. Nous lui avons fait accroire qu'une de ses bonnes amies demeure dans le voisinage, demande à la voir et l'attend à tout moment. Elle s'est laissé persuader de se rendre chez le bailli, qui n'habite qu'à deux lieues d'ici. Il est prévenu, et regrettera profondément que mademoiselle Thérèse vienne de partir ; il donnera à entendre qu'on peut encore la joindre, Lydie courra après elle, et l'on réussira ainsi à la mener d'un village à un autre. Enfin, si elle exige qu'on revienne, n'allez pas la contredire, la nuit viendra à votre secours ; le cocher est un garçon intelligent avec lequel on peut s'arranger. Vous montez à côté d'elle dans la voiture, vous cherchez à la distraire et vous menez à bien l'aventure.

— Vous me donnez là une singulière et délicate commission ! répondit Wilhelm : qu'y a-t-il de plus pénible que le spectacle d'un amour fidèle et trompé ? Et je serais l'instrument d'une pareille trahison ! C'est la première fois de ma vie que j'aurai abusé quelqu'un de la sorte ; car j'ai toujours pensé que cela pouvait mener loin de se mettre à employer de pareils moyens pour une chose bonne et utile.

— Il n'y en a cependant pas d'autre pour élever les enfants, répliqua Jarno.

— Pour les enfants, cela peut encore passer, dit Wilhelm, parce que nous les aimons tendrement et qu'ils sont évidemment sous notre direction ; mais envers nos pareils, pour lesquels notre cœur ne commande pas toujours autant de ménagements, le procédé peut être parfois dangereux. Ne croyez cependant pas, dit-il après un instant de réflexion, que je refuse cette mission ; le respect que m'inspire votre raison, l'attachement que je ressens pour votre excellent ami, le vif désir de contribuer à sa guérison par quelque moyen que ce soit, me feront m'oublier volontiers moi-même. Ce n'est pas assez de risquer sa vie pour un ami, il faut aussi pouvoir, au besoin, lui sacrifier ses convictions. Notre plus favorite passion, nos vœux les plus ardents, sont les victimes que nous devons lui offrir. J'accepte la commission, quoique je prévoie les tourments que j'aurai à souffrir des pleurs et du désespoir de Lydie.

— En revanche vous serez largement récompensé, repartit Jarno, en faisant la connaissance de mademoiselle Thérèse, une femme comme il y en a peu ; elle ferait honte à bien des hommes, et je puis dire que c'est une vraie amazone, tandis que les autres femmes ne sont, dans ce costume équivoque, que de jolis hermaphrodites. »

Wilhelm fut saisi ; il espérait retrouver dans Thérèse sa belle amazone, d'autant que Jarno, à qui il demanda quelques détails, brisa là et s'éloigna.

L'espérance de revoir bientôt cette image adorée et vénérée lui causa d'étranges mouvements ; il considérait maintenant cette mission comme un envoi évident de la Providence, et l'idée qu'il allait traîtreusement éloigner une pauvre fille de l'objet de son ardent et sincère amour, ne lui parut plus que secondaire, comme l'ombre d'un oiseau qui passe sur la terre éclairée.

La voiture était à la porte, Lydie hésita un instant à y monter. « Saluez encore une fois votre maître de ma part, dit-elle au vieux domestique. Je serai de retour avant la nuit. » Elle avait les larmes aux yeux et se retournait encore vers le château pendant que la voiture s'en éloignait. Elle se tourna alors vers Wilhelm, domina son émotion, et lui dit : « Vous trouverez dans mademoiselle Thérèse une fort intéressante personne. Je m'étonne qu'elle soit venue dans ce pays ; car vous saurez que le baron et elle s'aimaient passionnément.

« Malgré la distance, Lothaire allait souvent chez elle ; j'étais alors auprès d'elle : ils semblaient faits l'un pour l'autre. La liaison se rompit subitement sans que personne pût savoir pourquoi. Il m'avait connue là, et j'avoue que j'enviais fort Thérèse, que je ne dissimulai guère mon inclination pour lui et que je ne le repoussai pas lorsqu'il parut tout d'un coup me préférer à Thérèse. Elle se conduisit mieux que je n'aurais osé l'espérer, quoiqu'il pût sembler que je lui avais ravi un aussi digne amant. Mais combien cet amour m'a-t-il déjà coûté de larmes et de douleurs ! Nous commençâmes par nous voir en secret dans un lieu tiers ; mais je ne pus longtemps supporter cette existence ; je n'étais heureuse, vraiment heureuse qu'en sa présence. Loin de lui, mes yeux étaient toujours humides, mon pouls toujours agité. Une fois il tarda plusieurs jours à venir, je me désespérai, je me mis en route et vins le surprendre. Il me reçut tendrement, et si cette malheureuse affaire n'était pas survenue, j'aurais mené une existence délicieuse. Ce que j'ai éprouvé depuis qu'il est en danger, depuis qu'il souffre, je ne puis le dire, et en ce moment même je me reproche vivement de m'éloigner de lui un seul jour. »

Wilhelm s'apprêtait à demander des détails plus précis sur mademoiselle Thérèse, lorsqu'on arriva chez le bailli, qui s'approcha de la voiture et annonça que mademoiselle Thérèse était déjà partie. Il offrit à déjeuner aux voyageurs, mais il ajouta aussitôt qu'on pourrait sans doute rejoindre sa voiture au prochain village. On résolut de la suivre ; le cocher alla bon train ; l'on avait déjà passé plusieurs villages et l'on ne trouvait personne. Lydie demanda alors qu'on retournât ; le cocher allait toujours, comme s'il n'eût pas compris. Elle finit par insister avec énergie ; Wilhelm cria à l'homme de tourner bride en lui faisant le signe convenu. Le cocher répondit : « Nous ne sommes pas obligés de revenir par le même chemin ; j'en connais un plus court qui est en même temps beaucoup plus agréable. » Il prit de côté à travers une forêt et de grandes prairies. A la fin, comme on ne découvrait plus aucun point connu, le cocher avoua qu'il s'était perdu, mais qu'il se retrouverait facilement, car il voyait là-bas un village. La nuit venait cependant, et le cocher fit l'affaire si adroitement, qu'il demandait partout son chemin et n'attendait jamais la réponse. On marcha ainsi toute la nuit; Lydie ne ferma pas l'œil; elle croyait à chaque instant reconnaître au clair de lune des objets qui disparaissaient aussitôt. Le matin elle s'y reconnut enfin: mais sa surprise fut d'autant plus grande. La voiture s'arrêta devant une jolie petite maison de campagne; une femme en sortit et ouvrit la portière. Lydie la regarda fixement, jeta les yeux autour d'elle, la regarda encore, et tomba évanouie dans les bras de Wilhelm.

CHAPITRE V

On conduisit Wilhelm dans une petite chambre mansardée; la maison était neuve et, quoique petite au possible, extrêmement propre et bien arrangée. Thérèse, qui était venue les recevoir à la descente de la voiture, n'était pas sa belle amazone; c'était une tout autre personne et complétement différente de la dame. Bien faite sans être grande, elle était pleine de vivacité, et il semblait que rien de ce qui se passait ne pût échapper à ses grands yeux clairs, bleus et ouverts.

Elle entra dans la chambre de Wilhelm et lui demanda s'il n'avait besoin de rien. « Excusez-moi, lui dit-elle, de vous loger dans une chambre qui sent encore la peinture; ma petite maison est à peine terminée, et vous inaugurez cette chambre qui est destinée à mes hôtes. Que n'êtes-vous venu ici dans une meilleure occasion? La pauvre Lydie va nous donner du mal, et il vous faudra en outre ne pas être exigeant: ma cuisinière m'a quittée au moment où j'avais le plus besoin d'elle, et un de mes domestiques s'est abîmé la main. Il faudrait que je fasse tout moi-même, et au fond, si l'on s'y prêtait, les choses marcheraient encore. On n'est tourmenté par personne plus que par ses domestiques ; personne ne veut servir, pas même se servir soi-même. »

Elle causa encore sur différents sujets ; elle paraissait aimer à parler. Wilhelm lui demanda ce que devenait Lydie, s'il ne pouvait pas voir la pauvre fille et lui présenter ses excuses.

« Cela ne ferait aucun effet dans ce moment, répondit Thérèse ; le temps excuse comme il console. Dans les deux cas, les paroles ne peuvent rien ; Lydie ne veut pas vous voir. Qu'il ne se présente pas devant mes yeux, s'écriait-elle lorsque je l'ai quittée ; il me fait désespérer de l'humanité ! Une si noble figure, un air si ouvert avec cette sournoise malice ! Elle excuse en tous points Lothaire ; il lui dit dans une lettre : « Ce sont mes amis qui m'ont conseillé ; ce sont mes amis qui m'ont forcé ! » Lydie vous met au nombre de ces amis et vous maudit avec les autres.

— Cette malédiction me fait beaucoup d'honneur, répliqua Wilhelm ; je ne me permets pas encore de prétendre à l'amitié de cet excellent homme, et je ne suis aujourd'hui qu'un innocent instrument. Je ne veux pas louer cette démarche ; il suffit que j'aie pu la faire. Il s'agissait de la santé, il s'agissait de la vie d'un homme que j'apprécie plus haut que tous ceux que j'ai connus jusqu'à ce jour. Quel homme c'est ! Mademoiselle, et quels hommes l'entourent ! C'est dans cette société, je puis le dire, que j'ai entendu pour la première fois une conversation, pour la première fois le sens intime de mes paroles m'est revenu de la bouche d'un autre, plus abondant, plus plein, plus étendu ; ce que je ne faisais que pressentir m'était rendu clair ; ce qui n'était que dans ma pensée prenait une forme nette. Malheureusement mille occupations et mille soucis, puis cette désagréable commission sont venus troubler ma jouissance. Je l'ai acceptée avec dévouement ; car je considérais comme un devoir de prêter mon concours à cette réunion d'hommes excellents, même au prix du sacrifice de mes sentiments. »

Pendant ce discours, Thérèse avait considéré son hôte d'un œil amical. « Oh ! qu'il est doux, s'écria-t-elle, d'entendre son opinion sortir de la bouche d'un autre ! Nous ne sommes vraiment nous-mêmes que lorsqu'un autre nous donne complétement raison. Je pense absolument comme vous à l'égard de Lothaire : tout le monde ne lui rend pas justice, mais tous ceux qui le connaissent intimement sont enthousiastes de lui, et le sentiment pénible qui se mêle dans mon cœur à son souvenir ne peut m'empêcher de penser à lui chaque jour. »

Comme elle disait ces mots un soupir gonfla sa poitrine et une noble larme brilla dans son œil droit. « Ne croyez pas, reprit-elle, que je sois si faible et si facile à attendrir ; ce n'est que mon œil qui pleure. J'avais un petit mal d'aventure à la paupière inférieure ; on me l'a enlevé ; mais depuis ce temps mon œil est toujours resté faible, et la moindre chose le fait pleurer. Voilà où était le mal ; il n'en reste plus aucune trace. »

Il n'en aperçut en effet aucune trace, il regarda son œil ; il était limpide comme du cristal, et il lui sembla lui voir jusqu'au fond de l'âme.

« Nous nous sommes donné, lui dit-elle, le mot de ralliement de notre amitié ; tâchons de nous connaître le plus vite et le plus complétement possible. Le caractère de l'homme est dans son histoire. Je vais vous raconter la mienne ; vous me ferez aussi votre petite confidence et nous serons alors liés pour jamais. Le monde est si vide lorsqu'on n'y voit que des montagnes, des fleuves et des villes ; mais savoir qu'il y a quelque part quelqu'un qui sympathise avec nous, avec qui nous vivons tacitement, cela fait de ce globe un jardin animé. »

Elle sortit et promit de venir bientôt le chercher pour la promenade. La présence de Thérèse avait agi sur lui d'une façon fort agréable ; il était curieux de connaître les détails de sa liaison avec Lothaire. On appela Wilhelm, et en même temps elle sortait de sa chambre pour venir au-devant de lui.

Comme ils descendaient l'un derrière l'autre l'escalier étroit et roide, elle lui dit :

« Tout cela aurait pu être plus haut et plus large si j'avais voulu écouter votre généreux ami ; mais, pour rester digne de lui, je dois rester attachée à ce qui m'a valu son estime. Où est l'intendant ? demanda-t-elle lorsqu'elle fut tout au bas de l'escalier. N'allez pas croire, continua-t-elle, que je sois assez riche pour avoir besoin d'un intendant. Je puis fort bien administrer mes modestes terres. Cet intendant appartient à mon nouveau voisin, lequel a acheté un beau domaine que je connais à fond ; ce pauvre homme est retenu au lit par la goutte ; ses gens sont nouveaux dans le pays et je les aide à s'installer. »

Il firent une promenade à travers champs, prairies et vergers. Thérèse donnait sur tout des éclaircissements à l'intendant, elle lui rendait compte de chaque détail, et Wilhelm eut plus d'une fois l'occasion d'admirer ses connaissances, sa précision, l'habileté avec laquelle elle savait résoudre chaque difficulté. Elle ne s'arrêtait nulle part, courait toujours aux points importants, de sorte que la chose fut bientôt terminée. « Saluez votre maître, dit-elle en congédiant l'homme ; j'irai le voir aussitôt que je pourrai, je lui souhaite prompte et complète guérison. Quand je pense, dit-elle en souriant lorsqu'il fut parti, que je pourrais devenir riche et opulente ; car mon bon voisin ne serait pas éloigné de m'offrir sa main.

— Ce vieillard goutteux ! s'écria Wilhelm, je ne comprendrais pas comment, à votre âge, vous prendriez un parti aussi désespéré !

— Aussi en suis-je bien éloignée, répliqua Thérèse. On est riche lorsqu'on sait administrer ce qu'on possède ; être opulent est un lourd fardeau, lorsqu'on ne sait pas le porter. »

Wilhelm lui manifesta son admiration de ses connaissances en agriculture. « Une vocation marquée, l'occasion prématurée, des influences extérieures, la pratique assidue d'une occupation utile, rendent possibles bien des choses au monde, répondit Thérèse, et lorsque vous saurez ce qui m'a encouragée dans cette voie, vous ne vous étonnerez plus de ce talent qui vous paraît si remarquable. »

Lorsqu'ils furent revenus à la maison, Thérèse le laissa dans son petit jardin ; on pouvait à peine s'y retourner, tant les allées étaient étroites, tout le terrain ayant été réservé aux plantations. En passant par la cour, il ne put s'empêcher de sourire ; le bois à brûler y était scié, fendu, et empilé avec tant de régularité, qu'on eût dit qu'il faisait partie de la maison et qu'il devait toujours rester là. Tous les ustensiles bien nets étaient à leur place, la maison était badigeonnée de rouge et de blanc, et gaie d'aspect. Tout ce que peut produire l'industrie qui ne se préoccupe pas des belles proportions, mais qui ne vise qu'à l'utile, au solide, semblait réuni dans cette demeure. On apporta à Wilhelm son dîner dans sa chambre ; il put à son aise se livrer à ses réflexions. Ce qui le frappait le plus, c'était d'avoir fait la connaissance d'une personne si intéressante, et qui avait été en relation intime avec Lothaire. « Il est bien juste, se disait-il, qu'un si excellent homme attire à lui des femmes d'un si excellent cœur. Comme elle s'étend loin l'influence d'une nature mâle et noble ! Combien les autres restent-ils en arrière de tels hommes ! Avoue-toi ce que tu crains ! Si tu rencontres jamais ton amazone, cet idéal de beauté, tu la retrouveras, malgré toutes tes espérances et tes rêves, à ta honte et à ta confusion... la fiancée de Lothaire ! »

CHAPITRE VI

Wilhelm avait passé l'après-midi dans l'inquiétude et s'était assez ennuyé, lorsque, vers le soir, sa porte s'ouvrit, et un jeune et gentil chasseur entra en le saluant :

« Allons-nous nous promener ? » dit le jeune garçon.

Wilhelm reconnut aussitôt Thérèse à ses beaux yeux.

« Excusez ce déguisement, lui dit-il, car ce n'est par malheur qu'un déguisement. Mais, comme je vais vous parler d'une époque où j'aimais à me voir ainsi, j'ai voulu, par tous les moyens, me reporter à ces heureux jours. Venez, la place même où nous nous reposions souvent au retour de nos chasses et de nos promenades nous inspirera. »

Ils partirent ; en route Thérèse dit à son compagnon : « Il n'est pas juste que vous me laissiez parler seule ; vous en savez déjà assez sur moi, et je ne sais absolument rien sur vous ; racontez-moi quelque chose de votre existence, pour m'encourager à vous dire mon histoire et les événements de ma vie. — Je n'ai malheureusement à raconter qu'erreurs sur erreurs, égarements sur égarements ; et je ne sais si je dois cacher à personne plus qu'à vous les désordres au milieu desquels je me suis trouvé et où je me trouve encore. Votre personne, votre air, m'indiquent que vous n'avez qu'à vous féliciter de votre passé, que vous avez d'un pas sûr parcouru une voie droite et belle, que vous n'avez pas perdu de temps, que vous n'avez rien à vous reprocher. »

Thérèse sourit et répondit : « Nous allons voir si vous penserez encore ainsi lorsque vous aurez entendu mon histoire. » Ils continuaient de marcher, et, parmi quelques réflexions générales, Thérèse lui demanda : « Êtes-vous libre? — Je crois l'être, répliqua-t-il, mais je voudrais ne pas l'être. — Bon! dit-elle, cela me fait supposer un roman compliqué, et m'indique que vous avez aussi quelque chose à me raconter. »

En parlant ainsi, ils gravissaient la colline ; ils s'arrêtèrent au pied d'un grand chêne, au vaste ombrage. « C'est ici, dit Thérèse, sous cet arbre allemand, que je veux vous raconter l'histoire d'une jeune femme allemande; écoutez-moi sans impatience :

« Mon père était un riche seigneur de cette province; homme vif, intelligent, actif et honnête, tendre père, ami fidèle, excellent maître de maison, auquel je ne connaissais qu'un défaut : il était trop indulgent pour sa femme, qui ne savait pas l'apprécier. Je regrette que ce soit à ma mère que ce reproche s'adresse. Son caractère était tout l'opposé de celui de mon père. Elle était brusque, inégale, sans attachement ni pour sa maison ni pour moi, son unique enfant; prodigue, mais belle, spirituelle, sachant admirablement se faire adorer du cercle d'amis qu'elle avait formé autour d'elle. Sa société ne fut jamais nombreuse, ou du moins ne le fut pas longtemps.

« Elle ne se composait guère que d'hommes, car les femmes n'étaient pas à leur aise à côté d'elle, et elle ne pouvait souffrir les mérites d'aucune femme. Je ressemblais à mon père, de figure et de sentiments. De même qu'un jeune canard court droit à l'eau, dès ma jeunesse, la cuisine, l'office, les granges et les greniers étaient mon séjour favori. L'ordre et la propreté de la maison semblaient être, quoique ce ne fût encore qu'un jeu pour moi, mon seul instinct, mon unique objet. Mon père en était fort satisfait, et donna graduellement à ma vocation enfantine les occupations qui lui convenaient le plus; par contre, ma mère ne m'aimait pas et ne s'en cachait nullement.

« Je grandissais, et avec les années mon activité et l'affection que me portait mon père ne faisaient que s'accroître. Lorsque nous étions seuls, que nous allions aux champs, que je l'aidais à revoir ses comptes, je pouvais m'apercevoir combien il était heureux. Lorsque je lui regardais dans les yeux, il me semblait que je me voyais moi-même en lui, car c'est surtout par les yeux que je lui ressemblais. Mais, en présence de ma mère, ce n'était plus le même homme; il me défendait faiblement lorsqu'elle me grondait violemment et injustement; il prenait mon parti, non pour me protéger, mais seulement pour excuser mes bonnes qualités. Il ne savait mettre obstacle à aucun des penchants de ma mère; elle se mit en tête de faire jouer la comédie, on construisit un théâtre. On ne manquait pas d'hommes de tout âge et de toute figure, pour paraître sur la scène à côté d'elle, mais les femmes étaient plus rares. Lydie, une aimable jeune fille qui avait été élevée avec moi, et qui, dès ses premiers débuts, promettait d'être charmante, jouait les seconds rôles; une vieille femme de chambre, la mère et les tantes, tandis que ma mère s'était réservé les emplois de première amoureuse, d'héroïne et de bergère. Je ne puis vous dire combien je trouvai ridicules ces personnes que je connaissais parfaitement, lorsque je les vis, costumées, monter sur la scène, et voulant se faire prendre pour autre chose qu'elles n'étaient. Je ne voyais toujours que ma mère et Lydie, le baron et le secrétaire, quoi qu'ils fissent pour représenter des princes, des comtes, ou des paysans; et je ne comprenais pas pourquoi ils voulaient me persuader qu'ils étaient heureux ou malheureux, amoureux ou insensibles, avares ou prodigues, quand je savais parfaitement le contraire. Aussi, me tenais-je rarement dans la salle; je mouchais les chandelles, pour avoir quelque chose à faire, je préparais le souper, et le lendemain matin, pendant qu'ils dormaient encore, je rangeais leurs costumes qu'ils laissaient habituellement en désordre.

« Ma mère s'accommodait fort de cette activité, mais je ne pouvais parvenir à gagner son affection; elle me méprisait, et je me souviens encore qu'elle me disait souvent avec amertume : « Si la mère pouvait être aussi in- « certaine que le père, j'aurais de la peine à admettre « que cette servante soit ma fille. » J'avoue que sa conduite envers moi m'éloignait d'elle de plus en plus, je considérais ses actions comme celles d'une étrangère, et, comme j'étais habituée à observer d'un œil de lynx la domesticité — car, soit dit en passant, c'est là dessus que repose la bonne tenue d'une maison — la conduite de ma mère et de sa société ne m'échappa point. Il était facile de remarquer qu'elle ne regardait pas tous les hommes du même œil; je redoublai d'attention, et je découvris bientôt que Lydie était sa confidente, et par la même occasion apprenait à mieux connaître une passion qu'elle avait si souvent jouée dès sa première jeunesse. Je savais tous leurs rendez-vous, mais je me taisais, et ne disais rien à mon père de peur de le chagriner, mais à la fin j'y fus forcée. Dans beaucoup de cas ils étaient obligés de corrompre les domestiques. Ceux-ci commençaient à me braver, à négliger les ordres de mon père, et à méconnaître les miens, les désordres qui s'ensuivirent n'étaient pas tolérables ; je découvris tout à mon père.

« Il m'écouta d'un air calme. « Chère enfant, me dit-il
« enfin avec un sourire, je sais tout ; sois tranquille ; sup-
« porte tout cela avec patience, car ce n'est que pour toi
« que je le supporte. »

« Je n'étais pas tranquille et je n'avais pas de patience. Je blâmais intérieurement mon père, car je ne croyais pas qu'il pût y avoir une raison de supporter un pareil état de choses ; j'insistai pour le maintien de l'ordre, et j'étais résolue à pousser les choses à l'extrême.

« Ma mère était riche par elle-même, mais elle dépensait plus qu'elle ne possédait, et cela donna lieu, ainsi que je m'en aperçus, à mainte explication entre mes parents. On resta longtemps sans remédier à la chose, jusqu'au jour où les passions de ma mère amenèrent une sorte de dénoûment.

« Son premier amoureux lui ayant été ouvertement infidèle, elle prit en haine sa maison, le pays, ses relations. Elle alla d'abord dans un autre domaine, mais elle y était trop seule ; puis à la ville, mais elle n'y brillait pas assez. Je ne sais ce qui se passa entre elle et mon père ; bref, il se décida à lui permettre, sous des conditions que j'ignore, un voyage dans le midi de la France.

« Nous étions libres et nous vivions comme dans un paradis, et je crois que mon père ne perdit rien à lui avoir acheté son absence pour une forte somme. On renvoya tous les domestiques inutiles, et le bonheur parut favoriser notre nouvelle organisation ; nous eûmes plusieurs excellentes années, tout marcha à souhait. Malheureusement cette situation ne se prolongea pas longtemps ; mon père fut soudainement frappé d'une attaque d'apoplexie qui lui paralysa tout le côté droit et le priva presque entièrement de l'usage de la parole. Il fallait deviner ce qu'il voulait, parce que sa langue n'articulait pas le mot qu'il avait dans l'esprit. J'eus alors des moments bien pénibles ; quand il indiquait qu'il voulait être absolument seul avec moi, il ordonnait par des gestes violents que tout le monde s'éloignât, et, lorsque nous nous trouvions seuls, il lui était impossible d'exprimer ce qu'il désirait dire. Son impatience devenait extrême et son état m'affligeait jusqu'au fond du cœur. Il me semblait évident qu'il avait à me confier quelque chose qui me concernait particulièrement. Quel désir j'avais de connaître ce secret ! Autrefois je voyais tout dans ses yeux, mais maintenant ce n'était plus possible ; ses yeux mêmes ne parlaient plus. Ce qui était clair pour moi, c'est qu'il ne voulait rien, ne désirait rien, il s'efforçait seulement de me révéler ce que malheureusement je n'appris jamais. Une seconde attaque le rendit complétement infirme et impotent ; peu de temps après il mourut.

« Je ne sais comment cette idée s'était enracinée dans mon esprit, mais j'étais persuadée qu'il avait caché quelque part un trésor qu'il préférait voir après sa mort passer entre mes mains plutôt qu'entre celles de ma mère ; je cherchai pendant qu'il vivait encore, mais je ne trouvai rien ; après sa mort, on apposa partout les scellés. J'écrivis à ma mère et lui offris de rester dans la maison comme intendante ; elle n'accepta point, et je dus quitter le domaine. On produisit un testament réciproque qui la mit en possession de la succession entière et me plaça sous sa dépendance pour tout le temps de sa vie. Je crus alors comprendre les signes de mon père ; je le plaignis d'avoir été assez faible pour avoir été injuste envers moi, même après sa mort, car quelques-uns de mes amis prétendaient que cela ne valait pas beaucoup mieux que s'il m'avait déshéritée, et me conseillaient de faire casser le testament, ce à quoi je ne pus me résoudre : je vénérais trop la mémoire de mon père. Je mis ma confiance dans le sort, dans moi-même.

« J'avais toujours été dans de bonnes relations avec une dame qui possédait de grandes propriétés dans le voisinage ; elle se fit un plaisir de me recevoir, et je fus bientôt à la tête de ses affaires. Elle vivait très-régulièrement et aimait l'ordre en toutes choses, et je la soutenais bravement dans sa lutte contre son intendant et ses gens. Je ne suis ni avare ni malveillante, mais nous autres femmes nous savons tenir beaucoup plus sévèrement que les hommes à ce que rien ne soit gaspillé. Toute malversation nous est insupportable ; nous ne voulons pas que personne ait plus que ce qui lui est dû.

« Je me retrouvais donc dans mon élément, et je pleurais en cachette la mort de mon père. Ma protectrice était contente de moi ; une seule circonstance vint troubler ma paisible existence. Lydie revint ; ma mère eut la cruauté de repousser la pauvre fille, après l'avoir entièrement perdue. Elle avait appris, chez ma mère, à se régler sur ses passions ; elle était habituée à ne garder de mesure en rien. Lorsqu'elle vint me surprendre, ma bienfaitrice la recueillit aussi ; Lydie voulut me seconder, mais elle ne put rien faire.

« Vers cette époque les parents et futurs héritiers de ma maîtresse venaient souvent chez elle, pour jouir des plaisirs de la chasse. Lothaire faisait souvent partie de leur société ; mais je remarquai bientôt combien il se distinguait entre tous, remarque fort innocente de ma part. Il était poli avec tout le monde, et Lydie parut bientôt captiver son attention. J'avais toujours quelque chose à faire, et je me trouvais rarement en rapport avec la société. En sa présence je parlais moins encore que d'habitude; j'avoue cependant qu'une conversation animée a toujours été pour moi l'assaisonnement de la vie. J'aimais à causer avec mon père de tous les sujets qui se présentaient. Ce qu'on ne peut pas exprimer, on ne le pense pas nettement. Je n'avais jamais écouté parler un homme avec autant de plaisir que Lothaire, lorsqu'il racontait ses voyages et ses campagnes. Le monde lui était aussi familier que l'étaient pour moi les terres que j'administrais. Ce n'était pas les hasards extraordinaires d'un aventurier, les exagérations et les vérités douteuses d'un voyageur borné qui ne nous produit que sa personne à la place du pays dont il nous promet la description; Lothaire ne racontait pas, il nous conduisait sur les lieux. J'ai rarement éprouvé une sensation aussi pure.

« Mais ma satisfaction fut extrême lorsque je l'entendis un soir parler des femmes. La conversation tomba d'une façon toute naturelle sur ce sujet. Quelques dames du voisinage étaient venues nous voir, et avaient tenu les propos habituels sur l'éducation des femmes. « On est in-
« juste envers notre sexe, disait-on; les hommes veu-
« lent se réserver toute instruction supérieure, on ne
« nous permet pas l'étude des sciences, on ne veut faire
« de nous que des poupées ou des ménagères. » Lothaire prit peu de part à cette discussion; mais, lorsque la société fut devenue moins nombreuse, il exprima ouvertement son opinion. « Il est étrange, s'écria-t-il, qu'on blâme l'homme
« qui cherche à mettre la femme à la plus haute place
« qu'elle soit capable d'occuper : en est-il de plus élevée

« que la direction de la maison? Tandis que l'homme
« s'épuise aux affaires extérieures, cherche à acquérir
« ou à conserver la richesse ; qu'il prend part aux affai-
« res d'État, sans cesse dépendant des circonstances, et
« pour ainsi dire ne gouvernant rien en croyant tout gou-
« verner; forcé d'être politique alors qu'il voudrait être
« logique, dissimulé quand il voudrait être franc, faux
« aulieud'être honnête ; tandis que, pour atteindre un
« but inaccessible, il renonce à chaque moment au plus
« beau de tous les buts, à l'harmonie intime ; pendant ce
« temps, une sage ménagère règne effectivement dans
« son intérieur, et introduit dans toute la famille l'activité
« et la joie. N'est-ce pas le plus grand bonheur de l'homme
« d'exécuter ce que l'on considère comme juste et bon,
« d'être maître absolu de ses moyens pour atteindre son
« but? Et où ce but peut-il, doit-il être mieux placé que
« dans l'intérieur? Tous ces besoins toujours renaissants,
« indispensables, où les trouvons-nous, où nous les pro-
« curons-nous, si ce n'est dans l'endroit où nous nous
« levons et nous couchons, où la cuisine, la cave et le
« reste doivent toujours être prêts à satisfaire aux désirs
« de nous et des nôtres? Quelle activité régulière il faut
« posséder pour donner à cette série sans cesse répétée
« une suite invariable et animée ! A combien peu
« d'hommes est-il donné de revenir régulièrement comme
« un astre, et de présider au jour comme à la nuit ! de se
« fabriquer leurs outils, de semer et de récolter, de con-
« server et de dépenser, et de parcourir ce cercle dans le
« calme, l'amour et l'utilité. Une fois que la femme a en-
« tre les mains ce gouvernement intérieur, elle laisse le
« mari qu'elle aime maître absolu chez lui ; et, grâce à
« son attention, elle s'approprie toutes les connaissances,
« son activité sait tout utiliser. Elle ne dépend de per-

« sonne et procure à son mari la véritable indépendance,
« celle de la maison, de l'intérieur ; ce qu'il possède, il
« est sûr de le garder ; ce qu'il gagne, il le voit bien em-
« ployé ; il peut alors diriger son énergie sur de grands
« objets et, si le bonheur le favorise, être pour l'État ce
« que sa femme sait si bien être à la maison. »

« Il décrivit alors la femme qu'il désirait. Je rougis, car il me dépeignait trait pour trait. Je jouis en silence de mon triomphe, d'autant plus que je vis bien, à différents détails, qu'il ne m'avait point personnellement en vue, et qu'il ne me connaissait pas particulièrement. Je ne me rappelle pas avoir éprouvé de toute ma vie une plus agréable impression qu'en entendant un homme que j'estimais tant donner la préférence, non pas à ma personne, mais à mon caractère ! Quelle récompense ! quel encouragement!

« Lorsque tout le monde fut parti, ma noble amie me dit en souriant :

« C'est dommage que les hommes exécutent rarement
« ce qu'ils disent et ce qu'ils pensent, sans cela nous
« aurions trouvé là un excellent parti pour ma chère Thé-
« rèse. »

« Je pris la chose comme une plaisanterie et j'ajoutai que la raison des hommes cherche, il est vrai, des ménagères, mais que leur cœur et leur imagination soupirent après d'autres qualités, et que, nous autres ménagères, nous ne pourrions supporter la lutte contre les aimables et jolies demoiselles. J'avais dit ces derniers mots à l'intention de Lydie, car elle ne cachait point que Lothaire eût fait grande impression sur elle, et à cette dernière visite il avait redoublé d'attentions envers elle. Elle était pauvre, n'était pas née, elle ne pouvait penser à se marier avec lui ; mais elle ne pouvait résister au plaisir de charmer et d'être charmée. Je n'avais jamais aimé et je n'aimais pas encore ; mais, quoiqu'il me fût infiniment agréable de voir le cas que faisait de mon caractère un homme que j'estimais, j'avouerai que cela ne me satisfaisait pas entièrement. Je souhaitais qu'il me connût, qu'il s'intéressât personnellement à moi. Ce désir naquit en moi sans que je pensasse nettement aux conséquences qui pouvaient en résulter.

« Le plus grand service que je rendais à ma bienfaitrice était de mettre de l'ordre dans l'exploitation de ses vastes forêts. Ce riche domaine, dont le temps et les circonstances augmentent chaque jour la valeur, était malheureusement abandonné à la routine ; il n'y avait ni plan ni organisation, le vol et les malversations n'avaient point de limites. Plusieurs montagnes étaient déboisées, les plus anciennes coupes seules étaient de même croissance. J'inspectai tout moi-même avec un forestier habile, je fis arpenter les bois, couper, ensemencer, planter, et au bout de peu de temps tout alla au mieux. Pour monter plus facilement à cheval et pour ne pas être embarrassée quand j'allais à pied, je m'étais fait faire des habits d'homme ; j'étais partout, et partout l'on me craignait.

« J'appris que la société de jeunes gens dont Lothaire faisait partie avait organisé une nouvelle chasse ; pour la première fois de ma vie j'eus l'idée de *paraître*, ou, pour ne pas me faire tort, de me montrer ce que j'étais, aux yeux de cet excellent homme. J'endossai mes vêtements d'homme, je me mis un fusil sur l'épaule, et je partis avec notre garde attendre la compagnie à la lisière des bois. Elle arriva. Lothaire ne me reconnut pas tout de suite. Un des neveux de ma bienfaitrice me présenta comme un habile forestier, plaisanta sur ma jeunesse, et fit si fort mon éloge que Lothaire finit par me reconnaître. Le neveu seconda mon projet, comme si nous eussions été d'accord. Il raconta en détail, et en me témoignant sa gratitude, ce que j'avais fait pour les biens de sa tante, et par conséquent pour lui.

« Lothaire l'écouta attentivement, s'entretint avec moi, me questionna sur tout ce qui avait rapport au domaine et à la contrée, et j'eus la satisfaction de pouvoir faire montre devant lui de mes connaissances. Je soutins fort bien l'examen ; je lui soumis différents projets d'amélioration ; il les approuva, me cita plusieurs exemples à l'appui et fortifia mes raisons par la cohésion qu'il leur donna. Ma satisfaction était extrême ; mais heureusement je ne voulais qu'être connue, je ne cherchais pas à être aimée : car... nous rentrâmes à la maison, et je remarquai plus qu'auparavant que ses attentions pour Lydie trahissaient une secrète inclination. J'avais atteint mon but, et cependant je n'étais pas tranquille. Depuis ce jour, il me témoigna une véritable estime et une confiance flatteuse ; il causait presque toujours avec moi, me demandait mon avis et paraissait surtout avoir une foi entière en moi pour ce qui concerne les affaires de ménage, comme si j'eusse tout su. L'intérêt qu'il prenait à mes talents m'encourageait extrêmement ; dès qu'il était question d'économie rurale et de finances, il s'adressait à moi, et en son absence je travaillais à étendre mes connaissances sur la province et même sur le pays tout entier ; cela me fut facile, car ce n'était que la répétition en grand de ce que je savais et connaissais parfaitement en petit.

« Depuis cette époque il vint plus souvent chez nous. On parlait de tout, je puis le dire, mais le plus souvent notre conversation portait sur la science économique, non pas dans le sens étroit du mot. On s'occupait beaucoup des résultats extraordinaires que peut obtenir l'homme par l'emploi conséquent de ses forces, de son temps, de son argent, même quand ces moyens sont restreints en apparence.

« Je ne luttai point contre le penchant qui me dirigeait vers lui, et je ne sentis malheureusement que trop tôt combien mon amour était honnête, pur et sincère, quoique je crusse toujours remarquer que ses fréquentes visites s'adressaient à Lydie et non à moi. Quant à elle, elle en était intimement convaincue ; elle me prit pour confidente : cela me rassura jusqu'à un certain point. Ce qu'elle interprétait si fort à son avantage ne me paraissait nullement significatif ; je ne découvrais aucune trace de projet d'union sérieuse et durable, mais je voyais d'autant plus clairement que le désir de cette fille passionnée était de lui appartenir à tout prix.

« Les choses en étaient là, lorsque ma protectrice me fit un jour une proposition que j'étais loin d'attendre. « Lothaire, me dit-elle, vous offre sa main, et désire vous avoir toute sa vie à côté de lui. » Elle s'étendit sur mes qualités et ajouta — ce qui me fit grand plaisir — que Lothaire était persuadé d'avoir trouvé en moi la personne qu'il avait si longtemps souhaitée.

« J'avais donc atteint le comble du bonheur ; j'étais recherchée par un homme que j'appréciais, auprès de qui et avec qui je prévoyais l'emploi complet, libre, vaste et utile de mon inclination naturelle et des talents acquis par l'expérience. Il me semblait que la somme de mon individualité s'était multipliée à l'infini. Je donnai mon consentement, il vint lui-même, me parla sans témoins, me tendit la main, me regarda fixement, m'embrassa et imprima un baiser sur mes lèvres. Ce fut le premier et le dernier. Il me confia sa position : ce que lui avait coûté sa campagne d'Amérique, les hypothèques qui grevaient ses biens, la sorte de brouille que cela avait amenée entre lui et son grand-oncle, qui continuait cependant à s'occuper de lui, mais à sa façon : il voulait lui faire épouser une femme riche, tandis qu'un homme de bon sens ne doit chercher qu'une bonne ménagère; mais il espérait que sa sœur parviendrait à modifier les idées du vieillard. Il m'exposa l'état de sa fortune, ses plans, ses projets, et me demanda mon concours. Mais il fallait garder le secret jusqu'à ce que l'on eût obtenu le consentement de l'oncle.

« Dès qu'il se fut éloigné, Lydie me demanda s'il m'avait parlé d'elle. Je lui répondis que non, et lui fis une longue et ennuyeuse histoire d'économie rurale. Elle était inquiète, de mauvaise humeur, et les allures de Lothaire, lorsqu'il revint, ne furent pas de nature à la calmer.

« Mais je vois que le soleil est sur son déclin ! c'est heureux pour vous, mon ami; sans cela vous auriez été obligé d'entendre dans ses plus petits détails cette histoire que je me plais tant à me raconter. Abrégeons, nous arrivons à un événement auquel il n'est pas bon de s'arrêter.

« Lothaire me fit faire la connaissance de son excellente sœur; elle sut fort adroitement m'introduire auprès de l'oncle; je gagnai le vieillard : il accéda à nos désirs, et je revins chez ma bienfaitrice avec une bonne nouvelle. L'affaire n'était plus un secret dans la maison; Lydie l'apprit, et refusa d'y croire. Mais lorsque enfin il n'y eut plus moyen de douter, elle disparut subitement, sans qu'on sût ce qu'elle était devenue.

« Le jour de notre mariage approchait; je lui avais plusieurs fois déjà demandé son portrait, et, au moment où il montait à cheval pour partir, je lui rappelai sa promesse. « Vous avez oublié, me dit-il, de me donner le mé-
« daillon où vous désirez qu'il soit ajusté. » C'était un

cadeau d'une de mes amies, auquel je tenais beaucoup. Son chiffre tressé avec ses cheveux était fixé sur le verre supérieur ; à l'intérieur se trouvait une plaque d'ivoire sur laquelle devait être peinte son image, lorsque la mort vint l'enlever. L'amour de Lothaire s'était déclaré à une époque où cette perte m'était encore très-douloureuse, et je désirais remplir avec le portrait de mon ami la place qu'elle m'avait laissée vide dans son cadeau.

« Je cours à ma chambre, je prends mon écrin et je l'ouvre en présence de Lothaire : à peine y a-t-il jeté les yeux qu'il aperçoit un médaillon avec un portrait de femme ; il le prend, le considère avec attention et me dit avec vivacité : « Qui est-ce que représente ce portrait ? — « Ma mère, répondis-je. — J'aurais juré, s'écria-t-il, que « c'était celui d'une dame de Saint-Alban, que j'ai ren- « contrée en Suisse il y a quelques années. — C'est une « seule et même personne, répliquai-je en souriant ; « vous avez de la sorte connu votre belle-mère sans vous « en douter. Saint-Alban est le nom romanesque sous « lequel voyage ma mère ; elle se trouve maintenant en « France, sous ce même nom.

« Je suis le plus malheureux des hommes ! » s'écria-t-il en rejetant le portrait dans la cassette. Il se couvrit les yeux avec la main, et quitta aussitôt la chambre. Il sauta sur son cheval ; je courus au balcon pour le rappeler ; il se retourna, tendit la main vers moi, et s'éloigna rapidement... et je ne l'ai pas revu. »

Le soleil baissait, Thérèse regarda fixement le ciel embrasé, et ses deux beaux yeux se remplirent de larmes.

Thérèse se taisait, et posa ses mains sur les mains de son nouvel ami ; il les baisa avec attendrissement, elle essuya ses larmes et se leva. « Rentrons, dit-elle, et allons nous occuper de notre monde ! »

44.

Au retour, la conversation languit; ils arrivèrent par la porte du jardin, et virent Lydie assise sur un banc; elle se leva et, pour les esquiver, rentra dans la maison; elle avait un papier à la main, et auprès d'elle se tenaient deux petites filles. « C'est, dit Thérèse, sa seule consolation, la lettre de Lothaire, qu'elle porte toujours avec elle. Son ami lui promet de la rappeler bientôt auprès de lui, dès qu'il se sentira mieux; il la prie, en attendant, de rester tranquillement chez moi. Elle s'attache à ces mots, elle se console avec ces lignes, mais les amis de Lothaire sont mal notés chez elle. »

Les enfants s'étaient approchés; ils saluèrent Thérèse et lui rendirent compte de tout ce qui s'était passé à la maison pendant son absence. « Voici encore une de mes occupations, dit-elle à Wilhelm. J'ai fait une association avec l'excellente sœur de Lothaire. Nous élevons en commun un certain nombre d'enfants; je fais les vives et diligentes ménagères, et elle se charge de celles qui montrent un caractère plus calme et plus délicat; car il est juste de pourvoir par tous les moyens au bonheur du mari et de la maison. Si vous faisiez la connaissance de ma noble amie, vous recommenceriez votre vie. Sa beauté, sa bonté, la rendent digne d'être adorée par le monde entier. » Wilhelm n'osa pas dire que, pour son malheur, il connaissait déjà la belle comtesse, que ses relations passagères avec elle seraient pour lui la cause de remords éternels; heureusement pour lui, Thérèse ne continua pas sur ce sujet, et ses affaires la rappelèrent dans la maison. Il se trouvait seul, et cette nouvelle, que la jeune et belle comtesse en était réduite à remplacer par la bienfaisance le bonheur qu'elle avait perdu, l'attrista profondément; il sentait que ce n'était chez elle qu'un besoin impérieux de se distraire, de remplacer les jouissances de la vie par l'espérance de la félicité d'autrui. Il estimait Thérèse heureuse, qui, après ce changement si triste, si inattendu, n'avait besoin de rien changer en elle-même. « Heureux par-dessus tout, s'écria-t-il, celui qui, pour se mettre d'accord avec le sort, n'est pas forcé de rejeter toute sa vie passée! »

Thérèse entra dans la chambre de Wilhelm, en lui demandant pardon de le déranger. « C'est dans ce placard que se trouve toute ma bibliothèque ; ce sont des livres que je ne jette pas plutôt que des livres que je collectionne. Lydie me demande un ouvrage de piété, il s'en trouvera bien quelqu'un là-dedans. Les gens qui sont mondains toute l'année s'imaginent qu'il faut absolument être dévot dans les moments d'affliction ; ce qui est bon et moral leur semble une médecine qu'on prend à contre-cœur, quand on est malade; ils ne voient dans un prêtre, dans un moraliste qu'un médecin qu'on ne peut assez vite mettre à la porte. Quant à moi, je l'avoue, je ne comprends la morale que comme un régime, et un régime qui n'en est un que si l'on s'en fait une règle de vie, qu'on ne perd pas de vue de toute l'année. »

Ils cherchèrent parmi les livres, et trouvèrent quelques-uns de ces ouvrages que l'on appelle édifiants : « C'est de ma mère, dit Thérèse, que Lydie a pris l'habitude de recourir à ces livres. » Elle ne vivait que de romans et de comédies tant que l'amant restait fidèle ; s'il s'éloignait, les livres édifiants rentraient aussitôt en faveur. Je ne puis comprendre, continua-t-elle, qu'on ait pu croire que Dieu nous parle par des livres et des histoires. Celui à qui le monde ne révèle pas immédiatement ses rapports avec nous, à qui son cœur ne dit pas ce qu'il doit aux autres et ce qu'il se doit à lui, celui-là l'apprendra difficilement dans des livres qui ne sont généralement destinés qu'à donner un nom à nos erreurs. »

Elle quitta Wilhelm, qui passa sa soirée à faire la revue de la petite bibliothèque ; ce n'était en effet que des volumes rassemblés au hasard.

Pendant les quelques jours que Wilhelm passa auprès d'elle, Thérèse se montra toujours égale ; elle lui raconta à différentes reprises et avec de grands détails la suite de son histoire ; les jours et les heures, les noms et les lieux étaient présents à sa mémoire, et nous résumons ici ce qu'il est nécessaire que nos lecteurs connaissent.

La cause du brusque changement de Lothaire ne s'expliqua que trop clairement : il avait rencontré dans ses voyages la mère de Thérèse, s'était laissé captiver par ses charmes ; elle n'en avait pas été avare envers lui, et cette malheureuse et passagère aventure l'empêchait de s'unir avec une femme que la nature semblait avoir formée exprès pour lui. Thérèse continua l'exercice de ses devoirs et de ses occupations. On apprit que Lydie s'était arrêtée secrètement dans le voisinage. Elle se réjouit de voir le mariage manqué, quoique pour des raisons inconnues ; elle chercha à se rapprocher de Lothaire, et ce fut plutôt par désespoir que par inclination, par surprise que par réflexion, par ennui que par préméditation qu'il lui accorda ce qu'elle voulait.

Thérèse ne s'en émut point ; elle n'avait plus aucune prétention sur Lothaire, et même, quand elle aurait été sa femme, elle aurait eu assez de courage pour souffrir une relation de ce genre, pourvu qu'elle ne troublât pas l'ordre intérieur de la maison. Elle disait souvent qu'une femme qui sait tenir son ménage doit passer ses petits caprices à son mari, et peut être sûre qu'il lui reviendra un jour ou l'autre.

La mère de Thérèse eut bientôt mis le désordre dans

sa fortune; sa fille en souffrit, car son héritage en fut diminué ; la vieille dame, protectrice de Thérèse, mourut lui léguant le petit domaine et un joli capital. Thérèse sut s'accommoder de cette situation restreinte. Lothaire lui offrit une propriété plus considérable ; ce fut Jarno qui fut chargé de cette mission. Elle refusa. « Je veux montrer dans une petite position, dit-elle, que j'étais digne d'en partager une grande avec lui ; mais je me réserve, si le hasard me met, moi ou les miens, dans l'embarras, de recourir tout d'abord et sans scrupule à mon digne ami. »

Rien ne reste moins caché et sans profit qu'une activité bien dirigée. A peine avait-elle organisé son petit bien que les voisins recherchèrent sa société et ses avis. Le nouveau propriétaire du domaine limitrophe lui donna clairement à entendre qu'il ne tenait qu'à elle d'accepter sa main et de devenir héritière de la plus grande partie de ses biens. Elle avait déjà rapporté cette circonstance à Wilhelm, et plaisantait quelquefois avec lui sur les mariages mal assortis.

« Rien ne donne tant à causer, disait-elle, qu'un mariage que les gens considèrent comme un mariage mal assorti, et cependant ceux-ci sont beaucoup plus communs que les bons, car, au bout de peu de temps, la plupart des unions tournent à mal. Les mélanges de condition amenés par le mariage ne méritent le nom de mésalliance qu'autant qu'une des deux parties ne peut s'assimiler à l'existence naturelle, habituelle, et devenue nécessaire de l'autre partie. Les classes différentes ont des habitudes différentes, qui ne peuvent se partager ni s'échanger, et c'est ce qui fait qu'il vaut mieux ne pas contracter d'union de ce genre; mais il y a des exceptions et d'heureuses exceptions. Le mariage d'une jeune fille et d'un

homme âgé est toujours fort chanceux, et cependant j'en
ai vu parfaitement réussir. Pour moi, je ne connais qu'une
union mal assortie, c'est celle qui me forcerait à l'oisiveté et à la représentation. J'aimerais mieux donner ma
main à quelque honnête fils de fermier du voisinage. »

Wilhelm songea à retourner chez Lothaire, et pria sa
nouvelle amie de faire en sorte qu'il pût faire ses adieux à
Lydie. Cette jeune femme passionnée se laissa persuader,
il lui adressa quelques paroles affectueuses, elle lui répondit : « J'ai surmonté la première douleur ; Lothaire me
sera éternellement cher ; mais je connais ses amis, cela
me fait de la peine de le voir si mal entouré. L'abbé serait
capable, pour un caprice, de laisser les gens dans la détresse, ou même de les perdre complétement. Le médecin voudrait pouvoir tout mettre en équilibre ; Jarno n'a
pas de cœur, et vous... tout au moins pas de caractère.
Retournez là-bas, faites-vous l'instrument de ces trois
hommes, on vous chargera encore de mainte exécution.
Depuis longtemps, je le sais, ma présence les gênait. Je
n'avais pas découvert leur secret ; mais j'avais bien vu
qu'ils me cachaient quelque chose. Pourquoi ces chambres si bien fermées, ces singuliers corridors? Pourquoi
personne ne pouvait-il pénétrer dans la grande tour ?
Pourquoi me reléguaient-ils, aussi souvent qu'ils le pouvaient, dans ma chambre? J'avoue que c'est la jalousie
qui m'a amenée à cette découverte, je craignais qu'une
rivale heureuse ne fût cachée quelque part. Aujourd'hui
je ne le crois plus ; je suis persuadée que Lothaire
m'aime, qu'il est circonvenu par ses faux et artificieux
amis. Si vous voulez lui rendre service, si vous voulez
que je vous pardonne ce que vous m'avez fait, délivrez-
le d'entre les mains de ces hommes. Mais qu'est-ce que
je demande là ! Donnez-lui cette lettre, répétez-lui

ce qu'elle contient : que je l'aimerai toujours, que je m'en remets à sa parole. Ah ! s'écria-t-elle en se levant et se jetant tout en larmes au cou de Thérèse, mes ennemis l'entourent : ils chercheront à lui persuader que je ne lui ai rien sacrifié : l'homme le meilleur aime à s'entendre dire qu'il est digne de tous les sacrifices, sans être obligé à la reconnaissance. »

Les adieux de Thérèse à Wilhelm furent plus gais ; elle comptait le revoir bientôt. « Vous me connaissez tout entière, lui dit-elle, vous m'avez laissée parler tout le temps ; la prochaine fois, ce sera votre tour de me témoigner la même sincérité. »

Pendant ce retour, notre ami eut souvent le temps de repasser dans sa mémoire cette nouvelle et lumineuse apparition. Quelle confiance elle lui avait inspirée ! il pensa à Mignon et à Félix, combien ces enfants seraient heureux sous une pareille surveillance, puis il pensa à lui-même, il sentit quelle félicité ce serait de vivre à côté d'une si pure créature ! Lorsqu'il approcha du château, la tour et les nombreuses galeries, les bâtiments accessoires, le frappèrent encore plus que la première fois. Il résolut d'en parler à la première occasion à Jarno ou à l'abbé.

CHAPITRE VII

Lorsque Wilhelm arriva au château, il trouva le noble Lothaire en pleine convalescence ; le médecin et l'abbé n'étaient plus là, Jarno seul était resté. Au bout de quelques jours le malade put sortir à cheval, tantôt seul, tantôt avec ses amis. Son langage était sérieux et intéressant, sa conversation instructive et fortifiante ; on y saisissait souvent les traces d'une tendre sensibilité, quoiqu'il cherchât à la dissimuler, et, lorsqu'elle se montrait malgré sa volonté, il semblait presque la désavouer.

Un soir, à souper, il était silencieux, quoiqu'il parût de bonne humeur.

« Vous avez dû avoir une aventure, lui dit enfin Jarno, et à coup sûr une aventure agréable.

— Comme vous connaissez votre monde ! répondit Lothaire. Oui, il m'est arrivé une agréable aventure. A une autre époque je ne l'aurais peut-être pas trouvée si charmante que cette fois-ci, où elle m'a si fort impressionné. Je suivais à cheval vers le soir, en deçà de l'eau, à travers le village, un chemin que j'avais bien souvent parcouru dans mes jeunes années. Mes souffrances physiques m'ont sans doute amolli plus que je ne croyais ; je me sentais attendri, et le réveil de mes forces me donnait une nouvelle vie. Je revoyais tous les objets sous le même jour que dans ma jeunesse, plus aimables, plus gracieux, plus charmants qu'ils ne m'avaient paru depuis longtemps. Je sentais bien que c'était faiblesse, mais je me laissais aller, je chevauchais doucement, et je me rendais compte que les hommes aimassent une maladie qui nous procure de si douces sensations. Vous savez peut-être ce qui m'amenait autrefois si souvent sur cette route ?

— Si j'ai bonne mémoire, répondit Jarno, c'était une petite intrigue que vous aviez avec la fille d'un fermier.

— On pourrait bien dire une grosse intrigue, répliqua Lothaire ; car nous nous aimâmes fort, très-sérieusement, et assez longtemps. Aujourd'hui tout s'est réuni par hasard pour me rappeler vivement les premiers temps de notre amour. Les enfants couraient toujours après les hannetons, et le feuillage des chênes n'était pas plus avancé que le jour où je la rencontrai pour la première fois. Il y avait longtemps que je n'avais vu Marguerite, car elle était mariée loin d'ici ; j'avais appris par hasard qu'elle était arrivée depuis quelques semaines avec ses enfants, pour rendre visite à son père.

— Cette promenade n'était pas alors si fortuite ?

— J'avoue, dit Lothaire, que je désirais la trouver. Lorsque je fus à quelque distance de la maison, je vis le père assis devant sa porte ; il avait à côté de lui un enfant d'environ un an. Comme j'approchais, une femme regarda rapidement par la fenêtre de l'étage supérieur, et, arrivé devant la porte, j'entendis quelqu'un descendre l'escalier. Mais quelle fut ma confusion, lorsqu'elle sortit précipitamment, saisit l'enfant dont les chevaux s'étaient trop approchés, et le remporta dans la maison. Ce fut pour moi une impression désagréable, mais mon amour-propre fut un peu dédommagé lorsque je vis une vive rougeur colorer sa nuque et ses oreilles, tandis qu'elle s'enfuyait.

« Je m'arrêtai et je parlai au père ; je guignais en même temps la fenêtre, espérant qu'elle se montrerait ici ou là, mais je ne pus rien voir. Je ne voulais cependant pas demander après elle, je continuai ma route. Mais l'admiration tempérait un peu mon dépit : quoique j'eusse à peine eu le temps de voir son visage, elle ne me parut pas changée : il y a cependant dix ans de cela ! Elle me semblait aussi jeune, aussi svelte, aussi légère, le col plus gracieux encore, des joues toujours aussi promptes à se couvrir d'une aimable rougeur, et avec cela mère de six enfants, sinon davantage. Cette apparition s'accordait si bien avec l'enchantement au milieu duquel je me trouvais, que je poursuivis ma promenade, éprouvant comme un rajeunissement de sentiment, et je ne tournai bride qu'à la forêt voisine, au moment où le soleil se couchait. Quoique la rosée tombante me rappelât les prescriptions du médecin, et qu'il eût été plus raisonnable de rentrer directement à la maison, je fis un détour et repris le chemin de la ferme. Je vis circuler une femme dans le jardin clos par une petite haie. Je franchis la contre-allée pour m'approcher de la haie, et je me trouvai assez près de la personne que je désirais voir.

« Quoique le soleil me lançât dans les yeux ses derniers rayons, je vis qu'elle était occupée près de la haie qui ne la cachait qu'à demi. Je crus reconnaître mon ancienne maîtresse. Comme j'arrivais près d'elle, je m'arrêtai, non sans un certain battement de cœur. Quelques branches d'églantiers balancées par une légère brise m'empêchaient de bien distinguer son visage. Je lui adressai la parole et lui demandai comment elle allait. Elle me répondit à demi-voix : « Fort bien. » En même temps, j'aperçus un enfant qui cueillait des fleurs derrière la haie ; j'en profitai pour lui demander : « Où sont vos autres enfants? — « Ce n'est pas mon enfant, dit-elle; ce serait un peu trop « tôt! » A ce moment, elle se plaça de façon que je pus voir distinctement son visage à travers les branches : je ne sus que penser de cette apparition. C'était ma maîtresse et ce n'était pas elle : plus jeune, plus belle qu'elle n'était dix ans auparavant. « N'êtes-vous pas la fille du fermier, lui demandai-je à moitié troublé?

« — Non, dit-elle; je suis la cousine de Marguerite.

« — Mais vous vous ressemblez d'une façon extraor« dinaire, répondis-je.

« — C'est ce que disent ceux qui l'ont connue il y a dix ans. »

« Je continuai à lui faire différentes questions. Je me plaisais dans mon erreur quoique je l'eusse d'abord découverte. Je ne pouvais me détacher de cette image vivante d'un bonheur passé. L'enfant s'était éloigné pour aller chercher des fleurs auprès de l'étang. Elle me dit adieu et courut après lui.

« Cependant, j'avais appris que mon ancienne maîtresse était bien chez son père, et, tout en continuant ma route, je faisais des conjectures en me demandant si c'était bien elle ou sa cousine qui était venue retirer l'enfant d'auprès des chevaux. Je repassai plusieurs fois cette aventure dans mon esprit, et je n'ai pas souvent éprouvé, que je sache, quelque chose d'aussi agréable. Mais, je le sens bien, je suis encore malade, et nous prierons le docteur qu'il me débarrasse de cette prédisposition. »

Les confidences d'amourettes sont comme les histoires de revenants; lorsqu'on en a raconté une, les autres suivent d'elles-mêmes.

Notre petite société ne manquait pas de souvenirs de ce genre. Ce fut Lothaire qui en eut le plus à dire; les histoires de Jarno présentaient toutes un caractère particulier, et nous savons déjà ce que Wilhelm pouvait avoir à confesser. Il tremblait cependant qu'on ne fît allusion à son aventure avec la comtesse; mais personne ne la lui rappela, même indirectement.

« Il faut avouer, dit Lothaire, qu'il n'y a pas de sensation plus agréable au monde que de voir s'ouvrir le cœur à un nouvel objet après une longue indifférence, et cependant j'aurais bien volontiers renoncé pour toute ma vie à ce bonheur si le sort m'avait permis de m'unir à Thérèse. On n'est pas toujours écolier, et on ne doit pas toujours être un enfant. L'homme qui connaît le monde, qui sait ce qu'il doit y faire, ce qu'il a à en attendre, que doit-il désirer plus que de trouver une compagne qui agit toujours avec lui, qui fait tout préparer pour lui, dont la vigilance se charge de ce que la sienne néglige, dont l'activité s'étend dans toutes les directions, tandis que celle de l'homme ne peut que suivre une voie unique? Quel paradis j'avais rêvé avec Thérèse! Non pas un paradis de félicité chimérique, mais de calme sur la terre : ordre dans le bonheur, courage dans l'adversité, soins du détail, et avec cela une âme capable d'embrasser les plus grandes choses et d'y renoncer ensuite. Ah! je voyais en elle ces qualités dont nous admirons le développement chez les femmes de l'histoire, qui nous les font trouver supérieures à tous les hommes; cette clarté de vues, cette flexibilité qui se plie à toutes les circonstances, cette sûreté d'action dans les choses isolées, qui produit son effet sur l'ensemble, tout cela sans qu'elles paraissent y songer. Vous m'excuserez certainement, continua-t-il en se tournant avec un sourire vers Wilhelm, d'avoir abandonné Aurélie pour Thérèse : avec l'une je pouvais espérer une existence pleine de sérénité, l'autre ne promettait pas une heure de tranquillité.

— Je ne vous cacherai pas, répliqua Wilhelm, que je suis venu ici le cœur plein d'amertume à votre égard et que j'avais résolu de blâmer très-sévèrement votre conduite envers Aurélie.

— Je mérite ce blâme, dit Lothaire; je n'aurais pas dû transformer en amour l'amitié que j'avais pour elle; je n'aurais pas dû, à la place de l'estime dont elle était digne, provoquer une inclination qu'elle ne pouvait ni éveiller ni entretenir. Hélas! elle n'était pas aimable quand elle aimait, et c'est là le plus grand malheur qui puisse arriver à une femme.

— Soit! répliqua Wilhelm, nous ne pouvons pas toujours éviter les actions blâmables, nous ne pouvons pas éviter que nos principes et nos actions ne soient singulièrement détournés de leur direction normale; mais il est certains devoirs qu'il ne faut jamais perdre de vue.

Que les cendres d'une amie reposent en paix ; jetons avec pitié des fleurs sur sa tombe, sans les entremêler de reproches ni de blâme. Mais auprès de la tombe où dort la malheureuse mère, pourquoi ne voulez-vous pas vous intéresser à l'enfant? Un fils dont tout le monde serait fier et que vous paraissez abandonner complétement. Comment pouvez-vous, avec une âme si honnête et si tendre, manquer entièrement des sentiments de l'amour paternel ? Depuis que je suis ici, vous n'avez pas prononcé une syllabe qui eût trait à cette chère créature sur la grâce de laquelle il y aurait tant à dire !

— De qui parlez-vous ? répliqua Lothaire, je ne vous comprends pas.

— De qui, sinon de votre fils, du fils d'Aurélie, du bel enfant à qui rien ne manque que la tendresse d'un père ?

— Vous êtes dans l'erreur, mon ami, répondit Lothaire. Aurélie n'a point de fils, du moins de moi ; je ne sais rien d'aucun enfant, autrement je m'en serais chargé avec joie ; mais, malgré cela, je ne demande pas mieux que de considérer cette petite créature comme un legs venant de mon amie et de prendre soin de son éducation. A-t-elle jamais donné à entendre que cet enfant fût d'elle ou de moi?

— Je ne me souviens pas qu'elle s'en soit exprimée catégoriquement, mais c'était admis comme tel, et je n'en ai pas douté un instant.

— Je peux, dit Jarno, vous donner quelques éclaircissements à ce sujet. Une vieille femme, que vous avez dû voir souvent, amena l'enfant à Aurélie ; elle l'accepta avec passion, espérant qu'il servirait à atténuer sa douleur ; et, en effet, il lui a procuré bien des heureux moments. »

Cette découverte troubla fort Wilhelm ; il pensa aussitôt à la bonne Mignon et au beau Félix ; il manifesta le désir de retirer ces deux enfants de la situation où ils se trouvaient.

« Rien n'est plus facile, dit Lothaire, nous confierons à Thérèse cette bizarre petite fille, elle ne peut tomber en de meilleures mains ; et, quant au garçon, je pense que le mieux sera de le prendre avec nous : car ce que les femmes ont laissé d'imparfait en nous, les enfants le corrigent lorsque nous vivons avec eux.

— Je suis d'avis avant tout, ajouta Jarno, que vous renonciez décidément au théâtre, pour lequel vous n'avez pas le moindre talent. »

Wilhelm fut un peu saisi ; il lui fallut se contenir, car les rudes paroles de Jarno avaient blessé son amour-propre. « Vous me rendrez service de me le démontrer, répondit-il avec un sourire contraint, quoique ce soit un triste service à rendre aux gens de les arracher à leur rêve favori.

— Sans nous arrêter plus longtemps sur ce sujet, répliqua Jarno, je vous conseillerai d'amener d'abord les enfants ; le reste viendra de soi-même.

— J'y suis tout disposé, dit Wilhelm ; je suis inquiet et curieux de savoir si je ne découvrirai pas quelque chose de plus précis sur le sort de cet enfant ; je désire aussi revoir cette petite fille qui s'est attachée à moi d'une façon si singulière. »

On décida qu'il partirait au plus tôt.

Le lendemain il était prêt, son cheval sellé, il ne lui restait plus qu'à prendre congé de Lothaire. Lorsque vint l'heure du repas, on se mit à table, comme d'habitude, sans attendre le maître de la maison ; il arriva en retard et s'assit à côté de ses amis.

« Je gagerais, dit Jarno, que vous avez soumis aujourd'hui votre tendre cœur à une nouvelle épreuve ; vous n'avez pu résister à la curiosité de revoir votre ancienne maîtresse.

— Il a deviné ! répondit Lothaire.

— Racontez-nous comment cela s'est passé, je suis extrêmement curieux de le savoir.

— J'avoue, reprit Lothaire, que l'aventure me tenait plus à cœur qu'il n'aurait fallu ; je résolus de retourner là-bas pour bien voir la personne dont la jeune image m'avait fait une si douce illusion. Je mis pied à terre à quelque distance de la ferme, et je fis éloigner les chevaux pour ne pas déranger les enfants qui jouaient devant la porte. J'entrai dans la maison, et le hasard fit qu'elle vint à ma rencontre, car c'était elle ; je la reconnus, quoiqu'elle fût bien changée. Elle était devenue plus forte et semblait plus grande ; sa grâce transparaissait à travers un maintien tranquille, et sa gaieté avait fait place à un calme rêveur. Sa tête, qu'elle portait autrefois si haute et si gracieuse, était un peu inclinée, et des rides légères se dessinaient sur son front.

« Elle baissa les yeux lorsqu'elle me vit, mais aucune rougeur ne dénota une émotion intérieure. Je lui tendis la main, elle me donna la sienne ; je lui demandai où était son mari : il était absent ; ses enfants : elle alla vers la porte, les appela, et tous accoururent et se rangèrent autour d'elle. Il n'y a rien de plus charmant qu'une mère avec un enfant dans les bras, rien de plus vénérable qu'une mère entourée d'enfants. Je lui demandai le nom des petits, uniquement pour dire quelque chose. Elle me pria d'entrer et d'attendre son père. J'acceptai ; elle me conduisit dans la salle, où je retrouvai presque chaque chose à son ancienne place, et sa belle cousine, son portrait vivant, était assise sur l'escabeau derrière le rouet, dans l'attitude où j'avais si souvent vu mon amante. Une petite fille, qui ressemblait parfaitement à sa mère, nous avait suivis; de sorte que par cette rencontre singulière, je me trouvais entre le passé et l'avenir, comme dans un bois d'oranger où croissent, dans un étroit espace, des fleurs et des fruits à différents degrés de maturité. La cousine sortit pour chercher quelques rafraîchissements ; je donnai la main à cette créature autrefois tant aimée, et lui dis : « J'éprouve « une véritable joie de vous revoir. — Vous êtes bien « bon de me dire cela : mais moi, je puis vous assurer « que j'en ressens une joie inexprimable. Combien de fois « ai-je souhaité de vous revoir encore une fois dans ma « vie ; je l'ai souhaité dans des moments que je croyais « bien être les derniers. » Elle disait cela d'une voix assurés, sans émotion, avec cette simplicité qui m'avait autrefois tant charmé. La cousine revint, puis le père... et je vous laisse à penser avec quels sentiments je restai, avec quel sentiment je m'éloignai. »

CHAPITRE VIII

En se dirigeant vers la ville, Wilhelm pensait aux nobles femmes qu'il connaissait et dont il avait entendu parler; leurs étranges destinées, malheureuses pour la plupart, lui revenaient en mémoire. « Hélas, s'écriait-il, pauvre Marianne ! Qu'aurai-je encore à apprendre sur ton sort ! Et toi, superbe amazone, mon ange gardien, à qui je dois tant, que j'espère rencontrer partout et que je ne trouve nulle part, au milieu de quelles tristes circonstances te retrouverai-je peut-être, si je te revois jamais ! »

Arrivé à la ville, il ne rencontra personne de ses connaissances à la maison; il courut au théâtre, espérant les trouver à la répétition ; tout était silencieux ; le bâtiment paraissait vide, cependant il vit un volet ouvert. Arrivé sur la scène, il trouva l'ancienne servante d'Aurélie occupée à coudre de la toile pour une nouvelle décoration ; il y avait juste assez de jour pour éclairer son travail. Félix et Mignon étaient assis par terre à côté d'elle ; ils tenaient chacun un livre, et, pendant que Mignon lisait à voix haute, Félix répétait les mots après elle comme s'il eût connu les lettres et s'il eût su lire lui-même.

Les enfants se levèrent et saluèrent le nouvel arrivé ; il les embrassa tendrement, et les mena plus près de la vieille. « Est-ce toi, lui dit-il d'un ton grave, qui as amené cet enfant à Aurélie ? » Elle leva les yeux de dessus son ouvrage et tourna son visage vers lui ; la lumière éclairait en plein la figure de cette femme ; il fut saisi de frayeur et recula de quelques pas ; c'était la vieille Barbara.

« Où est Marianne ? s'écria-t-il.

— Loin d'ici, répondit la vieille.

— Et Félix ?...

— Est le fils de cette malheureuse mais trop tendre créature. Puissiez-vous ne jamais éprouver les maux que vous nous avez coûtés ! Puissiez-vous rendre le trésor que je vous livre aussi heureux qu'il nous a rendues malheureuses ! »

« Elle se leva pour sortir. Wilhelm la retint par le bras. « Je ne songe pas à vous échapper, dit-elle, je vais chercher un document qui vous causera de la joie et de la douleur. » Elle s'éloigna, et Wilhelm se mit à considérer l'enfant avec une satisfaction inquiète ; il n'osait pas encore s'en dire le père. « Il est à toi, s'écria Mignon, il est à toi ! » Et elle poussa l'enfant contre les genoux de Wilhelm.

La vieille revint et lui présenta une lettre. « Voici les dernières paroles de Marianne, dit-elle.

— Elle est morte ! s'écria-t-il.

— Morte, dit-elle ; je voudrais pouvoir vous épargner les reproches ! »

Plein de trouble et d'émotion, Wilhelm ouvrit la lettre, mais à peine eut-il lu les premiers mots que la douleur le saisit dans toute son amertume ; il laissa tomber le papier, se jeta sur un banc de gazon, et y resta quelques instants sans mouvement. Mignon s'empressa auprès de lui. Pendant ce temps, Félix avait ramassé la lettre, et harcela si longtemps sa camarade, qu'elle finit par céder, s'assit auprès de lui et se mit à lire. Félix répétait les mots, Wilhelm était obligé de les entendre deux fois :

« Si ce papier arrive jamais à toi, pleure ton ancienne « maîtresse. Ton amour l'a tuée. Cet enfant, à qui je ne « survis que quelques jours, est le tien. Je meurs fidèle, « quoi que puissent dire les apparences ; avec toi, j'ai « perdu tout ce qui m'attachait à la vie. Je meurs con-« tente, car on m'assure que l'enfant est bien constitué « et vivra. Écoute ce que te dira la vieille Barbara ; « adieu, et ne m'oublie pas ! »

Quelle lettre douloureuse, et, heureusement pour sa sensibilité, à demi énigmatique. Il n'en comprit bien le contenu que lorsque les enfants l'eurent relue en bégayant et en s'arrêtant à chaque mot.

« Vous savez tout, maintenant, s'écria la vieille sans attendre que Wilhelm fût remis ; remerciez le ciel de ce qu'après la perte d'une si bonne créature, il vous reste un si charmant enfant. Rien n'égalera votre douleur, lorsque vous saurez qu'elle vous est restée fidèle jusqu'à la fin, qu'elle a été bien malheureuse et qu'elle vous a tout sacrifié.

— Fais-moi vider en même temps la coupe de l'affliction et de la joie ! s'écria Wilhelm. Prouve-moi, persuademoi au moins qu'elle était bonne, qu'elle méritait mon estime comme mon amour, et abandonne-moi ensuite à la douleur que me cause cette perte irréparable !

— Ce n'est pas le moment, répliqua la vieille ; j'ai à faire, et je ne tiens pas à ce qu'on nous trouve ensemble. Cachez à tout le monde que Félix est votre fils ; j'aurais à essuyer trop de reproches de toute la société pour ma dissimulation. Mignon ne nous trahira pas, elle est bonne et discrète.

— Je le savais depuis longtemps et je ne disais rien, répondit Mignon.

— Est-ce possible ! s'écria la vieille.

— D'où le savais-tu ? interrompit Wilhelm.

— C'est l'esprit qui me l'a dit.

— Où ? où ?

— Dans la cave ; lorsque le vieillard tira son couteau, on me cria : « Appelle son père : » et j'ai pensé à toi.

— Qui donc t'a crié cela ?

— Je ne sais ; dans le cœur, dans la tête. J'étais dans l'angoisse, je tremblais, je priais, j'entendis ce cri, et je compris. »

Wilhelm la serra sur son cœur, lui recommanda Félix, et s'éloigna. Il remarqua en sortant qu'elle était beaucoup plus pâle et plus maigre que lorsqu'il l'avait quittée. Madame Mélina fut la première personne qu'il trouva. Elle le reçut de la façon la plus amicale. « Puissiez-vous trouver chez nous, lui dit-elle, tout comme vous le désirez !

— J'en doute, répondit Wilhelm, et je ne m'y attends pas. Avouez qu'on a pris toutes ses mesures pour se passer de moi.

— Aussi, pourquoi êtes-vous parti ? répliqua-t-elle.

— On ne saurait d'assez bonne heure apprendre combien l'on est peu nécessaire en ce monde. Nous croyons être des personnages importants ; nous nous figurons que seuls nous animons le cercle dans lequel nous agissons ; nous nous imaginons que pendant notre absence la vie, l'alimentation, la respiration seront suspendues, tandis que le vide que nous avons fait se remarque à peine ; il se comble aussitôt, et à la place il survient souvent quelque chose, sinon de meilleur, du moins de plus agréable.

— Et ne compterons-nous pour rien la douleur de nos amis ?

— Ce que nos amis ont de mieux à faire, c'est de se consoler au plus tôt, et de se dire : « Là où tu es, là où tu « restes, fais ce que tu peux, sois actif et serviable, et « profite des plaisirs que t'offre l'heure présente. »

Des informations plus précises apprirent à Wilhelm ce qu'il avait présumé. L'opéra fonctionnait et attirait toute l'attention du public. Ses rôles avaient été confiés à Laertes et à Horatio, et tous deux obtenaient des spectateurs un succès beaucoup plus éclatant que lui.

Laertes entra, et madame Mélina s'écria : « Voyez donc cet heureux homme, qui sera bientôt capitaliste, ou Dieu sait quoi encore ! » Wilhelm l'embrassa ; il sentit que son habit était de drap fin : le reste de son costume était simple, mais de la meilleure étoffe.

« Expliquez-moi cette énigme ? dit Wilhelm.

— Vous aurez le temps d'apprendre, répondit Laertes, que mes allées et mes venues sont désormais payées, que le chef d'une grande maison de commerce tire profit de mon inquiétude, de mes connaissances et de mes relations, et me fait une remise sur mes courtages ; je donnerais beaucoup pour pouvoir me procurer dans ce commerce de la confiance dans les femmes, car il y a dans la maison une jolie nièce, et je vois bien que, si je voulais, je serais bientôt, moi aussi, capitaliste.

— Vous ne savez sans doute pas, dit madame Mélina, qu'on s'est marié aussi chez nous? Serlo s'est uni officiellement à la belle Elmire, le père n'ayant pas voulu tolérer leur secrète liaison. »

Ils s'entretinrent ainsi de tout ce qui s'était passé pendant l'absence de Wilhelm, et il lui fut facile de voir, à l'esprit et aux idées de la société, qu'il était congédié depuis longtemps.

Il attendait avec impatience la vieille, qui lui avait annoncé sa visite pour une heure fort avancée de la nuit. Elle ne voulait venir que lorsque tout dormirait, et exigea les précautions qu'emploierait une jeune fille qui voudrait se glisser chez son premier amant. Il relut plus de cent fois la lettre de Marianne, il relut avec un inexprimable ravissement ce mot *fidèle* écrit de sa main adorée, et avec épouvante la nouvelle de cette mort, qu'elle ne semblait pas prévoir.

Il était plus de minuit, lorsqu'un léger bruit se fit entendre du côté de la porte entr'ouverte, et la vieille entra portant un panier. « Il faut, dit-elle, que je vous fasse le récit de nos souffrances : vous êtes assis là, tranquillement, et je suppose que vous ne m'avez si exactement attendue que pour satisfaire votre curiosité, vous enveloppant aujourd'hui, comme autrefois, de votre froid égoïsme, tandis que notre cœur se brisait. Mais, voyez! De même, que cet heureux soir, j'apportai une bouteille de champagne, je posai trois verres sur la table, et vous commençâtes à nous leurrer, et à nous endormir avec vos contes d'enfants, de même, aujourd'hui, je vais vous éclairer et vous tenir éveillé en vous rapportant de tristes vérités. »

Wilhelm resta tout interdit en voyant la vieille faire sauter le bouchon et remplir les trois verres.

« Buvez, s'écria-t-elle après avoir vidé le verre plein

de mousse ; buvez, avant que le gaz s'évapore ! Ce verre-ci doit rester intact, en souvenir de ma malheureuse amie. Comme ses lèvres étaient rouges lorsqu'elle but avec vous ce jour-là ! Maintenant, hélas ! elles sont pâles et glacées pour jamais !

— Sibylle, furie ! s'écria Wilhelm en bondissant de sa chaise et en frappant du poing la table, quel démon te possède et te pousse ? Pour qui me prends-tu, que tu croies que le simple récit de la mort et des souffrances de Marianne ne me fera pas assez de mal sans que tu aies recours à cette infernale mise en scène qui augmente mon martyre ? Si ton ivrognerie est assez insatiable pour qu'il te faille t'enivrer à un repas funèbre, bois et parle. Tu m'as toujours fait horreur, et maintenant encore je ne puis me figurer Marianne innocente quand je te regarde, toi, sa compagne.

— Doucement, Monsieur, répliqua la vieille ; vous ne me ferez pas perdre contenance. Vous nous devez encore beaucoup, et on ne se laisse pas malmener par un débiteur. Mais vous avez raison ; le plus simple récit vous punira assez. Écoutez donc la lutte et la victoire de Marianne qui a voulu rester à vous.

— A moi ! s'écria-t-il, quel conte vas-tu me faire ?

— Ne m'interrompez point, dit-elle ; écoutez-moi et croyez ce que vous voudrez, aujourd'hui cela est bien indifférent. Le dernier soir que vous vîntes chez nous, n'avez-vous pas trouvé et emporté un billet ?

— Je ne trouvai ce papier qu'après l'avoir emporté ; il était enveloppé dans le fichu que, dans la ferveur de mon amour, j'avais saisi et caché sur moi.

— Que contenait cette lettre ?

— L'espérance manifestée par un amant mécontent d'être mieux reçu la nuit prochaine que la veille. Et on lui a tenu parole ; je l'ai vu de mes propres yeux, car le matin, avant le jour, il sortit de votre maison.

— Vous pouvez l'avoir vu ; mais ce qui se passa chez nous, combien cette nuit fut triste pour Marianne et pénible pour moi, vous allez l'apprendre. Je serai sincère ; je ne veux ni m'excuser, ni nier d'avoir conseillé à Marianne de se donner à un certain Norberg ; elle consentit, je devrais dire elle obéit avec répugnance. Il était riche, il paraissait amoureux, et j'espérais qu'il serait constant. A cette époque il dut partir en voyage et Marianne fit votre connaissance. Que n'ai-je pas eu alors à souffrir, à empêcher, à tolérer. «Oh! s'écria-t-elle plusieurs fois, si tu avais « fait grâce quatre semaines encore à ma jeunesse, à mon in- « nocence, j'aurais trouvé un digne objet pour mon amour; « je serais devenue digne de lui, et l'amour aurait pu don- « ner avec la conscience pure ce que j'ai vendu contre ma « volonté. » Elle s'abandonna tout entière à sa passion, et je n'ai pas besoin de vous demander si vous fûtes heureux. J'avais une influence sans bornes sur son esprit, car je connaissais tous les moyens de satisfaire ses petits caprices ; mais je ne pouvais rien sur son cœur, car elle n'approuvait jamais ce que je faisais pour elle, ce que je lui conseillais, lorsque son cœur ne l'y poussait pas ; elle ne se rendait qu'au besoin impérieux, et le besoin se montra bientôt fort pressant. Pendant sa jeunesse elle n'avait jamais manqué de rien ; sa famille avait perdu sa fortune par une suite de revers ; la pauvre fille était habituée à toutes sortes de besoins, et l'on avait gravé dans son petit cœur certains bons principes qui la troublaient sans lui servir à grand'chose. Elle n'avait pas la moindre habileté dans les affaires du monde ; elle était innocente dans le sens propre du mot; elle n'avait pas l'idée qu'on pût acheter sans payer ; rien ne la rendait plus malheureuse que d'avoir des dettes ; elle aimait toujours mieux donner que recevoir, et une pareille situation devait l'amener à se donner elle-même, pour payer une foule de petites dettes.

— Et n'aurais-tu pas pu la sauver ? dit Wilhelm.

— Oui, répondit la vieille, en souffrant la faim, la douleur, les privations, et je n'ai jamais eu de goût pour cela.

— Épouvantable, ignoble entremetteuse ! c'est ainsi que tu as immolé la malheureuse créature ? Tu l'as sacrifiée à ton gosier, à ton insatiable appétit ?

— Vous feriez mieux de vous calmer, répliqua Barbara, et de garder pour vous vos injures ; si vous voulez les placer, allez dans vos grandes familles de la haute société. Là, vous verrez des mères fort inquiètes de trouver pour une aimable et céleste jeune fille l'homme le plus abominable, pourvu qu'il soit le plus riche. La pauvre créature tremble et frémit en pensant à son sort, et ne se console que lorsqu'une amie expérimentée lui fait comprendre que le mariage seul lui donne le droit de disposer à son gré de son cœur et de sa personne.

— Tais-toi, s'écria Wilhelm ; crois-tu qu'un crime puisse en excuser un autre ? Raconte, sans plus faire d'observations.

— Écoutez-moi donc sans me blâmer. Ce fut contre ma volonté que Marianne se donna à vous. Dans cette aventure, du moins, je n'ai rien à me reprocher. Norberg revint et courut chez Marianne, qui le reçut froidement et ne lui permit pas même un baiser. J'employai toute mon adresse pour excuser sa conduite ; je lui dis qu'un prêtre avait influencé sa conscience, et qu'on devait respecter la conscience tant qu'elle parle. Je le décidai à se tenir à l'écart, et lui promis d'agir de mon mieux. Il était riche et grossier, mais il avait bon cœur au fond et aimait extrêmement Marianne. Il me promit de prendre patience, et je travaillai activement pour ne pas trop le mettre à l'épreuve. J'eus un rude combat à soutenir contre Marianne ; je la décidai, je devrais plutôt dire je la forçai, en la menaçant de la quitter, à écrire à son amant et à l'inviter à venir passer la nuit chez elle. Vous arrivâtes, et le hasard fit qu'en enlevant le mouchoir, vous prîtes la réponse. Votre présence inattendue avait dérangé mon jeu. A peine fûtes-vous parti que le tourment la reprit ; elle jura qu'elle ne pouvait vous être infidèle ; elle se passionna, s'exalta tellement qu'elle m'en fit sincèrement pitié. Je finis par lui promettre de calmer Norberg encore pour cette nuit et de l'éloigner sous un prétexte quelconque ; je voulus la faire coucher, mais elle parut se défier de moi ; elle resta habillée et s'endormit dans cet état, agitée et baignée de larmes.

« Norberg arriva. J'essayai de le contenir ; je lui dépeignis sous les plus noires couleurs les remords de conscience, le repentir de Marianne. Il ne voulait que la voir, et j'allai dans la chambre pour la préparer. Il marchait derrière moi, et nous arrivâmes tous deux en même temps auprès de son lit. Elle se réveilla, fit un bond furieux et s'arracha de nos bras ; elle pria, supplia, menaça, et jura qu'elle ne céderait pas. Elle eut l'imprudence de laisser échapper au sujet de sa véritable passion quelques mots auxquels le pauvre Norberg donna un sens spirituel. Il se retira enfin et elle s'enferma. Je le retins encore longtemps ; je lui parlai de la situation de Marianne, lui dis qu'elle était enceinte, et qu'il fallait ménager la pauvre fille. Il se sentit si fier de sa paternité, si heureux d'avoir un enfant, qu'il accorda tout ce qu'elle lui demandait ; il promit de s'éloigner pour quelque temps plutôt que de faire souffrir son amante et de nuire à sa santé par de pareilles émotions. C'est dans de pareils sentiments qu'il sortit le matin de chez nous, et vous, Monsieur, qui avez si bien fait sentinelle, votre bonheur eût été complet si vous aviez pu voir dans le cœur de votre rival, que vous croyiez si favorisé, si heureux, et dont l'apparition vous mettait au désespoir.

— Dis-tu vrai ? s'écria Wilhelm.

— Aussi vrai que j'espère vous mettre encore au désespoir.

« Oui, assurément, vous seriez désespéré, si je pouvais dépeindre exactement la matinée que nous passâmes ce jour-là. Elle se réveilla toute joyeuse ; elle m'appela d'une voix affectueuse ; elle me remercia vivement et me pressa tendrement sur son cœur. « Maintenant, dit-elle « en souriant et s'approchant de son miroir, je puis être « contente de moi, de ma beauté, car je m'appartiens, « j'appartiens à mon unique et adoré ami. Comme il m'est « doux d'avoir triomphé ! Quelle céleste sensation que « de suivre son cœur ! Comme je te suis reconnaissante « d'avoir eu pitié de moi, d'avoir mis de mon côté ta sa-« gesse et ton intelligence ! Assiste-moi et songe à ce qui « peut me rendre complétement heureuse. »

« Je cédai : je ne voulais pas l'irriter ; je flattai ses espérances et elle me fit mille caresses. Quittait-elle un instant la fenêtre, il fallait que je fisse sentinelle, car vous pouviez passer par hasard ; on voulait au moins vous voir. Ainsi se passa la journée. La nuit, à l'heure habituelle, nous vous attendions en toute assurance. Je faisais le guet sur l'escalier ; le temps me parut long et je revins auprès d'elle. A ma grande surprise, je la retrouvai dans son costume d'officier ; elle avait un air de sérénité et de grâce indicibles. « Est-ce que je ne mérite pas, dit-elle, de met-« tre aujourd'hui un habit militaire ? Ne me suis-je pas

« bravement conduite ? Il faut que mon amant me voie au-
« jourd'hui telle qu'il m'a vue la première fois ; je le pres-
« serai sur mon cœur avec autant de tendresse et plus
« d'assurance qu'alors ; car ne suis-je pas aujourd'hui
« beaucoup plus à lui qu'autrefois, où une noble résolu-
« tion ne m'avait pas encore affranchie? Mais, ajouta-
« t-elle après quelques instants de réflexion, ma victoire
« n'est pas complète encore ; il faut risquer tout pour être
« digne de lui, pour être sûre de le posséder ; je veux tout
« lui découvrir, lui avouer ma situation, et lui faire dire
« s'il veut me garder ou me repousser. Voilà la scène que
« je lui prépare, que je me prépare à moi-même, si son
« cœur est capable de me repousser ; je n'appartiendrai
« plus qu'à moi-même, je trouverai ma consolation dans
« mon châtiment, et je supporterai tout ce qu'il plaira
« au sort de m'imposer. »

« C'est dans de pareilles dispositions, avec de pareilles
espérances, Monsieur, que vous attendait l'aimable fille ;
vous ne vintes pas. Oh ! comment décrire son anxiété ?.. Je
te vois encore; avec quel amour, quelle ferveur tu parlais
de l'homme dont tu n'avais pas encore éprouvé la cruauté!

— Ma bonne, ma chère Barbara, s'écria Wilhelm en se
levant et en prenant les mains de la vieille ; assez de dissimulation, assez de préparations! Ton accent tranquille
et joyeux t'a trahie. Rends-moi Marianne ; elle vit, elle est
près d'ici. Ce n'est pas pour rien que tu as choisi pour
venir me voir cette heure avancée et solitaire, que tu
m'as préparé par ce récit ravissant. Où est-elle? Où l'as-tu
cachée ? Je crois tout, je te promets de tout croire, si tu
me la montres, si tu la rends à mes embrassements. J'ai
déjà vu voltiger son ombre, laisse-moi la presser sur mon
cœur. Je veux tomber à ses genoux, lui demander pardon;
je veux la féliciter de ce combat, de cette victoire rem-

portée sur elle et sur toi ; je veux lui montrer mon Félix.
Viens ? Où l'as-tu cachée ? Ne la laisse pas, ne me laisse
pas plus longtemps dans l'incertitude. Tu as atteint ton
but. Où est-elle ? Viens, que je l'éclaire avec ce flambeau,
que je revoie son gracieux visage ! »

Il avait arraché la vieille de sa chaise. Elle le regarda
fixement ; des larmes jaillirent de ses yeux, et une affreuse
douleur s'empara d'elle.

« Quelle malheureuse erreur, s'écria-t-elle, vous laisse
encore un instant d'espoir ! Oui, je l'ai cachée, mais sous
la terre ; ni la lumière du soleil ni un flambeau discret
n'éclaireront plus son gracieux visage. Conduisez le bon
Félix sur sa tombe, et dites-lui : « Ici repose ta mère, que
« ton père a condamnée sans l'entendre. » Son cher cœur
ne bat plus d'impatience de vous voir ; elle n'est point
dans une chambre voisine, attendant la fin de mon récit
ou de ma fable ; elle habite la sombre chambre où le
fiancé ne nous suit pas, d'où l'on ne va pas au-devant
de son bien-aimé.

Elle se laissa tomber devant une chaise et se mit à
pleurer amèrement. Wilhelm comprit enfin que Marianne
était bien morte ; il se trouvait dans un état pitoyable. La
vieille se releva : « Je n'ai plus rien à vous dire, s'écria-
t-elle en jetant un paquet sur la table. Cette correspondance achèvera de confondre votre cruauté ; lisez-la d'un
œil sec, si vous le pouvez. » Elle s'esquiva sans bruit, et
cette nuit-là Wilhelm n'eut pas le courage d'ouvrir le portefeuille ; il l'avait donné à Marianne, et il savait qu'elle y
plaçait soigneusement toutes les lettres qu'elle recevait
de lui. Le lendemain il fit un effort sur lui-même ; il délia
le ruban, et trouva tous les petits billets écrits de sa main
au crayon ; ils lui rappelaient chaque moment de leur
liaison, depuis le jour de leur agréable rencontre jusqu'à

celui de leur cruelle séparation. Mais ce ne fut pas sans une profonde douleur qu'il parcourut une série de billets à son adresse, et que Werner avait renvoyés, comme il le vit par le contenu.

« Aucune de mes lettres n'a pu te parvenir ; mes prières et mes supplications n'ont pu arriver jusqu'à toi. Est-ce toi qui as eu la cruauté de donner ces ordres ? Ne te reverrai-je plus jamais ? Je fais une dernière tentative : je t'en prie, viens ! oh viens ! je ne te retiendrai pas, je veux seulement te presser encore une fois sur mon cœur. »

« Lorsque autrefois j'étais assise auprès de toi, que je tenais tes mains, que je te regardais, et que je te disais, avec tout l'épanchement de l'amour et de la confiance : « Cher, cher et excellent homme ! » tu aimais à m'entendre ; il fallait te le répéter souvent, et aujourd'hui je te répète encore : « Cher, cher et excellent homme ! sois « bon comme tu l'étais alors, et ne me laisse pas périr « dans ma désolation ! »

« Tu me crois coupable ; je le suis en effet, mais pas comme tu le crois. Viens, que j'aie du moins cette consolation de me faire connaître tout entière à toi, et ensuite, qu'il advienne de moi ce qu'on voudra. »

« Ce n'est pas pour moi seulement, c'est aussi pour toi que je te supplie de venir. Je sens les insupportables douleurs que tu souffres en me fuyant ; viens, que notre séparation soit un peu moins cruelle ! Je n'ai peut-être jamais été plus digne de toi que dans le moment où tu me plongeas dans une désolation sans bornes. »

———

« Par tout ce qui est sacré, par tout ce qui peut toucher un cœur d'homme, je t'implore ! Il s'agit d'une âme, il s'agit d'une existence, de deux existences, dont l'une doit t'être éternellement chère. Ta défiance ne le croira pas, et cependant je le déclarerai à l'heure de la mort : l'enfant que je porte dans mon sein est le tien. Depuis que je t'aime, personne ne m'a même serré la main. Oh ! si ton amour, si ta loyauté avaient voulu être les compagnons de ma jeunesse ! »

———

« Tu ne veux pas m'écouter ? Il va donc falloir me taire ; mais ces feuilles ne seront point perdues ; peut-être te parleront-elles encore lorsque le linceul aura recouvert mes lèvres, lorsque la voix de ton repentir ne pourra plus arriver jusqu'à mes oreilles... A travers ma triste existence et jusqu'à mon dernier moment, ma seule consolation sera de me dire que je suis restée sans reproches, si je ne puis me dire innocente. »

Wilhelm ne put continuer ; il s'abandonna à sa douleur. Mais son tourment fut plus violent, lorsque Laertes entra et qu'il dut s'efforcer de dissimuler ses sentiments. Celui-ci tira une bourse pleine de ducats, les compta et les additionna, et assura à Wilhelm qu'il n'y avait rien de plus beau au monde que d'être en passe de devenir riche ; rien ne peut plus alors nous arrêter ni nous troubler. Wilhelm se souvint de son rêve et sourit ; mais en même temps il se rappela avec terreur que dans cette vision Marianne l'avait fui pour suivre son père mort, et que tous deux, voltigeant comme des ombres, tournaient autour du jardin.

Laertes l'arracha à sa triste rêverie, et le conduisit au café, où plusieurs individus, qui suivaient autrefois assidûment ses représentations, s'empressèrent autour de lui ; ils étaient heureux de le revoir, mais regrettaient qu'il eût quitté la scène ; ils parlèrent avec tant de justesse et d'intelligence de lui et de son jeu, de son talent, de ce qu'il promettait, que Wilhelm ému finit par s'écrier : « Oh ! combien ces éloges m'auraient été chers il y a quelques mois ! Comme ils m'auraient éclairé et réjoui ! Je n'aurais jamais détourné, comme je l'ai fait, mon cœur du théâtre, et je n'en serais pas venu à douter du public !

— C'est là où il ne faut jamais en venir, dit un homme âgé qui entra dans ce moment. Le public est nombreux ; la vraie intelligence et le vrai sentiment ne sont pas si rares qu'on le croit ; seulement l'artiste ne doit pas exiger pour son œuvre une approbation sans restriction, car une telle approbation n'a pas de valeur, et ces messieurs n'aiment pas les restrictions. Je sais bien que, dans la vie comme dans l'art, on doit se consulter lorsqu'on veut faire et produire une œuvre ; mais lorsque l'œuvre est créée et achevée, on n'a qu'à écouter avec attention beaucoup de monde et, avec un peu de pratique, on arrive à se faire un jugement complet de ces différentes voix, car ceux qui pourraient nous épargner cette peine se taisent la plupart du temps.

— C'est précisément ce qu'ils ne devraient pas faire, dit Wilhelm ; j'ai si souvent remarqué que ceux qui gardent eux-mêmes le silence sur de bons ouvrages regrettent et blâment ce silence.

— Aussi, nous parlerons aujourd'hui, s'écria un jeune homme. Vous souperez avec nous, et nous vous payerons la dette de plaisir que nous devons à vous et aussi à la bonne Aurélie. »

Wilhelm n'accepta pas l'invitation, et se rendit chez madame Mélina, pour l'entretenir des enfants qu'il voulait retirer de chez elle.

Wilhelm ne sut pas garder le secret de la vieille. Il se trahit en revoyant le beau Félix. « O mon enfant, s'écria-t-il, mon cher enfant! » Il le souleva de terre et le serra contre son cœur. « Mon père, que m'as-tu apporté? dit l'enfant. » Mignon les regardait tous deux, comme pour les avertir de ne pas se trahir.

« Quelle est cette nouvelle scène? » dit madame Mélina. On écarta les enfants, et Wilhelm, qui ne se croyait pas tenu à un secret rigoureux envers la vieille, avoua toute l'affaire à son amie. Madame Mélina le regarda en souriant. « Oh! la crédulité des hommes! s'écria-t-elle. Lorsque quelque chose se trouve sur leur chemin, rien n'est plus facile que de le leur mettre sur les bras ; mais, malgré cela, ils n'en regardent pas plus à droite ni à gauche, et ne savent rien apprécier que ce qu'ils ont marqué du sceau d'une passion arbitraire. » Elle ne put retenir un soupir, et si Wilhelm n'avait pas été aveugle, il aurait reconnu chez elle une inclination qu'elle n'avait jamais pu vaincre entièrement.

Il l'entretint des enfants, lui dit qu'il voulait prendre Félix avec lui et envoyer Mignon à la campagne. Madame Mélina, tout en regrettant de se voir séparée d'eux, trouva le projet bon et même nécessaire. Félix devenait difficile à mener, Mignon lui paraissait avoir besoin de changer d'air et d'occupation ; la pauvre enfant était souffrante et ne pouvait se rétablir.

« Ne vous laissez pas troubler, dit madame Mélina, si j'ai légèrement émis quelques doutes sur la question de savoir si l'enfant vous appartenait. Il n'y a pas grande confiance à avoir en la vieille ; cependant celui qui invente le faux dans son intérêt peut aussi dire vrai, lorsque la vérité lui est avantageuse. La vieille avait mis dans la tête d'Aurélie que Félix était fils de Lothaire, et nous autres femmes nous avons cette singularité d'aimer tendrement les enfants de nos amants, même quand nous ne connaissons pas leur mère, ou que nous la haïssons du fond du cœur. » Félix entra en sautillant ; elle le pressa contre sa poitrine avec une vivacité qui ne lui était pas habituelle.

Wilhelm courut chez lui et fit demander la vieille, qui promit d'aller le voir, mais pas avant la tombée de la nuit. Il la reçut assez mal et lui dit : « Il n'y a rien de plus honteux au monde que de faire métier de mensonges et de fables. Tu as fait assez de mal avec cela, et me voici perplexe, attendant qu'un mot de toi décide du bonheur de ma vie, n'osant pas presser dans mes bras l'enfant qu'il me serait si doux de posséder en toute sécurité. Infâme créature, je ne peux te voir sans haine et sans mépris.

— Vos manières commencent à m'être insupportables, à vous parler franchement, répliqua la vieille. Et quand il ne serait pas votre fils, n'est-il pas le plus bel et le plus aimable enfant du monde, qu'on payerait bien cher pour l'avoir toujours à côté de soi ? N'est-il pas digne que vous vous chargiez de lui ? Et moi ne mérité-je pas pour les soins et les peines qu'il m'a coûtés un petit secours pour jusqu'à la fin de ma vie ? Ah ! vous autres, Messieurs, à qui rien ne manque, vous pouvez parler à votre aise d'honnêteté et de sincérité ; mais une pauvre créature qui ne trouve pas de quoi satisfaire ses moindres besoins, qui se voit dans le désespoir, sans ami, sans conseil, sans secours, qui doit mener une vie misérable au milieu du monde égoïste... il y aurait beaucoup à dire là-dessus, si vous vouliez et si vous pouviez écouter. Avez-vous lu les lettres de Marianne? Ce sont celles qu'elle vous écrivait à cette malheureuse époque. En vain je cherchai à m'approcher de vous, à vous faire parvenir ces billets ; votre cruel beau-frère vous avait si bien entouré que toute mon adresse échoua, et que je dus à la fin renoncer à toute espérance, car il nous menaça, Marianne et moi, de la prison. Tout cela ne s'accorde-t-il pas avec ce que je vous ai rapporté ? Et la lettre de Norberg n'écarte-t-elle pas tout le doute?

— Quelle lettre ? demanda Wilhelm.

— Ne l'avez-vous pas trouvée dans le portefeuille ? répondit la vieille.

— Je n'ai pas encore tout lu.

— Donnez-moi ce portefeuille : tout se rattache à ce document. Un malheureux billet de Norberg a amené cette triste confusion ; un autre déliera le nœud, en tant que le fil en vaille encore la peine. » Elle tira un papier du portefeuille ; Wilhelm reconnut l'écriture détestée, se contint et lut :

« Dis-moi, jeune fille, quelle est cette puissance que tu exerces sur moi ? Je n'aurais pas cru que même une déesse eût pu faire de moi un soupirant. Au lieu de courir au-devant de moi en m'ouvrant tes bras, tu t'enfuis ; à ta conduite on aurait pu croire que je te faisais horreur. Est-il permis de me forcer à passer la nuit assis sur une malle en compagnie de Barbara ? et deux portes me

séparaient de ma bien-aimée ! C'est de la folie, te dis-je !
J'ai promis de te laisser le temps de réfléchir, de ne
pas insister immédiatement, et chaque quart d'heure
perdu me rendra enragé. Ne t'ai-je pas donné tout ce
que je pouvais, tout ce que je savais t'être agréable ?
Doutes-tu encore de mon amour ? Que te faut-il ? Dis-le-
moi ! Je veux que tu ne manques de rien. Qu'il devienne
aveugle et sourd, le prêtre qui t'a mis en tête de pareilles sornettes ! Ne pouvais-tu en prendre un autre ? Il
y en a tant qui savent passer quelque chose aux jeunes
gens ! En un mot, je dois te le dire, il faut que cela
change, je veux savoir la réponse d'ici à deux jours ; je
dois partir bientôt, et, si tu ne consens pas à redevenir
aimable et complaisante, tu ne me reverras plus... »

La lettre continuait encore longtemps sur ce ton, tournait toujours autour du même point, à la douloureuse satisfaction de Wilhelm, et confirmait la véracité du récit
de Barbara. Une seconde lettre indiquait clairement que
Marianne n'avait pas non plus cédé dans la suite ; cette vo-
lumineuse correspondance apprit à Wilhelm désolé l'histoire de la malheureuse fille jusqu'à l'heure de sa mort.

La vieille avait peu à peu apprivoisé le farouche Norberg en lui annonçant la mort de Marianne et lui laissant
croire que Félix était son fils ; il lui avait envoyé plusieurs fois de l'argent qu'elle avait gardé pour elle, ayant
persuadé à Aurélie de se charger d'élever l'enfant. Malheureusement ces ressources secrètes manquèrent bientôt. Norberg avait dissipé la plus grande partie de sa fortune et de nombreux amours avaient endurci son cœur
à l'endroit de son premier et de son prétendu fils.

Si vraisemblable que parût tout cela, Wilhelm n'osait
pas encore se laisser aller à la joie ; il semblait se défier
d'un présent que lui eût offert un mauvais génie.

« Le temps seul, dit la vieille devinant ses sentiments, pourra vous guérir de votre doute. Regardez l'enfant comme étranger, observez-le avec d'autant plus d'attention, considérez ses dons, sa nature, ses facultés, et si vous ne finissez pas par vous reconnaître en lui, c'est que vous avez de mauvais yeux. Car je vous jure que, si j'étais homme, on ne me mettrait pas un enfant sur les bras ; c'est un bonheur pour les femmes que les hommes manquent complétement de discernement à cet égard. »

Cette conversation finie, Wilhelm se sépara de la vieille. Son projet était de prendre Félix avec lui, Barbara devait conduire Mignon chez Thérèse et aller ensuite vivre où elle voudrait de la petite pension qu'il lui promit.

Il fit appeler Mignon pour la préparer à ce changement. « Meister, dit-elle, garde-moi auprès de toi : cela me fera du bien et du mal... »

Il lui représenta qu'elle était grande maintenant, et qu'il fallait faire quelque chose pour son instruction. « Je suis assez instruite, répondit-elle, pour aimer et pleurer. »

Il lui fit observer que sa santé exigeait des soins assidus, et la direction d'un habile médecin. « Pourquoi s'occuper de moi ? dit-elle ; il y a tant d'autres choses dont on a à s'occuper. »

Il se donna beaucoup de peine pour lui faire entendre qu'il ne pouvait en ce moment la prendre avec lui, qu'il la mènerait chez des personnes où il irait la voir souvent ; mais elle parut n'avoir rien entendu de ce qu'il avait dit. « Tu ne veux pas m'avoir près de toi, dit-elle. Il vaudrait mieux alors m'envoyer auprès du vieux harpiste, il est si seul, le pauvre homme ! »

Wilhelm lui dit que le vieillard ne manquait de rien. « Je le regrette à toute heure, répondit l'enfant.

— Je n'ai cependant pas remarqué que tu lui fusses si attachée lorsqu'il vivait avec nous.

— J'avais peur de lui quand il était éveillé ; je ne pouvais supporter son regard ; mais, quand il dormait, j'aimais à me placer à côté de lui ; je chassais les mouches, et ne pouvais me lasser de le regarder. Oh ! il m'a assistée dans un terrible moment ! personne ne sait ce que je lui dois. Si j'avais su le chemin, je serais déjà partie pour le rejoindre. »

Wilhelm lui détailla les circonstances, et lui dit qu'elle était maintenant une fille raisonnable et qu'il fallait faire ce qu'il désirait. « La raison est cruelle, répondit-elle ; le cœur vaut mieux. J'irai où tu voudras, mais laisse-moi mon Félix ! »

Après une longue discussion, elle persistait toujours dans son idée, et Wilhelm dut enfin se résoudre à remettre les deux enfants à la vieille et à les adresser à mademoiselle Thérèse. Il s'y décida d'autant plus aisément, qu'il hésitait toujours à considérer le beau Félix comme son fils.

Il le prit sur son bras et le promena ; l'enfant aimait à s'arrêter devant les glaces, et, sans se l'avouer, Wilhelm s'y prêtait volontiers, cherchant à démêler quelques points de ressemblance entre lui et l'enfant. Cette ressemblance lui paraissait-elle un instant vraisemblable, il pressait l'enfant sur son cœur, puis tout d'un coup, effrayé à l'idée qu'il pouvait se tromper, il le remettait par terre et le laissait courir. « Oh ! s'écria-t-il, si je m'approprie cet inestimable trésor, et qu'ensuite il me soit arraché, je serai le plus malheureux des hommes ! »

Les enfants étaient partis, et Wilhelm voulut prendre officiellement congé du théâtre, mais il sentit qu'il était congédié d'avance et qu'il n'avait plus qu'à s'en aller.

Marianne n'existait plus, ses deux anges gardiens s'étaient éloignés, et ses pensées les avaient suivis. Le bel enfant flottait devant son imagination comme une charmante et vague vision; il le voyait, mené par Thérèse, courir à travers champs et bois, au grand air, et se former sous la surveillance d'une pure et douce directrice. Thérèse lui était devenue encore plus chère, depuis qu'il savait l'enfant avec elle. A la représentation, il se souvint d'elle en souriant; il n'était pas loin de se trouver dans le même cas que son amie, le théâtre ne lui faisait plus aucune illusion.

Serlo et Mélina furent extrêmement polis avec lui, dès qu'ils virent qu'il ne prétendait plus reprendre son ancienne place. Une partie du public désirait le revoir encore paraître sur la scène; mais cela lui eût été impossible, et, dans la troupe, personne ne le désirait, à l'exception peut-être de madame Mélina.

Il prit définitivement congé de cette amie; il était ému et lui dit : « Pourquoi l'homme présume-t-il tant de ses forces et promet-il toujours pour l'avenir ? Il est incapable de tenir la promesse la plus insignifiante, que sera-ce s'il se propose quelque chose d'important ! Combien je rougis quand je pense à tout ce que je vous promis cette malheureuse nuit où, volés, malades blessés, nous étions entassés dans un misérable cabaret. Le malheur exaltait mon courage, et je croyais trouver un trésor dans mes bonnes intentions; aujourd'hui rien de tout cela n'a abouti ! Je vous quitte en restant votre débiteur, et ce qui me console, c'est qu'on ne compta pas alors ma promesse pour plus qu'elle ne valait, et que personne ne me l'a jamais rappelée.

— Ne soyez pas à ce point injuste envers vous-même, répliqua madame Mélina; si personne ne reconnaît ce que vous avez fait pour nous, moi, du moins, je ne l'oublierai pas : car notre position serait tout autre si nous ne vous avions pas eu. Il en est de nos projets comme de nos désirs. Lorsqu'ils sont accomplis, lorsqu'ils sont satisfaits, ils ne se ressemblent plus, et nous croyons n'avoir rien fait, rien obtenu.

— Vos amicales explications, répondit Wilhelm, ne tranquilliseront pas ma conscience, et je me considérerai toujours comme votre débiteur.

— Il se peut bien que vous le soyez, dit madame Mélina, mais pas de la façon que vous pensez. Nous regardons comme une honte de ne pas remplir une promesse sortie de notre bouche. Oh ! mon ami, un honnête homme promet toujours trop par sa seule présence ! La confiance qu'il attire, l'affection qu'il inspire, les espérances qu'il éveille, sont infinies; il devient et reste débiteur sans s'en douter. Adieu. Si notre situation matérielle s'est rétablie heureusement, grâce à vous, votre départ laisse dans mon cœur un vide qui ne se comblera pas facilement. »

Avant de quitter la ville, Wilhelm écrivit à Werner une lettre circonstanciée. Ils avaient échangé une courte correspondance, mais comme ils ne pouvaient se mettre d'accord, ils l'avaient interrompue. Maintenant Wilhelm se rapprochait de son ami, il était sur le point de faire ce que celui-ci désirait tant; il pouvait lui dire : « J'abandonne le théâtre et je m'attache à des hommes dont le commerce me conduira à une activité pure et efficace. » Il lui demanda des détails sur sa fortune ; il lui semblait étrange d'être resté longtemps sans s'en préoccuper. Il ne savait pas que c'est le propre de tous les hommes absorbés par leur culture morale de négliger entièrement les objets extérieurs. Wilhelm s'était trouvé dans ce cas ;

il s'apercevait pour la première fois qu'on a besoin de ressources extérieures pour agir d'une façon soutenue. Il fit la route dans de tout autres sentiments que la première fois; il voyait devant lui de ravissantes perspectives.

CHAPITRE IX

A son retour chez Lothaire, il trouva de grandes changements. Jarno le reçut en lui annonçant que l'oncle était mort et que Lothaire était parti pour prendre possession des biens qu'il lui avait laissés. « Vous arrivez à propos, dit-il, pour nous assister, moi et l'abbé. Lothaire nous a chargés d'acheter des propriétés importantes dans le voisinage; la chose était préparée d'avance, et nous trouverons au moment l'argent et le crédit nécessaires. Le seul obstacle était qu'une maison de commerce étrangère avait déjà des vues sur ces mêmes biens; aujourd'hui nous avons pris le parti de faire cause commune avec elle, autrement nous eussions poussé les enchères sans raison et sans nécessité. Nous avons affaire, à ce qu'il me semble, à un habile homme. Nous sommes maintenant dans les calculs et les projets; il faut examiner, au point de vue économique, de quelle façon nous partagerons les biens, de façon que chacun possède un bon domaine. » On donna les papiers à Wilhelm, on inspecta les champs, les prairies, les constructions, et, quoique Jarno et l'abbé parussent parfaitement s'y entendre, Wilhelm aurait désiré que mademoiselle Thérèse fût avec eux.

Ces travaux employèrent plusieurs jours, et Wilhelm eut à peine le temps de raconter ses aventures et sa paternité douteuse à ses amis, qui traitèrent avec assez d'indifférence et de légèreté cette circonstance, si grave à ses yeux.

Il avait remarqué que dans leurs entretiens, à table et à la promenade, ils s'interrompaient tout d'un coup et donnaient un autre tour à la conversation, indiquant tout au moins par là qu'il y avait entre eux quelque chose qui devait lui rester caché. Il se rappela ce qu'avait dit Lydie, et trouva ses suppositions d'autant plus fondées, que tout un côté du château lui avait toujours été interdit. Il avait jusqu'alors essayé en vain de pénétrer dans certaines galeries et principalement dans la grosse tour, qu'il connaissait fort bien extérieurement.

Un soir, Jarno lui dit : « Nous vous considérons maintenant assez comme des nôtres pour qu'il soit injuste de ne pas vous faire pénétrer plus avant dans nos secrets. Il est bon que l'homme qui entre dans le monde sache s'aider lui-même, qu'il s'efforce d'acquérir de nombreux avantages, qu'il déploie toute son énergie ; mais lorsque son éducation a atteint un certain degré, il est utile qu'il fasse abnégation de lui-même, qu'il apprenne à vivre pour les autres, à s'oublier lui-même en se livrant à une activité docile. C'est alors qu'il apprend à se connaître, car ce n'est que la pratique qui nous fait semblables aux autres. Vous allez bientôt savoir quel petit monde se trouve tout près de vous et combien vous y êtes connu. Demain matin, au lever du soleil, soyez habillé et préparé. »

Jarno arriva à l'heure dite ; il le fit passer à travers des salles connues et inconnues par plusieurs galeries, et ils arrivèrent enfin à une grande et vieille porte solidement garnie de fer. Jarno frappa, la porte s'entre-bâilla de manière à ne laisser passage que pour un seul homme. Jarno referma la porte derrière Wilhelm sans le suivre. Notre ami se trouva dans un local étroit et sombre. Il était dans les ténèbres, et, s'il voulait faire un pas en avant, il était aussitôt forcé de reculer. Une voix, qui ne lui était pas tout à fait inconnue, lui cria : « Entre. » Il s'aperçut alors que les parois de l'espace où il se trouvait n'étaient formées que par des tapisseries, à travers lesquelles perçait une faible lumière. « Entre, » cria-t-on une seconde fois. Il souleva la tapisserie et entra.

La salle où il pénétrait lui sembla être une ancienne chapelle ; à la place de l'autel était une grande table élevée de quelques degrés, recouverte d'un tapis vert, au-dessus de laquelle un rideau tiré paraissait cacher un tableau. Sur les côtés étaient disposées des armoires, d'un beau travail, fermées par des treillis de fil de fer comme on en voit dans les bibliothèques ; seulement au lieu de livres elles contenaient des rouleaux. Il n'y avait personne dans la salle. Le soleil levant brillait en face de Wilhelm à travers les fenêtres à vitraux, et le saluait amicalement.

« Assieds-toi ! » cria une voix qui paraissait venir de l'autel. Wilhelm s'assit sur un fauteuil placé près de la porte d'entrée ; il n'y avait pas d'autre siége dans la chambre : il lui fallut donc s'y placer, quoique le soleil l'aveuglât ; le fauteuil était fixé au sol, il ne put que mettre sa main devant ses yeux.

Cependant le rideau placé au-dessus de l'autel s'ouvrit avec un léger bruit, et laissa voir, au milieu d'un cadre, un espace vide et obscur. Un homme en habits ordinaires apparut ; il salua Wilhelm et lui dit : « Ne me reconnaissez vous pas ? Entre autres choses que vous voudriez savoir, ne désireriez-vous pas apprendre où se trouve actuellement la collection de votre grand-père ? Ne vous souvenez-vous pas du tableau qui vous charmait tant ? Où peut languir maintenant le prince malade ? » Wilhelm n'eut pas de peine à reconnaître l'étranger qui, pendant la fameuse nuit, avait causé avec lui à l'auberge. « Espérons, continua l'homme, que nous serons aujourd'hui mieux d'accord sur le sort et sur le caractère. »

Wilhelm allait répondre lorsque le rideau se referma brusquement. « Etrange ! se dit-il en lui-même ; les événements fortuits auraient-ils un enchaînement ? et ce que nous nommons le sort, ne serait-ce que le simple hasard ? Où peut se trouver la collection de mon grand-père ? et pourquoi m'en parle-t-on dans ce moment solennel ? »

Il n'eut pas le temps de continuer ses réflexions, car le rideau se rouvrit, et il vit un homme dans lequel il reconnut sur-le-champ le pasteur de campagne qui avait fait la partie sur l'eau avec la joyeuse société ; il ressemblait à l'abbé, sans paraître cependant être la même personne. Avec un visage serein et une expression de voix imposante, l'homme parla ainsi : « Le devoir de celui qui instruit les hommes n'est pas de les préserver de l'erreur, mais de guider celui qui s'égare ; lui laisser vider la coupe de l'erreur, c'est là la sagesse du maître. Celui qui ne fait que goûter à l'erreur la garde longtemps avec lui, il la regarde comme un rare trésor ; mais celui qui a épuisé la coupe connaît l'erreur, s'il n'est pas un insensé. » Le rideau se referma une seconde fois, et Wilhelm se mit à réfléchir à ces paroles. « De quelle erreur veut-il parler ? se dit-il, sinon de celle qui m'a poursuivi toute ma vie, quand je cherchais la perfection là où elle n'était pas, quand je m'imaginais pouvoir acquérir un talent pour lequel je n'avais pas la moindre aptitude ! »

Le rideau s'ouvrit de nouveau, un officier parut et ne

fit que passer en disant : « Apprenez à connaître les hommes en qui l'on peut avoir confiance ! » Le rideau se ferma, et Wilhelm n'eut pas besoin de chercher longtemps pour reconnaître, dans ce personnage, l'officier qui l'avait embrassé dans le parc du comte, et était cause qu'il avait pris Jarno pour un recruteur. Comment était-il venu là, qui était-il, c'était une énigme puour Wilhelm. « Si tant d'hommes s'intéressaient à toi, connaissaient ta vie et savaient ce que tu avais à faire, pourquoi ne se sont-ils montrés des guides plus sévères, plus sérieux ? Pourquoi favorisaient-ils tes folies, au lieu de t'en détourner ?

— Ne discute pas avec nous ! cria une voix. Tu es sauvé, et tu marches vers le but. Tu n'auras ni à te repentir de tes folies ni à les regretter; jamais sort plus heureux n'a été accordé à personne. » Le rideau s'écarta brusquement, le vieux roi de Danemark, armé de pied en cap, occupait le cadre. « Je suis le spectre de ton père, dit la figure, et je te quitte consolé, car les vœux que je faisais pour toi sont comblés au delà de mes espérances. On ne peut gravir les contrées escarpées qu'en faisant des détours; dans la plaine, les chemins droits mènent d'un point à un autre. Adieu, et pense à moi en goûtant le bonheur que je t'ai préparé. »

Wilhelm était extrêmement frappé ; il lui semblait avoir entendu la voix de son père, et cependant ce n'était pas elle ; cette cérémomie, ces souvenirs évoqués, le jetaient dans une perplexité profonde.

Il n'eut pas le loisir de réfléchir longtemps; l'abbé entra et alla se placer derrière la table verte. « Avancez, » dit-il à son ami stupéfait. Wilhelm s'avança et franchit les degrés. Un petit rouleau était placé sur le tapis. « Voici votre lettre d'apprentissage, dit l'abbé ; méditez-la, elle contient des choses importantes. » Wilhelm prit le rouleau, l'ouvrit et lut :

LETTRE D'APPRENTISSAGE.

« L'art est long, la vie est courte, le jugement pénible, l'occasion fugitive. Agir est facile, penser est difficile ; agir selon sa pensée est encore plus difficile. Tout début est aimable, c'est sur le seuil qu'il faut s'arrêter. L'enfant s'étonne, l'impression le détermine ; il apprend en jouant, le sérieux le surprend. L'imitation est innée en nous, il n'est pas aisé de reconnaître ce qu'il faut imiter. Rarement on rencontre la perfection, plus rarement encore on l'apprécie. Les hauteurs nous attirent, mais pas les degrés qui y mènent ; nous marchons à travers la plaine les yeux fixés sur la cime. On ne peut enseigner qu'une partie de l'art, l'artiste a besoin de l'art tout entier. Celui qui ne le connaît qu'à moitié, se trompe toujours et parle beaucoup ; celui qui le possède complétement, agit et parle rarement, et après les autres. Les premiers n'ont point de secret et point de force, leur doctrine est comme le pain cuit, agréable au goût et nourrissant pour un jour ; mais on ne peut ensemencer avec de la farine, et on ne doit pas moudre la semence. Les paroles sont bonnes, mais elles ne sont pas ce qu'il y a de meilleur. Ce qu'il y a de meilleur ne peut se rendre clairement par des paroles. L'esprit qui nous fait agir est ce qu'il y a de plus élevé. L'action n'est comprise et reproduite que par l'esprit. Personne ne sait ce qu'il fait, quand il fait bien ; mais nous avons toujours conscience du mal. Celui qui n'agit que par symboles est un pédant, un hypocrite ou un barbouilleur. Il y a beaucoup de ces gens-là, et ils se trouvent bien ensemble. Leur bavardage arrête le disciple et leur médiocrité persistante inquiète les meilleurs. La doctrine du véritable artiste révèle la pensée de l'art, car, où les mots manquent, l'action parle. Le véritable élève apprend à extraire l'inconnu du connu, et se rapproche du maître... »

« Cela suffit, dit l'abbé. Le reste en son temps. Maintenant examinez ces armoires. »

Wilhelm s'approcha et lut les inscriptions écrites sur les rouleaux. A son grand étonnement il trouva les Années d'apprentissage de Lothaire, les Années d'apprentissage de Jarno, ses propres Années d'apprentissage, parmi beaucoup d'autres dont les noms lui étaient inconnus.

« M'est-il permis d'espérer de pouvoir jeter un regard sur ces rouleaux ?

— Il n'y a maintenant plus rien de caché pour vous dans cette chambre.

— Puis-je vous faire une question ?

— Sans scrupule ! et vous pouvez vous attendre à une réponse précise, s'il s'agit d'une affaire qui vous touche, qui vous est et qui vous doit être à cœur.

— Eh bien ! hommes singuliers et sages, dont le regard pénètre dans tant de mystères, pouvez-vous me dire si Félix est véritablement mon fils ?...

— Heureuse question ! s'écria l'abbé plein de joie et frappant des mains ; Félix est votre fils ! Par ce qu'il y a de plus sacré dans nos mystères, je vous le jure, Félix est votre fils, et sa mère défunte n'était pas indigne de vous. Recevez de nos mains l'aimable enfant, retournez-vous, n'ayez plus peur d'être heureux. »

Wilhelm entendit un bruit derrière lui ; il se retourna et vit un visage d'enfant qui le regardait d'un air malin par l'ouverture de la tenture de l'entrée. L'enfant se cacha aussitôt qu'on l'eut aperçu. « Arrive ! » dit l'abbé. Il accourut, son père s'élança au-devant de lui, le prit dans ses bras et le serra contre son cœur. « Oui, je le sens, s'écria-t-il, tu es à moi ! De quel don céleste suis-je redevable à mes amis ! D'où viens-tu, mon enfant, pour être ici précisément en ce moment ?

— Ne le demandez pas, dit l'abbé. Salut à toi, jeune homme ! Ton apprentissage est terminé, la nature t'a affranchi ! »

FIN DU PREMIER VOLUME.

www.ingramcontent.com/pod-product-compliance
Lightning Source LLC
Chambersburg PA
CBHW060753230426
43667CB00010B/1550